MÉMOIRES

DE LA

SOCIÉTÉ DES ANTIQUAIRES

DE PICARDIE.

DOCUMENTS INÉDITS CONCERNANT LA PROVINCE.

TOME TREIZIÈME

LE CLERGÉ

DE

L'ÉGLISE D'AMIENS EN 1789

Par M. F.-I. DARSY

Membre titulaire résidant de la Société des Antiquaires de Picardie.

AMIENS
YVERT et TELLIER, Imprimeurs de la Société des Antiquaires de Picard
64, rue des Trois-Cailloux et galerie du Commerce, 10.

1892

LE CLERGÉ

DE

L'ÉGLISE D'AMIENS EN 1789. ^(a)

Dix sept cent quatre vingt-neuf !..... Date fatidique, auraient dit les Romains ; date de rénovation sociale, d'espérance et de liberté, pensaient nos pères ; date qui marquera à tout jamais la fin d'un monde....

C'est à ce moment suprême, au seuil même de la Révolution et avant toute modification à l'état ancien des choses, que nous nous plaçons pour étudier la composition du personnel et la situation du temporel de l'Église d'Amiens.

Dans un précédent travail (b), auquel la Société des Antiquaires de Picardie a daigné donner une large place dans ses *Mémoires*, nous avons tracé le tableau aussi fidèle que possible de l'organisation de l'Église d'Amiens en 1730, de ses divisions en deux archidiaconés, vingt-et-un doyennés et 741 paroisses ; rappelé ses monastères, ses chapitres, ses chapelles ; donné l'état authentique et détaillé de tous les biens, revenus et charges affectés à chacun des bénéfices ; noté l'origine d'un grand nombre de ces biens, les noms des donateurs, les dates des diverses fondations ; enfin indiqué les dépôts publics

---

(a) Les notes mises au bas des pages seront marquées par des lettres alphabétiques minuscules ; celles marquées par des chiffres seront réunies à la fin du texte.

(b) Cet ouvrage intitulé : *Bénéfices de l'Église*

d'Amiens, compose les tomes VII et VIII des Mémoires de la Société, Documents inédits. Il a reçu une mention honorable de l'Académie des Inscriptions et Belles-lettres, au concours de 1872.

où sont conservés les titres, chartes et autres documents utilisés. Ce travail a montré l'Église d'Amiens dans son plein épanouissement, dans le jeu régulier de son antique et invariable fonctionnement. L'immutabilité est le caractère propre de l'Église universelle ; ainsi en fût-il pendant quinze siècles de l'Église de France, laquelle semblable à un chêne vigoureux, couvrait de ses rameaux puissants ceux qui furent nos pères : hommes de foi, hommes de bravoure, hommes d'honneur. Bien des tempêtes l'avaient agitée, elles n'avaient pu l'ébranler. Il en sera de même de la Révolution qui s'apprête :

« .... Qu'importe à l'immortelle
« Un siècle de douleur à sa course ajouté ?
« Elle a le temps pour elle, ayant l'éternité. » (a)

La Providence ayant bien voulu conserver assez de lumière à nos yeux octogénaires et à notre tête quelque peu d'intelligence, nous avons entrepris cette nouvelle étude, qui forme le complément, en quelque sorte nécessaire, de la précédente. Nous y mettons en regard l'une et l'autre situation de l'Église d'Amiens, à soixante années de distance.

C'est la fin du xviiie siècle : tous les esprits sont agités, surexcités, tous demandent ou attendent la réforme des abus, l'allègement des charges qui pèsent sur le peuple. Pressé par l'opinion publique et désireux du bien de la nation, Louis XVI convoque les États généraux du royaume. Le Clergé, la Noblesse et le Tiers État sont appelés (b) à formuler leurs doléances sur « les abus de tout genre » existant dans les diverses parties de l'administration, et à exprimer leurs vœux dans des cahiers particuliers à chaque ordre.

A cet effet et aussi pour faire choix de leurs députés aux États, les trois Ordres se réunissent au siège de chaque bailliage ou sénéchaussée, en assemblée générale. Les nombreuses paroisses du diocèse d'Amiens relevant de trois juridictions bailliagères (c), les membres du clergé se trouvent divisés en trois

---

(a) Flavius, acte V, scène 1, par le père Longhaye, S. J.

(b) Tous les titulaires de bénéfices furent assignés à se rendre à l'Assemblée générale de leur bailliage. L'huissier se faisait payer immédiatement par chacun le coût de l'exploit taxé à 12 sols. Nous avons remarqué que plusieurs curés refusèrent de payer, entre autres celui de Cempuis : « attendu qu'il avait été assigné le 27 février précédent au bailliage de Clermont, duquel son presbytère et son église relevaient. » Les curés de Fresne-Tilloloy et autres n'expriment pas leurs motifs de refus. (Archives du département de la Somme. Fonds du bailliage d'Amiens. B. 252 à 265.)

(c) Les circonscriptions de ces juridictions n'avaient aucun rapport avec celles des diocèses ou de leurs archidiaconés.

fractions. Partout ils se présentent nombreux et empressés. On en compte 475 dans l'assemblée du bailliage d'Amiens, tenue en l'Église du couvent des Cordeliers, 180 dans celle de la sénéchaussée de Ponthieu, tenue à Abbeville en l'église collégiale de St-Vulfran, et 70 dans celle des bailliages de Péronne, Montdidier et Roye réunis, tenue en l'église collégiale de St-Fursy de Péronne. (1) Ces assemblées sont composées d'hommes de tout âge, de toute condition, de tout degré hiérarchique, mais tous animés d'un même sentiment : la soif de la justice et du bonheur des populations.

Leurs cahiers, sérieusement élaborés et discutés, s'occupent non pas seulement des questions purement religieuses, mais aussi des questions civiles d'un intérêt général. Celui du clergé du bailliage d'Amiens surtout est remarquable par l'ordre, la précision, les détails et le choix des matières traitées.

En voici quelques passages :

« Ministres de Jésus-Christ et de son Église, nous trahirions en même temps et notre ministère et la sublimité de notre vocation si, avant de porter aux pieds du trône nos doléances et les appréhensions des peuples confiés à notre sollicitude, nous ne réclamions puissamment en faveur de cette religion divine, fondement et force des empires, appui et source du bonheur public, seule base des bonnes mœurs : *Quid leges sine moribus ?*...

« Par une suite nécessaire du respect dû à la Religion, le clergé réclame le maintien et l'exécution de ses lois et notamment de celles relatives à la sanctification des fêtes et dimanches, si scandaleusement et si impunément violées ; que les travaux publics et particuliers soient suspendus pendant ces jours consacrés au culte divin... »

Traitant du temporel de l'église, les curés « supplient sa majesté de vouloir bien pourvoir à l'amélioration de leurs cures, dont il en est de véritablement indigentes. » On en indique les moyens, tout en déclarant que « les curés sont bien éloignés d'en demander aucun qui puisse blesser la piété, la justice, la charité. »

Puis, on sollicite l'établissement d'une Maison de retraite « pour les anciens curés et ecclésiastiques qui, après avoir consacré leur jeunesse, leur santé et leurs forces au saint ministère, se trouveraient hors d'état de continuer leurs fonctions et mériteraient qu'on leur ouvrît un asile assuré contre les besoins.

« On désire aussi, dans les villes épiscopales au moins, un établissement pour former les maîtres et maîtresses d'école,... (a) afin qu'ils soient beaucoup mieux instruits et astreints à une plus grande régularité.....

« La séparation des deux sexes dans les Ecoles se trouvant généralement réclamée, on demande qu'il soit statué sur cet objet d'une si grande importance pour les mœurs. »

On sait qu'il a été satisfait largement, de nos jours, à ces deux *desiderata*.

Après avoir exprimé ses vœux sur ce qui concerne la discipline de l'église et son temporel, l'Assemblée s'occupe d'intérêts purement civils : la périodicité des États généraux, l'établissement d'États provinciaux, l'impôt unifié et réparti avec équité et sans privilège entre tous les citoyens, l'abolition des aides et gabelles, l'unité des poids et des mesures, etc.

A cette courte analyse du cahier de ses doléances, il est bon d'ajouter le texte d'une délibération spéciale, datée du 2 avril 1789, par laquelle le clergé offre de participer à l'impôt et aux charges de l'État.

« L'Ordre du Clergé, pour donner à la personne sacrée du Roi une preuve de son dévouement et du désir sincère qu'il a de contribuer à la liquidation des dettes de l'État, comme au soulagement du peuple, s'empresse de manifester à l'Ordre de la Noblesse et à celui du Tiers État son consentement à ce que ses biens soient imposés dans la même proportion que ceux des deux autres Ordres, tant que les États généraux estimeront que devront durer les subsides par eux consentis pour parvenir à l'extinction de la dette actuelle de l'État. » (b)

Le cahier de l'Ordre du Clergé des bailliages de Péronne, Montdidier et Roye réunis demande « protection pour la religion sainte que la France a le bonheur de posséder depuis l'origine de la monarchie ; elle est le plus ferme appui du trône, le bouclier des peuples et le frein des Rois. Il « conjure l'Assemblée nationale d'obtenir de sa Majesté les ordres les plus formels pour arrêter l'impression et la circulation des mauvais livres, également contraires aux principes du christianisme, à l'honnêteté des mœurs publiques et aux droits sacrés de l'autorité souveraine.....

« Le Clergé séculier et régulier consent à payer tous les impôts comme le

---

(a) Les paroisses rurales étaient, pour la plupart, pourvues d'écoles élémentaires, dans lesquelles les pauvres étaient reçus gratuitement. On y enseignait la lecture, l'écriture, le calcul et le catéchisme. (Cf. *Les Écoles et les Collèges du diocèse d'Amiens*, par Darsy, § 4 ; *Un mot sur les Écoles*, par le même, dans les Mémoires de la Société des Antiquaires de Picardie, tome XXX, page 116.)

(b) Cf. *Les doléances du peuple et les victimes*, par Darsy, 1887, p. 8. — *Documents sur la Révolution*, tome 1er, p. 368.

Tiers État ; et en manifestant si généreusement son patriotisme par l'hommage qu'il fait à la Nation de ses privilèges pécuniaires, il ne réclame plus aucune autre exemption que celle du service personnel, qui est évidemment incompatible avec les engagements de son saint ministère. »

L'Assemblée se plaint de la tendance qui se manifeste de faire des unions de bénéfices, pour enrichir des Évêchés ou des Chapitres déjà opulents et par là concentrer dans la main du Roi toutes les grâces ecclésiastiques. Elle ajoute : « Des entreprises récentes menacent, dans notre Province, la stabilité de plusieurs corps ecclésiastiques, spécialement des Clunistes de Lihons, communauté riche et édifiante, que toute cette contrée estime, chérit, regrette et redemande par notre organe avec les plus vives instances. »

Nous croyons être agréable à nos lecteurs en publiant *in extenso*, aux pièces justificatives, le texte de ces cahiers, qui sont émanés de contrées quelque peu différentes, par leurs mœurs et leurs coutumes (2). On y trouvera néanmoins parité d'aspirations et d'élans patriotiques.

A côté des cahiers généraux de l'Ordre du Clergé de chacun des bailliages, nous avons trouvé des cahiers de doléances particulières, dressés par de simples curés traçant à leurs mandataires les points sur lesquels ils croyaient bon d'insister. Furent-ils produits, furent-ils écoutés ? Quoi qu'il en soit, nous les donnerons, chemin faisant, comme exprimant des besoins ou des aspirations du temps.

Les cahiers sont signés, les députés sont élus ; les Assemblées se séparent pleines de foi en la loyauté, la capacité et la fermeté de leurs députés, qui sauront faire valoir la justice des doléances et des revendications de leurs commettants. Dès lors tous les cœurs se bercent des plus douces espérances, l'avenir se montre meilleur et assuré par l'union et la fusion de toutes les classes de la nation, sans plus d'autres privilèges que ceux dus au mérite et aux services rendus à la patrie.

Faut-il le dire ? Bientôt, hélas ! les choses auront changé de face : la société française sera ébranlée jusque dans ses fondements, et c'est sur la Religion que seront dirigés les premiers coups, c'est elle qui sera la plus gravement atteinte. Rien cependant ne le fait pressentir tout d'abord, car les cahiers ne se montrent nullement hostiles à l'Église. Bien au contraire, beaucoup de nos honnêtes et bonnes populations rurales ont manifesté des sentiments de véritable attachement et de reconnaissance envers leurs pasteurs, dont elles se plaisent à signaler les bienfaits.

Écoutons-les. Le curé de campagne est « non seulement l'homme de Dieu, mais encore, sous mille rapports, l'homme du peuple, » disent les habitants du village de Beaudéduit. — Les curés « sont indispensables pour le bien spirituel et temporel….. Bienfaiteurs des pauvres, consolateurs des malades, ils sont la main droite du repos public, » lit-on dans le cahier des habitants de Bourdon. — L'attachement du paysan pour son curé se manifestera plus tard encore : dans le procès-verbal constatant la prestation de serment de leur curé Simon à la constitution, le 13 février 1791, les membres de la municipalité de Biencourt s'expriment ainsi : « nous le respectons et chérissons comme notre père spirituel. » On trouverait bien d'autres témoignages à citer. (*a*)

Nous allons examiner la composition du Clergé de l'Église d'Amiens, dire le nombre de ses membres, citer les noms et les fonctions de chacun, depuis le vénérable prélat qui tient en main la houlette pastorale jusqu'au plus humble des chapelains. Seront aussi nommés les religieux de tous ordres et les religieuses. Bien que celles-ci ne fassent point partie du Clergé, elles s'y rattachent trop intimement par les liens spirituels pour être omises. Nous avons un regret, c'est que parfois l'absence de documents nous ait privé de certains noms de titulaires, surtout pour les petits bénéfices, tels que les chapelles. Si ces lacunes peuvent être considérées comme de peu d'importance, néamoins il nous pèse de n'être pas absolument complet.

Borner notre étude à une simple nomenclature du personnel et à une description topographique en quelque sorte de l'Église d'Amiens, serait trop fastidieux assurément. Mais nous ajouterons à la suite des Notes biographiques et historiques, dans lesquelles nous signalerons les actes des membres de notre Clergé et parfois leurs erreurs (*b*), ou bien encore nous les suivrons jusque dans l'exil, sur les bords de la Tamise, du Danube ou de la Vistule, partout où nous pourrons les découvrir. Nous accompagnerons les déportés jusqu'à la Rochelle, nous nous embarquerons avec eux pour la Guadeloupe, et nous verserons, en passant à l'île

---

(*a*) Archives du département. Fonds du bailliage d'Amiens, B, 298 et 307. — *Description du canton de Gamaches*, par Darsy, p. 91, et Mémoires de la Société des Antiquaires de Picardie, tome XIV.

(*b*) En historien véridique nous laisserons, mais non sans douleur, notre plume tracer les noms de quelques renégats que le conventionnel André Dumont put porter sur sa liste, dont il fit tant de bruit. (Cf. *Amiens et le département de la Somme pendant la Révolution*, tome II, p. 79.)

d'Aix, un souvenir ému sur les cendres refroidies de ceux qui n'ont pu atteindre le terme du douloureux voyage.

En 1789 l'organisation du diocèse d'Amiens se retrouve absolument la même qu'en 1730, son étendue n'a nullement varié, ses paroisses sont aussi nombreuses, les mêmes établissements religieux subsistent, à l'exception de deux qui ont été supprimés, savoir : le couvent des Jésuites par arrêts du parlement de Paris des 6 août 1761 et 23 avril 1762, (*a*) et le couvent des Célestins par décision de l'évêque d'Amiens du 5 février 1781, rendue en vertu d'un bref du pape du 30 septembre 1778, portant pouvoir de procéder à cette suppression, ladite décision, approuvée par lettres patentes du Roi datées du mois de mars 1782. (*b*)

La suppression de ces deux bénéfices entraîna pour d'autres un accroissement de fortune qu'il est bon de signaler ici. Les biens possédés par les Jésuites et ceux affectés spécialement au Collège qu'ils dirigeaient cessèrent d'être biens d'église. Ils passèrent aux mains du bureau chargé de l'administration de cet établissement et composé selon l'édit du Roi du mois de février 1763. L'instruction gratuite pour tous, riches et pauvres, y fut continuée. Nous dirons plus loin quelle était l'importance des revenus du collège.

Quant aux Célestins, le monastère était devenu vacant par la sortie des religieux. Ses biens et revenus étaient considérables, ainsi qu'on peut le voir par le détail que nous en avons donné ailleurs. (*c*) Ils produisaient en 1730 un revenu net de 12,700 livres, équivalant à 34,290 francs de notre monnaie actuelle. Par une seconde décision épiscopale du 1er août 1781, ces biens furent attribués et unis à la fabrique de l'église Cathédrale pour une grande part, à celles de St-Nicolas et de St-Firmin le confesseur d'Amiens, de St-Vulfran d'Abbeville et de Montagne près Airaines ; à l'archidiaconé d'Amiens, à l'hôpital St-Charles de la même ville et à l'hôpital de la Trinité de Montdidier ; le tout à diverses charges déterminées, et spécialement à celles suivantes, qui méritent une mention particulière. 1° Une partie du jardin du couvent des Célestins, attribué au Chapitre de St-Martin, sera affectée, le long de la rue St-Denis, à la construction d'un petit

---

(*a*) Voyez le texte de ces arrêts dans notre notice sur les Écoles et les Collèges du diocèse d'Amiens, § VII, insérée dans le *Répertoire et Appendice des histoires locales de la Picardie*, tome II.

(*b*) Bibliothèque communale d'Amiens, section historique, Recueil de pièces pour l'histoire de Picardie, numéro 3596, pièce 9e.

(*c*) *Bénéfices de l'Eglise d'Amiens*, I, 104 note.

séminaire. 2° « Les chapitres des églises collégiales de St-Nicolas et de St-Firmin seront transférés et unis dans l'église des Célestins. Ils jouiront de ladite église, de la sacristie en dépendant, avec les cloches, orgues et reliquaires, ensemble le linge, les vases sacrés et ornements de ladite sacristie jugés nécessaires, » ainsi que de deux portions du terrain désignées. 3° Sur un quartier de terre pris dans l'enceinte de la ferme des Célestins au village de Renneville, attribuée à l'hôpital St-Charles, sera construite une école, avec cour et jardin, et il sera établi une sœur d'école pour l'instruction des jeunes filles pauvres de la paroisse ; pourquoi ledit quartier de terre est uni à la fabrique. Celle-ci « ne pourra ni l'aliéner, ni l'échanger, ni le mettre à un autre usage. »

La première décision épiscopale nous a transmis les noms des religieux qui composaient la maison conventuelle des Célestins, à leur sortie qui avait eu lieu dès avant. Les voici : de Sachy de Saint Aurin, Joseph, prieur; Bocquet, Nicolas, sous-prieur ; Lucas, Nicolas ; Daire, Louis ; Hémart, Bernard ; de Maison du Plouy, Étienne Isidore ; Haynaut, François ; de Gove, François ; Hairé, François ; Reignier, Jean-Baptiste ; Girardin, Pierre ; Duboile, Joseph, (*a*) religieux et Lefebvre, Jean-Baptiste, frère donné.

Le nombre des ecclésiastiques séculiers du diocèse, c'est-à-dire les chanoines des collégiales, les curés, vicaires et desservants des paroisses, les titulaires de personnats, de chapelles et de prieurés simples, n'a guère varié : on en compte environ quinze cents.

Si l'on compare la population des communautés religieuses en 1730 et en 1789, on remarque à cette dernière époque une décroissance très sensible dans celles des hommes. Ainsi, dans les abbayes elle est tombée : à Corbie, de 40 religieux à 20 ; à St-Riquier, de 20 à 8 ; à St-Valery, de 15 à 7 ; à Valloires, de 15 à 11 ; à Selincourt, de 12 à 8. A Cercamp, Sery et Lieu-Dieu la population se trouve légèrement supérieure à celle de 1730. Dans les autres couvents elle est aussi tombée : à Amiens chez les Augustins, de 15 à 9; chez les Carmes, de 28 à 11 ; chez les Cordeliers, de 29 à 13 ; chez les Jacobins, de 18 à 10 ; chez les Minimes, de 12 à 4 ; à Abbeville chez les Chartreux, de 13 à 6 ; chez les Cordeliers, de 26 à 9 ; chez les Jacobins, de 9 à 5 ; chez les Minimes, de 10 à 5 ; à Montdidier chez les Capucins, de 12 à 4 ; enfin à Montreuil chez les carmes déchaussés, de 20 à 5.

(*a*) Ce religieux était absent depuis l'année 1776, sans avoir donné de ses nouvelles. — Deux autres religieux célestins moururent à Amiens, vers le temps de l'exécution des décisions, savoir : de Sachy de St-Aurin le 15 mai 1781, et Reignier le 29 avril 1782.

En ce qui regarde les communautés de femmes, la diminution de population se fait assez marquante dans quelques-unes, dans plusieurs il y a accroissement, et les autres ne présentent pas de différences très sensibles.

En résumé, l'ensemble des diminutions est d'environ quatre neuvièmes pour les communautés d'hommes et deux septièmes pour les communautés de femmes.

Il y a lieu sans doute d'imputer à l'esprit philosophique et impie du xviii° siècle la diminution du nombre des vocations religieuses, mais d'un autre côté il contribua à rendre celles-ci plus réfléchies et à les affermir. Aussi, quand viendra la tourmente, les grilles pourront tomber et les portes s'ouvrir, ce sera le petit nombre qui sortira : les couvents ne se videront pas si n'arrive la violence. (a) L'affirmation même des convictions religieuses et de la fidélité aux serments, aussi bien que la cohésion intime de tous les membres, se manifesteront dès lors et par la parole et par les écrits. Quoi de mieux senti que cette réponse d'un religieux jacobin d'Amiens aux commissaires de la municipalité, l'interpellant sur ses intentions en ce qui concernait la vie commune pour l'avenir : « Je suis entré dans l'ordre de St-Dominique avec une sainte joie, j'y ai vécu avec la plus douce satisfaction et, s'il ne reste pas tel qu'il est, je quitterai mon ordre les larmes aux yeux, toujours voué à mon Dieu, à la nation, à la loi et au Roi. » (b)

Quoi de mieux dit que cette déclaration et protestation adressée aux membres du Directoire du département par le Chapitre de l'église cathédrale d'Amiens, le premier corps religieux du diocèse, composé d'hommes éminents par leur origine, leur science et leurs vertus, tous respectables par leur âge même :

« Messieurs, c'est l'effet d'une grande douleur de ne plus laisser à ceux qui l'éprouvent des termes assez énergiques pour l'exprimer. Celle où nous plongent les ordres rigoureux que vous venez de nous intimer, demeureroit concentrée au fond de nos âmes, si dans ce moment le silence étoit pour nous compatible avec le devoir. C'en est un sans doute pour les prêtres de Jésus-Christ de ne rien donner à penser au peuple fidèle, qui puisse l'autoriser à les regarder comme des ministres sans estime pour les fonctions saintes qui leur sont confiées, sans amour pour l'accomplissement des obligations que les lois divines et humaines leur imposent. Vous-mêmes, Messieurs, nous osons le dire, d'après l'idée que vous vous formez de la sainteté de notre état, vous-mêmes seriez peu édifiés si vous nous voyiez insensibles à un nouvel ordre de choses, qui nous efface en

---

(a) Une loi du 17 août 1792 ordonna l'évacuation immédiate de toutes les Maisons religieuses.

(b) *Amiens pendant la Révolution*, II, 76. — Inventaire du 12 mai 1790. Arch. départementales.

quelque sorte du nombre des ministres de la religion, en nous dépouillant de la faculté de remplir une de ses fonctions les plus distinguées. Sans doute, vous ne vous êtes pas attendus, à éprouver de notre part une résistance active : vous savez que ce n'est pas l'esprit des ministres du Dieu de la paix ; mais vous n'ignorez pas que ce même Dieu nous ordonne de faire entendre notre voix lorsque sa gloire l'exige, et que l'édification de son peuple le commande. Oui, Messieurs, les devoirs que nous avons à remplir sont sacrés ; c'est à nous spécialement qu'est confié l'exercice du culte divin ; c'est dans l'église mère que les autres églises du diocèse ont dû, au désir des saints Canons, en trouver dans tous les temps la règle et le modèle. C'est là que tous les jours les fidèles ont pu se réunir pour la pratique de la prière publique, pour l'oblation du saint sacrifice, accompagné de toute la pompe qui lui convient, sans qu'il y ait eu depuis tant de siècles un seul jour où la victime du salut n'y ait été immolée. Participant, de l'aveu de l'Église, au pouvoir spirituel de nos pontifes, nous en exerçons la juridiction pendant la vacance de leur siége ; l'Église nous donne la qualité de leur sénat, de leurs conseillers, de leurs frères, et eux-mêmes ne cessent de nous en honorer. L'acquit des pieuses intentions des fondateurs, est un devoir de tous les jours que nous impose la plus étroite justice ; seroit-ce entre nos mains que pourroient demeurer sans effet, sans exécution, les dispositions que ces respectables défunts y ont consignées, par des contrats revêtus de toutes les conditions voulues par les lois de l'Église et de l'État ? Nous devons donc le déclarer, Messieurs, et nous souhaitons que personne ne l'ignore : l'impossibilité absolue de satisfaire à de telles obligations peut seule calmer notre conscience. On ne pourra nous imputer de ne pas les reconnoître, ou de nous y refuser, dès qu'une nécessité impérieuse nous force de les abandonner. C'est bien moins la perte de notre état et des avantages temporels dont il étoit accompagné, qui cause l'amertume de notre douleur et la vivacité de nos regrets, que la privation d'un ministère qui faisoit tout ensemble notre devoir et notre consolation, et que toujours nous nous sommes efforcés d'acquitter avec la dignité et l'édification dont nous avons été capables. D'après ces sentiments profondément gravés dans nos âmes, nous ne ferons rien qui vous surprenne, Messieurs, en vous déclarant le désir que nous avons de continuer ces fonctions, quel que puisse être le secours pécuniaire destiné à fournir à nos besoins, uniquement jaloux d'être fidèles aux engagements de notre vocation qui nous consacre à la prière publique, comme à un moyen des plus capables de contribuer à la gloire de Dieu et au bonheur de l'État. Ah ! qu'elles ne deviennent pas pour nous des jours de deuil et de tristesse, ces saintes solennités auxquelles le peuple venoit avec empressement se réunir à nous, pour nous édifier autant par sa piété que par son nombreux concours ! Que sans être baignés de larmes, nos yeux puissent avec quelque consolation, se reposer encore sur ce temple, la gloire de la cité, la joie de ce diocèse, et pourquoi ne dirions-nous pas l'admiration du monde entier ! Nous vous le demandons avec la confiance que la vérité inspire, et comme la juste récompense du zèle et de l'attention que nous avons toujours eus pour la conservation de ce magnifique édifice, précieux monument de la foi de nos pères.

« Nous n'avons pas à nous reprocher d'avoir rien épargné pour son entretien, quelque dispendieux qu'il ait pu être ; non plus que pour son embellissement et sa décoration qu'il ne doit à aucun secours étranger, mais qu'il a trouvé dans le zèle et les libéralités des ministres qui lui étoient attachés. Si de nos jours, en conservant tout ce que lui donne de majestueux son antiquité, il a recouvré ce qu'il avait d'agrément dans la fraîcheur de sa nouveauté et de sa jeunesse ; si dans presque toutes les parties, vous le voyez briller d'ornements dignes de son architecture primitive, n'est-ce pas l'ouvrage de la munificence des Pontifes, du Chapitre et de ses membres ? O sainte église d'Amiens, enrichie des dépouilles sacrées de nos saints martyrs, de ces saints patrons dont la protection a été pour nous si souvent efficace auprès de Dieu ; dépositaire de la cendre de tant d'illustres personnages, de tant de dignes prélats qui ont porté la gloire de ton nom jusqu'aux extrémités du monde chrétien ; s'il ne nous est plus permis d'offrir nos holocaustes sur tes autels, s'il est vrai que tu deviennes désormais étrangère à notre ministère et à nos soins, que le moment où nous pourrons t'oublier voie notre langue desséchée s'attacher à notre palais, notre main droite frappée de mort demeurer pour nous sans mouvement, sans existence !

« Vous pardonnerez, Messieurs, à l'amertume de notre douleur, des expressions qui sont encore au-dessous d'elle. Ah ! si la loi que vous êtes chargés de nous notifier ne vous permet pas de l'adoucir, en nous accordant ce que nous ne cesserons de vous demander, du moins ne nous refusez pas de consigner dans vos registres l'expression de nos sentiments. Que par votre canal le peuple soit instruit de notre profonde affliction ; qu'il sache que ce n'est qu'en cédant à l'autorité et non à une désertion spontanée, qui dès-lors seroit un crime, que nous avons abandonné des fonctions qu'il a lui-même le droit d'attendre de nous, comme de ses députés auprès de Dieu pour lui rendre ses hommages et lui présenter ses besoins. Que par ce moyen l'honneur de notre mémoire soit garanti auprès de la postérité, qui d'après les rigueurs que nous éprouvons devroit, sans cet acte, présumer qu'elles sont la punition de quelque énorme prévarication dont nous nous serions rendus coupables. Le pain qui nous nourrira désormais sera donc un pain mêlé de larmes ! Pauvres de Jésus-Christ, vous que l'Église nous fait regarder comme co-propriétaires des biens du clergé, quelque trempé qu'il soit d'amertume, nous nous ferons toujours un devoir cher à nos cœurs de le partager avec vous ! Ce n'est pas de notre bouche que doit sortir le récit de ce que nous avons toujours tâché d'être à votre égard ; vous n'avez pas oublié le témoignage solennel que le respectable prélat qui nous gouverne, rendoit à son Chapitre, il y a quelques années, en nous reconnaissant comme les principaux fondateurs de cet asile destiné à recueillir la foiblesse caduque et l'enfance abandonnée (a). Toujours vous retrouverez en nous les mêmes sentiments et la même volonté ; et si quelque motif pouvoit nous consoler dans ces tristes circonstances, ce seroit l'assurance de ne voir les richesses quitter le sanctuaire que pour être versées dans le sein de l'indigence.

« Arrêté cejourd'hui treize décembre 1790, en la salle capitulaire, pour être présenté par Messieurs les président et commissaires nommés par nous à cet effet. »

Signé : de Lestocq, président ; Dutilloy, Rose, commissaires. (b)

Le Chapitre de l'église de St-Vulfran d'Abbeville n'est pas resté au-dessous de celui d'Amiens pour l'énergie de sa déclaration présentée aux administrateurs du district d'Abbeville, dont voici le texte :

« Messieurs, depuis longtemps nos craintes et nos alarmes ont devancé les ordres que vous venez exécuter ; mais il est des coups qui, pour avoir été prévus, n'en sont pas moins accablans. Tel est celui par lequel il plaît à Dieu d'éprouver notre fidélité, et auquel la religion seule a pu nous résigner. Dans

---

(a) Dans le mandement de Mgr de Machault, adressé aux fidèles du diocèse, le 15 août 1778, pour l'établissement à Amiens, d'un Bureau de charité, en faveur des pauvres mendiants, nous lisons « pourquoi ne louerions-nous pas aussi avec confiance les œuvres charitables par lesquelles s'est distingué le Chapitre de notre église Cathédrale ? » C'est lui qui, pour la plus grande partie, a fait la dotation de l'Hôpital général de cette ville..... Le total monte à près de six cent mille livres, tant en dons qu'en legs faits, depuis deux cents ans, aux pauvres de l'Hôpital par les chanoines. (*Actes de l'Eglise d'Amiens*, tome II, p. 510.)

(b) *Actes de l'Eglise d'Amiens*, tome II, p, 540.
— Bibliothèque communale d'Amiens, section d'histoire, Recueil n° 3814, tome 1ᵉʳ, pièce 45ᵉ.
— Le Chapitre de la cathédrale d'Arras envoya, le 21 décembre 1790, aux administrateurs du Pas-de-Calais une déclaration analogue. Six des signataires payèrent de leur tête cet acte de courage. Ils furent guillotinés à Arras, le 6 avril 1794. (M. Paris, *Histoire de Joseph Lebon*, I, 303.)

une circonstance aussi critique pour elle que pour nous, ses ministres n'en démentiront pas les saintes maximes. Mais vous n'attendez pas sans doute qu'indifférens aux pertes qu'elle essuie, nous demeurions dans un silence qui ne serait à vos yeux qu'une faiblesse, et qui aux siens deviendrait un crime.

« Nous ne regrettons pas, Messieurs, les biens dont on nous prive. On nous dit que la patrie les réclame, dans sa détresse. et dès lors notre abandon cesse d'être un sacrifice. Nous mériterions peut être les rigueurs qu'on exerce contre nous et les imputations calomnieuses qui les ont provoquées, si nous étions plus attachés à notre fortune qu'à nos devoirs. Que l'État s'aide de ces richesses qu'on ne nous a reprochées que parce qu'on a voulu en méconnaître l'usage. Mais en quoi nos fonctions pourraient-elles nuire à la tranquillité et à l'ordre public ? Dans un royaume qui se glorifie d'être chrétien, serait-ce un crime d'élever nos mains vers l'Éternel et d'offrir tous les jours en commun, pour les péchés de nos frères et pour les nôtres, la victime de propitiation ? Nos solennités religieuses, si utiles pour échauffer et pour soutenir la piété, ne seraient-elles plus que des assemblées illicites ? Le chant de nos cantiques et de nos hymnes serait-il devenu un signal de révolte ? Renfermé dans l'enceinte de ce temple, notre ministère n'a rien de turbulent ni de dangereux. Là, représentans et délégués du peuple, pendant qu'il vaque à ses travaux journaliers, nous acquittons pour lui et en son nom, dans la prière publique, une dette imprescriptible et sacrée. Par nous, il paie à Dieu le tribut d'adoration que lui doivent toutes ses créatures ; par nous, uni d'intention avec l'Église universelle, il participe à ce concert unanime et perpétuel de louanges et d'actions de grâces, un des plus saints devoirs, comme un des caractères les plus augustes de la religion de Jésus-Christ.

« Nous pourrions, Messieurs, vous produire des titres moins généraux, et peut-être ici notre fidélité ne serait point étrangère à votre reconnaissance. Ce sont vos anciens souverains qui ont construit et doté cette église et, par des privilèges qui attestent leur amour, l'ont élevée à une dignité dont elle n'a point cessé de jouir : un contrat accepté par nos prédécesseurs et consenti par nous mêmes, avec serment, leur assure le fruit particulier de nos prières. La piété de vos ancêtres y a multiplié les fondations. Elles ont servi à les rassurer contre la crainte des jugemens de Dieu : peut-être ils ont fondé sur elles l'espoir de leur salut éternel. Est-ce à nous de les tromper ? Est-ce, quand leur volonté irrévocablement fixée par la mort, a rendu immuables nos obligations, est-ce quand les biens qu'ils avaient consacrés à cet usage tournent au profit de l'État et qu'ils en deviennent en quelque sorte les libérateurs, que nous devons nous croire dispensés envers eux ? Il répugne à l'humanité autant qu'à la justice et à la religion de le prétendre. Leurs droits ne cesseront point parce que nos fonctions auront cessé ; et du fond de leurs tombeaux, dont ce temple est rempli, ils réclameront contre le silence qui, pour la première fois, règnera dans ses murs.

Cependant, Messsieurs, forcés par une loi impérieuse, vous allez nous en fermer l'entrée et consommer notre proscription. Elle nous sera désormais étrangère cette église qui, par son antiquité, peut le disputer aux monumens les plus célèbres, enrichie des restes glorieux de vos saints patrons, tant de fois invoqués et avec tant de succès dans vos calamités publiques, dont les fastes offraient à notre émulation des exemples et des modèles sortis de vos familles, pleine de souvenirs édifians qui nous rendaient plus cher le ministère que nous y exercions. Semblables à de malheureux exilés, nous ne tournerons plus sur elle que des yeux mouillés de larmes, si même nous n'avons à en verser sur ses ruines. Hélas ! elle était le poste chéri où nous espérions vivre et mourir. La plupart d'entre nous y étaient arrivés comme à une récompense, après avoir longtemps supporté les fatigues d'un ministère pénible. Ils touchaient au terme d'une carrière honorable. L'inutilité va flétrir leur vieillesse, sans autre crime qu'un état mérité par des vertus, mais que la loi aura proscrit, ils mourront dans une sorte d'opprobre et de dégradation ! Que cette idée, Messieurs, est accablante ! Sensibles comme vous l'êtes, vous pardonnerez à l'expression d'une douleur dont en vain nous chercherions à vous cacher l'excès. Ah ! du moins qu'il nous soit permis de publier ce qu'à la vue d'une telle sévérité on aura peine à croire : qu'il ne nous est point arrivé de déshonorer notre sacerdoce par des prévarications qui aient mérité l'animadversion des lois : que ce n'est point notre infidélité qu'on punit : que la force seule aura pu nous arracher à nos fonctions, et que le vœu de les reprendre ne s'éteindra jamais dans nos cœurs.

« Mais ce vœu si naturel, vous ne l'entendrez, Messieurs, se produire que par des supplications ; et si nos concitoyens apprennent de nous combien sont sacrés les devoirs que nous impose la Religion, ils apprendront aussi avec quelle soumission elle nous commande de respecter l'autorité jusque dans son extrême rigueur. Rendus à la retraite, nous pourrons y gémir en liberté, mais nos gémissemens ne seront point des cris de discorde ; nous demanderons à Dieu deux choses qui seront l'objet de nos désirs les plus ardens : de voir se dissiper le nuage de deuil et de tristesse qui couvre l'église de France, et la patrie jouir de la paix et du bonheur qu'elle se promet de ses nouvelles lois.

« Rassurés par cette pureté de nos intentions et des motifs qui nous déterminent, nous vous prions, Messieurs, d'accueillir et d'insérer dans votre procès-verbal l'offre que nous vous faisons tous de continuer les mêmes fonctions, sans autre traitement que celui qui nous sera assigné ; déclarant que l'impossibilité absolue où l'on nous met de les remplir peut seule nous justifier à nos yeux.

« Cette déclaration, Messieurs, nous la devions à la religion: notre silence eut compromis ses intérêts ; nous la devions à nous-mêmes : on nous eut blâmés de n'être que de lâches déserteurs, on nous plaindra d'être obligés de céder aux circonstances ; nous la devions à nos concitoyens : nous n'aurons point tout perdu si leur estime se joint, pour nous consoler, au témoignage de notre conscience.

« Arrêté dans la salle capitulaire le trente et un décembre 1790. »

Suivent les signatures de tous les chanoines, à l'exception de celle de M. Teillay, absent pour cause de maladie. (a)

Afin de montrer à quel âge on entrait habituellement en religion, ou du moins quel âge avaient, lorsqu'ils firent leurs vœux, les religieux et les religieuses qui existaient en 1789, nous avons, toutes les fois qu'il nous a été possible, mis à côté de chaque nom la date de la naissance et celle de la profession. En compulsant et rapprochant ces dates, nous sommes arrivé aux résultats suivants. Sur cent religieux, trente ont fait profession avant l'âge de 20 ans, cinquante depuis l'âge de 20 ans jusqu'à 25 compris, et vingt après 25 ans jusqu'à 30 et au dessus. Sur cent religieuses, quinze ont fait profession avant l'âge de 20 ans, soixante-quatre de l'âge de 20 ans jusqu'à 25, et vingt et une au-dessus de cet âge. On voit que, pour la grande majorité, les professions sont faites par l'un et l'autre sexe depuis l'âge de vingt ans jusqu'à vingt-cinq.

Dans la plupart des communautés religieuses, dont les membres issus des diverses conditions sociales sont mêlés et confondus, soumis et obéissants à une

---

(a) Voyez OEuvres de l'abbé Bertin, tome II, p. 301. — C'est lui qui fut le rédacteur de cet acte plein d'une douloureuse fermeté chrétienne.

— Le lecteur aura remarqué certaine différence d'orthographe entre les deux déclarations qui précèdent, quoiqu'elles datent de la même époque. Cela tient à ce que la première est tirée d'une copie imprimée en 1790, et la seconde des œuvres de M l'abbé Bertin publiées en 1832. L'éditeur de celles-ci a substitué, selon la nouvelle méthode, l'a à l'o dans les imparfaits et autres mots. D'un autre côté, il a supprimé le t dans le pluriel des substantifs qui se terminent en ant ou ent, mode alors en vogue mais qui n'a pas persisté. On ne le retrouve guère aujourd'hui que dans la Revue des Deux Mondes, fidèle en cela aux traditions de ses fondateurs.

règle commune et formant une véritable famille, on aime à trouver de ces beaux noms qui ont fait la gloire de la France et l'honneur de la cité. C'est surtout dans les couvents de femmes que ces noms sont plus nombreux. Ainsi, on trouve à Amiens :

Chez les dames du Paraclet, les d'Inval de Saint-Martin, d'Incourt de Hangard, Boistel de Martinsart, de Lannoy, Bruhier d'Ablaincourt, Legrain du Breuil, Rocquigny de Rocquefort, Dervillez, Desprez, Lepage, Loisemant.

Chez les dames de Moreaucourt, les de Braine, de Berge, de Boubers, Lesage, Debray, Dequen, Candas.

Chez les dames de Saint-Julien, les de Monsures, de Noyelle, Tillette d'Acheux, Morgan, Frennelet, Choquet.

Chez les sœurs Grises, les de Monsures, de La Chaussée, Palyart, Cossette, Digeon.

Chez les Carmélites, les Chauvelin, Le Prince, Lendormi, Tranel, Pérache, Engramer.

Chez les Ursulines, les de Rougé, Leclercq de Bussy, de Saint-Riquier, du Souich, Dufresne, Jourdain, Leriche, Derveloy, Becquet, Vaquette.

Chez les Visitandines, les de Lannoy, de Couronnel, Witasse de Vermandovillers, l'Élu de Vermont, Belguise, de Court, Trépagne, Mille, Villin, Mollet.

A Abbeville :

Chez les dames d'Épagne et de Villancourt, les de Feydeau, de Préfontaine, Le Canu, Beauvarlet, Ducaurroy, Coulon, Frennelet.

Chez les Carmélites, les Tillette d'Acheu, Monflières, Buteux, Dumont, Sauvage.

Chez les Ursulines, les d'Hocquincourt, Brossart de Lomberval, Homassel, Poultier.

Chez les Visitandines, les Varlet de la Vallée, Boulanger du Hamel, Danzel, Carouge, Tassart, Œullio, Froissart.

A Montdidier :

Chez les Ursulines, les de Monchy, Leclercq de Bertonval, de Bonville, Ménager de Grandmaison, Guedé, Le Vavasseur.

A Bertaucourt (abbaye de Notre-Dame), les de Carondelet, de Jouenne d'Esrigny, Maressal, Marcotte, Beauchamp, Lesturgez, Dejoubert.

A Doullens (Abbaye de St-Michel), les de Monmonnier, Thorillon, Boullet, Balesdent.

Dans les communautés d'hommes, cet élément est moins marqué ; cependant, il est encore assez sensible dans certaines communautés séculières, telles que le Chapitre de la Cathédrale, celui de St-Vulfran d'Abbeville et les Caritables de Corbie. Que de familles, encore existantes de nos jours, se trouvent citées dans nos listes et peuvent y rencontrer des détails intéressants pour elles !

Tandis que la population des couvents diminuait, leurs revenus, comme ceux de tous les grands établissements religieux, s'accroissaient et prenaient une importance considérable, non pas comme autrefois par des dons importants, mais par l'effet de causes générales. L'agriculture avait fait, dans la seconde moitié du siècle dernier, de grands progrès, et le prix des fermages avait augmenté rapidement, dans de singulières proportions.

La division toujours croissante de la propriété rurale et la prolongation des baux, qui fut généralement portée à neuf années, furent deux causes qui agirent puissamment sur la progression constante des prix, comme l'a judicieusement fait remarquer notre honorable et savant collègue, M. le baron de Calonne, dans *la Vie agricole en Picardie et en Artois* (a).

Contraste singulier qu'il ne sera pas déplacé, croyons-nous, de signaler incidemment ici. A la fin du siècle dernier, la valeur de la propriété rurale et le prix des fermages allaient en s'accroissant ; à la fin de notre siècle, ils vont en s'amoindrissant. Ces grandes fluctuations se produisent toujours sous l'influence de causes variées que le fermier, « spéculateur prudent », ne manque pas d'apprécier à leur juste valeur.

Comme la fortune des grands établissements religieux consistait principalement en biens-fonds et en dîmes, ils participèrent largement à cette prospérité. Quant aux cures et autres petits bénéfices, ils n'y eurent part qu'en tant qu'ils possédaient des immeubles ou des dîmes ; ce qui fit que la plupart se trouvèrent appauvris par cette prospérité même, puisque le prix des denrées avait augmenté dans des proportions analogues.

Il est intéressant, au point de vue historique, de relever ici cette situation et de faire la comparaison des revenus aux deux époques, au moins pour quelques-uns des principaux établissements religieux du diocèse. Malheureusement nous n'avons pas, pour l'année 1789, comme on les possède pour 1730, des états de produits des bénéfices religieux dressés d'après des règles fixes, uniformes, contrôlés par une commission spécialement instituée et tout à fait compétente. Nous serions même privé de tout renseignement sérieux pour cette comparaison si,

---

(a) Pages 56 et 63. Paris, 1883, Guillaumin.

dans le but de déterminer les chiffres du traitement à allouer, d'après la loi (a), aux ecclésiastiques dépouillés de leurs bénéfices, l'Administration départementale n'avait été appelée à contrôler les déclarations de revenus produites par les titulaires, et par conséquent à les faire connaître par ses arrêtés. C'est donc en compulsant ses nombreux registres aux délibérations qu'il nous a été permis d'en découvrir beaucoup.

Ces arrêtés nous ont dit le contenu des déclarations, l'avis de la municipalité, celui du district, enfin le chiffre admis par le directoire du département comme base du traitement ou de la pension. Lorsqu'il s'agissait d'un grand établissement religieux, d'une abbaye, par exemple, la fixation du revenu réel se faisait assez facilement et régulièrement, à l'aide des baux et des écritures du comptable ; il ne pouvait guère y avoir de difficulté que sur l'appréciation du prix des grains, si le fermage était payé en nature et non en argent. Mais il n'en était pas de même lorsqu'il s'agissait d'un bénéficier individuel, d'un prieur, d'un curé, d'un chapelain. S'il avait tenu écriture, pour chacune des années, du produit du bien dont il jouissait, sans doute l'appréciation devait être basée sur la moyenne de dix années ; mais ce cas était assez rare. Le plus souvent ce bénéficier recueillait lui-même sa dîme et cultivait la terre de l'Église, sans compter, vivant du peu qu'il avait, au jour le jour. En pareil cas et, vu l'absence de règle, l'arbitraire dans les évaluations pouvait se donner libre cours. Aussi rencontre-t-on souvent une grande divergence soit entre les intéressés et l'administration, soit entre les autorités elles-mêmes consultées à divers degrés. Et bien des fois, il faut le dire, on sent dominer la pensée de restreindre autant que possible l'importance de la pension à allouer. Notre opinion sur ce point, née de l'étude des documents et des contradictions, se trouve confirmée en plus d'un endroit par des aveux formels. En voici deux exemples pris au hasard. A l'occasion de l'évaluation du revenu de la cure de Pertain, le directoire du département s'exprime en ces termes : « l'Administration n'a point de renseignements précis et exacts, et ne peut s'en procurer sans grandes difficultés. Elle croit devoir, pour baisser le revenu total porté en la déclaration du sieur curé, s'en tenir aux connaissances

---

(a) Le décret du 24 juillet 1790 sur le traitement du Clergé allouait, par son article 4, aux curés dont le revenu excédait 1,200 livres, d'abord cette somme, puis la moitié de l'excédent, pourvu que le tout ne fût pas supérieur à 6,000 livres ; et, par l'article 10, aux abbés, prieurs, chanoines et tous autres bénéficiers quelconques dont les revenus n'excédaient pas 1,000 livres, lesdits revenus sans réduction, et s'ils excédaient ce chiffre, d'abord cette somme et ensuite la moitié du surplus, sans que le tout pût aller au delà de 6,000 livres.

qu'elle a sur le produit des terres de ce pays. » — Ailleurs, en parlant des revenus de la cure de Vaux-lès-Amiens, le rapporteur en l'assemblée du district dit : « il est constant que la réduction proposée par la municipalité de Vaux n'a eu d'autre but que de priver le sieur curé d'un traitement au-dessus de 1200 livres, dans la seule crainte de supporter plus d'impôts, et que cette municipalité n'a pas pris les renseignements nécessaires pour former sa réponse. » (a)

Au milieu du conflit trop fréquent des autorités, nous avons cru sage d'adopter celui des chiffres de revenu mis en question qui nous a paru approcher le plus de la vérité, selon les circonstances, et surtout le chiffre sorti de la moyenne des produits de dix années, quand le titulaire en a fait la production. Le revenu de chaque bénéfice sera indiqué à la suite de son titre, toutes les fois qu'il nous sera connu. Malheureusement il manque trop souvent, soit que le titulaire n'ait pas réclamé de pension, soit que le document ait été détruit ou bien ait échappé à nos recherches. Néanmoins, nous croyons faire œuvre utile en publiant ceux connus, ne fût-ce que pour aider aux appréciations.

Voici un tableau comparatif, dressé d'après les baux et les évaluations du temps, des revenus d'un certain nombre de bénéfices, aux deux époques indiquées, et de leur rapport avec notre monnaie actuelle, d'après les recherches de M. Leber sur le pouvoir de l'argent aux diverses époques de notre histoire (b) et les judicieuses observations de M. de Foville dans l'*Économiste français*. (c)

(*Voir le Tableau au verso*).

(a) Archives du département. Registre aux délibérations du directoire du département, 4ᵉ bureau, séances des 13 octobre 1791 et 13 avril 1792.

(b) *Essai sur l'appréciation de la fortune privée au moyen-âge*, 1847.
(c) Livraison du 3 mars 1877, p. 273.

TABLEAU COMPARATIF DES REVENUS

TITRES DES BÉNÉFICES	DE 1730.		DE 1789.	
	Selon les baux et les évaluations.	Valeur en 1889.	Selon les baux et les évaluations.	Valeur en 1889.
Évêché et manse abbatiale unis . . .	9.838 liv.	26.562 fr.	39.780 liv.	107.406 fr
Chapitre de la Cathédrale . . .	40.263	108.710	267.172	721.364
Université des Chapelains de la Cathédrale.	7.668	20.703	35.092	94.748
Chapitre de St-Martin d'Amiens (St-Firmin et St-Nicolas réunis.) . .	4.730	12.771	18.487	49.414
Chapitres de : Picquigny	4.232	11.426	12.861	34.724
Vinacourt	3.080	8.316	8.698	23.484
Noyelle-sur-Mer . . .	1.179	3.183	5.810	15.687
Gamaches . . .	1.471	3.971	6.017	16.245
Fouilloy.	2.306	6.226	9.663	26.009
Prieurés simples de . Davenescourt .	2.144	5.788	13.627	36.792
Poix (St-Denis) . . .	2.256	6.091	8.872	23.954
Canchy lès Pont-Remy .	1.855	5.008	6.095	16.456
Prieurés conventuels : d'Abbeville, manse conventuelle. .	4.748	12.819	12.000	32.400
de Lihons, m. c. . . .	4.459	12.039	12.000	32.400
Abbayes d hommes : le Gard, m. c.	8.178	22.080	18 061	48.764
St-Fuscien, m. c . .	2.927	7.902	5.314	14.347
Abbayes de femmes : Le Paraclet .	3.178	8.580	19.886	53.692
Bertaucourt. . . .	8.006	21.616	21.600	58.320
St-Michel à Doullens .	2.200	5.940	10.150	27.405
Couvents d'Amiens : Carmélites . . .	1.340	3.618	12.142	32 783
Ste-Élisabeth	2.500	6.750	3.550	9.585
St-Julien.	2.084	5.626	10.413	28.115
la Visitation . . .	3.902	10.535	12.449	33.612

Dans les 7668 livres, importance du revenu des chapelains porté ci-dessus, entrait le produit de 43 maisons pour 3885 livres. Le directoire du département a pris soin précisément de faire la distinction du revenu particulier de ces maisons, qu'il a constaté être de 7,945 livres ; ce qui montre que le prix de location des habitations avait doublé en soixante ans à Amiens. (a)

L'augmentation, on le voit, est grande pour tous, mais elle ne s'est pas faite dans les mêmes proportions pour chacun. Cela tient à la nature des biens et surtout à celle des redevances (b), peut-être aussi à des circonstances particulières ou locales qu'il n'est guère possible de reconnaître aujourd'hui. Une remarque encore, c'est que, comme le montre notre tableau, la plus-value des loyers a été beaucoup plus considérable, dans la seconde moitié du xviii° siècle, que ne l'estime M. le baron de Calonne (c).

Nous avons montré ailleurs (d) que le total des revenus des bénéfices du diocèse d'Amiens s'élevait à 1,033,580 livres en 1730. Ce chiffre mis à sa valeur en 1789, d'après les données qui viennent d'être indiquées, équivalait à 2,790,666 livres. En voici le détail par groupe d'établissements de même nature.

TABLEAU SYNOPTIQUE DES REVENUS.

TITRES DES BÉNÉFICES.	EN 1730.	Valeur en 1789.
L'Évêché, avec la manse abbatiale de St-Martin aux Jumeaux, unie	9.838 liv.	26.562 liv.
Le Chapitre de la Cathédrale, avec ses dignités	40.263	108.710
L'Université des Chapelains de la Cathédrale	7.668	20.703
Les quatorze autres chapitres du diocèse	49.247	132.967
Les Abbayes d'hommes (20), prieurés conventuels (2) et autres communautés	386.717	1.044.135
Les Abbayes et couvents de femmes (26)	60.693	163.871
Les Chapelles, prieurés simples et prévôtés	101.073	272.897
Et les 777 cures, avec les 18 personnats.	378.081	1.020.819
TOTAUX.	1.033.580	2.790.664

(a) Registre aux Avis du Directoire sur les pensions ecclésiastiques, p. 201. Archives du département.

(b) Ainsi le chiffre des censives ni celui des rentes perpétuelles ne pouvaient changer ; d'un autre côté, le prix de location des habitations n'avait pas augmenté d'une manière aussi prononcée que celui des biens ruraux.

(c) Ouvrage cité, page 73.

(d) Bénéfices de l'Eglise d'Amiens, II, 375.

Par le fait de l'augmentation du prix de location, le revenu réel des biens de l'Église était plus important encore. On en peut juger par les exemples du premier tableau qui précède ; mais il est regrettable que l'absence de renseignements pour un bon nombre de bénéfices ne nous ait pas permis de faire la comparaison pour tous.

Signalons, à ce sujet, aux travailleurs qui s'occupent d'économie politique une mine de documents propres à faire voir par le détail et d'une manière évidente, sur tous les points de notre contrée picarde, la progression du revenu des biens de l'Église dits de *main-morte* (a), et cela à trois époques distinctes des soixante dernières années qui ont précédé la Révolution. On trouve aux Archives du département de la Somme : 1° les déclarations et états authentiques des biens et revenus du Clergé du diocèse, faites de 1727 à 1730 par les bénéficiers, en exécution d'une délibération de l'Assemblée générale du Clergé de France, datée du 26 décembre 1726, confirmée par arrêt du Conseil du Roi, suivi de lettres patentes données à Versailles le 15 juin 1727, (b) ; 2° les Relevés des biens de main-morte, faits sur leurs registres par les contrôleurs en 1759 (c) ; 3° et les baux produits ou énoncés lors des ventes des biens confisqués dits nationaux. Montrons le parti qu'on peut en tirer. Nous savions que le chapitre de Gamaches avait en 1730 un revenu de 2,051 livres, le relevé du contrôleur constate qu'en 1759 il s'élevait à 2,625 livres, et enfin le chiffre reconnu en 1789 est de 6,017 livres.

Voici un autre exemple de la progression rapide qui nous occupe. Le produit des biens de fondation du Collège d'Amiens qui avait été érigé en bénéfice, se trouvait être en 1730 de 2,253 livres, en 1762 il était de 2,688 livres, et en 1789 de 4,526 livres. Nous ne mêlons pas, bien entendu dans ces chiffres le produit de divers et nombreux bénéfices qui, dans la suite, furent unis au collège, non plus que les accroissements provenus soit de donations manuelles ou autres, dont on ne trouve pas d'ailleurs la preuve écrite, soit des économies successives

---

(a) On les nommait ainsi parce que, ne changeant pas de mains, le droit fiscal dû au seigneur à chaque mutation de vassal ne pouvait plus avoir lieu. Mais on pourvut à cet inconvénient en faisant choix d'une personne sur la tête de laquelle la propriété était censée reposer et, à sa mort, les droits et devoirs de vassal étaient acquittés. Delà le nom d'homme vivant et muo-rant donné à cette personne.

(b) Nous les avons utilisés, comme on le sait, pour la confection des *Bénéfices de l'Eglise d'Amiens*.

(c) Ces relevés furent faits en exécution d'une lettre de l'Intendant de Picardie, du 1er septembre 1759. (Archives départem.)

faites sur les revenus. Tout cela dut être considérable, à en juger seulement par les produits que nous avons pu trouver de quelques-uns de ces bénéfices unis (a). Nous les dirons aux *Notes finales* (3), pour ne pas trop surcharger de détails le présent chapitre. A notre humble avis, et le lecteur en jugera, leur importance suffirait encore aujourd'hui à pourvoir un grand externat (tel était l'ancien collège), dans lequel l'instruction secondaire serait donnée, comme autrefois, gratuitement aux élèves de la cité.

Les progrès de l'agriculture et par conséquent l'augmentation des produits du sol, avaient nécessairement pour corollaire un accroissement de bien-être et d'aisance dans les campagnes. Aussi se sent-on pris d'un doute légitime à l'endroit de la peinture que l'on a faite parfois de la misère de ces temps-là. Assurément il y eut des années malheureuses, résultat des intempéries des saisons ou de la guerre ; mais c'était une gêne qui n'affectait que momentanément la situation générale. Le lecteur nous pardonnera cette petite digression amenée tout naturellement par le sujet qui nous occupe.

La richesse mobilière des églises paroissiales et surtout des communautés religieuses était aussi très considérable. Les éléments nous manquent généralement pour la reconstituer ; mais nous donnerons *passim* aux *Notes finales* les détails de quelque importance que nous avons pu découvrir. Nous ne mentionnerons pas les cloches (b), ni les ornements destinés aux prêtres et aux autels, qu'on ne s'est pas occupé de décrire minutieusement dans les inventaires officiels : on s'est borné à en dire le nombre et le nom. En ce qui regarde les vases sacrés, reliquaires et autres objets en or, en argent ou en cuivre, à l'usage du culte, la constatation de la matière et parfois de leur poids peut en faire apprécier la grande valeur, abstraction faite de celle pouvant résulter du travail artistique. Parfois cependant une description plus détaillée vient exciter des sentiments de regret et d'indignation. On n'a guère observé les prescriptions d'une instruction donnée le 20 mars 1791 par les comités réunis de l'administration ecclésiastique et de l'aliénation des biens nationaux, qui défendait de fondre les objets dont le prix de façon surpassait ou même égalait la matière. Elle exigeait aussi la conservation de tout monument précieux par la beauté du travail ou bien antérieur au XIIIe siècle. Mais l'*auri sacra fames* l'emporta sur les conseils de la

---

(a) Voy. *les Écoles et les Collèges du diocèse d'Amiens*, p. 157.

(b) Le lecteur curieux de quelques détails sur le sort des cloches, pourra consulter *Amiens et le département de la Somme pendant la Révolution*, tome II, pages 291 et suivantes.

raison. Si du moins tout le prix des biens confisqués était entré dans les coffres de l'Etat et avait servi à combler le déficit de ses finances ! Mais non. Si la profondeur du gouffre était immense, d'un autre côté, le désordre et les détournements de la part de fonctionnaires, audacieux et avides dilapidateurs, furent incalculables. Un témoignage irrécusable c'est le rapport fait, à ce sujet, par Cambon à la Convention nationale, dans sa séance du 12 brumaire an III (2 novembre 1794). « Je ne doute pas, dit-il, qu'il y ait eu la plus grande dilapidation..... Comme aucun ordre n'était établi soit pour extraire cette argenterie (des églises), soit pour le transport, on n'a pas manqué d'en détourner beaucoup..... » Il conclut en ces termes : « Je demande que chaque commune fasse passer le procès-verbal de l'argenterie des églises, avec l'indication des personnes qui l'ont enlevée. Par ce moyen l'on connaîtra tous les fripons et tous les dilapidateurs de la fortune publique (a). » En ce qui concerne particulièrement notre diocèse, nous pourrions citer plus d'un fait notoire de détournement, mais qu'il nous suffise de rappeler ici comment Jacques Petit, membre du Conseil général du département, investi de toute la confiance d'André Dumont, représentant du peuple, trébucha, ébloui par l'or et les richesses qu'il avait eu mission de confisquer : ce qui lui valut une condamnation à vingt années de fers (b).

Ainsi cette immense fortune qu'avaient léguée ou donnée à l'Église, dans le cours d'une longue suite de siècles, de riches et généreux bienfaiteurs jaloux d'entretenir la pompe religieuse du culte et d'assurer le bien-être et l'indépendance du clergé, tout en imposant des prières pour leurs âmes, est devenue un jour la proie de quelques hommes avides, quand elle n'a pas été jetée et dispersée aux quatre vents de la spéculation.

Si nous nous étions arrêté à ce qui concerne l'ancien diocèse d'Amiens, notre œuvre eut manqué d'intérêt pour certains lecteurs, pour les ecclésiastiques eux-mêmes, par cela surtout que le diocèse de 1789 différait beaucoup de celui actuel. En effet, il était borné, comme nous l'avons dit ailleurs (c), vers l'ouest par la Manche, au Nord par la Canche jusqu'à Hesdin, et ensuite par une ligne tortueuse passant à l'Est derrière Doullens, Mailly, Albert, Lihons, Roye, au Sud derrière Montdidier, au devant de Breteuil, sous Grandvilliers et Formerie, pour remon-

---

(a) Moniteur universel du 15 frimaire an III (5 novembre 1794), page 195. Ce rapport est à lire tout entier.

(b) Amiens pendant la Révolution, II, 242.
(c) Bénéfices de l'Eglise d'Amiens, I, ix.

ter, avec quelques sinuosités, vers St-Germain-sur-la-Bresle, rivière dont elle suivait ensuite le cours jusqu'à la mer, entre Tréport et Mers.

L'Assemblée nationale, en constituant le département de la Somme, et par conséquent le nouveau diocèse d'Amiens, (a) donna à celui-ci une circonscription toute différente de l'ancienne. On retrancha d'une part 192 localités, dont 117 paroissiales avec leurs 21 secours et 54 autres dépendances, tant prises dans le Beauvoisis qu'englobant le doyenné de Montreuil tout entier. D'autre part, on ajouta au nouveau diocèse (département) 264 localités, dont 126 paroissiales, avec leurs secours et autres dépendances, au nombre de 138, prises en grande partie sur les diocèses d'Arras et de Noyon. Cette mesure, fâcheuse à plusieurs points de vue, eut pour effet immédiat de troubler singulièrement les habitudes et les relations des populations intéressées, groupées ensemble depuis de longs siècles.

On peut croire que si nos lecteurs et surtout les ecclésiastiques exerçant dans le diocèse actuel prenaient de l'intérêt aux détails qui concernent les paroisses retranchées, ils éprouveraient quelque regret de n'y rien rencontrer au sujet de celles ajoutées. Cette considération nous a amené à donner la nomenclature de ces paroisses et de leurs dépendances, avec les mêmes détails sur les divers établissements religieux et le personnel. De cet ensemble se trouvera donc formé un tableau topographique complet, tant de l'ancien que du nouveau diocèse.

Nous avons marqué d'un astérique [*] les paroisses et leurs dépendances éclissées (b) de l'ancien diocèse, afin qu'elles soient distinguées par le lecteur à simple vue. Une note finale dira à quelles mines nous avons puisé pour constituer notre œuvre. Elle épargnera au lecteur et à nous l'ennui de nombreuses références qui embarrasseraient chaque ligne, pour ainsi dire.

Instruire et intéresser sur les choses de notre passé religieux : tel est notre but. Sera-t-il atteint ? Faxit Deus !

(a) Décret du 22 décembre 1789 prescrivant la division du royaume en départements. — Décret du 4 mars 1790, qui met le précédent à exécution.

(b) Ce mot nous parait le seul qui exprime exactement le fait, puisqu'il s'agit d'une déchirure par éclats, par parcelles du tronc de l'antique église d'Amiens.

PREMIÈRE PARTIE.

VILLE D'AMIENS.

ÉVÊCHÉ.

Le siège est occupé par Monseigneur Louis-Charles de MACHAULT (4), abbé des abbayes de St-Martin aux jumeaux et de Valloires. Il en a pris possession au mois de juin 1774.

Revenus des biens propres de l'Évêché et de ceux de la manse abbatiale de St-Martin unie . .   39,780 livres.

CHAPITRE DE LA CATHÉDRALE. (5)

La date qui précède le nom du chanoine est celle de sa nomination ; la date qui suit la dignité marque la prise de possession de celle-ci.

Les dignitaires sont inscrits selon leur rang, les autres suivant l'ordre chronologique de leur nomination.

Chanoines prêtres.

1741. DE LESTOCQ, Adrien-Antoine (6), doyen, 1750.
1774. DE DOUAY DE BAISNES, Sébastien-Fidèle, archidiacre d'Amiens, 1778.
1756. DARGNIES, Nicolas (7), archidiacre de Ponthieu, 1778.
    MIGNOT, Jean-Baptiste (8), prévôt (9), 1780.
    SÉGUIN DE PAZZIS (10), Maximien-Roch, chancelier, 1788.
1774. DESJOBERT, Charles-Philippe (11), licencié en droit civil et en droit canon (*in utroque jure*), préchantre, 1786.
1777. O'MELLANE, Eugène, chantre, 1783.

*Louis Charles de Machault,
Eveque d'Amiens,
Abbé Commandataire
de Valloire, &c. &c.*

1762. Tayot, Jean-François, écolâtre, 1781.
Aubé, Jacques-Guillaume, pénitentier, chanoine théologal.
1728. Joiron, François-Xavier, ex-chantre, 1761. — Dans le cours de l'année 1789, il est mis au rang des vétérans et honoraires.
1745. Pingré, Emmanuel-Jean-Baptiste-Victor (12).
1746. Roussel, François.
1750. De Bonnaire, Martin.
1751. Bigorne, Jean-Charles (13), docteur en Sorbonne.
1754. Lemarchant, Nicolas-François.
1755. Ducastel, Louis-Nicolas.
1756. Lesellyer, Pierre.
1757. Guénée, Antoine.
1758. De Laire, Jean-Jacques-François.
1762. Du Gard, Pierre-Jacques (14).
1764. Dutilloy, Charles-Gui (15).
1764. Prévost de Montaubert, Gabriel (16).
1765. Gorguette, Pierre-Gilbert-Joachim (17).
1765. Caron, François. bachelier en théologie de la faculté de Paris.
1766. Haudicquer, Pierre-Damien.
1768. Gallas, Claude-Hubert (18).
1775. Navières, Jean-Baptiste.
1777. Rabardel, André.
1778. Le Caron de Varennes, Augustin-Marie-François de Paule, vicaire général du diocèse.
1780. Lange, Charles-François-Toussaint.
1781. Liquois de Beaufort, François-Antoine, licencié en théologie de la faculté de Paris, vicaire général du diocèse.
1782. Rose, Jean-Baptiste. syndic (19).
1783. Poujol, Claude-François-Florimond.
1783. Gorguette, Charles (20).
1783. Lallart, Jean-Baptiste.
1784. Ranchon, Mathieu.
1785. Ferris, Richard.
1785. Lenoir, Nicolas-François (21).
1786. Dequen, Jean-François, titulaire de la 1re prébende théobaldienne (22).
1786. Buignet, Charles, titulaire de la seconde (23).

1786. Fieffé, Marie-Jean-Baptiste.
1786. Damonville, Charles-Marin (24).
1789. Joiron, Charles-Joseph-Alexandre (25). — Il succède le 24 juillet de cette année, à la prébende de son parent susnommé, mis au rang des honoraires.

> Nota. — Les deux prébendes attribuées à des réguliers étaient tenues par Cornet, religieux de l'Abbaye de St-Martin aux jumeaux, et Revoir, religieux de l'Abbaye de St-Acheul.

Chanoine sous-diacre.

1783. Tranel, Jean-Paul, titulaire de la 3ᵉ prébende théobaldienne (26).

Chanoines clercs.

1784. Lucet, Jean-Charles (27).
1789. Jomare. — Il succède le 31 août à la prébende de N.

Chanoines vétérans et honoraires.

1754. De Rafolis de Saint Sauveur, Charles-Joseph-Marius, ancien archidiacre d'Amiens, maintenant évêque de Tulle.
1747. De Richery, Charles-François.

Chanoines vicariaux.

1764. Bondu, Pierre-François ; titulaire de la 1ʳᵉ prébende (28).
1778. Lagache, Eloi-Adrien ; titulaire de la 2ᵉ. — Mort en 1789. — Clairentin, Jean-Baptiste, lui succède, le 30 Octobre.
1778. Masson, Jean-François ; titulaire de la 3ᵉ prébende.
1788. Démanché, Jean-Domice-Benjamin, prêtre ; titulaire de la 4ᵉ prébende.

Revenus de la manse capitulaire	248,739 livres.
des dignités et des prébendes	18,433 »
Total.	267,172 livres.

UNIVERSITÉ DES CHAPELAINS DE LA CATHÉDRALE (29).

LISTE NOMINATIVE DE SES MEMBRES.

Asselin, Jean-Baptiste (30).
Asselin, Louis-Joseph, prêtre.
Asselin, Pierre.
Baslin, Jean-Baptiste, clerc tonsuré, chantre de la Cathédrale.
Benoit, Nicolas, curé de St-Maurice-lès-Amiens ; membre de la communauté primitive des chapelains.

Béthy, Louis-Hugue, prêtre du diocèse de Macon.
Bondu, chanoine vicarial de la Cathédrale.
Bordeaux, Jean-Baptiste. clerc tonsuré, né le 27 août 1759.
Bourque, Joseph-Charles.
Brasle, Jacques.
Coquerelle, Honoré, prêtre.
Coquerelle, Pierre, prêtre.
Daire (31).
Decoisy, Louis-Mathias.
Decoisy, Michel-Victor, chanoine de St-Nicolas.
Démanché, chanoine vicarial de la Cathédrale.
Degouy, Pierre-Joseph, clerc tonsuré.
Denisot, Louis-Joseph, prêtre.
De Sargus, Pierre-François-Xavier, prêtre.
Desjardins, Jean-Baptiste, chanoine de St-Nicolas.
Dessolles, Louis-François-Maximilien, membre de la communauté des chapelains de la primitive fondation.
Devisme, Jean-Baptiste-Joseph, clerc tonsuré, né le 4 juin 1764.
Dinocourt, Jean-François, prêtre.
Douchet, Pierre-François, prêtre, chanoine de St-Nicolas.
Duminy.
Duques, Jacques.
Evrard, Jean-Antoine-Théodore, clerc tonsuré.
Fertel, Pierre-Honoré-François, prévôt de la Communauté et Université des chapelains, curé de la paroisse St-Sulpice d'Amiens.
Fouquerel, Firmin-Joseph (32).
Gaudière, Nicolas, prêtre.
Guibet, Honoré, prêtre.
Hareux, Pierre-Léon, curé de St-Remi d'Amiens.
Honoré.
Huette, Pierre.
Jérosme, Claude.
Joiron, Marie-Joseph-Alexandre, prêtre.
Lagache, chanoine vicarial de la Cathédrale.
Laurent, Jean-Baptiste-Augustin, prêtre, ancien curé d'Englebelmer.
Laurent, Paul-Henri, curé de Bovelles.

Lefebvre, Pierre-Paul, prêtre.
Legendre, Charles-François, prêtre (33), procureur de l'Hôtel-Dieu.
Lejeune, Pierre-Antoine, prêtre (34).
Lender, Dominique, maître de la musique.
Lenfant, Antoine-Adrien, chanoine de St-Firmin-le-Confesseur, membre de la communauté des chapelains de la primitive fondation.
Lepage, Firmin-Nicolas.
Le Picard, Gilbert-Marie (35), curé de Bouvincourt (St-Hilaire).
Lévêque, Jean-François-Louis, prêtre, à Amiens.
Lucas, Pierre-Joseph, prêtre (36).
Martin, Joseph (37), ancien curé de Guyencourt et Estrées.
Masson, chanoine vicarial de la Cathédrale.
Mercier, Augustin-François, docteur de Sorbonne, vicaire de la paroisse St-Séverin, à Paris, titulaire de la chapelle de St-Claude, à Montières-lès-Amiens.
Monmert.
Nicaisse, Pierre, dit Walon.
Paré, Antoine-Hippolyte, prêtre, aussi membre de la communauté des chapelains de la primitive fondation.
Quentin, Antoine-Claude, prêtre.
Quignard, Michel-Louis, bachelier en droit, curé de St-Firmin en Castillon, prévôt de la communauté des chapelains de l'ancienne et primitive fondation, titulaire de la chapelle de St-Jean-Baptiste de la primitive fondation.
Quignon, Charles-Léonor, prêtre, titulaire d'une chapelle de St-Jean-Baptiste, *retro chorum* (38).
Reynard, Antoine-Joseph, professeur émérite de philosophie du collège d'Amiens, demeurant à Paris.
Triboulet, Julien-Nicolas, chanoine de St-Nicolas.
Visière, Jean-Baptiste, clerc tonsuré.
Voclin, Jean-Baptiste-Remy, prêtre, chanoine de St-Nicolas, membre de ladite communauté de la primitive fondation.

Revenus de la manse primitive . . . . 387 livres.
de la manse commune . . . . 34,705 »
Total. . . . . . 35,092 livres.

CHAPELLES DE L'UNIVERSITÉ.

Ces chapelles étaient au nombre de 64. Mais l'une de celles dédiées à St-Jean-Baptiste, celle dédiée à St-Pierre et celle dédiée à St-Paul, avaient été unies à l'ancienne Trésorerie, depuis 1648. Plusieurs autres n'avaient pas de gros particulier, mais seulement leur part dans la manse commune (a).

Suivent les vocables et leurs titulaires.

Ste-Agnès. Titulaire : Reynard, Antoine-Joseph. Revenu : 30 livres.
St-Augustin. 4 Titulaires : Triboulet. R. 308 liv. Fertel. R. 752 liv. Lévêque. R. 150 liv. et N.
St-Eloi. Titulaire : Martin. R. 405 liv.
St-Etienne. 5 Titulaires : Quentin. R. 822 liv. Laurent, Paul-Henri, et N N.
St-Honoré. 4 Titulaires : Decoisy, Michel-Victor. R. 400 liv. Hareux. R. 958 liv. Evrard, Jean-Antoine-Théodore. R. 196 liv. et N.
St-Jacques-le-Majeur. 3 Titulaires : Nicaisse dit Wallon. R. 367 liv. Decoisy, Louis-Mathias. R. 98 liv. et Le Picard. R. 606 liv.
St-Jean-Baptiste (*retro chorum*). 4 Titulaires : Laurent, Jean - Baptiste-Augustin. R. 3 liv. Benoit. R. 1,038 liv. Paré. R. 865 liv. Quignard. R. 816 liv.
St-Jean-Baptiste. 4 Titulaires : Lenfant. Coquerelle, Pierre. R. 310 liv. Guibet. R. 330 liv. et Béthy. La cinquième est unie à la Trésorerie.
St-Louis. Titulaire : Douchet. R. 605 liv. — La seconde est aussi unie à la Trésorerie.
Ste-Marguerite. 2 Titulaires : Jérosme. R. 260 liv. et Legendre. R. 170 liv.
St-Nicolas. 3 Titulaires : Lucas. R. 260 liv. Bourque. R. 301 liv. et N.
St-Nicolas-des-Clercs. 2 Titulaires : Masson. R. 920 liv. et N.
Notre-Dame-Anglette. 2 Titulaires : Dessolles. R. 300 liv. et Daire.
Notre-Dame-de-l'Aurore. 3 Titulaires : Asselin, Louis-Joseph. R. 881 liv. Dinocourt. R. 709 liv. et Lefebvre. R. 709 liv.
Notre-Dame-des-Primes. 2 Titulaires : N. et N.
St-Paul : unie à la Trésorerie.
St-Pierre : aussi unie à la Trésorerie.
St-Pierre et St-Paul. 2 Titulaires : Voclin. R. 1,674 liv. et Devismes. R. 300 liv.

(a) Cf. *Bénéfices de l'Église d'Amiens*, I, 48, 49, 51, 59 et 62.

St-Quentin. 6 Titulaires : Asselin, Jean-Baptiste. R. 280 liv. Duminy. R. 415 liv. Desjardins. R. 280 liv. Bordeaux. R. 348 liv. Lender. R. 755 liv. et Visière. R. 500 liv.

St-Quentin-des-Meurtris. 4 Titulaires : Bondu et Degouy. R. 1,107 liv. Les deux autres sans revenus.

Rouge-Pilier (du). 2 Titulaires : Coquerelle, Honoré. R. 350 liv. et N.

Vert-Pilier (du). Titulaire : Mercier. R. 200 liv.

St-Fiacre, St-Nicaise et St Maur (ou plutôt St-Maurice). 4 Titulaires : Lejeune. R. 252 liv. Demanché. R. 453 liv. De Sargus. R. 140 liv. et Galdière. R. 336 liv.

CHAPELLES QUI N'ÉTAIENT PAS DE L'UNIVERSITÉ.

Annonciation de la Ste-Vierge. 2 Titulaires : Hourier, Jacques-Philippe, prêtre, demeurant à Mailly. R. 60 liv. et N.

Ste-Brigitte (39). Titulaire : N.

St-Domice. Titulaire : N.

St-Eloi. Titulaire : Asselin, Louis-Joseph, prêtre. R. 714 liv.

St-Jean l'Evangéliste. Titulaire : Roux, Charles-François, prêtre (40). R. 335 liv.

St-Jean-Baptiste, dite de Chaulnes. Titulaire : Morel, prêtre. R. 310 liv.

St-François de Sales (41). Titulaire : Decaix.

De Maxilla. Titulaire : N.

CHAPITRE DE ST-MARTIN.

Union des Chapitres de St-Firmin le confesseur et de St-Nicolas. (42)

Decoisy, Michel-Victor, prévôt.

Desjardins, Jean-Baptiste, prêtre (43).

Douchet, Pierre-François, prêtre (44).

Palyart, Jean. — Mort en 1789 et remplacé par Tripier, Louis Eloi, prêtre (45).

Bernault, Jean-Baptiste-Félix.

Triboulet, Julien Nicolas (46), prêtre.

Voclin, Jean-Baptiste-Remi, prêtre, sous-secrétaire de l'évêque d'Amiens (47).

Basseville.

Tous du Chapitre de St-Nicolas. R. 10,324 liv.

Bellencourt, Charles, prêtre.

Grenet, François-Joseph, prêtre, prévôt (48).
Hubault, prêtre.
Lenfant, Antoine-Adrien, prêtre (49).
Darras, Jean-François, prêtre (50).
Jérosme, Amédée.
    Ces six derniers du Chapitre de St-Firmin. R. 8,163 livres.

PRIEURÉ DE ST-DENIS.

Ce bénéfice, uni depuis longtemps au Collège des PP. Jésuites, a cessé d'exister alors que ses biens furent sécularisés au profit du nouveau collège, par lettres-patentes du Roi, données à Versailles le 28 novembre 1767. (a)

PAROISSES DANS LA VILLE (51).

Notre-Dame, en la cathédrale.

Le doyen du Chapitre en était curé-né et faisait faire la desserte par le prêtre qui lui convenait. Il n'y avait pas de revenus.

St-Firmin-le-Confesseur. R. 1380 liv.

Curé : Brandicourt, Pierre-Simon, bachelier en théologie de l'Université de Paris (52), né le 30 décembre 1743.
Vicaire : Lévêque, Jean-François-Louis, chapelain de la cathédrale.

St-Firmin-le-Martyr. ou en Castillon. R. 1333 liv.

Curé : Quignard, Michel-Louis, bachelier en droit (53).
Vicaire : Caullier, Charles-Antoine (54).

St-Firmin-a-la-Porte, ou a la pierre.

Curé : Roussel, Nicolas (55).
Vicaires : Leclercq, Pierre-Léonor, chapelain de la cathédrale, et Goupy, Augustin.

St-Germain-l'Écossais. R. 1186 liv.

Curé : Dutilloy, Charles-Guy, chanoine d'Amiens, official du diocèse, gérant en cette qualité ladite cure vacante par la mort de M. Lupart, Jean-Honoré, religieux prémontré.

(a) Cf. *Les Écoles et les Collèges du diocèse d'Amiens*, § IX. — Cette remarque est applicable aux autres bénéfices unis, qui seront notés au cours de ce travail.

Vicaire : LEGRY, Jean-Baptiste-Joseph-Firmin.

ST-JACQUES. R. 1177 liv.

Curé : ROUSSEL, Jean-Gabriel, bachelier en théologie de la Faculté de Paris (56).
Vicaires : HUETTE, Pierre, chapelain de la cathédrale, et LEMAIRE, Pierre-Philippe.

ST-LEU. R. 1385 liv.

Curé : DUFRESNE, Pierre (57).
Vicaire : GODART, Jacques.

ST-MARTIN-AU-BOURG. R. 1301 liv.

Curé : PALYART, Honoré (58).
Vicaires : FOURNIER et LHULLIER.

ST-MICHEL.

Curé : DUMINY, Alexandre-Victor (59).
Vicaires : BAILLET, Adrien-Luglien et VASSE, François-Henri.

ST-REMI.

Curé : HAREUX, Pierre-Léon (60).
Vicaire : FOUQUEREL, Firmin-Joseph.

ST-SULPICE.

Curé : FERTEL, Pierre-Honoré-François (61).
Vicaire : CODEVELLE, Jean-Baptiste-Guislain.

PAROISSES DANS LES FAUBOURGS.

ST-MAURICE. R. 1008 liv.

Curé : BENOIT, Nicolas (62).

ST-PIERRE. R. 700 liv.

Curé : DECLAYE, Jean-Charles-Joseph (63).
Vicaire : BOURY, Pierre-François.

ST-JEAN-BAPTISTE, *prieuré-cure*, au PETIT-ST-JEAN, *dans la banlieue*. R. 700 liv.
Curé : DEBONNAIRE.

COMMUNAUTÉ ET CONGRÉGATION DES CURÉS D'AMIENS (64).

Ses biens et revenus étaient divisés en deux parties distinctes : d'abord ceux provenus de l'ancienne et primitive communauté, qui produisait . 387 livres. Ensuite tous les autres produisant . . . . 3,708 livres.

Ecclésiastiques habitués ou domiciliés dans les paroisses de :

Notre-Dame-en la Cathédrale : MM. ASSELIN, Jean-Baptiste, faisant les fonctions de curé de la paroisse (65) ; LEJEUNE, Pierre-Antoine, faisant les fonctions de diacre ; COQUERELLE, Honoré, faisant les fonctions de sous-diacre en ladite paroisse ; LEFRANC (66) ; VAREMBAULT, Pierre : tous prêtres.

St-Firmin-le-Confesseur : MM. MARTIN, Nicolas-François ; MORVILLEZ, Gui-Charles-Remi ; BOULET, François-Valentin ; LOZÉ, Pierre-Jean-Baptiste-François ; PELLETIER, Louis-François : tous prêtres ; et BIARD, François-Isidore, diacre.

St-Firmin-le-Martyr : MM. TOULET, Jean-Baptiste-Augustin, prêtre, diacre d'office de cette paroisse ; DE CAISNE, Jean-Philippe, prêtre, sous-diacre de cette paroisse ; HÉNIN, Nicolas-Antoine, sous-diacre de la paroisse.

St-Firmin-à-la-Porte : MM. DERIVERY, Jean-François, prêtre, diacre d'office de cette paroisse ; DELAPORTE, Jacques-Philippe, sous-diacre de la paroisse.

St-Germain : MM. HOUSSART, Jean-Baptiste, prêtre, diacre d'office de cette paroisse ; FRÉVILLE, Louis-François, prêtre (67), sous-diacre d'office de la paroisse ; LE ROY, Jean-Nicolas, prêtre (68), chapier de la dite paroisse, chapelain de l'église royale et collégiale de St-Florent de Roye ; DESSAUX, Jean-François, prêtre, aussi chapier de cette paroisse ; ROHART, Jean-Florimond, ancien curé d'Ailly-sur-Noye.

St-Jacques : MM. DELAVIGNE, François, sous-diacre d'office de la dite paroisse et aumônier du Dépôt de Mendicité ; COQUELET, Barthélemy, premier chapier ; LAURENT, Jean-Baptiste-Augustin, ancien curé d'Englebelmer (69).

St-Leu : MM. Petit, Amable-Joseph, chapier de la paroisse ; Pety, Jean-Baptiste-François, habitué de l'Hôtel-Dieu ; Trencart, Charles, aussi habitué de l'Hôtel-Dieu, mort en cette année 1789 ; Gervois, Louis-Nicolas-Benjamin, chapelain de la collégiale de Nesle ; Darras, Pierre-Florimond : tous prêtres.

St-Michel : MM. Vaillant, Jean-Baptiste, diacre d'office de cette paroisse, chapelain de St-Denis ; Duneufgermain, Etienne, sous-diacre d'office de la paroisse ; Férin, Jean-Louis-Gabriel (70), clerc de la même paroisse ; Bellettre, Pierre, habitué de la paroisse : tous prêtres.

St-Remy : MM. de Seré, vicaire-général d'Angers ; de Ribeaucourt, doyen et chanoine de St-Laurent de Planchy ; Brisse, ancien curé de Vieuvillers ; Bocquet, Adrien-François, ex-célestin ; Petit ; Dailly ; Maugendre ; Joly ; Revel, sous-diacre d'ordre ; Duvillé : tous prêtres.

St-Sulpice : MM. Leroux, Jean-Baptiste-Joseph, l'ainé, (71), diacre d'office, et Leroux, Augustin-Joseph (72), sous-diacre d'office, prêtres.

Prêtres professeurs du Collège.

MM. Monin, Jean-Louis, principal (73).

Brandicourt, Pierre-Charlemagne, sous-principal.

Bazain, Pierre-Antoine-Gabriel, docteur en Sorbonne, professeur de théologie.

Poulain, Jean-Baptiste, aussi professeur de théologie.

Sénéchal, Pierre-François-Gabriel, professeur de logique.

Manier, Jean-Baptiste, bachelier en théologie, professeur de physique (74).

Gorin, Louis-Charles, professeur de rhétorique, puis principal (75).

Dauphin, Victor-Jean-Baptiste-Guillain, professeur de troisième (76).

CHAPELLES DANS LA VILLE ET LES FAUBOURGS.

Six chapelles de Ste-Catherine, en l'église de St-Jacques-le-Majeur, au cimetière St-Denis. R. 2813 liv.

Titulaires : MM. Duminy, curé de St-Michel ; Vaillant, Jean-Baptiste (77) ; Le Roy, Charles-Firmin ; Vielle, Jean-Baptiste, prêtre (78) ; Dauphin, professeur du Collège, et Bonnart, Charles, prêtre.

Chapelle de Ste-Marguerite, en l'église de St-Firmin en Castillon. R. 300 liv.
    Titulaire : N.

Chapelle en l'église de St-Jacques. R. 606 liv.
    Titulaire : LE PICARD, Gilbert-Marie, curé de Bouvincourt.

Chapelle de St-Nicolas, en l'église de St-Martin, R. 12 liv.
    Titulaire : DECOISY, chanoine de St-Nicolas.

Chapelle de St-Denis, en l'église de St-Michel.
    Titulaire desservant : BELLETTRE, Pierre.

Chapelle de St-Jacques, en l'église de St-Remy. R. 229 liv.
    Titulaire : ASSELIN, Jean-Baptiste, chapelain de la Cathédrale.

Chapelle de Notre-Dame, en la même église. R. 22 liv.
    Titulaire : DUMINY, chapelain de la cathédrale.

Chapelle des Trépassés, dans la même église. R. 16 liv.
    Titulaire : le même DUMINY.

Chapelle de Bonneville, en la même église.
    Titulaire : BORDECQ, Sébastien, prêtre.

Chapelle de (?) en la même église.
    Titulaire : BELLANGER.

Chapelle de St-Laurent (79), dans la rue de Beauvais. R. 178 liv.
    Titulaire : LESELLIER, Adrien, clerc tonsuré, demeurant à Amiens.

Chapelle de St-Honoré, au faubourg de Beauvais. R. 350 liv.
    Titulaire-vicaire : DUMINY, chapelain de la cathédrale.

Chapelle de St-Nicaise, au faubourg de Hem.
    Titulaire : SERPETTE.

Chapelle à la citadelle.
    Titulaire : PARÉ.

Chapelle de St-Montan et St-Jean d'Authie. R. 43 liv.
    Titulaire : LEJEUNE, Pierre-Antoine, chapelain de l'Université.

Chapelle de Ste-Barbe, en l'église de St-Sulpice. R. 200 liv.
    Titulaire : LEROUX, l'aîné, prêtre habitué de la paroisse.

(a) ABBAYES ET AUTRES COMMUNAUTÉS D'HOMMES.

Abbaye de SAINT-ACHEUL-lès-Amiens (80).

Chanoines réguliers de St-Augustin, Congrégation de France.

Abbé.

Legros, Jean-Charles-François, prévôt de St-Louis du Louvre, demeurant à Paris (81).

Prieur.

Champion, Jean-Baptiste, âgé de 36 ans.

Religieux.

Revoir, Laurent, curé du Bosquel (82), âgé de 66 ans.
Lejoindre, Noël-Nicolas, curé de St-Sauveur, procureur.
1759. Tondu, François-Firmin, curé de Bacouel, né le 24 décembre 1735.
Taffin, Philippe-Albert (83), âgé de 33 ans.
Hertoux, Jean-Marie, ancien curé de Chavigny, âgé de 59 ans.
1779. Ricard, Jean-Louis-Olivier, né le 20 avril 1757.
1785. Lefetz, Henri-Célestin-Ferdinand, né le 31 août 1764.
Moranvillers, Etienne, âgé de 23 ans.

Abbaye de SAINT-JEAN (84).

Ordre de Prémontré.

Abbé.

Mgr Louis-André de Grimaldi, des princes de Monaco, évêque de Noyon, pair de France.

Prieur.

Mareschal, Charles-Eugène (85), âgé de 57 ans.

Religieux.

Petit, Pierre, sous-prieur, âgé de 55 ans.
Falempin, Louis-François, né le 11 août 1746.
De Bonnaire, Jean-Baptiste, âgé de 40 ans.
Léger, Germain-Maximin-Félix, procureur (86), âgé de 42 ans.

(a) Les dates mises en regard des noms des religieux et aussi des religieuses, dans ce travail, marquent l'année de leur profession.

Lévêque, Pierre-Louis.
Covillard, Pierre-Félix.
Bouleau, Etienne-Joseph, âgé de 24 ans.
Foubert, Pierre-François (87), âgé de 64 ans.

Abbaye de SAINT-MARTIN-aux-jumeaux (88).
Chanoines réguliers de St-Augustin.

Abbé.

Mgr de Machault, évêque d'Amiens.

Prieur.

1748. Porcheval, Jean-Nicolas, né le 24 décembre 1727.

Religieux.

Cornet, Jean-Baptiste-Robert (89), âgé de 66 ans.
Dufresne, Pierre, curé de S-Leu d'Amiens, procureur.
1736. Famin, Joachim, né le 18 septembre 1716.
Fétu de la Sablonnière, Alexandre, âgé de 60 ans.

Couvent des AUGUSTINS (90).

1750. Leclerq, Pierre-Joseph, prieur et procureur, âgé de 57 ans.
Rocroy, Nicolas, sous-prieur.
1745. Mitiffeu, Domice, prédicateur, confesseur.
Van-Haslgôme, Nicolas, maître des novices et dépositaire.
1777. Piéron, Jean, prédicateur, sacristain et dépositaire, né le 2 octobre 1752.
Janain, Jean-Claude.
1786. Masson, Louis-Vincent, prédicateur, né le 7 septembre 1759.
1776. Huchette, Maurice-Elie (91), né le 14 octobre 1751.
    Tous prêtres.
Dincq, Jean-Baptiste, sous-diacre, frère convers.
1739. Petitot, Nicolas, aussi convers, né en 1718.

Couvent des CAPUCINS (92).

1758. Marié, Jean-Pierre, dit Martial de Boulogne (93), gardien, né le 21 juillet 1747, à Doudeauville.
1758. Levasseur, Antoine, dit Agnan de Montdidier, ancien gardien vicaire, maître des novices, né le 26 mars 1732 à Grivesne (94).

Ménager, Hugue-Noël, dit Hugue, profès de Paris, ancien procureur général de tout l'Ordre des Capucins, confesseur des dames de Ste-Claire d'Amiens, âgé de 68 ans.

1734. Genty, Louis, dit Augustin d'Amiens, né le 1ᵉʳ octobre 1717.

1736. Dinocourt, Philippe, dit François-Séraphin d'Amiens (95), né le 13 mai 1717.

1743. Brunel, Jacques-Paschal, dit Paschal (96), co-adjuteur du père confesseur des dames de Ste-Claire, né le 30 mai 1726.

1760. Guibet, Joseph, dit Gaudenée, né le 8 mars 1741.

1772. Wachet, Pierre, dit Justinien, né le 30 juillet 1745.

Boucher, Auguste-Félix.

Paccary, Nicolas-Gervais, dit Luglien de Montdidier, né le 18 juin 1757.

Tous prêtres.

Dubois, Louis-Félix, dit frère Claude, né le 4 août 1716.

Lejeune, Laurent, dit frère Honoré de Beauvais, né le 23 mars 1741.

Frottin, Dominique, dit frère Remy de Strasbourg, né le 9 Septembre 1764.

1789. Delvincourt, Pierre-Laurent, né le 1ᵉʳ Avril 1767.

1751. Hacot, Jean-Baptiste, né le 6 Octobre 1726.

Tous cinq frères convers.

Couvent des CARMES déchaussés (97).

1764. Marseille, Jean-Baptiste, dit Germain de St-Pierre Thomas, prieur, né le 10 décembre 1747.

Lefranc, Jean-Jacques-Etienne, dit Gervais de St-Jean-Baptiste, sous-prieur.

1769. Lamouri, Jean-Henri-Innocent, dit Cassien de St-Callixte, procureur (98), né le 28 décembre 1745.

1761. Monasse, Charles-Victor, dit Thomas d'Acquin de St-Victor, né à Doullens, le 9 janvier 1738.

Le Bis, Nicolas, dit Léon de St-Nicolas (99).

1769. Bis, Alexis, dit Sulpice de St-Elisée, né le 21 mai 1751.

1782. Lemoine, Antoine-Anne-Joseph, dit Marcellin de Tous les saints, né le 16 juin 1757.

Vigneron, Amable-Firmin, dit Firmin de la Nativité (100), âgé de 31 ans.

Coullette, Louis-Firmin, convers, âgé de 84 ans.

1746. Tattegrain, Pierre, convers, né le 22 juillet 1717.
1750. Caux, Grégoire, convers, né le 28 décembre 1728.

Couvent des CORDELIERS (101). — R. 5,180 livres.

1772. Haltecœur, Pierre-Joseph, gardien, né le 6 mars 1731.
1770. Muller, Antoine-Joseph, né le 6 mars 1743.
1773. Brébant, Nicolas-Joseph, né le 13 juin 1745.
1754. Couvet, Jean-Claude, né le 18 août 1735.
1768. Tribou, Philippe-Constantin, l'aîné, ex-gardien, définiteur et procureur actuel ; né le 6 mai 1750.
1737. Delaporte, Charles-François, ancien custode, né le 22 février 1718.
1752. Boucher, Louis-Eloi-Joseph, ancien définiteur, né le 1er décembre 1732.
1751. Barbier, Pierre-Joseph, ancien définiteur, né le 6 janvier 1735.
1784. Tribou, Jean-Martin, le jeune, né le 26 juin 1762.
1758. Mesurolle, Georges-Louis, docteur en Sorbonne, ancien commissaire général de l'ordre, custode ; né le 10 mars 1741.

Tous prêtres.

1768. Naquefer, Jean-Philippe, convers, né le 19 avril 1739.
1751. Devillers, Nazaire, convers, né le 2 juin 1725.
1767. Féroux, François-Joseph, aussi convers, né le 14 novembre 1726.

Couvent des FEUILLANTS (102).

1761. Fournau, Emmanuel de Saint-Joseph, prieur, né le 19 décembre 1743.
1758. Rustaing de Saint-Jory, François-Marie de St-Joseph, procureur, né le 26 mai 1739.
Sombret, Pierre de St-Edme, secrétaire.

Couvent des JACOBINS (103).

1775. Bazin, Jean-Baptiste-Joseph, prieur et procureur syndic, né le 17 mai 1753.
1734. Renouard, Antoine-Firmin, sous-prieur en chef, né le 23 décembre 1718.
Leconte, Charles-François, sacristain (104), âgé de 70 ans.
1755. Rinuy, Charles-Luc (105), professeur de théologie, né le 16 avril 1734.
1742. Baillet, Joseph-Léon, ancien missionnaire, né le 16 janvier 1723.
1765. Décle, Jean-Baptiste, ancien professeur de théologie, né le 27 septembre 1744.
1770. Cazin, Antoine-Christophe, diacre d'ordre, né le 10 novembre 1748.

1773. Vitasse, Jean-Baptiste, prédicateur, né le 21 février 1751.
1774. Lemor, Louis, procureur, né le 13 juin 1752.
1775. Desprez, Louis-Jules-César, directeur des religieuses blanches d'Abbeville, né le 28 février 1747.

Couvent des MINIMES (106).

Thuillier, Pierre, correcteur, âgé de 54 ans.
Crinon, Jean-Louis (107), âgé de 66 ans.
Lelong, Josse-Pierre-François, âgé de 68 ans.
1781. Nollet, Joseph-Florent, né le 24 septembre 1757.

Prêtres de l'ORATOIRE (108).

Delahautemaison (Anne-Pierre de Lannion), supérieur (109).
Petit, Amédée, né le 28 juin 1767.

SÉMINAIRE (110). — R. 19,987 livres.

Membres de la Congrégation de la Mission (Lazaristes) qui y sont attachés.

Lemaire, Louis-Jérôme, supérieur, âgé de 31 ans.
Villerez, Philippe-Joseph, procureur et directeur de la mission, âgé de 45 ans.
Bagnolle, Jean-Baptiste, âgé de 77 ans.
Aloy, Jean-François-Joseph, directeur, âgé de 49 ans.
Arrachart, Jean-François, âgé de 50 ans.
Fouillot, Denis, professeur, âgé de 27 ans.
Poincarré, Nicolas-Antoine, professeur, âgé de 48 ans.
Brochois, Paul-Nicolas-Raymond, missionnaire, âgé de 47 ans (111).
Pruvost, Eustache-Joseph-Martinien, missionnaire, âgé de 33 ans.
Lamourette, Antoine, missionnaire, âgé de 25 ans (112).
Haméon, Jean-Baptiste-Olivier, missionnaire, âgé de 37 ans.
Bailly, Nicolas-Joseph-Damien, âgé de 26 ans (113).
   Tous prêtres.
Tréhet, Jacques, âgé de 70 ans.
Leulier, Jérôme, âgé de 65 ans.
Bourgeois, François (114), né le 2 avril 1737.
Lamart, Pierre, âgé de 53 ans.
Lesage, Jean-Baptiste, âgé de 51 ans.

Piorette, Jean-Baptiste, 45 ans.

Ces six derniers, frères convers.

ABBAYES ET AUTRES COMMUNAUTÉS DE FEMMES.

Abbaye de Notre-Dame du PARACLET. — R. 19,886 livres.

Abbesse.

Révérende Mère d'Inval de Saint-Martin, Thomas-Alexis-Claudine.

Prieure.

R. Mère Fouquet, Madeleine.

Religieuses de chœur.

1756. de Boistel de Martinsart, Marie-Madeleine, sous-prieure, née le 23 mars 1733.

1776. Cerny de Fay. Marie-Madeleine-Elisabeth, première maîtresse des novices, née le 12 février 1755.

1782. Renel, Geneviève, deuxième maîtresse des novices, née le 12 juillet 1755.

1736. de Monsures, Angélique-Catherine, cellérière et dépositaire, née le 19 octobre 1719.

1755. Dervillez, Angélique-Joséphine, première dépensière (115), née le 5 juin 1733.

1782. Carpentier de Lannoy, Marie-Louise, chantre et deuxième dépensière, née le 28 mars 1761.

1737. d'Incourt d'Hangard, Adrienne-Marguerite, première infirmière, née le 19 novembre 1719, à Damery.

Artus, Simone, première chantre et deuxième infirmière, née le 6 septembre 1741.

Bruhier d'Ablaincourt, Thérèse, chantre et infirmière, née le 1er septembre 1745.

1780. Garçon de Brunel (116), Marie-Jeanne, infirmière, née le 17 avril 1748.

1764. Legrain du Breuil, Alexandrine-Julie, chapeline et première sacristine, née le 28 octobre 1746.

1768. Legrain de Beauplan du Breuil, Marie-Aglaë, deuxième sacristine, née le 28 janvier 1750.

1779. Maillard, Louise-Adélaïde, première réfectorière, née le 2 janvier 1754.

1761. LETIERCE, Anne, première tourière, née le 30 mai 1732.
1762. LOISEMANT, Marie-Jeanne, première grainetière et deuxième tourière (117), née le 16 octobre 1742.
1782. DESPREZ, Elisabeth-Sophie, portière, née le 15 mars 1764.
1786. LEPAGE, Rose-Modeste, portière, née le 15 septembre 1762.
1787. LANGEVIN, Marie-Eugénie-Elisabeth-Agnès, portière, née le 19 février 1764.
1746. AVENEAUX, Gabrielle-Catherine, née le 10 avril 1727.
1735. DE BARBERAY, Charlotte, née le 8 novembre 1708.
1755. CAGNART, Elisabeth, née en 1729.
1747. COTTE, Marie-Marthe-Thérèse, née le 13 décembre 1725.
1740. DEFAY, Marie-Madeleine, née le 25 septembre 1718.
1738. DOURLANS, Gabrielle, née le 31 août 1716.
1773. LEGRAIN DU BREUIL, Marie-Madeleine (118), née le 29 mai 1743.
1788. PILLON, Louise-Gabrielle-Victoire, née le 28 février 1767.
1765. ROQUIGNY DE ROQUEFORT, Marie-Madeleine-Elisabeth-Eléonore, née le 13 décembre 1746.

Sœurs converses.

1735. DUPONT, Marie-Madeleine, née le 15 mai 1708.
1739. DE CHILLY, Marie-Jeanne, née le 3 août 1718.
1746. MERCIER, Marie-Madeleine, née le 22 juillet 1713.
1760. DE BAINS, Joséphine, née le 24 décembre 1740.
1761. BAUGEOIS, Amable-Joachime, née le 21 décembre 1743.
1762. BENOIT, Marie-Jeanne, née le 24 mai 1738.
1771. VOITURIER, Marie-Jeanne, née le 2 février 1748.
1774. RINUY, Marie-Rose, née le 13 juillet 1752, à Caix.
   JORON, Marie-Rose-Honorée, née le 30 juin 1767.
1785. JORON, Marie-Anne, née le 23 juin 1763.

ABBAYE DES DAMES DE STE-CLAIRE, DITES CAPUCINES (119).
Ordre de Saint-François d'Assise.

Abbesse.

1731. Révérende Mère N... dite en religion Marie de St-Pierre, née à Amiens.

Prieure ou vicaire.

1738. R. Mère CRÉPIN, Marie-Anne, dite Marie-Alexis du Saint-Esprit, née le 21 décembre 1719, à Amiens.

Religieuses.

CHEVALIER, Marie-Françoise, dite sœur Hugue (a), née le 19 janvier 1744.
1774. DUNEUFGERMAIN, Marie-Marguerite, sœur Séraphique de Ste-Thérèse, née le 21 mai 1753, à Amiens.
GENTIEN, Madeleine, née le 28 décembre 1722.
BOISTEL, Elisabeth, née le 19 mars 1711.
LANGLET, Marguerite, née le 6 octobre 1717.
BOUQUET, Madeleine, née le 22 janvier 1722.
POULLET, Marie-Anne, née le 10 juin 1722.
1748. PARÉ, Françoise, dite sœur Marie de St-Jean-Baptiste, née le 12 janvier 1725.
1756. FURME, Louise, sœur Colette, née le 15 août 1733.
1761. SALLÉ, Catherine, sœur Louise, née le 31 janvier 1735.
LAMONT, Victoire, née le 30 novembre 1743.
1763. COCQUEREL, Albertine-Joseph, sœur Emmanuel, née le 12 juillet 1735.
1764. BELHOMME, Françoise, sœur Félicité, née le 27 avril 1744.
1742. TUBŒUF, Marie-Madeleine, sœur Marie de St-Louis, née le 21 janvier 1724.
FOUQUEREL, Rosalie, née le 5 février 1740.
1749. BOULLY, Marie-Françoise-Auguste, sœur Joséphine, née le 26 janvier 1731.
BACHIMONT, Catherine, née le 10 janvier 1732.
DUNEUFGERMAIN, Marguerite, née le 13 décembre 1728.
DELAMARCHE, Geneviève-Albert, née le 20 février 1746.
LEMOINE, Marie-Louise-Joseph, née le 25 août 1748.
1769. DELAPORTE, Thérèse, sœur Joseph, née le 28 septembre 1749.
1771. SOREL, Marie-Catherine-Elisabeth, sœur Honorée, née le 5 septembre 1743.
1771. WICHERY, Marie-Anne, sœur Rosalie, née le 22 février 1747.
1773. LE ROY, Marie-Jeanne, sœur Ste-Elisabeth, née le 6 octobre 1747.
1773. DELACOUR, Marie-Françoise-Victoire, sœur Bruno, née le 29 juin 1752.
1773. DUMONT, Marie-Clotilde, sœur St-Augustin, née le 11 mars 1749.

(a) Le temps d'exercice de l'abbesse et de la vicaire susnommées étant expiré, il fut procédé à l'élection pour leur remplacement, au mois de décembre 1789. La sœur Hugue fut nommée Abbesse, et la sœur Séraphique de Ste-Thérèse, vicaire.

1773. Vilmont, Hélène, sœur Ste-Ursule. née le 6 mars 1747.
1774. Saguet, Hélène, sœur St-François, née le 3 décembre 1748.
   Robart, Marie-Louise-Elisabeth, née le 13 juillet 1754 à l'Etoile.
1776. Mouillard, Marie-Madeleine, sœur du St-Sacrement, née le 29 août 1752.
1782. Messio, Angélique, sœur St-Martial, née le 17 décembre 1758.
1782. Dufour, Marie-Françoise, sœur de la Conception, née le 22 avril 1758.
1783. Duquesnoy, Marie-Anne-Louise, sœur Delphine, née le 23 février 1759.
   Leblond, Marguerite-Thérèse-Scolastique, née le 10 octobre 1765.
   Fouquereau, Rose, née le 5 juin 1752.
1787. Poiret, Marie-Marguerite, sœur Caroline, née le 8 septembre 1761.

Couvent des CARMÉLITES (120). — R. 12,142 liv.

Religieuses de chœur.

1748. Reneufve, Marie-Madeleine, dite en religion de St-Louis, prieure, née le 1ᵉʳ juin 1725.
1754. Ragot, Marie-Françoise, dite de Thérèse de Jésus, sous-prieure, née le 13 mai 1733.
1748. Avenaux, Marie-Jeanne, dite de St-Jean-Baptiste, née le 28 juillet 1728.
1775. Hérault, Madeleine-Gabrielle-Louise-Thérèse, dite de Jésus crucifié, née le 23 mars 1741.
1745. Maille, Marie-Joseph, dite du St-Esprit, née le 31 décembre 1719.
1748. Dequen, Marie-Madeleine-Agnès. dite de St-Haïs, née le 21 janvier 1725.
1752. Laurent, Catherine, dite de la Nativité, née le 22 juillet 1729.
1753. Guidon, Marie-Antoinette-Suzanne, dite Henriette de Jésus crucifié, née le 13 décembre 1728.
1758. Hetterschey, Marie-Hélène-Agnès, dite Marie-Constance du Sacré-Cœur de Jésus, née le 9 octobre 1733.
1766. Chauvelin, Marie-Louise-Henriette, dite Thérèse de la croix (121), née le 12 février 1746.
1766. Lendormi, Marie-Thérèse, dite de St-Paul, née le 22 mars 1746.
1770. Tranel, Marie-Elisabeth, dite de St-Jean-Baptiste, née le 20 mai 1751.
1770. Nevelstein, Marie-Jeanne-Joseph, dite Thérèse-Louise de la mère de Dieu, née le 3 juin 1751.
1771. Deunet, Marie-Marguerite-Charlotte, dite de l'Incarnation, née le 19 septembre 1741.

1773. Tranel, Marie-Françoise, dite de Ste-Madeleine, née le 28 décembre 1753.
1777. Bouquet, Charlotte, dite Cécile-Emmanuel, née le 30 janvier 1752.
1780. Pérache, Sophie-Arsène, dite Fidèle de l'Enfant Jésus, née le 17 avril 1756.
1788. Leprince, Marie-Madeleine, dite Fidéline de St-Joseph, née le 28 avril 1762.
1785. Lepelletier, Marie-Geneviève-Alexandrine, dite de St-Jean de la croix, née le 21 décembre 1763.
1786. Engramer, Marie-Rosalie, dite de St-François-Xavier, née le 25 Septembre 1764.
1787. Périmony, Marie-Joseph, dite de St-Augustin aimé de Jésus, née le 20 avril 1765.

Sœurs converses.

1754. Deflandre, Marie-Anne-Antoinette, dite de St-Adrien, née le 8 septembre 1732.
1763. Leclerc, Marie-Madeleine, dite des Anges, née le 2 janvier 1738.
1776. Legrand, Marie-Madeleine, dite Euphrasie, née le 16 novembre 1758.
1774. Petit, Marie-Françoise-Thérèse, dite de St-Louis, née le 1er octobre 1744.
1780. Péchon, Angélique, dite de Ste-Rosalie, née le 7 février 1757.

Couvent des SŒURS-GRISES (122) ou Dames de Ste-Elisabeth. — R. 3,550 liv.

Religieuses de chœur.

Cauet, Magdeleine-Marguerite, dite de Ste-Nathalie, supérieure (123), née le 29 juillet 1736.
Cossette, Marie-Elisabeth, dite de la Visitation, vicaire, née le 25 mars 1722.
de Monsures, Marine, dite de Ste-Elisabeth, dépositaire, née le 14 juin 1728.
Bachelet, Marie-Madeleine, de Ste-Cécile, jubilaire (124), née le 3 février 1712.
Delaire, Marie-Madeleine, de St-Jean l'évangéliste, jubilaire, née en 1718.
Sellyer, Denis-Anne-Elisabeth, de la Nativité, jubilaire, née en 1708.
Godard, Marie-Madeleine, de Ste-Rose, née le 11 novembre 1726.

Palyart, Thérèse, de l'Assomption, née le 5 mars 1729.
Picard, Marie-Marguerite, de Ste-Constance, née le 11 mai 1741.
Blandin, Marie-Jeanne-Cécile, de Ste-Blandine, née le 24 novembre 1736.
Lucas, Françoise-Constance, de Ste-Sophie, née le 26 mars 1738.
Digeon, Honoré, de Ste-Adélaïde, née le 16 mai 1735.
Lequien, Marie-Geneviève, de Ste-Delphine, née le 11 juin 1734.
de la Chaussée, Françoise, de Ste Reine, née le 30 mai 1744.
Cordier, Marie-Louise-Honorée, de Ste-Victoire, née en 1760.

Sœurs converses.

Patte, Marie-Françoise, de St-Pierre, née en 1751.
Pointel, Marie-Anne, de St-Bonaventure, née le 3 décembre 1724.
Leclercq, Marie-Madeleine, de St-Basile, née le 10 juillet 1720.
Brasseur, Domitile, de Ste-Marthe, née le 20 avril 1725.
Vicart, Marie-Françoise, de St-Nicolas, née le 25 janvier 1750.
Houdard, Marie-Madeleine, de St-Joseph, née en 1746.
Daboval, Marie-Françoise, des Anges, née le 10 juin 1744.

Une dame Desroye, Marie-Catherine, dite de Ste-Monique (125), née le 19 novembre 1719, était affiliée à la communauté.

Couvent des dames de St-JULIEN. — R. 10,413 liv.

Religieuses de chœur.

1757. Morgan, Françoise-Adrienne. supérieure, née le 28 septembre 1738.
1741. de Monsures, Marie-Anne-Thérèse, sous-prieure, née le 21 août 1723.
1757. de Noyelle, Antoinette, dépositaire, née le 9 novembre 1734.
Joly, Colette.
1728. Le Roy, Marie-Claire, née le 11 août 1707.
1739. de Monsures, Bonne-Théodore, née le 9 septembre 1720.
1761. Frennelet, Marie-Elisabeth-Honorée, née le 14 août 1737.
1767. de Forceville, Marie-Rose-Charlotte-Rosalie, née le 3 novembre 1743.
1770. Choquet, Marie-Louise-Véronique, née le 21 novembre 1747.
1773. Stiévenard, Marie-Rosalie, née le 19 octobre 1752.
1774. Gourland, Ursule, née le 2 février 1744.
1775. Poulet, Victoire-Scolastique, née le 23 février 1750.
1775. Wallet, Françoise-Angélique, née le 20 décembre 1751.
1778. Dupire, Charlotte-Marie-Guillaine, née le 13 juin 1759.

1781. Martin, Rose, née le 30 septembre 1759.
1782. Tillette d'Acheux, Marie-Marguerite-Cécile, née le 26 janvier 1752.
1783. Boilly, Marie-Rose, née le 21 février 1758.
1785. Couverchel, Marguerite-Angélique, née le 10 juillet 1755.
1789. Bettefort, Marie-Madeleine, née le 27 mars 1768.

Sœurs converses.

1739. Paillot, Françoise, née le 25 mai 1716.
1744. Boilly, Marie-Rose, née le 15 novembre 1719.
1781. Rabouille, Colombe-Félicité, née le 2 août 1757.

Couvent de NOTRE-DAME de MOREAUCOURT.

Religieuses de Chœur.

1755. De Berge, Marie-Marguerite-Elisabeth, prieure, née le 2 novembre 1730.
Lalau, Rose, sous-prieure, née le 28 octobre 1721.
Thouret, Angélique.
Leclercq, Madeleine, née en 1717.
1741. Malart, Marie-Madeleine, née le 20 avril 1720.
Riquier, Rose.
1759. Debray, Marie-Jeanne-Françoise, née le 4 mai 1740.
1761. Thuillard, Marie-Elisabeth, dépositaire, née le 2 juillet 1740.
1763. Lesage, Marie-Madeleine-Victoire-Rosalie, née le 5 mars 1741.
1755. Marque, Marie-Marguerite-Elisabeth, née le 4 février 1746.
Cocu, Eulalie, née en 1742.
1767. Devaux, Marie-Marthe-Julie, née le 28 février 1746.
1759. Gorin, Joseph-Marie-Madeleine, née le 2 août 1743.
Godefroy, Thérèse, née en 1754.
1771. Delahaye, Marie-Constance, née le 4 mars 1748.
1772. Dallery, Marie-Françoise-Sophie, née le 20 avril 1750.
Pringuer, Rose, née en 1754.
1775. De Braine, Anne-Henriette-Emélie (126), née le 13 septembre 1755.
1778. Dequen, Marie-Madeleine, née le 19 mars 1758.
1784. Candas, Marie-Anne-Françoise-Sophie, née le 1er novembre 1762.
1786. Dralez, Marie-Catherine-Sophie, née le 8 mars 1768.
1786. Carpentier, Françoise-Elisabeth, née le 27 juillet 1766.
1787. Carette, Françoise-Ursule, née le 11 janvier 1757.
1779. De Boubers, Félicité-Adelaïde-Victoire, née le 2 avril 1751.

Sœurs converses.

1755. DERBESSE, Scolastique, née le 28 août 1734.
1762. BLOT, Marie-Marguerite, née le 10 avril 1736
1776. MULOT, Geneviève (127), née le 25 mai 1749.
1777. WIBART, Marie-Anne-Amable, née le 11 novembre 1755.
1785. D'HARDIVILLERS, Geneviève, née le 20 mars 1762.
  DODEZ, Marie-Anne-Françoise, née le 18 avril 1736.
  POIRÉ, Marie-Marguerite, née en 1746.
  CORTIERS, Marie-Anne-Joseph, née en 1742.

Couvent des URSULINES. (128)
Religieuses de chœur.

1741. DUFRESNE, Marie-Henriette, dite de St-Louis de Gonzague, supérieure, née le 25 avril 1722.
1740. BOULLANGER, Marie-Catherine, dite de St-Etienne, assistante, née le 16 juillet 1721.
1732. DE LELÈS, Marie-Rosalie, dite de St-François Régis, zélatrice, née le 11 octobre 1711.
1731. BECQUEREL, Marie-Françoise, dite de Ste-Ursule, discrète, née le 10 avril 1713.
1736. LECLERCQ DE BUSSY, Marie-Thérèse, dite de St-Blimont, née le 26 février 1715.
1737. WATELET, Françoise-Joseph, dite de Ste-Thérèse, dépositaire, née le 23 août 1714.
1739. LANGLOIS, Marie-Louise, dite de Ste-Eléonore, première portière, née le 9 mai 1715.
1742. VAQUETTE, Geneviève, dite de Ste-Justine, née le 22 octobre 1724.
1743. JOURDAIN, Marie-Jeanne, dite de St-Henry, née le 27 juin 1721.
1744. VAQUETTE. Marie-Françoise-Catherine, dite de Ste-Adélaïde, née le 10 juin 1721.
1745. WATELET, Marie-Joseph-Dominique, dite de Ste-Mélanie, née le 10 avril 1721.
1747. ASSELIN, Marie-Catherine-Joseph-Charlotte, dite de St-Placide, née le 30 avril 1726.
1749. DE ROUGÉ, Marie-Marguerite, dite des Sts-Innocents, née le 19 avril 1727.

1754. Derveloy, Marie-Madeleine, dite de Ste-Suzanne, née le 25 août 1734.
1757. Tubeuf, Marie-Françoise, dite de St-Gabriel, née le 13 avril 1728.
1757. Leriche, Madeleine-Joseph-Colombe, dite de Ste-Cécile, née le 18 février 1736.
1758. Briois, Marguerite-Françoise, dite de St-Ignace, née le 20 juillet 1734.
1760. De Mory, Isabelle-Théodore, dite de St-Benoit, née le 12 juin 1740.
1760. Seraine, Marie-Marguerite-Gabrielle, dite de St-Jean l'évangéliste, née le 7 mai 1738.
1761. Goubet, Marie-Françoise, dite de Ste-Clotilde, née le 23 octobre 1733.
1763. Chevalier, Marie-Anne, dite de Ste-Victoire, née le 27 mai 1741.
1765. Gosset, Marie-Reine-Elisabeth, dite de St-Paul, née le 19 novembre 1743.
1765. Fouquerel, Marie-Ulphe-Constance, dite de Ste-Rosalie, née le 30 avril 1742.
De Savoye, dite de St-Ambroise.
1767. Roblot, Marie-Thérèse-Louise, dite de Ste-Gertrude, née le 6 octobre 1743.
1768. Lagache, Marie-Anne-Julie, dite de St-Michel, née le 25 juillet 1746.
1770. De Brailly, Marie-Marguerite, dite de St-Jean-Baptiste, née le 18 octobre 1742.
1770. Gorin, Florence-Louise, dite de St-Charles, née le 21 mai 1749.
1771. Lefébure, Marie-Madeleine-Thérèse, dite de St-Dominique, née le 28 mars 1745.
1773. Dragon, Marie-Rose, dite de Ste-Angèle, née le 11 avril 1751.
1773. Judas du Souich, Marie-Adrienne-Jeanne-Brigitte, dite de St-François de Sales, née le 8 octobre 1745.
1774. Ceiland, Marie, dite de St-Hyacinthe, née le 28 décembre 1752.
1775. Cauet, Marie-Antoinette-Françoise-Julie, dite de St-François-de-Paule, née le 10 août 1750.
1776. Watin d'Omois, Marie-Jeanne-Françoise, dite de Ste-Elisabeth, née le 4 octobre 1754.
1776. Du Bos, Charlotte-Julitte, dite de St-Joseph, née le 30 septembre 1747.
1778. De Clermont, Louise-Anastasie-Thérèse, dite de St-Augustin, née le 17 août 1753.
1778. Maillard, Françoise-Ursule, dite de St-Fidèle, née le 11 janvier 1753.
1779. Dupuis, Marie-Agathe, dite de Ste-Thècle, née le 15 avril 1758.

1779. De Saint-Riquier, Marie-Catherine-Cécile, dite de Ste-Claire, née le 21 novembre 1758.
1780. Demanay, Marie-Elisabeth-Clotilde-Joséphine, dite de St-Pierre, née le 19 juillet 1759.
1781. Flant, Marie-Anne-Madeleine, dite de St-Bruno, née le 22 juillet 1752.
1783. De Laureteau, Marie-Charlotte-Louise, dite de St-François Xavier, née le 13 février 1758.
1783. Savoye, Marie-Madeleine, dite de Ste-Françoise, née le 7 juin 1761.
1785. Clérentin, Marie-Anne, dite de Ste-Euphrosine, née le 16 novembre 1757.
1785. Thuillier, Marie-Geneviève-Philippine, dite de Ste-Avoye, née le 1er mai 1764.
1786. Gavel de Saint Marc, Louise-Madeleine, dite de St-Eugène, née le 5 février 1756.
1788. Fleurs, Marie-Françoise-Alexandrine-Joseph, dite de Ste-Agnès, née le 29 avril 1763.
1789. Mercier, Marie-Rose-Sophie, dite de Ste-Catherine de Sienne, née le 10 septembre 1762.

Sœurs converses.

1742. Pointel, Marie-Charlotte, dite de St-Alexis, née le 19 janvier 1723.
1744. Blocquet, Marie-Anne, dite de Ste-Anne, née le 14 janvier 1716.
1749. Trognieux, Sophie-Félicité, dite de Ste-Sophie, née le 18 janvier 1726.
1758. Boulogne, Marie-Catherine-Joseph, dite de St-Laurent, née le 28 octobre 1729.
1759. Heaume, Marie-Anne, dite de Ste-Véronique, née le 14 avril 1735.
1759. De Flers, Catherine, dite de Ste-Catherine, née le 8 août 1734.
1762. Hacq, Marie-Marguerite, dite de Ste-Constance, née le 14 novembre 1737.
1773. Devaux, Geneviève, dite de St-Firmin, née le 9 mars 1748.
1777. Dominois, Marie-Thérèse, dite de Ste-Rose, née le 14 janvier 1752.
1781. Guibet, Anne, dite de Ste-Colombe, née le 28 octobre 1753.
1782. Watebled, Noël, dite de St-Antoine, née le 1er décembre 1754.
1787. Cointe, Marie-Anne-Geneviève-Séraphine, dite de Ste-Séraphine, née le 16 février 1763 à Méricourt-l'Abbé.
1789. Diot, Marie-Françoise, dite de Ste-Madeleine, née le 2 mars 1767.

— 53 —

Couvent de la VISITATION de Ste-Marie (129). — R. 12,149 liv.

Religieuses de chœur.

Belguise, Madeleine-Thérèse, supérieure (130). — Elle est remplacée, lors de l'élection de l'Ascension de 1787, par :

1760. Dufresne, Elisabeth (131), dite en religion Marie-Alexandrine, née à Amiens le 25 septembre 1723.

1751. * De Lannoy, Françoise-Angélique-Ignace (132), dite Victoire-Angélique, assistante, née le 14 mai 1734.

1750. Hublé, Marie-Françoise (133), dite Marie-Thérèse, née le 7 mars 1731.

1758. * Lucas, Marie-Jeanne (134), dite Thérèse de Sales, née le 26 octobre 1734.

Toutes conseillères.

1731. De Wailly, Marie-Catherine (135), dite Marie-Mélanie, née le 18 juillet 1711.

1734. Bérard, Marie-Thérèse (136), dite Thérèse-Angélique, née le 18 décembre 1710.

1738. L'Élu de Bermont, Marie-Anne (137), dite Marie-Gertrude, née le 17 décembre 1720.

1740. Trespagne, Marie-Théodore (138), dite Marie-Joseph, née à Amiens, le 9 janvier 1718.

1743. * De Lannoy, Marie-Ferdinande-Adrienne (139), dite Marie-Françoise de Sales, née le 20 octobre 1726.

Pincepré, Marie-Louise-Antoinette, dite Marie-Euphrosine (140).

1751. * Dehaugwitz, Eléonore-Madeleine-Françoise (141), dite Gabrielle-Eléonore, née le 2 février 1735.

1751. * Witasse de Vermandovillers, Marguerite (142), dite Joseph-Angélique, née le 26 janvier 1732.

1754. * De Court, Marie-Madeleine (143), dite Madeleine-Augustine, née le 20 octobre 1733 à Amiens.

1754. Merlin, Marie-Anne (144), dite Adrienne-Scolastique, née le 3 septembre 1713, à Amiens.

1758. Forcedebras, Marie-Jeanne (145), dite Marie-Jeanne de Chantal, née le 15 janvier 1723 à Rambures.

1757. * Dufresne de Fontaine, Marie-Anne (146), dite Joseph-Augustine, née le 11 février 1738 à Amiens.

1767. BAILLET, Théodore-Julie (147), dite Marie-Julie, dépositaire, née le 15 octobre 1747 à Amiens.
1758. DE MASSOUVERAIN, Rose-Marguerite (148), dite Geneviève-Gabrielle, née le 3 juillet 1737.
1769. WIGNER, Joséphine-Thérèse (149), dite Thérèse-Joséphine, née le 6 janvier 1741 à Amiens.
1771. * MILLE, Marie-Rose-Suzanne (150), dite Rose-Aimée, née le 5 septembre 1746 à Amiens.
1774. * MILLE, Marie-Jeanne-Ursule (151), dite Marie-Gabrielle, née le 5 juin 1752 à Amiens.
1774. * BERNAULT, Marie-Gabrielle-Angélique (152), dite Louise-Angélique, née le 8 décembre 1750 à Amiens.
1778. * HAZIN, Marie-Françoise (153), dite Marie-Joséphine, née le 28 août 1739 à Albert.
1779. VILLIN, Marie-Jeanne-Françoise (154), dite Thérèse-Alexandrine. née le 6 septembre 1753 à Amiens.
1779. * MONVOISIN, Marie-Madeleine (155), dite Thérèse de Chantal, née le 23 octobre 1736.
1782. * DE COURONNEL, Charlotte-Joseph (156), dite Marie-Xavier, née le 16 mai 1752.
1785. MOLLET, Jeanne (157), dite Marie-Elisabeth, née le 29 décembre 1765.
1783. D'HANGEST, Marie-Antoinette (158), dite Marie-Henriette, née le 7 mars 1764.
1783. * TAVERNIER, Marie-Elisabeth-Rose (159), dite Marie-Félicité, née le 12 novembre 1761 à Amiens.
1787. * DUPONT, Marie-Anne-Angélique (160), dite Madeleine-Angélique, née le 21 septembre 1762 à Amiens.
1787. * VAN NOETEREN, Hélène-Joséphine (161), dite Jeanne-Thérèse, née le 25 octobre 1766.
1787. * PLATEL DES YLES, Marie-Louise (162), dite Marie-Madeleine, née le 6 décembre 1756.
1788. PILLON, Honorine-Florence (163), dite Marie de Gonzague, née le 27 février 1763, à Montdidier.
1752. * DELATTRE, Marie-Angélique-Alexandrine-Joseph (164), dite Louise-Madeleine, née le 10 octobre 1730 à Arras.

Sœurs converses.

1739. BETTENBOT, Angélique (165), dite Marthe-Angélique, née le 12 octobre 1720.
1739. GRAVET, Marie-Madeleine (166), dite Anne-Madeleine, née le 3 novembre 1713.
1750. VACQUET, Marie-Angélique (167), dite Françoise-Angélique, née le 5 décembre 1734.
1758. FAVRY, Marie-Catherine, dite Marie-Marthe (168), née le 7 septembre 1730 à Camon.
1758. MOURIER, Marie-Marguerite, dite Marie-Isidore (169), née le 6 août 1736 à Caix.
1767. * DEFLANDRE, Marie-Thérèse (170), dite Thérèse-Geneviève, née le 25 janvier 1738 à Ailly-sur-Noye.
1770. * CANIS, Marie-Barbe, dite Marie-Constance (171), née le 11 février 1744 à Ailly-sur-Noye.
1773. DUBOIS, Florence, dite Marie-Florence (172), née le 16 avril 1752.

Sœurs données ou tourières.

1783. QUENNETIER, Marie-Madeleine, dite Marie-Justine, née le 24 décembre 1757.
1783. WARIN, Marie-Madeleine-Honorée, née le 24 avril 1758.

COMMUNAUTÉ DE STE-GENEVIÈVE, DITE DE LA PROVIDENCE (173). — R. 3,410 liv.

Religieuses de chœur.

TRIBOULET, Marie-Cécile, supérieure.
TRIBOULET, Marie-Catherine-Thérèse, assistante.
ANDRIEU, Marie-Thérèse, conseillère.
DRAGON, Marie-Jeanne, conseillère.
RETOURNÉ, Marie-Cécile, économe, née le 31 octobre 1739.
ANDRIEU, Marie-Agnès.
ANDRIEU, Marie-Catherine.
DARRAS, Marie-Geneviève.
DEBAILLY, Marie-Thérèse.
DELATTRE, Marie-Louise, veuve Morel, née le 23 mars 1736, à Ailly-sur-Noye.

Delattre, Marie-Anne.
Dequehaigny, Julie-Antoinette, née le 13 février 1766.
Deviart, Marguerite-Zélie.
Dupont, Marie-Thérèse.
Gadoux, Marie-Antoinette.
Hénicque, Geneviève, l'aînée.
Hénicque, Marie-Anne, la cadette.
Lefébure, Ursule-Clotilde.
Lefébure, Marie-Françoise-Rose, née le 29 août 1757.
Lequien, Marie-Antoinette, née le 28 avril 1732.
Olive, Marie-Marguerite, née le 20 septembre 1752.
Rabache, Marie-Marguerite.
Sagnier, Marie-Françoise, née le 8 décembre 1761 à Méricourt-l'Abbé.
Ziegler, Marie-Marguerite, née le 30 février 1717.

Sœurs converses.

Billot, Madeleine.
Dournel, Marie-Anne, née le 30 août 1746.
Fresnoy, Charlotte, née le 15 avril 1736.
Macron, Marie-Madeleine.

RELIGIEUSES HOSPITALIÈRES.
(Ordre de St-Augustin).

I. *Sœurs attachées à l'Hôtel-Dieu* (174).

Bocquillon, Rosalie.
Boutilier, Louise.
1767. Briet, Jeanne-Victoire, née le 3 octobre 1747.
1772. Caboche, Geneviève-Marie-Louise, née le 16 avril 1750.
1788. Cavrois, Françoise-Victoire-Sophie, née le 9 janvier 1765.
1786. Choquet, Marie-Madeleine-Ursule, née le 22 décembre 1759.
1771. Decaisne, Rosalie-Adélaïde, née le 28 juin 1751.
1788. Desjardins, Adélaïde-Augustine, née le 30 novembre 1763.
1779. Doutart, Marie-Félicité-Catherine, née le 8 janvier 1759.
1759. Dutilloy, Marie-Anne, née le 17 février 1742.
1779. Dutilloy, Marie-Anne-Rosalie, née le 22 décembre 1755.

1784.   Féret, Marie-Catherine-Félicité, née le 14 juillet 1764.
1768.   Forcedebras, Marie-Marguerite-Rose-Blanche, née le 6 août 1744.
1770.   Forcedebras, Marie-Catherine-Angélique, née le 11 février 1745.
        Fouquet, Marie-Madeleine.
        Gérard, Marguerite-Rose.
        de Grignan, Jeanne de Sales.
1767.   Henry, Marie-Anne-Rosalie, née le 1er juillet 1740.
        Houbard, Marie-Pélagie.
1788.   Jourdain, Agathe-Sophie, née le 5 juillet 1764.
1762.   Leroy, Marie-Adrienne, née le 28 janvier 1740.
1754.   Leroy, Marguerite, née le 4 octobre 1735.
1780.   Levoir, Marie-Catherine, née le 17 août 1759.
1768.   Loisemant, Marie-Madeleine-Joséphine-Victoire, née le 4 décembre 1747.
1762.   Loisemant, Marie-Elisabeth-Victorine-Charlotte, née le 29 avril 1740.
1776.   Ladent, Marie-Barbe-Rose, née le 30 septembre 1753.
1777.   Merlin, Marie-Françoise-Gabrielle, née le 24 mars 1757.
1752.   Philippe, Elisabeth-Joseph, née le 1er avril 1732.
1776.   Palyart, Marie-Jeanne-Madeleine, née le 26 février 1756.
1779.   Palyart, Marie-Françoise-Elisabeth, née le 30 mars 1760.
1753.   Quignon, Marie-Catherine-Pélagie, née le 23 novembre 1726.
1784.   Robillard, Cécile, née le 30 octobre 1758.

II. *Sœurs attachées à l'Hospice St-Charles* (175).

Bailly, Anne-Marie.
Barbier, Aimée.
Chevalier, Antoinette, morte en 1789.
de Creux, Victoire.
Dallez, Marie-Madeleine.
Deforges, Marie-Anne-Jacqueline (176).
Dequen, Marie-Catherine.
Duflos, Antoinette.
1770.   Flour, Marie-Joseph-Scholastique, née le 8 avril 1745, à Hesmond.
        Goret, Marie-Ursule.
        Jeannin, (*aliàs* Janin), Marie-Joseph-Victoire (177).
        de Lamotte, Louise.

Marquis, Florence.
Patot (*aliàs* Pateau), Cécile.
Raymond, Marguerite.
Richemont, Joséphine.
Simonin, Marguerite.

DEUXIÈME PARTIE.

ARCHIDIACONÉS D'AMIENS ET DE PONTHIEU RÉUNIS.

PAROISSES ET LEURS DÉPENDANCES. (a)

* ABANCOURT-LA-GRANGE (la Nativité de Notre-Dame), prieuré-cure.
  Curé : Dom RÉVEILLON, Pierre-François, religieux de l'abbaye de Beaubec.

ABANCOURT. (St-Thomas). (b). — R. 347 liv.
  Curé : BERNARD, Jean-Baptiste, né le 26 octobre 1735.

ABBEVILLE : *Paroisse de St-André.* — R. 363 liv.
  Curé : VERDUN, Louis-Nicolas-Isidore, bachelier en théologie de la faculté de Paris.
  Vicaire : RICQUIER, Pierre-François-Théophile.

    Paroisse de Ste-Catherine.
  Curé : ROHAUT, tombé en démence. CATILLON, Pierre-Alexis-Emmanuel, dessert pour le titulaire.

    Paroisse de St-Eloi. — R. 480 liv.
  Curé : BELLART, Jacques-Adrien, bachelier en théologie.

(a) Les localités dont le nom est précédé d'un astérique * ne font plus partie du diocèse actuel (le département).

(b) Avant 1730, cette paroisse n'avait déjà plus d'église, cependant alors comme en 1789 elle avait un titulaire ; peut-être le service était-il fait par un curé voisin. (*Cf. Bénéfices de l'Eglise d'Amiens, I.* 304.)

Paroisse de St-Georges (178). — R. 634 liv.

Curé : FROISSART, Etienne-François.
Vicaire : HÉNISSART, Charles-Louis-François.

Paroisse de St-Gilles (179). — R. 700 liv.

Curé : DUMONT, Louis-Benjamin.
Vicaire : FROIDURE, Pierre-Joseph.

Paroisse de St-Jacques (180). — R. 483 liv.

Curé : DE ROUSSENT, Eustache-Blimont, licencié en théologie.
Vicaire : CARON, Etienne-Claude.

Paroisse de St-Jean-des-Prés.

Curé : MACQUET, Nicolas.

Paroisse de St-Nicolas, en St-Vulfran.

Curé : HECQUET, François-Firmin, chanoine de St-Vulfran.

Paroisse de St-Paul. — R. 641 liv.

Curé : DE BRYE, Louis-Théodore.
Vicaire : FACQUET, Jean-Louis.

Paroisse de St-Sépulcre (181). — R. 735 liv.

Curé : DEUNET. Pierre, doyen de la chrétienté d'Abbeville.
Vicaire : LECOMTE, Jean-François.

Paroisse de St-Vulfran en chaussée. — R. 391 liv.

Curé : LEMAIRE, Augustin.
Vicaire : ROBUTTE, Pierre.

Paroisse de Notre-Dame du Chatel. — R. 580 liv.

Curé : TRAULLÉ, Jean-Baptiste (182).
Vicaire : BAZIN, Nicolas-François.

Paroisse de Notre-Dame de la Chapelle. — R. 1,105 liv.

Curé : DAULLÉ, Pierre-François.
Vicaire : BOULANGER.

Paroisse de St-Jean de Rouvroy ou des prés. — R. 985 liv.

Curé : DE BOIFLE, Jean-Charles.
Vicaire : PÉCHIN, Joseph.

* Abemont, dépendance de Domélien.
* Aboval, hameau dépendant de Caumont en Artois.
Acheux-en-Vimeu (Ste-Marie-Madeleine).
    Curé : Depoilly, Joseph-Nicolas.
    Vicaire : Vasseur.

Acheux (St-Cyr et Ste-Julitte), au doyenné de Doullens.
    Curé : Gelée, Pierre-Clair.

Acquet, secours de Neuilly le dien.

Agenville. Voyez Genville.

Agenvillers (Notre-Dame). — R. 1,060 liv.
    Curé : Cozette, Jean-Charles.
    Vicaire : Fréville.

Agnicourt, dépendance de Bavelincourt.

Agnière (St-Vast).
    Curé : Delarche, Jean.

Aigneville (St-Martin), autrefois secours de Maisnières, institué paroisse en 1786 (*a*).
    Curé : Briet, Antoine-François, né le 11 octobre 1738.

Aigumont, dépendance de Contoire.

Ailly-le-Haut-Clocher (Notre-Dame). — R. 1145 liv.
    Curé : Dupuis, Antoine (183).
    Vicaire : Leroy.

Ailly-sur-Noye (Saint-Martin). — R. 300 liv.
    Curé : Delamarre (184).
    Vicaire : Sellier.

Ailly-sur-Somme (St-Martin). — R. 700 liv.
    Curé : Scevelle, Jean-Baptiste.

Aimont (l'Abbaye d'), ferme de la Commanderie de Beauvoir.

Ainval. Voy. Inval.

(*a*) Cf. *Bénéfices de l'Église d'Amiens*, II, 115. — Dès le 28 avril 1518, l'abbaye de Corbie, qui avait le patronage de la paroisse, avait autorisé l'érection de fonts baptismaux dans cette église, (Inventaire des titres de Corbie, tome III, p. 237. Archives du département.)

Airaines :   *Paroisse de la Nativité de Notre-Dame.*
    Curé : Ternisien, Jean-Charles.
    Vicaire : Godart, Laurent.

    Paroisse de St-Denis l'Aréopagite.
    Curé : Marduel, François.

* Airon (Notre-Dame).
    Curé : Decroix, Florentin-Joseph.

* Airon (St-Vast).
    Curé : Dorémus, Charles.

Airondel, hameau de la paroisse de Bailleul.

Albert (St-Gervais et St-Protais).
    Curé : Cauchy, Jean-Baptiste-Jacques-Noël (185).
    1er Vicaire : Pédot.
    2e Vicaire : Lombard.

Allenay (St-Pierre et St-Paul). — R. 2,405 liv.
    Curé : Martin, Jean.

Allery (St-Sauveur ou La Trinité). — R. 2,515 liv.
    Curé : Vitasse, Joseph.
    Vicaire : Michaut.

* Alleux (les), dépendance de Halloy-Briot.
Alleux (les). Voy. Zaleux.
Alliel, dépendance d'Ailly-le-Haut-Clocher.
Allonville (la Décollation de St-Jean-Baptiste). — R. 1,820 liv.
    Curé : Lefebvre, Louis-Jean-Baptiste.

Amilly, cense de la paroisse de Sains.
* Ampliers, secours d'Orville.
Annonay, dépendance du Boisle.
Andinville (St-Vast). — R. 1,190 liv.
    Curé : De Saint-Germain, Louis.
    Vicaire : Hénocq, François.

Andechy (St-Pierre). — R. 924 liv.
    Desservant : Normand.

Ansenne, dépendance de St-Étienne (186).

Arbre (l') à mouches, dépendance de Tailly.
Argœuves (St-Martin).
    Curé : Domont, Jean-François-Georges (187).
Argoules (St-Germain), annexe de Dominois.
    Curé : Brulé.
    Vicaire : Huré.
Arguel (St-Jean).
    Curé : Duflos, Laurent.
Armancourt (St-Nazaire). — R. 876 liv.
    Curé : Cuvillier.
Arondel, dépendance de Berteaucourt-les-Dames.
Arquèves (St-Martin).
    Curé : Dalbret, Louis, né à Bray-sur-Somme le 21 septembre 1744.
Arrest (St-Martin).
    Curé : Quennehen, Nicolas-Augustin.
    Vicaire : Richard.
Arry (St-Quentin). — R. 1040 liv.
    Curé : Nourtier.
Arvillers (St-Martin). — R. 700 liv.
    Curé : Ricard, François.
    Vicaire : Bail, Jean-Baptiste, né le 3 juillet 1762.
Assainvillers (St-Denis). — R. 700 liv.
    Desservant : Decaix, Nicolas.
Aubercourt (St-Quentin).
    Curé : de Warsy.
Aubigny (Ste-Colombe), prieuré-cure. — R. 487 liv.
    Curé : Poillion, Charles-Philippe-François.
* Aubin (St-Vast).
    Curé : Defourdrinoy, Nicolas-Marie.
Aubvillers (St-Jacques le majeur). — R. 874 liv.
    Curé : de Navarre.
Auchonvillers (St-Vincent. martyr). — R. 593 liv.
    Curé : Malherbe, Nicolas-François.

Augicourt, lieu voisin et dépendant de Prouville.

* Aulnoy, dépendance de Riquebourg.

Ault (Bourg d') (St-Pierre).
    Curé : Becquet, François-Joseph, doyen de la chrétienté de Gamaches.
    1er vicaire : Duputel.
    2e vicaire : Soupli.

Aumatre (Notre-Dame). — R. 842 liv.
    Curé : Delaporte, Firmin.

Aumont (St-Servais), prieuré-cure de l'ordre de Prémontré. — R. 962 liv.
    Curé : De la Paix de Lizancourt, Jacques, chanoine régulier.

Auteux (la Décollation de St-Jean-Baptiste).
    Curé : Hurache, Florimond-François.

Authie (St-Pierre).
    Curé : Raison, Hubert-Eugène.

Authieule (St-Vast).
    Curé : Vasseur, Charles.

Authuille (St-Fursy). — R. 700 liv.
    Curé : Neveu, Claude.

* Autieux (les), hameau dépendant de Formerie.

Auvillers (l'Assomption de Notre-Dame).
    Curé : Deunet, Eloy.
    Vicaire : Billier.

* Auxy-le-Chateau (St-Martin).
    Curé : Pépin, Pierre-François, né à Beaucamp-le-Vieux.
    Vicaires : Derbesse et d'Amour.

Avelesge (Notre-Dame).
    Vicaire en chef : Maillard.

Aveluy (St-Fare). — R. 700 liv.
    Curé : Wable (188).

Avesnes (St-Riquier), au doyenné de Rue. — R. 2,374 liv.
    Curé : Gourdin.

Avesnes (St-Denis), au doyenné d'Hornoy. — R. 669 liv.
    Curé : Bouly, Jean-François (189).

Avesnes, fief près de Ribemont.
Ayencourt (St-Martin). — R. 700 livres.
    Curé : Gentien, Henri.
* Bachimont, hameau dépendant de Buire-au-Bois.
Bacouel (Notre-Dame), prieuré-cure. — R. 1,518 liv.
    Curé : Tondu, François-Firmin, chanoine de St-Acheul.
Bagneux, hameau dépendant de Gézaincourt.
* Baillescourt (St-Denis). Maintenant annexe de Puisieux.
    Curé : Demailly.
Bailleul (St-Martin). — R. 1,435 liv.
    Curé : Régnier, Pierre-Firmin.
Baillon, dépendance de Frettemeule.
Baillon, dépendance de Warloy.
Baisnat, dépendance de Béhen.
Balances, ferme, siège ancien de l'abbaye de Valloires.
Balicourt, dépendance de Rue.
Balifour, ferme dépendant du Crotoy.
Barlette, hameau de la paroisse de Franqueville.
Barly (St-Pierre). — R. 700 liv.
    Curé : Asselin, Jean-François.
Bavelincourt (St-Sulpice). — R. 872 liv.
    Curé : Mille.
Bayonvillers (St-Étienne). — R. 750 liv.
    Curé : Gosselin, Jean-François, mort en 1789. Remplacé par Codeville, Jean-Baptiste-Guillain.
Bazentin-le-Grand (l'Assomption de Notre-Dame et St-Maur, abbé).
    Curé : Létaille, Clément (190).
Bazentin-le-Petit (la Nativité de Notre-Dame), secours de Bazentin-le-Grand.
Béalcourt (Notre-Dame), secours de Frohen-le-Grand.
Beauchamp (St-Martin). — R. 1,200 liv.
    Curé : Fréville, Charles (191).
Beaucourt-en-Sangterre (a), (St-Pierre), au doyenné de Fouilloy. — R. 626 liv.
    Curé : Dufour, Nicolas-Joseph ; puis, Caron, Jacques.

(a) C'est là, croyons-nous, la véritable forme de ce nom, ou bien Sangters, comme l'ont écrit les plus anciens titres français ; Foliees en Sancters, 1336 ; Lihons en Sangters, 1477 ; La Follye

BEAUCOURT-SUR-HALLUE (St-Eloi), au doyenné de Mailly. — R. 700 liv.
  Curé : TROGNEUX, Jean-Baptiste.
BEAUCOURT-LÈS-SENLIS, dépendance de ladite paroisse.
BEAUCOURT (St-Pierre), secours d'Authuille.
* BEAUDÉDUIT (St-Jean-Baptiste).
  Curé : DEBRY, Jean-Baptiste.
BEAUFORT-EN-SANGTERRE (l'Assomption de la Ste-Vierge). — R. 1,618 liv.
  Curé : ALLOU.
BEAUMER, hameau d'Onival.
* BEAUMERY, secours d'Escuire.
BEAUMETZ (St-Nicolas). — R. 700 liv.
  Curé : MARCOTTE, Jean-Joseph.
BEAUMONT, (l'Assomption de Notre-Dame). — R. 626 liv.
  Curé : DUFOUR.
  Desservant : DEQUEN, J. Alexis.
BEAUQUESNE (St-Jean-Baptiste).
  Curé : DEMBREVILLE, Jean-Baptiste-Joseph, né à Beauquesne le 26 août 1746.
BEAUREPAIRE, hameau dépendant de St-Pierre de Doullens.
BEAUSSART, hameau dépendant de Mailly.
BEAUVAL (St-Nicolas).
  Curé : BLOQUET, Pierre, né à Bouquemaison le 15 juillet 1725.
BEAUVOIR-LÈS-ABBEVILLE, siège d'une Commanderie de St-Jean de Jérusalem.
* BEAUVOIR, huit fermes dépendant de Bonnières.
BEAUVOIR-LÈS-RUE (Notre-Dame), 4ᵉ portion de la Cure de Rue. — R. 793 liv.
  Curé : GREVET.
BEAUVOIR-RIVIÈRE, hameau dépendant de Wavant.
  Chapelain : TROGNEUX.

en Sangters, 1575, etc. Les titres latins viennent à l'appui de cet orthographe, lorsqu'ils écrivent : *Folie in Sangine torso*, 1324 ; *Lehunum in Sagine terso*, vers 1350 ; *Hangestus in Sangine therso*, 1495, etc. Serait-il téméraire de supposer, contrairement à l'opinion de savants écrivains, que l'étymologie de ce nom vient du dieu *Sangus* (Hercule) ? Il était honoré par les Sabins et son culte avait été porté à Rome, d'où il a pu passer en Gaule. Sangters, *Sangitersus*, signifierait terre ou contrée de Sangus. (Cf. Fonds des chapitres d'Amiens et de St-Firmin le Confesseur, *passim*, Archives du département de la Somme. — St-Augustin, *La Cité de Dieu*, livre XVIII, chapitre 19.)

Bécordel (St-Vast). — R. 1200 livres.
　　　Curé : Dinouard, Philippe.

Bécourt-au-Bois, hameau dépendant de Bécordel.

Becquerel, dépendance de Bailleul.

Becquigny (St-Martin). — R. 1685 liv.
　　　Curé : Maillard, Jean-François.

Béhen (St-Josse).
　　　Curé : Bigorgne, François-Joseph.

Béhencourt (St-Martin). — R. 746 liv.
　　　Curé : Saint-Aubin, François-Adrien.

Belair, dépendance de Broutelle.

Bélinval, ancien siège de la Commanderie de Beauvoir.

Bellavesne, dépendance de la paroisse de Teuffle.

Bellencourt (St-Martin). — R. 766 liv.
　　　Curé : Quennehen, Jean-Baptiste-Prosper.
　　　Vicaire : Grognet.

Belleuse (St-Pierre). — R. 910 liv.
　　　Curé : Moyens.

* Belleville, hameau dépendant de Blergies, y réuni.

Bellifontaine (Notre-Dame), secours de Bailleul.

Belloy-sur-Somme (St-Nicolas). — R. 1130 liv.
　　　Curé : Bonnard, Nicolas-Théodore.

Belloy (St-Léonard). — R. 506 livres.
　　　Curé : Fayez, Jean-François (192).

Belloy, dépendance de Friville.

Bénat, secours de Grébaumesnil.

Bérencourt, partie du village d'Etelfay, et autrefois de la paroisse de St-
　　　Médard de Montdidier.

Bergicourt (St-Lucien).
　　　Curé : Gigault.

Berk (St-Jean-Baptiste).
　　　Curé : Lécuyer, Louis-Joseph. — Il est remplacé au mois d'Avril 1789
　　　　　par : Daveluy, Norbert.

* Bernapré, dépendance de Romescamps.

BERNATRE (Notre-Dame).
    Curé : BERTON, Jacques.
BERNAVILLE (la Sainte-Trinité). — R. 640 liv.
    Curé : CAUCHY, Louis-Victor.
BERNAY, dépendance de Forestmontier.
    Vicaire desservant : GREVET.
BERNEUIL (St-Pierre).
    Curé : ACLOCQUE, Pierre-Martin.
BERNY-SUR-NOYE (St-Fuscien et ses compagnons). — R. 832 liv.
    Curé : RETOURNÉ, Jean-Baptiste.
BERTANGLE (St-Vincent). — R. 850 liv.
    Curé : MANOT, Hubert.
BERTAUCOURT, dépendance de Thennes.
BERTAUCOURT-LES-DAMES (St-Nicolas).
    Curé : DURIEZ, Louis-François-Joseph, né à Auxy le 13 janv. 1746
BERTRANCOURT (Ste-Marguerite). — R. 700 liv.
    Curé : TRIPET.
BERTRICOURT, dépendance de Longpré-lès-Amiens.
BÉTAUCOURT (St-Firmin), près Quend. — R. 909 liv.
    Curé : BIZET.
BÉTHENCOURT, dépendance d'Arvillers.
BÉTHENCOURT-LÈS-ST-OUEN (St-Martin). — R. 714 liv.
    Curé : TRINQUIER, Vincent.
BÉTHENCOURT-SUR-MER (St-Etienne). — R. 868 liv.
    Curé : LEMOT, François-Edme.
BÉTHISY, dépendance d'Harbonnières.
BETTEMBOS (St-Albin). — R. 607 liv.
    Curé : DAYMAT, Pierre.
BETTENCOURT-LÈS-RIVIÈRE (St-Martin). — R. 321 liv.
    Curé : COFFINIER, Nicolas.
BEZENCOURT (Ste-Marie-Madeleine), secours de Tronchoy.
BÉZIEUX (St-Martin).
    Curé : MABILLE, Jacques-François.

Bichecourt, dépendance de Hangest-sur-Somme.
Biencourt (St-Martin). — R. 1,280 liv.*
    Curé : Simon, Charles-Laurent (193).

Bienfay (St-Nicolas), hameau dépendant de Bouillancourt-sur-Miannay.
Bihem, dépendance du Crotoy.
Blaingue, dépendance de Mers.
* Blancfossé (St-Remy).
    Curé : Queste.

Blanchemaison, dépendance de Hornoy.
Blanche Abbaye, dépendance de Buigny-St-Maclou.
* Blangerval, secours de Conchy.
Blangiel, hameau près de Limeux.
* Blangizel, dépendance de Conchy.
Blangy-lès-Poix (St-Médard). — R. 683 liv.
    Curé : Daveluy, Antoine-François-Dominique.

Blangy-Tronville (St-Médard). — R. 750 liv.
    Curé : Andrieu, Jean-Baptiste.

* Blergies (St-Martin).
    Curé : Dumanoir, Jacques-Philippe-Christophe.

Boancourt, secours de Huchenneville.
* Bocquet (le), hameau dépendant de Sarcus.
Bocquet (le). Voy. Petit Bocquet.
* Boffles, secours de Nœux.
* Boin, secours d'Aubin.
Boisbergues (St-Martin).
    Curé : Desnaux, Nicolas.

* Boischoqué, partie du village de Bonnières.
Boismont (St-Martin). — R. 1,177 liv.
    Curé : Travet, Jean-François.

Boisrault (St-Martin). — R. 830 liv.
    Curé : Lemoine, Louis-André.

Bois-Rifflard, dépendance de Ligescourt.
Bois-Rifflard, dépendance de Vironchaux.

Boiteau (St-Martin). Voy. Laboissière.
    Curé : Martin.

Bonance, ferme de l'Abbaye de Valloires ; siège primitif de l'abbaye.

Bonnay (St-Vast). — R. 700 liv.
    Curé : Lefebvre, Jean-François, mort en 1789.
    Desservant : Darsy.

Bonnel, dépendance de Forestmontier.

* Bonneleau (St-Georges).
    Curé : Boyeldieu, Jean-Baptiste.

Bonneval, dépendance d'Auvillers.

Bonneville (Ste-Anne), secours de Fieffes.
    Vicaire : Dècle.

* Bonnières (St-Aubin).
    Curé : Poulain, Michel-Théodore, né à Marquais en 1719.
    Vicaire : Lecocq.

Bosquel (St-Blaise). Prieuré-cure. — R. 1,793 liv.
    Curé : Revoir, Laurent (194), chanoine régulier de la Congrégation de France.

* Boubers (St-Omer), au doyenné d'Auxy-le-Château.
    Curé : Philippot, doyen de la chrétienté d'Auxy-le-Château.

Boubers, dépendance de Mons.

Boucarcourt, hameau dépendant de La Viéville.

Bouchoir (St-Pierre). — R. 560 liv.
    Curé : Fichaux.

Bouchon (St-Pierre).
    Curé : Pointard, Jean-Baptiste.

Boudeleville (St-Firmin-le-Martyr), secours de l'Etoile.

Boufflers, hameau dépendant de Montrelet.

Bougainville (St-Arnoul).
    Curé : Letellier, Charles-François-Joseph.
    Vicaire : Hoden, Jacques.

Bouillancourt-en-Sery (St-Jacques-le-Majeur), prieuré-cure de l'ordre de Prémontré. — R. 800 liv.
    Curé : Delens, Louis-François-Joseph.
    Vicaire : Boyenval.

BOUILLANCOURT-SUR-MIANNAY (St-Sanson).
　　Curé : LESVECQUE, Adrien.

BOUILLENCOURT (St-Martin), au doyenné de Davenescourt. — R. 1,050 liv.
　　Curé : LION, Firmin.

BOULAINVILLERS, dépendance de Tronchoy.

* BOULOGNE-LA-GRASSE (Notre-Dame).
　　Curé : BAYART, Jacques-François.
　　Vicaire : TURPIN, Claude-Léon.

BOUQUEMAISON (St-Pierre). — R. 700 liv.
　　Curé : ARTUS (195).
　　Desservant : RENARD, François.

BOURDON (St-Martin). — R. 640 liv.
　　Curé : DUPLAN, Honoré.

BOURSEVILLE (Notre-Dame). — R. 1,669 liv.
　　Curé : PIEFFORT, Casimir-Hippolyte.
　　Vicaire : DEVISME.

BOUSSICOURT (St-Étienne). — R. 1,324.
　　Curé : LEFEBVRE DE MILLY, Philippe-Joseph (196).

* BOUTAVANT, hameau dépendant de Bouvresse.
　　Vicaire en chef : MACHAUNETTE, Jean-Honoré.

BOUT DES PRÉS, hameau dépendant de la paroisse St-Pierre de Doullens.
BOUTTENCOURT, dépendance de la paroisse St-Étienne de Sery.
BOUTILLERIE, dépendance de Cagny.
BOUVAQUE (La), dépendance d'Abbeville.
BOUVINCOURT (St-Hilaire). — R. 2,275 liv.
　　Curé : LE PICARD, Gilbert-Marie, chapelain de la Cathédrale.

* BOUVRESSE (St-Salvateur ou la Trinité).
　　Curé : FUSELLIER, Cyr-Charles.

BOUZAINCOURT (St-Honoré), au doyenné d'Albert. — R. 1,356 liv.
　　Curé : ETÉVÉ.

BOUZENCOURT (Notre-Dame), au doyenné de Lihons. — R. 1,513 liv.
　　Curé : DE TINANCOURT, Charles-François (197).

Bovelles (la Nativité de la Ste-Vierge). — R. 1,345 livres.
   Curé : Laurent, Paul-Henry (198).
Bovent, dépendance d'Ablaincourt.
Boves :   *Paroisse St-Nicolas, au doyenné de Fouilloy.* — R. 2,019 liv.
   Curé : Berly, Jean-Baptiste-Romain.
       Paroisse Notre-Dame, au doyenné de Moreuil.
   Curé : Masse, Firmin.
Brache (St-Martin). — R. 700 liv.
   Desservant : Vallois.
Brailly (St-Martin). — R. 2,251 liv.
   Curé : Dufestel, Jean-Baptiste.
Branlicourt, ferme auprès d'Estrées-lès-Cressy.
Brassy, village dépendant de Sentelie (*aliàs* St-Delie).
Bray-lès-Mareuil (Notre-Dame).
   Curé : Tirmarche, Nicolas.
Bray-sur-Somme (St-Nicolas). — R. 692 liv.
   Curé : Dupré, Victor-Alexandre-Etienne (199), bachelier en théologie, né à Mailly.
   Vicaire : Delambre.
Breilly (St-Sulpice). — R. 1,374 liv.
   Curé : Fache, Jean-Baptiste, mort en 1789.
   Desservant : Durozel, Antoine-François.
Bresles (St-Léger). — R. 638 liv.
   Curé : Lescuyer, Charles, doyen de la chrétienté de Mailly.
Bretagne, dépendance de Villers-sur-Authie.
Bretel, hameau de la paroisse de Boismont.
Bretelle, hameau dépendant des paroisses de Gézaincourt et de Hem.
Brétencourt, hameau dépendant de Frettemole.
Bretizel, dépendance de St-Germain-sur-Bresle.
* Brévillers, secours de Capelle-en-Artois.
Brévillers, (l'Assomption de Notre-Dame), secours de Souich.
Bricquemaisnil (St-Martin). — R. 948 liv.
   Curé : Mille, Nicolas.

Bricquemaisnil, hameau de la paroisse de Hem.
* Briot, dépendance de Halloy.
Brocourt (Notre-Dame). — R. 505 liv.
    Curé : Catelain, Charles.
Bromancourt, hameau de la paroisse d'Onival.
Broutelette, hameau de la paroisse d'Onival.
Broutelle (Notre-Dame). — R. 1,416 liv.
    Curé : Dequen, Wulfran-François.
* Broye (St-Nicolas).
    Curé : Renard, doyen de la chrétienté de Montdidier.
Brucamps (St-Martin). — R. 946 liv.
    Curé : Danzel, François, né le 13 décembre 1725.
* Bucaille (La basse), hameau dépendant de Sarcus.
Buiercourt, dépendance de Millancourt, au doyenné d'Albert.
* Buignopré, dépendance de Riquebourg.
Buigny-l'Abbé (St-Jean-Baptiste), secours de Bellencourt.
    Vicaire : Grognet.
Buigny-lès-Gamaches (Ste-Marie-Madeleine), village dépendant de la paroisse de Hélicourt.
    Vicaire : Jourdain.
Buigny (St-Maclou), secours d'Auvillers.
Buire (St-Hilaire). — R. 557 liv.
    Curé : Lécuyer, Charles.
* Buire-au-Bois (Notre-Dame). — R. 757 liv.
    Curé : Avenaux.
* Buire-le-Sec (S-Maurice).
    Curé : Lœuiller.
Buire-en-Halloy, dépendance de Nampont.
Buleux, dépendance de Cérisy.
Bus (St-Pierre), au doyenné de Rouvroy. — R. 804 liv.
    Curé : Longuet.
Bus-lès-Artois (St-Pierre).
    Curé : Letierce, André, né audit lieu le 26 septembre 1734.
Busmenard, dépendance de l'Abbaye de Sery.

Bussu (St-Michel). — R. 1,119 livres.
    Curé : Madoux, Jean, doyen de la chrétienté de St-Riquier.
    Vicaire : Grevet.

Bussuel, dépendance de Bussu.

Bussy-lès-Daours (St-Léger). — R. 1,600 liv.
    Curé : Fouquerel, Antoine-Adrien.

Bussy-lès-Poix (Notre-Dame).
    Curé : Picard, Louis.

Buyon, dépendance de Plachy.

Cachy (Notre-Dame). — R. 700 liv.
    Curé : Fuzellier, Jean.

Cagny (St-Honoré). — R. 2,400 liv.
    Curé : Cordier, Robert-Joseph, né le 27 mars 1745.

Cahon (St-Pierre-aux-liens).
    Curé : Lecul, Philippe.

Caix (La Sainte-Croix). — R. 855 liv.
    Curé : Foursy.
    Vicaire : Godebert.

Cajolais (Le), dépendance de Cayeux.

Callenges (Les), dépendance de Veron.

Callets (Les), hameau dépendant de la paroisse de St-Thibault.

* Calloterie (St-Firmin-le-Martyr).
    Curé : Hacot, Antoine-Joseph.

Cambos, ferme dépendant de Boves.

Cambron (St-Martin). — R. 1,453 liv.
    Curé : Leulier, Claude-Nicolas.

Camon (St-Vast).
    Curé : Debrie.

* Campagne, secours de Riquebourg.

Campagne-en-Vimeu, secours de Hymmeville.

* Campigneules-les-Petites (St-Crépin et St-Crépinien), secours de St-Jacques, paroisse de Montreuil.

* Campignolles (St-Vast).
    Curé : Bayart, André.

Campignolles, hameau dépendant de Renierécluse.
Camps (St-Nicolas). — R. 706 liv.
    Curé : Carpentier, Louis-François, né le 26 mai 1742.
Campsart, hameau de la paroisse de Villers.
Canaple (St-Nicolas). — R. 851 liv.
    Curé : Carruette, Antoine, né le 25 octobre 1734.
Canchy (St-Pierre). — R. 2,343 liv.
    Curé : Barbier, Pierre (200).
    Vicaire : Delattre.
Candas (St-Jean-Baptiste).
    Curé : Poussart, Jean-François-Honoré.
Cannessières (La décollation de St-Jean-Baptiste), secours d'Oisemont. — R. 430 liv.
    Vicaire : Cumont.
Cantepie, dépendance de Bouvincourt (201).
Cantigny (Notre-Dame). — R. 706 liv.
    Curé : Caboche, Firmin-Joseph.
* Capelle-en-Artois (St-Vast). — Pour le revenu de la paroisse et le nom du titulaire, voyez ci-dessus Brévillers, son secours.
Capelle, hameau dépendant de St-Josse-sur-Mer.
Cardonnette (St-Vast), autrefois dépendance d'Allonville, devenue paroisse.
    Curé : Leblond.
Cardonnoy (St-Gilles). — R. 700 liv.
    Curé : Delacourt.
Carnoy (St-Vast), secours de Montauban.
Carouge, dépendance de Villers-sur-Authie.
Castel (Notre-Dame). — R. 881 liv.
    Curé : Cauet, Nicolas.
Catelet (le), dépendance de Long.
Catigny, dépendance d'Arrest.
* Catheux (St-Denis).
    Curé : Godin.
Caubert (St-Sanson).
    Curé : Croutel.

Caulière (St-Saturnin et Ste-Madeleine), prieuré-cure de l'ordre de Prémontré. — R. 443 liv.

    Curé : Petit, Jean-François. Mort le 26 juin 1789 ; il avait résigné au mois d'avril précédent au profit de Chefdeville, Jean-Guillaume, qui avait pris possession le 6 juin (202).

Caumartin, hameau de la paroisse de Cressy.

Cauminil, hameau de la paroisse d'Orville.

Caumondel, hameau de la paroisse de Huchenneville.

Caumont, dépendance de Huchenneville.

* Caumont-en-Artois (St-Martin).

    Curé : Lecomte.

Cauroy, hameau de la paroisse de Tours.

Caux où Caours (St-Martin). — R. 933 liv.

    Curé : Desavoye, Quentin.

Cavillon (St-Nicolas). — R. 700 liv.

    Curé : Sangnier, Jacques-Augustin, décédé le 11 août 1789, à l'âge de 74 ans. — Il est remplacé par Delachambre.

Cayeux-en-Sangterre (St-Martin). — R. 567 liv.

    Curé : Gaffet.

Cayeux-sur-Mer (St-Pierre). — R. 949 liv.

    Curé : Dufestel, Simon.

    1er Vicaire : Morel.

    2e Vicaire : Grognet.

* Cempuis (St-Nicolas).

    Curé : Deheilly.

* Cercamp (St-Chrysogone), dans l'Abbaye de ce nom.

Cérisy-Buleux (la Nativité de Notre-Dame), prieuré-cure. — R. 700 liv.

    Curé : Poiré, Nicolas (203).

Cérisy-Gailly (St-Georges). — R. 836 liv.

    Curé : Turquet, Henry.

Chantereine, dépendance de Broutelle.

Chaussoy, dépendance de Teufles.

Chaussoy, hameau dépendant d'Avesnes.

Chaussoy-Epagny (St-Denis et ses compagnons). — R. 881 liv.
 Curé : Mille, François-Bernard.
Chaussoy, secours de Davenescourt.
Chepy (St-Pierre). — R. 2,120 liv.
 Curé : Dessomme, Victor-Césaire.
 Vicaire : Caubert.
Chessoy, dépendance de Laucourt.
Chilly (St-Sulpice). — R. 700 liv.
 Curé : Mulot.
Chipilly (St-Martin).
 Curé : Hénaux.
* Chirienne, secours de Caumont-en-Artois.
Chirmont (St-Michel). — R. 770 liv.
 Curé : Moindreaux Jean-Baptiste-Nicolas (204).
Chivicourt, dépendance de Grandcourt (a).
* Choqueuse (Notre-Dame).
 Curé : Desavoye, Antoine-Joseph.
Chuigne (St-Sulpice). — R. 1,200 liv.
 Curé : Lemaitre, Charles-Vincent.
Chuignolle (St-Léger).
 Curé : Bernard, Jean-François.
Citerne (St-Pierre). — R. 700 liv.
 Curé : Delignières, Charles-André (205).
Clerfay, siège de l'abbaye de Notre-Dame.
Cléry (St-Nicolas). — R. 600 liv.
 Curé : Revest, Jean-Baptiste.
Cocquerel (St-Martin). — R. 2,088 liv.
 Curé : Willemain, François.
 Desservant : Allou.
Coigneux (St-Géry). — R. 700 liv.
 Curé : Deboffles, Pierre-Joseph.

(a) Le village de Chivicourt était de cette paroisse, quoi qu'il fut situé en Artois.

— 78 —

* Coin (St-Pierre-aux-Liens).
    Curé : Lequen.

Coisy (La Nativité de Notre-Dame). — R. 1,086 liv.
    Curé : Delabroye, Pierre.

Collencamps, hameau dépendant de Mailly.

* Collines (St-Martin).
    Curé : Carry, Adrien-Vincent (206).

* Conchil (St-Nicaise), ou Conchy-les-Pots.
    Curé : Boisseau, Louis-Jacques.

* Conchil-le-Temple (Notre-Dame).
    Curé : Pillau, Jean-Henri.

* Conchy-sur-Canche (St-Pierre).
    Curé : Dangest.

Condé-Folie (La Visitation de Notre-Dame).
    Curé : Avenel, Jean-François (207).
    Vicaire : Languillon.

Contalmaison (St-Léger).
    Curé : de Beaufort, Charles.

Contay (St-Hilaire).
    Curé : Jourdain, Jean-Baptiste, né le 26 mai 1735.

Conteville (St-Pierre). — R. 1,728 liv.
    Curé : Desavoye, Alexandre.

Contoire (St-Pierre). — R. 637 liv.
    Curé : Lefebvre.

Contre (St-Cyr et Ste-Julitte).
    Curé : Le Moyne.

Conty :   *Paroisse de St-Antoine.*
    Curé : Dumoulin.

Paroisse de St-Martin.
    Curé : Prévost, Charles.

Coppegueule, hameau dépendant de Nampty.

Coquel, village dépendant d'Arguel.

* Coquichart, hameau dépendant de la paroisse de Caumont-en-Artois.

Corbie : *Paroisse de St-Albin.*

  Curé : Leuillier, François-Remi.

  Paroisse de St-Eloi.

  Curé : Denoyelle, Antoine-François.

  Paroisse de Notre-Dame, en St-Etienne. — R. 1,000 liv.

  Curé : Cavroix, Nicolas-Alexis.

  Paroisse de St-Jean-l'Évangéliste. — R. 700 liv.

  Curé : Boileau, Charles.

  Paroisse de St-Thomas, apôtre, dans le faubourg. — R. 700 liv.

  Curé : Rifflet, Antoine René, né à Englebelmer le 19 février 1737.

* Cormeille (St-Martin).
  Curé : Niquet.

Cornehotte, dépendance de la paroisse de Domvast.

Cottenchy (St-Marcel). — R. 500 liv.
  Curé : Harmaville, Charles-Adrien, caritable de Corbie, né le 20 juin 1744.

Coullemelle (St-Nicolas). — R. 794 liv.
  Curé : Clain.

Coulonvillers (St-Gervais et St-Protais). — R. 855 liv.
  Curé : Petit, Toussaint.

Courcelles, hameau de la paroisse de Visme.

Courcelles-au-Bois (St-Pierre-ès-liens). — R. 840 liv.
  Curé : Vignon, Pierre.

Courcelles-sous-Démuin. Voy. prieuré de Courcelles.

Courcelles-sous-Moyencourt (St-Jean-Baptiste).
>   Curé : Méplart, Alexandre-Grégoire, maître-ès-arts en l'Université de Paris, doyen de la chrétienté de Poix, décédé le 31 août 1789, à l'âge de 89 ans. — Il a pour successeur Dargnies, Nicolas-Claude (208).
>   Desservant : Bullot.

Courcelles-sous-Thoix (St-Martin). — R. 900 liv.
>   Curé : Parmentier, Jean-Martin.

Courchon, ferme dépendant d'Airaines.

Courtemanche (St-Pierre). — R. 965 liv.
>   Curé : Poullet, Denis-Félix (209).

Courtieu, hameau de Lignières-Chatelain.

Courtieux, dépendance de Maisnières.

Courtillet, dépendance de Lanchères.

Cramont (St-Martin). — R. 1,181 liv.
>   Curé : Devismes, Louis-Honoré-Charles (210).

Cressy (St-Séverin). — R. 700 liv.
>   Curé : Briet, Charles-Jérôme, né le 29 septembre 1732.
>   Vicaire : Prévost.

Cressy-Grange, ferme dépendant de la paroisse de Cressy.

Creuse (St-Martin). — R. 403 liv.
>   Curé : Lefebvre, Jean-François, né le 28 novembre 1710.

* Crocq (St-Louis).
>   Curé : Vasseur.

Croisette, dépendance de la paroisse d'Huchenneville.

* Croisettes (les), fermes dépendant de Bonnières.

* Croissy (St-Léger).
>   Curé : Bellette, Joseph-Jean-Baptiste.

Croix-au-Bailly. Voyez Lamotte-Croix-au-Bailly.

Croixrault (St-Jean-Baptiste), secours de St-Martin de Poix, sauf une rue dépendant de la paroisse Notre-Dame de Poix.
>   Vicaire en chef : Sauval, Nicolas-François (211), né le 13 avril 1759.

Croquoison (St-Firmin-le-Martyr). — R. 700 liv.
>   Curé : Cristy, Antoine, né le 11 mars 1723.

— 81 —

CROTOY (St-Pierre). — R. 542 livres.
    Curé : JOURDAIN.

CROY (St-Firmin-le-Martyr). — R. 700 liv.
    Curé : DEQUET ou DECAIX, François (212).

* CUCQUES (Notre-Dame).
    Curé : FAUVEL, Pierre.

CUMONT, ferme dépendant de Hanchy.

CUMONVILLE, hameau dépendant de Guéchard.

* DAMERAUCOURT (St-Denis).
    Curé : DABOVAL, François-Jules, né à Doullens le 4 octobre 1761.

DAMERY (St-Vast). — R. 754 liv.
    Curé : MURAINE.

DANCOURT (St-Martin). — R. 700 liv.
    Curé : HENNON.

* DARGIES (St-Martin).
    Curé : DESCHAMPS, Charles-Antoine.

DARGNIES (St-Vandrille). — R. 900 liv.
    Curé : MARQUIS, Antoine-Honoré (213).
    Vicaires : BOUDINEL, Louis, et OZENNE, Pierre.

DAVENESCOURT (St-Martin). — R. 1,310 liv.
    Curé : DUBOILLE, Antoine.

DÉMUIN (St-Ouen). — R. 1,549 liv.
    Curé : THUIN.
    Vicaire : LAMBERT.

DERNENCOURT (St-Léger). — R. 960 liv.
    Curé : DEQUEHAGNY, Jacques.

DIANCOURT, dépendance de Léchelle.

DIVION (St-Pierre), secours de Thiebval.

DODELAINVILLE (Notre-Dame). — R. 1,122 liv.
    Curé : DAUPHIN, Jean-François.
    Vicaire : GARET.

DOMART-EN-PONTHIEU (St-Médard). — R. 763 liv.
    Curé : FRANCIÈRES, Nicolas-Firmin-Joseph.

Domart-sur-la-luce (St-Médard). — R. 700 livres.
  Curé : Racine, Jean-Baptiste-Joseph-Marie (214).
* Domelien (St-Aquilin).
  Curé : Delattre.
Domémont (St-Nicolas). — R. 1,210 liv.
  Curé : Fauvel, Antoine.
* Domfront (St-Front).
  Curé : Le Riche.
Dominois (St-Denis). — R. 860 liv.
  Curé : Brulé, Charles-Etienne, né le 30 août 1742.
  Vicaire : Huré.
Domleger (St-Léger), secours de Mesnil. — R. 651 liv.
  Vicaire : Conteville.
Dommartin (St-Martin).
  Curé : Lefèvre, Claude-François, né le 14 juin 1760.
* Dommelier (St-Firmin-le-Martyr).
  Curé : Hucher.
Dompierre (St-Pierre), au doyenné de Labroye. — R. 1,945 liv.
  Curé : Godquin (215).
  Vicaire : Tillette d'Acheux.
* Dompierre (St-Pierre), au doyenné de Montdidier.
  Curé : Sorel.
Domqueur (St-Saturnin). — R. 1,140 liv.
  Curé : Barbier, Jean-Baptiste.
  Vicaire : Elluin.
Domvast (Ste-Marie-Madeleine). — R. 700 liv.
  Curé : Boinet, Jean-Baptiste.
Donquerelle, hameau dépendant de Domqueur.

Doullens :   *Paroisse de Notre-Dame.*
  Curé : Holleville, Firmin, né à Amiens le 19 septembre 1726.

Paroisse de St-Martin.
  Curé : Delamarre, Jean-Baptiste, né à Amiens le 3 février 1720.
  Vicaire : Solente.

Paroisse de St-Pierre.

Curé : Rogeray, André, doyen de la chrétienté de Doullens.

* Dourier-en-Artois (St-Riquier).

    Curé : Fournier.

Dourier-lès-Airaines (St-Riquier).

    Curé : Cozette, Jean-Baptiste-Théophile (216), né le 4 mai 1761.

Dours (St-Jacques).

    Curé : de Bonnaire, Pierre, né le 19 septembre 1746.

Drancourt, dépendance de la paroisse de Neuville-lès-St-Valery.

Dreuil-lès-Amiens (St-Riquier). — R. 1,040 liv.

    Curé : Caron, André-Eloi (217).

Dreuil-sous-Airaines (St-Denis). — R. 1,534 liv.

    Curé : Noblesse, Jean-Baptiste.

Dreuil-sous-Molliens (St-Pierre), prieuré-cure de l'ordre de Prémontré. — R. 700 liv.

    Curé : Carpentier, Antoine-Léon (218), né le 22 mai 1747.

Dromesnil (Notre-Dame). — R. 600 liv.

    Curé : Nollent, Jean-Louis.

Drucat (St-Martin). — R. 982 liv.

    Curé : Levasseur, Nicolas, né le 11 novembre 1729.

Drugy, hameau dépendant de St-Mauguille.

Duncq, hameau dépendant de Liercourt.

Dury (St-Nicolas).

    Curé : Louvet, Charles-Antoine-Henry.

Eaucourt-sur-Somme, secours d'Épagne.

Ebalet, hameau de la paroisse de St-Blimont.

Emacourt (St-Saturnin), secours de la paroisse de Veron.

Embreville (Notre-Dame), autrefois secours de Beauchamp. — R. 710 liv.

    Curé : Desmarest, Jean-Baptiste-Nicolas, depuis 1770. Il était né le 8 février 1739.

Englebelmer (St-Martin).

    Curé : Létocart, Nicolas-Pasquier.

Enguillaucourt (St-Denis). — R. 412 liv.

    Curé : Alavoine, Jean-Baptiste.

Epagne (St-Jean-Baptiste). — R. 1,272 livres.
    Curé : Ricquier, Jean-François-Augustin.
Epagnette (St-Michel). — R. 1,391 liv.
    Curé : Legris, Jean-Baptiste.
Epaumesnil (St-Martin), dépendance de la Commanderie de St-Maulvis. — R. 700 liv.
    Curé : Caron, Jean-Baptiste-Joseph.
Epécamps (Notre-Dame) : prieuré-cure. — R. 5,136 liv.
    Curé : Billet, Jean-Baptiste-Claude.
Eplessier-lès-Poix (Notre-Dame), prieuré-cure. — R. 676 liv.
    Curé : Fondeur, François-Henry (219).
Erches (St-Amand). — R. 862 liv.
    Curé : Goron.
Ercourt (St-Sulpice). — R. 731 liv.
    Curé : Boulanger, Nicolas-Robert.
Eremcourt (St-Firmin), secours de Méraucourt.
Ergnies (St-Vulfran). — R. 700 liv.
    Curé : Motteau, Pierre-Joseph.
* Erquières, village dépendant de Fontaine-l'Etalon.
Erveloy, hameau près de Martinneville, dépendant de St-Maxent.
Esbaret, dépendance d'Esquennes.
Escarbotin (St-Hubert), secours de Friville (220).
Esclainvillers (St-Faron). — R. 700 liv.
    Curé : Dubus.
* Escouavres, secours de Flers, au doyenné d'Auxy-le-Château.
* Escuire (St-Vast).
    Curé : Playoult, Louis.
* Eslencourt (St-Lucien).
    Curé : Vittet, Charles-François.
Eslincourt, hameau de la paroisse de St-Blimond.
Esmont. Voy. Aimont.
* Esquemicourt-en-Artois (St-Denis).
    Curé : Bouvard, Alexandre-Joseph.

Esquennes (Ste-Madeleine).
Curé : Descroix, Louis.

* Esquincourt (St-Martin).
Cette cure, unie au petit Séminaire de Montreuil, était desservie par le curé de la paroisse de St-Valois.

Essertaux (St-Jacques-le-majeur). — R. 1,200 liv.
Curé : Sinoquet, Jacques-Antoine.

Estrebeuf (St-Jean-Baptiste).
Curé : Bouton, Louis.

Estrée-en-Chaussée (Notre-Dame), annexe de Cressy. — R. 700 liv.
Curé : Levé, Charles, né le 9 décembre 1750.
Vicaire : Hecquet.

Estrées (St-Firmin-le-Confesseur), secours de Guyencourt.
Vicaire : Flament.

Estrejus (St-Martin). — R. 700 liv.
Curé : Suart, François, né le 4 mars 1755.

Estruval, dépendance de Ponches.

Etampes, hameau de la banlieue de Corbie.

Etelfay (St-Martin). — R. 1,216 liv.
Curé : Devillers.

Etinehem (St-Pierre). — R. 726 liv.
Curé : Lamare, Jacques.

Etouvy, dépendance de Montiers-lès-Amiens.

Famechon-lès-Poix (Notre-Dame). — R. 784 liv.
Curé : Frémont, Joseph-Honoré, mort en 1789. — Il est remplacé par Loisemant, au mois de juin.
Desservant : Lefebvre.

Famechon, dépendance d'Ailly-le-Haut-Clocher.

Faucocourt (St-Quentin).
Curé : Houssard, Pierre, né à Vermandovillers, le 8 avril 1758.

Faverolles (Notre-Dame). — R. 742 liv.
Curé : Flon.

Favielles, hameau dépendant de Renierécluse.

Favière (St-Jean-Baptiste). — R. 700 livres.
    Curé : Mantel, Jean-François-Ovide.

Fay (la Nativité de la Ste-Vierge), secours de Thieulloy l'Abbaye.
    Vicaire en chef : Martin, Charles-Jean-François (221).

Fay (Le), hameau dépendant de Vergies.

Fayelle, ferme dépendant de Montagne.

* Ferrière (Notre-Dame).
    Curé : Loir, Louis-Théodore, né à Contoire.

Ferrières-lès-Amiens (St-André).
    Curé : Couture, Jean-Charles.

Fescamp (St-Pierre). — R. 600 liv.
    Curé : Cagnard.

Festel (St-Aubin), secours d'Oneux.

Feuquerolles, dépendance de Feuquières.

Feuquières-en-Vimeu (Notre-Dame).
    Curé : Dupuis, Nicolas.
    Vicaire : Hazard.

Feuquières, marquisat près d'Harbonnières.

Fieffes (St-Pierre).
    Curé : Tronet, Charles, né à Oneux, le 6 juin 1725.

Fienvillers (l'Assomption de Notre-Dame).
    Curé : Guillain, Firmin.

Fignières (St-Nicolas).
    Curé : Leclercq.

Filescamp, dépendance de Brache.

* Flers (St-Eloi), au doyenné d'Auxy-le-Château.
    Curé : Lemaire.

Flers (St-Pierre), secours d'Essertaux.
    Vicaire : Desavoye.

* Fleschies (St-Fuscien), secours de Blancfossé.

Flesselles (St-Eustache).
    Curé : Montvoisin, Louis.

Fleury (St-Pierre). — R. 482 liv.
    Curé : Detuncq, David.

Flibeaucourt, dépendance de Sailly-le-Sec.

Flixecourt (St-Léger). — R. 1,100 liv.
 Curé : Olive, Ambroise, né le 11 août 1734.
 Vicaire : Trogneux.

Floriville, dépendance de la paroisse de Maisnières.

Floxicourt, dépendance de la paroisse de Bricquemaisnil.

Fluy (Ste-Marie-Madeleine). — R. 1,916 liv.
 Curé : Chochot, Jean-Hyacinthe-Joseph.

Folie-en-Sangterre (St-Lucien).
 Curé : Cleuet.

Folliette, hameau de Folie-en-Sangterre.

Folleville (St-Jacques-le-Majeur). — R. 970 liv.
 Curé : Fouquerel, Louis-Alexandre.

Fontaine-le-Sec, dépendance de la paroisse d'Oisemont.

* Fontaine-l'Etalon, en Artois (St-Firmin-le-Martyr).
 Curé : Bailleul.

* Fontaine-sous-Catheux (St-Cyr et Ste-Julitte).
 Curé : Desvignes.

Fontaine-sous-Montdidier (Notre-Dame). — R. 736 liv.
 Curé : Du Ponchel.

Fontaine-sur-Maye (St-Martin). — R. 424 liv.
 Curé : Vasseur., Laurent, né le 11 janvier 1755.

Fontaine-sur-Somme (St-Riquier). — R. 1,151 liv.
 Curé : Bellegueule, Pierre.
 Vicaire : Flet, Joseph-Martin.

Forceville (St-Vast). — R. 700 liv.
 Curé : Guerle, Jean-Baptiste.

Forceville (St-Gilles), dépendance de la paroisse d'Oisemont.
 Vicaire : Devigne, Jean-Baptiste.

Forest-l'Abbaye (la Nativité de la Ste-Vierge), hameau dépendant de Nouvion et de Beauvoir.
 Desservant : Préclin.

— 88 —

Forestmontier (St-Martin).
    Curé : Dubourguer, Jean-François (222).
    Vicaire : Roger.
Formanoir, hameau dépendant de la paroisse de St-Nicolas de Boves.
* Formerie (Notre-Dame).
    Curé : Lozé, Pierre-Julien-François.
* Fortel ou Forestel (St-Pierre), secours de Villers-l'Hôpital.
Fort Mahon, dépendance de Quend.
Fosse Bleuet, hameau de la paroisse de Courcelles-sous-Moyencourt.
Fossemanant (St-Nicolas), secours de la paroisse de Prouzel.
Foucaucourt (Notre-Dame), secours de la paroisse de Nesle-l'Hôpital.
Fouencamps (St-Pierre-aux-Liens).
    Curé : Lefebvre.
Fouilloy (St-Mathieu).
    Curé : Pottez, Pierre, chanoine du chapitre du lieu.
Fouquecourt (St-Pierre). — R. 305 liv.
    Curé : Bourbier, Noël-Félix.
Fourdrinoy (St-Jean-Baptiste). — R. 700 liv.
    Curé : Dupont, Louis-Marie, doyen de la chrétienté de Picquigny.
Framerville (Ste-Geneviève). — R. 425 liv.
    Curé : Bacquet, Louis-Nicolas.
    Vicaire : Dutilloy (223).
Framicourt (Notre-Dame), prieuré-cure. — R. 528 liv.
    Curé : Hommassel, Jacques-Antoine.
Framicourt, dépendance de Fontaine-sous-Montdidier.
Franleu (St-Martin).
    Curé : Pecquet, Jean.
    Vicaire : Pruvot.
Franqueville (St-Pierre). — R. 700 liv.
    Curé : Leleu, Claude-Hyacinthe.
Fransart (Notre-Dame).
    Curé : Boulye, Jean-Baptiste, né le 2 juillet 1745.
Fransières (St-Martin). — R. 750 liv.
    Curé : Blondelu, Pierre-François.

Fransu (St-Féréol). — R. 838 livres.
   Curé : Oger, Pierre-Ignace.

Fransures (St-Gilles). — R. 361 liv.
   Curé : Loisemant, Nicolas, né le 16 octobre 1742.

Franvillers (St-Cyr et Ste-Julitte). — R. 700 liv.
   Curé : Merchier, Charles-Guillain (224).

Fréchencourt (St-Gilles). — R. 700 liv.
   Curé : Candellier, André (225).

Fréchevillers, dépendance de la paroisse St-Martin de Doullens.

Frémont, hameau dépendant de Vaux-en-Amiénois.

Fresmontier (St-Pierre). — R. 570 liv.
   Curé : Bouchez.

Fresmoulin, ferme dépendant de Bavelincourt.

Fresne, secours de la paroisse d'Avesne.

Fresnes-Tilloloy (St-Ouen), dépendance de la paroisse d'Oisemont.
   Vicaire : Hocquet, Jean-Baptiste.

Fresneville (St-Gilles). — R. 1,941 liv.
   Curé : Ledieu, François-Michel (226).

Fresnoy (St-Remi), secours d'Andinville.
   Vicaire en chef : Gambier, Jean-François.

Fresnoy-au-Val (St-Jean-Baptiste).
   Curé : Leleu, Louis-Edmond, né le 17 avril 1741.

Fresnoy-en-Chaussée (l'Assomption de Notre-Dame). — R. 2,105 liv.
   Curé : Hennequin.

Fresnoy-lès-Roye (St-Sulpice).
   Curé : Bélanger.

Fressenneville (St-Quentin), prieuré-cure de l'ordre de Prémontré (227).
   Curé : Clément, François, né le 11 février 1744.
   Vicaire : Depoilly.

Frettecuisse (la Nativité de la Ste-Vierge).
   Curé : Sorel, Adrien-Claude.

Frettemeule (St-Martin).
   Curé : Hacot, Louis-Jean-Baptiste-Aimable.

Frettemolle (St-Martin).
    Curé : Prévost, Jacques-François, né le 21 novembre 1735.

* Frévent (St-Vast).
    Curé : Thellier, Nicolas.
    Vicaire : Hénissart, Louis-Norbert.

Friaucourt (La Nativité de Notre-Dame), secours de la paroisse d'Ault.
    Vicaire : Vitaux. Charles, né le 16 janvier 1760.

Fricamps (St-Pierre).
    Curé : Hue, Charles-Clément.

Fricourt (St-Jean-Baptiste). — R. 1,494 liv.
    Curé : Leroux, Augustin.

Frières-en-Vimeu, dépendance de la paroisse d'Acheux.
Frieules, dépendance de la même paroisse.
Friville (St-Etienne). (228)
    Curé : Willaume, Nicolas, né le 13 juin 1747.
    Vicaire : Grisepoire, Jean-François (229).

Frocourt (Ste-Madeleine), hameau de la paroisse de St-Romain.
Frohen-le-Grand (St-Fursy). — R. 947 liv.
    Curé : Hurtrelle, Norbert-François.

Frohen-le-Petit (St-Pierre).
    Curé : Lefébure, Jean-Baptiste.

Froize, dépendance de Quend.
Froyelle, secours de Fontaine-sur-Maye.
    Vicaire : Guisy.

Frucourt (St-Martin).
    Curé : Poiré.

Gailly, dépendance de Cérisy.
* Galet (St-Jacques-le-Majeur).
    Curé : Duriez.

Gamaches (St-Pierre et St-Paul). Il y a dans le bourg une église succursale, dédiée à St-Nicolas.
    Curé : Riquier, Jacques.
    Vicaire : Herbet (230).
    Desservant : Cru, Jean-Victor.

Gapennes (L'Assomption de Notre-Dame). — R. 1,173 livres.
    Curé : Balesdent, Jean-Baptiste.
    Vicaire : Leroy.

Gard (Le), siège de l'abbaye de Notre-Dame.

Gard-lès-Rue (Le), dépendance de Rue.

* Gennes (St-Louis).
    Curé : Ducroquet.

Genonville, hameau dépendant de Moreuil.

Gentelles (St-Martin).
    Curé : Jury, Jean.

Genville (St-Sauveur).
    Curé : Masse, Jacques.

Gézaincourt (St-Martin).
    Curé : Bulant, Louis-Nicolas-Gervais-Amand.

Glimont (St-Médard). — R. 700 liv.
    Curé : Bernard, Léger.

Glimont, hameau dépendant de la paroisse de Heuzecourt.

Glisy (St-Léger).
    Curé : Vasseur, Jean-Baptiste.

* Godenvillers (St-Lucien).
    Curé : Charentin.

Gollencourt, village dépendant de la paroisse de Dommartin.

Gorenflos (St-Martin). — R. 1,579 liv.
    Curé : Sensey, Etienne-Louis.

Gorges (Ste-Marie-Madeleine), secours de la paroisse de Berneuil.

Goulencourt, dépendance de Dommartin.

Gournay, écart de Revelles.

* Gouy-en-Artois (St-Martin).
    Curé : Fauconnier, Louis-François.

Gouy-l'Hôpital (l'Assomption de la Ste-Vierge).
    Curé : Forceville, Jean-Baptiste.

* Gouy-les-Groseilliers (St-Léger).
    Curé : Barbier, Pierre-François.

Goyencourt (St-Martin), prieuré-cure de l'ordre de St-Augustin). —R. 3,110 liv.
   Curé : Charles.

Grace (Notre-Dame de), ferme auprès de Montiers-lès-Amiens.

Grandcourt (St-Remy). — R. 956 liv.
   Curé : Demiaulte, Augustin.

Grandsart, dépendance de Bailleul.

* Grandvilliers (St-Gilles).
   Curé : Pecquet, Antoine-Clément, doyen de la chrétienté de Grand-villiers.

Gratibus (St-Barbe). — R. 546 liv.
   Curé : Boullet, Charles, doyen de la chrétienté de Davenescourt.

Grattepanche (Les saints Innocents). — R. 700 liv.
   Curé : Huet, Jean-François.

Grébaumesnil (St-Georges). — R. 1,900 liv.
   Curé : Pion, Thomas-Augustin.

* Grémecourt, dépendance de Riquebourg.

Grislieu-lès-Flesselles, secours de la paroisse d'Olincourt.

Grivenne (St-Agnan).
   Curé : Havet, Jean-Baptiste (231).
   Desservant : Legrand.

Grivillers (Notre-Dame). — R. 495 liv.
   Curé : Bonnel.

* Groffliers (Notre-Dame).
   Curé : Robinet de Peignefort, Antoine-Marie.

Grouches, dépendance de la paroisse de St-Martin-de-Doullens. —R. 1,006 liv.
   Vicaire desservant : Batonnier, Antoine-François, né le 8 juin 1748.

Guéchard (St-Fursy). — R. 666 liv.
   Curé : Poulet, Pierre-Etienne, né le 26 septembre 1743.
   Vicaire : Attaignant, Philippe-Augustin, né le 14 mars 1752.

Guémicourt (Ste-Geneviève).
   Curé : Delestre.

Guerbigny (St-Pierre). — R. 961 liv.
   Curé : Riquier, Adrien.
   Vicaire : Moirez.

Guibermesnil (Notre-Dame), prieuré-cure de l'ordre de Prémontré.
Curé : Ducrocq, Louis-Simon, né le 28 décembre 1743.

Guignemicourt (Notre-Dame). — R. 690 liv.
Curé : Lambert, Geffroy.

Guillaucourt (St-Eloi). — R. 700 liv.
Curé : Nourrit.

Guizencourt (St-Martin). — R. 919 liv.
Curé : Delattre, Charles.

Guyencourt (St-Firmin-le-Confesseur). — R. 3,000 liv.
Curé : Nollant, Alexis (232), né le 15 mars 1753.

Hailles (St-Vast).
Curé : Thierry.

Hainneville, hameau dépendant de Chaussoy-Epagny.

Halbourdin, dépendance de Quend.

Haleine, hameau dépendant de St-Thibault.

Hallencourt (St-Denis). — R. 776 liv.
Curé : Cordier, Antoine-Joseph-François.
Vicaire : Rose.

Hallivillers (St-Martin).
Curé : Moucron.

Hallivillers (La décollation de St-Jean-Baptiste), annexe de Lincheux.

* Halloy-Briot (St-Louis).
Curé : Tonnellier, Josse-François.

Halloy-lès-Pernois (St-Quentin). — R. 700 liv.
Curé : Longuet, Claude.

* Halloy, hameau dépendant d'Orville, érigé en secours en 1762.

Hallu (St-Pierre). — R. 700 liv.
Curé : Merlu.

Hamel, annexe de Contoire.

Hamel, dépendance de Forestmontier.

Hamel (la Nativité de Notre-Seigneur), secours de Beaumont.

Hamel (St-Médard). — R. 851 liv.
Curé : Lottin, Jean-François, né le 17 mai 1727.

— 94 —

Hamelet (St-Nicolas). — R. 970 livres.
　　Curé : Lhôte, Pierre-Augustin.
Hamelet (St-Corneille), annexe de Nolette.
Hamencourt, dépendance de la paroisse de St-Martin de Doullens.
Hamicourt, hameau de la paroisse de Tours.
Hanchy (St-Gervais et St-Protais), secours de Coulonvillers.
Handicourt, dépendance d'Agnières.
Handrechy, près Monchelet, dépendance de Maisnières,
Hangart (St-Martin). — R. 1,284 liv.
　　Curé : Collet, Agnan-Florentin.
Hangest-en-Sangterre (St-Martin).
　　Curé : Péju, Charles-François.
Hangest-sur-Somme (Ste-Marguerite). — R. 815 liv.
　　Curé : Boullet, Pierre.
　　Vicaire : Mallet.
* Hanicourt, hameau dépendant de la paroisse d'Abancourt.
Hantecourt, hameau de la paroisse Visme.
* Haravesne (Notre-Dame).
　　Curé : Carpentier.
Harbonnières (St-Martin). — R. 862 liv.
　　Curé : Goyer, André-Guillermont, né le 26 mars 1721.
　　Vicaire : Bonnet.
Harcelaine (St-Saturnin).
　　Curé : Deguerville, André (233).
Hardinval, secours de Hem.
Hargicourt (St-Georges). — R. 700 liv.
　　Curé : Le Roy.
Harponville (St-Martin), secours de Vadencourt.
Hattencourt (St-Médard). — R. 1,500 liv.
　　Curé : Verret, J.
* Haudeville, hameau dépendant de la paroisse de Caumont-en-Artois.
Haudicourt (St-Hilaire), secours de la paroisse d'Agnières.
Hautebus, dépendance de Woignarue.
Hautevisée-le-Beau, hameau dépendant de la paroisse N.-D° de Doullens.

Hautmesnil (St-Thomas de Cantorbéry), dépendance de Quœux-en-Artois.
* Hautemotte, dépendance de la paroisse de Ligny-sur-Canche.
Havernas (St-Georges).
    Curé : Hordé, Jacques-Augustin-Isidore.
Hébecourt (St-Côme et St-Damien), annexe de Vers.
Hédauville (St-Jean-Baptiste), secours de Senlis.
Hédicourt. Voyez St-Sauveur.
Heilly (St-Pierre).
    Curé : Fournier, Charles (234).
Hélicourt (Ste-Marie-Madeleine). — R. 861 liv.
    Curé : Thierry, Antoine.
Hem-lès-Doullens (Notre-Dame). — R. 700 liv.
    Curé : Montaigu, Pierre-Louis, né à Blergies le 7 février 1733.
Hénencourt (St-Maclou). — R. 823 liv.
    . Curé : Tattegrain, Alexis.
Henneville, dépendance de Quevauvillers.
Heppeville, paroisse de Toutencourt.
Hérissart (St-Martin).
    Curé : Carton, Alexandre.
* Hérissart le Grand et le Petit, hameau dépendant de Welles.
Herleville (St-Albin). — R. 400 liv.
    Curé : Ledieu, Louis-Michel.
Hermilly, ferme dépendant de Thieulloy-l'Abbaye.
Hescamps (St-Jean-Baptiste), secours de Frettemolle.
    Vicaire en chef : Boullet, Pierre-Jacques-Honoré, né le 10 janvier 1758.
Heucourt (St-Martin). — R. 700 liv.
    Curé : Ledieu, Jean-Pierre. — Il est remplacé, au mois de juin 1789,
        par Lévêque, Pierre-Louis.
Heuzecourt (St-Jean-Baptiste).
    Curé : Devillers, Jean-François-Dominique, né à Villers-l'Hôpital, le
        22 septembre 1738.
Hiermont (Notre-Dame). — R. 1,600 liv.
    Curé : Petit, Joseph-Nicolas.
Hierville, dépendance de Villers-Bretonneux.

Himmeville (St-Martin).
   Curé : Caron, François-Alexis.
* Hinvillé (St-Firmin-le-Martyr).
   Curé : Picart, Noël-Marie, né à Pierrepont.
Hocquélus, hameau dépendant d'Aigneville.
Hocquincourt (St-Firmin-le-Martyr). — R. 887 liv.
   Curé : Douillet, Jean-Baptiste (235).
Hornoy (Notre-Dame).
   Curé : Frétel, Jean-Baptiste.
   Vicaire : Dartois, Nicolas-Antoine.
Houdencourt (St-Jean-Baptiste), annexe de Fransu.
Houdent, hameau de la paroisse de Tours.
Hourges-sur-la-Luce (St-Pierre-aux-Liens). — R. 578 liv.
   Curé : Marcq.
Houssoy, hameau de Rémaugies.
Huchenneville (St-Pierre). — R. 1,241 liv.
   Curé : Hallot, Jean-François (236).
   Vicaire : Callet.
Huitainéglise (St-Martin). — R. 700 liv.
   Curé : Cauchy, Charles.
Humbercourt (l'Assomption de la Ste-Vierge). — R. 420 liv.
   Curé : Legrand, Grégoire.
Huppy (St-Sulpice). — R. 1,400 liv.
   Curé : Ledien, Jean (237).
   Vicaire : Labalestrier.
Ignaucourt (St-Quentin). — R. 1,050 liv.
   Curé : Lemaire, Louis-François.
Infray, dépendance de Frettemeule.
Inval (St-Martin), secours de Septoutre.
Inval (St-Martin).
   Curé : Desjardins.
Inval, hameau de la paroisse d'Huchenneville.
Ionville, hameau de la paroisse de Citerne.

Izengremer (St-Médard), secours de Woincourt.
    Vicaire desservant : Debure.
Izeux (St-Cyr et Ste-Julitte).
    Curé : Gabry, Pierre-Furcy.
Jenville, hameau de la paroisse de Foresmontier.
Jumelles (l'Assomption de Notre-Dame).
    Curé : Clabaut, Pierre.
La Bassée, hameau dépendant de Crotoy.
La Boisselle (St-Pierre), secours d'Ovillers.
La Boissière (St-Fiacre), autrefois secours de Boiteau (a).
    Curé : Masson.
* Labroye (Notre-Dame).
    Curé : Cagny, Antoine.
    Vicaire : Carpentier.
La Chapelle-sous-Poix (St-Vast). — R. 400 liv.
    Curé : Duponchel, Romain.
La Chaussée de Picquigny (St-Martin). — R. 2,183 liv.
    Curé : Demachy, Charles-François, doyen de chrétienté de Vinacourt.
* La Chaussée d'Eu (la Ste-Trinité).
    Curé : Buiret, Noël-Laurent.
La Chavatte (St-Nicolas). — R. 714 liv.
    Curé : Véret.
La Croix-au-Bailly. Voyez La Motte Croix-au-Bailly.
La Falloise (Notre-Dame). — R. 1,715 liv.
    Curé : Asselin, Mathieu.
La Ferme, écart de la paroisse de Paillart.
La Ferté-en-Ponthieu, dépendance de St-Riquier.
La Ferté-en-Vimeu, dépendance de St-Valery.
La Folie-Guérard, dépendance de Grivenne.
* La Fosse, hameau de la paroisse de Caumont-en-Artois.
Lahaye, dépendance de la paroisse de St-Romain.

(a) La Boissière fut considérée comme paroisse depuis que le curé y fut allé demeurer, après la ruine de Boiteau. (Cf. *Bénéfices de l'Eglise d'Amiens*, I. 187.)

* La Hérelle (St-Nicolas).

    Desservant : Violette.

Lahoussoye (St-Pierre-ès-Liens).

    Curé : Debras, Antoine-Augustin. Mort en 1789. — Remplacé dès le mois de mai par Sellier.

Laleu (St-Jean), secours de Métigny.

Laleu, dépendance de Lanchères.

* La Magdeleine, hameau de la banlieue de Montreuil.

La Maronde (St-Nicolas), prieuré-cure. — R. 688 liv.

    Curé : Boucher, Charles-François (238), né le 14 juillet 1732.

Lambercourt, dépendance de Miannay.

La Morlière, hameau dépendant de Welles.

La Motte, château dépendant de St-Thibault.

Lamotte-Brebière (St-Léger), secours de Camon.

La Motte Buleux, dépendance d'Auvillers.

La Motte Croix au Bailly (St-Quentin), prieuré-cure. — R. 2,514 liv.

    Curé : Challand, Benoit.

    Vicaire : Desenclos, Nicolas-André, né le 17 avril 1756.

La Motte-en-Sangterre (St-Pierre), prieuré-cure.

    Curé : Quignon, Eloi-Armand, chanoine régulier (239).

Lamotte-Pronière, dépendance de Surcamp.

Lanche (St-Jacques et St-Christophe), annexe de St-Hilaire.

Lanchères (la Nativité de Notre-Dame), prieuré-cure. — R. 3,615 liv.

    Curé : Béguin, François-Gabriel (240), chanoine régulier de la congrégation de France, né le 27 janvier 1741.

    Vicaire : Petit.

La Neuville-au-Bois (St-Pierre), secours d'Oisemont.

    Vicaire en chef : Hévin, Hilaire, né le 27 mars 1739.

La Neuville-sire-Bernard (Notre-Dame). — R. 1,195 liv.

    Curé : Thory, Félix.

La Neuville-sous-St-Acheul, dépendance de l'Abbaye.

Lannoy-lès-Rue, dépendance de Beauvoir.

* Lannoy, dépendance d'Auxy-le-Château.

Lanyers, hameau près de Rue.

Larronville, hameau de la paroisse de St-Jean-au-Marais.
La Triquerie, dépendance d'Auvillers.
Laucourt (St-Martin). — R. 700 liv.
    Curé : Bernard, Charles (241).
La Verrière (St-Pierre).
    Curé : Buteux.
La Vicogne (St-Eloi). — R. 700 liv.
    Curé : Herbette, Pierre-Benjamin. né à Amiens, le 4 mars 1751.
La Vicogne, dépendance d'Authieule.
Laviers, grand et petit (St-Fuscien).
    Curé : Bonnard, Jacques.
La Viéville (l'Assomption de Notre-Dame).
    Curé : Carpentier, Amable-Joseph (242), né le 17 avril 1744.
La Villette, hameau près de Renierécluse.
La Villette-lès-Rollot (St-Germain). — R. 750 liv.
    Curé : Péchon, Pierre-François.
La Warde-Mauger (St-Michel). — R. 1,054 liv.
    Curé : Marminia, puis Burgot.
Léalvillers (St-Pierre). — R. 719 liv.
    Curé : Dupré, Nicolas-Vincent, né le 3 mars 1747 à Ovillers.
Le Bocquet, dépendance d'Ochancourt.
Le Bodoage, dépendance de Veron.
* Le Bois-Jean, secours de Lespine.
Le Boisle (St-Vast), secours de Labroye.
    Vicaire desservant : Carpentier, Nicolas.
Le Chaufour, hameau de Cressy.
Léchelle (St-Pierre). — R. 552 liv.
    Curé : Gouin.
* Le Frestoy (St-Léger).
    Curé : Beauger.
Le Mazy (Notre-Dame). — R. 714 liv.
    Curé : Bulot, Jean-Baptiste (243), né le 1ᵉʳ août 1715.
Le Mesge (St-Fuscien et ses compagnons).
    Curé : Bertin, Jean-Baptiste-Joseph-Gabriel.

Le Monchel, dépendance d'Ayencourt.

Le Muret, dépendance de Quend.

* Le Plessier-Gobert, hameau dépendant de Rocquencourt.

* Le Ploiron (St-Eloi), annexe de Pas.

Le Quesne (St-Remy). — R. 818 liv.

    Curé : Henry, Jean-Baptiste (244), né le 19 mars 1741.

L'Équipée, annexe de Wiencourt.

* Lespine (Notre-Dame).

    Curé : Labouré, François, affilié à l'abbaye du Gard.

Lespinoy, hameau dépendant de Moreuil.

Lestocq, hameau dépendant de Monsures.

Le Titre (St-Jean-Baptiste).

    Curé : Denzelle.

L'Etoile (St-Jacques-le-Majeur). — R. 525 liv.

    Curé : Leclercq, Nicolas.

    Vicaire : Dacheux, Nicolas.

* Le Tronquoy (Notre-Dame), annexe de Le Frestoy.

Leuilly (St-Martin). — R. 1,163 liv.

    Curé : Lefebvre, Jean (245).

Lheure (la Nativité de Notre-Dame). — R. 700 liv.

    Curé : Leroy, Louis-Adrien.

L'Hortoy (St-Thibault), annexe de La Warde-Mauger.

Liercourt (St-Riquier). — R. 700 liv.

    Curé : Libaude, Charles.

Lieuvillers, hameau dépendant d'Assainvillers.

Ligescourt (Notre-Dame). — R. 943 liv.

    Curé : Dacquet, François.

    Desservant : Capet.

Lignières-Chatelain (St-Barthélemy). — R. 2,000 liv.

    Curé : Magnier, Charles-Antoine (246), né le 14 février 1719.

    Vicaire : Buquet, Cyr-Michel.

Lignières-hors-Foucaucourt (St-Valery), secours de Mouflières.

Lignières-lès-Roye (St-Médard). — R. 781 liv.

    Curé : Morel, Thomas.

* Ligny-sur-Canche (Sts Vit, Modeste et Cressence).
    Curé : Dioz.

Lihons-en-Santerre (St-Médard). — 1,099 liv.
    Curé : Boulanger, Charles.
    Vicaire : Senidre.

Limercourt, hameau dépendant de Hucheuneville.

Limeux (St-Pierre). — R. 284 liv.
    Curé : Plée, Jean-Baptiste, né le 18 avril 1752.

Lincheux (St-Pierre-ès-Liens).
    Curé : Lagnel, Jean-Alexis.

Liomer (St-Pierre).
    Curé : Bouchon, Jean-Baptiste-Grégoire, né le 1er novembre 1754.

Long (St-Jean-Baptiste). — R. 656 liv.
    Curé : Heldre, Philippe-Claude, né le 5 février 1734.
    Vicaire : Robillard.

Longpré-lès-Amiens (St-Léger), prieuré-cure de l'Ordre de St-Benoit.
    Curé : Desmarquez (247).

Longpré-les-Corps-Saints (St-Martin). — R. 700 liv.
    Curé : Chopart, Pierre-Adrien-François.

Longpré-lès-Oresmaux, hameau dépendant d'Oresmaux.

Loncueau (St-Médard). — R. 700 liv.
    Curé : Langevin, Jacques-Jean-Baptiste-Augustin.

Longuemort, hameau dépendant de la paroisse de Tours.
Longuet, hameau dépendant de Cocquerel.
Longuevillette, hameau dépendant de Gézaincourt.

Longvillers (St-Lô ou St-Laud). — R. 926 liv.
    Curé : Desjardins, François-Emmanuel-Jacques.

Louvencourt (Notre-Dame). — R. 717 liv.
    Curé : Guillain, Thomas, né à Fieffes le 21 décembre 1731.

Louvrechy (St-Martin). — R. 735 liv.
    Curé : Daire, Jean-François, né le 9 octobre 1746.

Luchuel (St-Brice). — R. 1.700 liv.
    Curé : Brice, Jacques (248).

Luzières, hameau dépendant de la paroisse de St-Martin de Conty.

Machiel (St-Pierre). — R. 700 liv.
    Curé : Liévain, Pierre-François, né le 19 janvier 1745.

Machy (St-Flour). — R. 700 liv.
    Curé : Lebœuf, Jean-François.

Maigneville, dépendance de la paroisse de Frettemeule.

Mailly (St-Pierre) (249). — R. 1,012 liv.
    Curé : Carette, Louis-Michel.

Mailly-Raineval. Voyez Raineval.

* Maintenay (St-Nicolas).
    Curé : Haudiquet, Jean-Baptiste.

Maioc, hameau dépendant du Crotoy.

Maisnières (St-Crépin et St-Crépinien). — R. 703 liv.
    Curé : Grisel, François-Hubert.

Maisnil, dépendance d'Avesne.

Maisnil-Huchon, hameau dépendant de Frettemolle.

Maison-lès-Ponthieu (Notre-Dame). — R. 1551 liv.
    Curé : Leblond.
    Vicaire : Gond.

Maison-Rolland (St-Maurice). — R. 831 liv.
    Curé : Gorin, Charles-François-Joseph (250).

Maizicourt (Notre-Dame). — R. 700 liv.
    Curé : Courtin, Jean-Baptiste-François.

Malpart (St-Jean-Baptiste). — R. 1,146 liv.
    Curé : Prévost.

Mametz (St-Martin).
    Curé : Boulanger, Adrien.

Marcelcave (St-Marcel), prieuré-cure. — R. 964 liv.
    Curé : Carbon, Louis-Ambroise, né le 6 septembre 1729.

Marcheville, dépendance de Fontaine-sur-Maye.

* Marconnelle (la sainte Croix).
    Curé : Pecquet.

* Marendeuil, hameau dépendant de Sommereux.

* Maresquel-sur-Canche, dépendance de Riquebourg.

Maresmontier (Notre-Dame). — R. 700 liv.

    Curé : Boulet, André, né le 17 février 1745.

* Marest, hameau dépendant de Calloterie.

Mareuil (St-Christophe).

    Curé : Paillart, Nicolas-Hyacinthe-Marie.

Marieux (St-Léger), secours de Sarton.

    Vicaire : Delgove.

Marlers, hameau dépendant de Lignières-Chatelain.

Marquenneville, hameau dépendant de Vaux, au doyenné d'Oisemont.

Marquivillers (St-Aubin). — R. 618 liv.

    Curé : Lendormy.

Martinneville (St-Pierre), moins quelques maisons qui dépendent de Visme. — R. 1,144 liv.

    Curé : Lecomte, François.

Martinneville-sur-Mer, hameau dépendant de Bourseville.

Martinsart (St-Gilles), secours de Mesnil. — R. 700 liv.

    Vicaire : Wilbert, Jean.

Maucourt (Notre-Dame). — R. 820 liv.

    Curé : Lefebvre (251).

    Vicaire : Lesueur.

Mautor (St-Sylvain).

    Curé : Bouteiller, Pierre-Denis.

Méaulte (St-Léger).

    Curé : Delaporte, Louis-Samson (252), né le 30 novembre 1757.

Méharicourt (St-Martin). — R. 827 liv.

    Curé : Dalongeville.

Meigneux (Notre-Dame), secours de Lignières-Châtelain.

    Vicaire en chef : Copin, Claude-François-Raphaël.

Meillard-le-Grand et le Petit (St-Fursy), dépendances de la paroisse de Frohen-le-Grand.

    Vicaire : Deneux, Pierre-Augustin.

Ménage (le), dépendance de Nampont.

Ménage (le), hameau dépendant de Cramont.
* Ménantissart, hameau dépendant de St-Thibault.
Menchecourt, Faubourg d'Abbeville.
Meneslies (St-Eloi). — R. 605 liv.
    Curé : Delattre.
Méraucourt (St-Valery). — R. 745 liv.
    Curé : Dumesnil, Charles.
Méreiessart (St-Martin). — R. 903 liv.
    Curé : Douain.
    Vicaire : Lejeune.
Méricourt-en-Vimeu (St-Pierre). — R. 793 liv.
    Curé : Sainte, Nicolas-Stanislas.
Méricourt-l'Abbé (St-Hilaire), secours de Treux.
    Desservant : Andrieu, Adrien.
* Méricourt, dépendance d'Auxi-le-Château.
Méricourt-sur-Somme (St-Martin).
    Curé : Tilloloy, Jean-Baptiste (253).
* Merlimont, secours de Cucques.
Mers (St-Martin). — R. 1,123 liv.
    Curé : Coppin.
    Vicaire : Delattre.
Mervil (Ste-Marguerite). — R. 783 liv.
    Curé : Roussel, mort en 1789.
    Desservant : Lange.
Mesnevillers, dépendance de la paroisse de Quevauvillers.
Mesnil (St-Sulpice). — R. 951 liv.
    Curé : Tellier, Jean-Baptiste.
Mesnil, hameau dépendant de Domqueur.
* Mesnil-Conteville (St-Eloi).
    Curé : Gadoux.
Mesnil-Eudin (St-Barthélemy). — R. 713 liv.
    Curé : Ducastel, Jean-Baptiste.
Mesnil, dépendance de Franleu.

Mesnil-Martinsart (St-Nicolas). — R. 700 livres.
  Curé : Etévé, Louis.
* Mesnil (St-Firmin).
  Curé : Vacossin.
Mesnil (St-Georges), secours de la paroisse de St-Médard de Montdidier.
  Curé : Mallet, Pierre.
Mesoutre, ferme dépendant de Vironchaux.
Mesviller-Piennes (St-Martin). — R. 700 liv.
  Curé : Grenot.
Metigny (St-Pierre). — R. 750 liv.
  Curé : Jourdain, Pierre.
Mézerolles (St-Martin). — R. 1,384 liv.
  Curé : Briois.
Mézières (St-Martin-le-Confesseur). — R. 700 liv.
  Curé : Mamé, Charles-Antoine, né à Buire-sous-Corbie.
Miannay (St-Pierre).
  Curé : Baillet, Alexandre-Benoit, né le 19 septembre 1751.
Millancourt (St-Firmin-le-Martyr). — R. 700 liv.
  Curé : Mattet, Jean-François.
Millencourt-en-Ponthieu (St-Martin). — R. 700 liv.
  Curé : Deschamps, Louis-Martin (254).
Milly-le-Grand, hameau dépendant de la paroisse Notre-Dame de Doullens.
Minil (le), hameau de la paroisse d'Huchenneville.
Mirvault (St-Martin). — R. 1,340 liv.
  Curé : Bidalot, Claude-Antoine, mort le 8 octobre 1789, âgé de 63 ans.
  Desservant pendant la vacance : Routier, vicaire de Rubempré.
Molliens-au-Bois (St-Léger).
  Curé : Monmers, Jean-Baptiste.
* Molliens-en-Beauvoisis (St-Honoré).
  Curé : Boulnois, Jean-Baptiste-Procope.
Molliens-le-Vidame (St-Martin). — R. 1,680 liv.
  Curé : Duval, Pierre-François-Charles, né le 10 mars 1757.
  Vicaire : Grenet.

Molnelle, hameau de la banlieue de St-Valery.

* Monceaux-l'Abbaye (St-Marcou), prieuré-cure.
>Curé : D. Prévost, Jean-François, religieux de Lannoy.

Monchaux, hameau de la paroisse de Chepy.
Monchaux, village dépendant de Quend.
Monchaux, hameau dépendant de la paroisse de Regnauville.

* Monchel (St-Juste et St-Arthémis).
>Curé : Vasseur, précédemment desservant.

Monchel, annexe d'Ayencourt.
Monchel, hameau dépendant de la paroisse d'Ercourt.
Monchelet, hameau dépendant d'Harcelaine.
Monflières, hameau dépendant de la paroisse de Bellencourt.
Mons-en-Vimeu (St-Martin). — R. 1,852 liv.
>Curé : Simon, Oudard, doyen de la chrétienté de Mons (255).
>Vicaire : Riquier.

Monstrelet (Ste-Marie-Madeleine), au doyenné de Vinacourt. — R. 700 liv.
>Curé : Seré, Nicolas.

Monsures (St-Léger). — R. 604 liv.
>Curé : Novian, Charles (256).

Montagne-Fayel (Ste-Apre), précédemment secours de Warlus, devenu paroisse (257).
>Vicaire en chef : Cozette, Antoine-François.

* Montagne, hameau dépendant d'Abancourt.
Montan, hameau dépendant de la paroisse du Quesnoy.
Montauban (St-Gilles). — R. 700 liv.
>Curé : Solon, Albert-Félix.

Montdidier. *Paroisse de St-Martin.* — R. 236 liv.
>Curé : Cocquerel, François-Joseph (258).

Paroisse de St-Pierre. — R. 650 liv.

Curé : Turbert (259).
Vicaires : Leclercq et Gamard, Jean-François (260).

Paroisse de Notre-Dame. — R. 700 livres.

Curé : Lefebvre.

Paroisse du St-Sépulcre. — Rev. 1,200 liv.

Curé : Pillon de la Tour.
Vicaires : Caron, Alexandre-Jérôme et Chanteloux (261).

Paroisse de St-Médard, dans le faubourg Becquerel. — R. 700 liv.

Curé : Mallet, Pierre, né le 31 juillet 1718.
Desservant : Juste, François.

Montenoy, secours de St-Aubin en Amiénois.
Monthières (St-Pierre), dépendance de St-Etienne de Sery.
Montiers-lès-Amiens (St-Pierre).
Curé : Trouvin, Nicolas-Augustin-Gabriel.
Montigny-les-Jongleux (Notre-Dame). — R. 344 liv.
Curé : Roger, Philippe.
Montigny-sur-Authie (Notre-Dame). — R. 966 liv.
Curé : Malingre, Louis-Pascal.
Montigny-Villincourt (Notre-Dame).
Curé : Cagé, Jean-Baptiste.
Montonvillers (St-Antoine). — R. 489 liv.
Curé : Aubanton, Louis.
Montplaisir-en-Artois, hameau dépendant de Sarton.
Montrelet (St-Mauguille), au doyenné de Labroye. — R. 700 liv.
Curé : Duparc.
Mont Renault, dépendance de Heuzecourt.

* Montreuil.   *Paroisse de St-Firmin-le-Martyr* (262).

Curé : Quenu, Louis.

Paroisse de Notre-Dame. — *Première portion.*

Curé : Bultel, Pierre-Toussaint.

° Montreuil. *Même Paroisse de Notre-Dame. — Deuxième portion.*

Curé : Godefroy, Jean-Baptiste.

Paroisse de St-Pierre.

Curé : Delannoy, Pierre.

Paroisse de St-Josse-au-Val.

Curé : Dubocquet, Antoine.

Paroisse de St-Jacques.

Curé : Poultier, Charles-Antoine.

Paroisse de St-Valois et de St-Vulphy.

Curé : Havet, Jean-Baptiste.

Morcourt (St-Gentien). — R. 700 liv.
    Curé : Chopart, Nicolas-François (263).
Moreuil (St-Vast). — R. 700 liv.
    Curé : Colbert, Jean-Baptiste, né le 26 novembre 1734.
Morisel (St-Quentin). — R. 700 liv.
    Curé : Ansart, Charles-Nicolas, né le 5 décembre 1715.
Morival, hameau de la paroisse de Visme.
Morlay, dépendance de Ponthoile.
Morlencourt (Ste-Marie-Madeleine).
    Curé : Landry.
Mouflers (St-Vast). — R. 912 liv.
    Curé : Duboille.
Mouflières (St-Nicolas), dépendance de la Commanderie d'Oisemont. — R. 550 liv.
    Curé : Douchet, Philippe-Charles-Joseph, né le 18 mai 1730.
* Mouriez, secours de Tortefontaine.
Moyencourt (St-Martin). — R. 1,320 liv.
    Curé : Crépin, Nicolas (264), né le 25 janvier 1740.
    Vicaire : Couvreur, Noël.

Moyenneville (St-Samson), autrefois secours de Bouillancourt-sur-Miannay.
    Curé : Tellier, Jean-Charles, né le 2 mai 1752.
* Mureaumont, hameau dépendant de Blergies.
* Nampont (St-Firmin).
    Curé : Hardy, Jean-Baptiste.
Nampont (St-Martin), secours de Montigny-sur-Authie.
Namps-au-Mont (Notre-Dame). — R. 743 liv.
    Curé : Houssaye, Maximilien-Nicolas, né le 30 juillet 1741.
Namps-au-Val (St-Martin). — R. 838 liv.
    Curé : Leroux, Louis.
Nampty (St-Brice).
    Curé : du Warent, Jean-François (265).
Naours (St-Martin).
    Curé : Flahaut.
Nesle-l'Hôpital (St-Martin). — R. 414 liv.
    Curé : Lenoir, Adrien-Antoine.
Neslette (St-Martin), prieuré-cure (266). — R. 641 liv.
    Curé : Hugot, Pierre-Louis, religieux de l'abbaye de Sery (267).
Neufmoulin, dépendance de la paroisse de Caux.
Neufville, hameau dépendant de Forestmontier.
Neuilly-le-dien (St-Sulpice). — R. 1,341 liv.
    Curé : Maillet, Nicolas.
Neuilly-l'Hôpital (St-Pierre), secours de Canchy.
* Neuville, hameau dépendant de Molliens-en-Beauvoisis.
* Neuville, dépendance d'Auxy-le-Château.
Neuville-lès-Bray (St-Martin).
    Curé : Follye, Nicolas-François-Gabriel.
Neuville-Coppegueule (St-Pierre).
    Curé : Saulmon, Charles-Honoré (268).
Neuville-lès-Corbie (l'Assomption de la Ste-Vierge). — R. 820 liv.
    Curé : Débars, Jean-Louis-Martin.
Neuville-sous-Leuilly (Notre-Dame). — R. 479 liv.
    Curé : Le Vasseur, Alexandre.

Neuville-lès-St-Riquier (St-Martin), secours d'Oneux.
Neuville-lès-St-Valery (St-Etienne). — R. 707 liv.
    Curé : Devisme, Pierre-Nicolas, né le 25 novembre 1744.
Neuvillette (St-Nicolas). — R. 883 liv.
    Curé : Godefroy, Marc.
Neuvirelle, dépendance de la paroisse de St-Léger-lès-Domart.
Nibas (St-Valery). — R. 2,478 liv.
    Curé : Oger, Pierre-Augustin.
    Vicaire : Ozenne, Josse, né le 3 mars 1761.
* Nœux (St-Martin).
    Curé : Darsin, Louis, mort le 23 juin 1789. Il est remplacé, au mois de septembre, par Piquendaire, Toussaint (269).
Nolette (St-Martin). — R. 508 liv.
    Curé : Mellier.
Nouvion (St-Maurice).
    Curé : Bouffeau.
    Vicaire : Paque.
* Noyelle-sur-Authie, dépendance de Tigny.
Noyelle-en-Chaussée (St-Pierre). — R. 1,645 liv.
    Curé : Nion, Pierre-Geoffroy.
Noyelle-sur-Mer (Notre-Dame). — R. 309 liv.
    Curé : Duputel, Jérôme-Antoine.
Ochencourt (St-Ouen).
    Curé : Rocque, Antoine-Louis, né le 28 décembre 1730.
Ococches (St-André). — R. 849 liv.
    Curé : Beaumont, Mathieu.
Offeu, hameau de la paroisse de St-Blimont.
Offignies (St-Martin). — R. 591 liv.
    Curé : Constantin, Jean-François.
Offoel, hameau de la paroisse de St-Blimont.
* Offoy (Notre-Dame). — R. 1,144 liv.
    Curé : Moyencourt, Joseph-Remy.
Oisemont (St-Martin), prieuré-cure. — R. 1,860 liv.
    Curé : Guny, Louis-François.

Oissy (St-Martin). — R. 891 livres.
    Curé : Boutroy, Jean-Baptiste, doyen de la chrétienté de Picquigny.
Olincourt (Notre-Dame), prieuré-cure de l'ordre de Prémontré. — R. 1,731 liv.
    Curé : Leroux, Antoine (270), né en 1720.
Oneux (St-Martin). — R. 1,674 liv.
    Curé : Bridoux, Pierre-André, né le 28 juillet 1743.
Onicourt, dépendance de Martinneville.
Onival (St-Valery) et Woignarue. — R. 2,089 liv.
    Curé : Obry, Jean-Baptiste.
Onvillers (St-Maclou). — R. 1,646 liv.
    Curé : Douère.
Oresmaux (Notre-Dame). — R. 2,396 liv.
    Curé : Rabouille, Denis.
* Orville (St-Martin).
    Curé : Lemoine, Charles.
    Vicaire : Patte.
Oust (St-Martin). — R. 1,736 liv.
    Curé : Dufestel, Louis-François.
Outrebois (St-Séverin), prieuré-cure (271). — R. 2,212 liv.
    Curé : Flohard, François-Joseph-Eustache, chanoine régulier de Prémontré, né à Vinacourt le 7 juillet 1731, fils d'un maître chirurgien.
Oville, hameau de la paroisse d'Auvillers.
Ovillers (St-Vincent). — R. 743 liv.
    Curé : Dufourmantel, Jean.
* Paillart (St-Denis). — R. 1,012 liv.
    Curé : Lupart, Jacques-Firmin, frère du curé de Harponville.
Paraclet-des-Champs. — Siège primitif de l'Abbaye.
Parvillers (St-Martin). — R. 1,326 liv.
    Curé : de La Rosée.
Pas (St-Martin), prieuré-cure (272). — R. 5,582 liv.
    Curé : de Meigneux, Alexandre, chanoine régulier de la congrégation de France.

Pendé (St-Martin).
> Curé : Léger.
> Vicaire : Fournier.

* Perennes, hameau dépendant de Welles.

Pernois (St-Martin). — R. 986 liv.
> Curé : Sellier, Geoffroy.

Petit Bocquet, hameau dépendant de Jumelles.
Petit Cagny, dépendance de Sains.
Petit Chemin, annexe de Dominois.
Petit Conseil, dépendance de Framicourt.
* Petit Crèvecœur (St-Pierre).
> Desservant : Lejeune.

Petit Flixecourt ou Boudeleville. Voyez ce nom.
Petit Framicourt, dépendance de Framicourt.
* Petit Halloy, dépendance de Halloy-Briot.
Petit Lucheux, dépendance de Humbercourt.
Petit Port, dépendance de Saigneville.
Petit St-Jean. Voyez ce nom aux Cures dans les faubourgs d'Amiens.
* Petit Sarcus, hameau dépendant de la paroisse de Sarcus.
Petit Selve, ferme dépendant de Buigny-lès-Gamaches.

Picquigny (St-Jean-Baptiste).
> Curé : Le Vasseur, Pierre-Antoine.
> Vicaire : Desavoye, Jean-Baptiste.

Piennes, dépendance de Mesviller.

Piergot (Décollation de St-Jean-Baptiste).
> Curé : Drevelle, Pierre-Antoine.

Pierrepont (L'Assomption de Notre-Dame). — R. 700 liv.
> Curé : Millon, Jean-Pierre.

Pinchefalise, hameau dépendant de la paroisse de Boismont.

Pissy (St-Fuscien). — R. 1,280 liv.
> Curé : Jovelet, Jean-Baptiste.

Plachy (St-Martin), secours de Bacouel.
* Plainville (St-Michel), secours de Seresvillers.
Plessiel (le), dépendance de Drucat.

Plessier-Rauleé (Ste-Barbe), secours de Grivenne.
Plessier-Rozainvillers (St-Martin). — R. 694 liv.
    Curé : Vimeux, Adrien-Jean-François, né le 27 mai 1731.
* Pléville, hameau dépendant de Molliens-en-Beauvoisis.
Plouy, dépendance de Domqueur.
Plouy, hameau de la paroisse de Visme.
* Plumoison (Notre-Dame).
    Curé : Gosset.

Poix.   *Paroisse de St-Denis.*

    Curé : Jumel, Fidèle-Amand.

              Paroisse de St-Martin.

    Curé : Lescureux, Etienne (273), né le 25 octobre 1739

              Paroisse de Notre-Dame.

    Curé : Caron, Louis-Firmin (274).
    Vicaire : Villet, Jean-François.
* Ponchel-en-Artois (St-Thomas de Cantorbéry).
    Curé : Gauduin, Charles-François.
Ponches (St-Léger). — R. 895 liv.
    Curé : Prévost, Honoré.
Pont-de-Metz (St-Cyr et Ste-Julitte). — R. 1,012 liv.
    Curé : Damiens de Fleuricourt, Jean-Baptiste, mort le 3 mars 1789.
    Desservant : Deberly.
Pont-de-Remy (St-Pierre). — R. 1,012 liv.
    Curé : Leblond, Charles-Augustin, né à Abbeville, paroisse St-Sépulcre,
        le 20 août 1754.
    Vicaire : Verlen.
Pont-Noyelle (St-Martin). — R. 700 liv.
    Curé : Roullé, Charles.
Pontoile, hameau dépendant de Forestmontier.
    Desservant : Roger.
* Ponts près d'Eu, en partie dépendant de la paroisse d'Oust.

Popincourt (St-Quentin). — R. 700 livres.
   Curé : Perrin.

Port-le-Grand (St-Honoré). — R. 700 liv.
   Curé : Asselin, Eustache.

Poulainville (St-Pierre). — R. 2,136 liv.
   Curé : Drocourt, Jean-Joseph (275).

Poultiers, dépendance de la paroisse de Huppy.

Poutrincourt, dépendance de Broutelle.

Pozieres (l'Assomption de Notre-Dame). — R. 700 liv.
   Curé : Caffin.

Préaux, villette dépendant de Valloires.

Prouville (Notre-Dame), prieuré-cure, de l'ordre de Prémontré.
   Curé : Pétin, JeanBaptiste, chanoine régulier de l'abbaye de Dommartin, prieur de Nouveau lieu.

Prouzel (Notre-Dame).
   Curé : Desmarquet.

Proyart (St-Vast). — R. 500 liv.
   Curé : Decarsin, Louis (276).
   Vicaire : Hupy.

Puchevillers (St-Martin). — R. 1,103 liv.
   Curé : Demanché, Louis (277).

Quend-en-Marquenterre (St-Vast) (278). — R. 3,160 liv.
   Curé : Dohen, Nicolas-Antoine.
   Vicaire : Poiré.

Querrieu (St-Gervais et St Protais). — R. 700 liv.
   Curé : Delucheux, Jean-Baptiste.

Quesnel (le) en Santerre (St-Léger). — R. 818 liv.
   Curé : Engramer, Romain-Crespin.
   Vicaire : Lagnier.

Quesnoy (St-Sulpice), au doyenné de St-Valery.
   Curé : Pierrain, Louis.

Quesnoy-sous-Airaines (St-Michel).
   Curé : Delaire, Jean-Baptiste (279).

* Quesnoy-les-Hesdin (St-Vast).
   Curé : Pintiau.

Quesnoy-en-Santerre (l'Assomption de Notre-Dame).
   Curé : Leclercq (280).
   Desservant : de Chilly.

Quesnoy, hameau de la paroisse de Puchevillers.

Quevauvillers (Notre-Dame). — R. 700 liv.
   Curé : Guilbert, Charles, docteur ès-arts. Mort le 15 janvier 1789, à l'âge de 75 ans. Il a pour successeur : Niquet, Boniface (281).
   Vicaire : Barbier, Jean-Baptiste-Edouard, né le 19 septembre 1759.

Quiry-le-Sec (St-Pierre et St-Paul). — R. 1.442 liv.
   Curé : Gaudissart, François, âgé de 51 ans ; doyen de la chrétienté de Moreuil.

* Quœux-en-Artois (St-Jacques).
   Curé : Vallart.

Rainecourt (St-Nicolas), annexe de Framerville.

Raineval (St-Étienne), aujourd'hui Mailly-Raineval.
   Curé : Leullier.

Ramburelles (Notre-Dame). — R. 750 liv.
   Curé : Crosnier, Pierre, né le 9 septembre 1755.

Rambures (Notre-Dame). — R. 700 liv.
   Curé : Roussel, Nicolas.
   Vicaire : Vacossain.

* Rang-du-Flier, hameau dépendant de Verton.

Ransart (Notre-Dame), en St-Michel de Doullens.
   Curé : Courtois, François-Alexandre.

Rapechy, dépendance de Dompierre.

Rastels, dépendance de Montigny-les-Jongleurs.

* Ray (St-Liéphard), prieuré-cure.
   Curé : Maupoint-Durvilliers, Pierre.

Réderie, hameau dépendant de Blergies.

Régibay, dépendance de Rollot.

* Regnauville-en-Artois (St-Jacques).
   Curé : Gabbador, Alexandre.

Regny, village dépendant de la paroisse de Jumelles.

Remaugies (St-Léger). (282) — R. 700 liv.
    Curé : Doulart.

Remesnil (St-Barthélemy). — R. 700 liv.
    Curé : Petit, Adrien-Joseph.

Remiencourt (Notre-Dame), prieuré-cure. — R. 2,409 liv.
    Curé : Picard de Boucarcourt, Jean-André.
    Desservant : Bettancourt, Pierre-Honoré-Domice.

Renancourt (Ste-Marie-Madeleine).
    Curé : Tourbier, Henry, mort en 1789.

Renierécluse (St-Martin). — R. 700 liv.
    Curé : Vollet.

Renneville (St-Eloi).
    Curé : Allou, puis Canaples, Philippe (283).

Rets a Coulon, hameau dépendant de Foresmontier.

Revelles (St-Martin).
    Curé : Hénique, Alexandre, né le 28 juillet 1738.
    Vicaire : Dormenval, Augustin.

Ribeaucourt (St-Sulpice), secours de Beaumetz.
    Curé : Letemple, Guillain.

Ribeauville, dépendance d'Estrebeuf.

Ribemont (St-Vast). — R. 1,712 liv.
    Curé : Lemarchand, François-Marie.

Riencourt (St-Gervais et St-Protais). — R. 800 liv.
    Curé : Lancéa, Firmin (284).

Rimbehen, dépendance de Nibat.

Rincheval (St-Nicolas).
    Curé : Després, Jean-François.

* Riquebourg (St-Pierre).
    Curé : Violette, Philippe-François.

Rivery, dépendance du faubourg St-Pierre d'Amiens.

Rivière (Notre-Dame). — R. 480 liv.
    Curé : Maisan, Henri-François (285).

Rivière, dépendance de la paroisse St-Martin de Conty.
* Rocquencourt (Notre-Dame).
    Curé : Fay.
Rogeant, dépendance de la paroisse de Teuflles.
Rogy la Grandville (St-Pierre).
    Curé : Mareschal, Jean-Baptiste, né le 18 octobre 1751.
Rollot (St-Nicolas), secours de la Villette.
Romaine, hameau dépendant de Forestmontier.
* Romescamps (St-Jean-Baptiste).
    Curé : Devismes, Antoine-Denis.
Roouval, dépendance de Doullens.
Rossignol, dépendance de Machiel.
Rothiauville, hameau de la banlieue de St-Valery.
* Rougefay, village dépendant de la paroisse de Buire-au-Bois.
* Roussent (St-Riquier).
    Curé : Warlusel, François.
Roussigny, hameau de la banlieue de St-Valery.
Routeauville, hameau dépendant de Quend.
Routequeux, hameau dépendant de la paroisse de St-Pierre de Doullens.
Rouvrel (St-Martin). — R. 821 liv.
    Curé : Beauvain.
Rouvroy-en-Sangterre (St-Martin). (286).
    Curé : Desmarquest.
Rouvroy (St-Jean). Voyez Abbeville, paroisse de St-Jean de Rouvroy.
* Royaucourt (St-Jean-Baptiste), secours de Domelien.

Roye :   *Paroisse de St-Pierre.* — R. 700 liv.
    Curé : Boutteville.
    Vicaire : Chevalier.

        Paroisse de St-Georges, dans le faubourg. — R. 700 liv.
    Curé : Barré.

        Paroisse de St-Gilles, dans le faubourg. — R. 700 liv.
    Curé : Bourdon, Robert.

Paroisse de St-Médard de Toulles, dans le faubourg. — R. 700 livres.

    Curé : Bourbier.

Rozières (St-Omer). — R. 700 liv.
    Curé : Gaffé, Etienne.
    Desservant : Favrel.
    Vicaires : Temper et Petit.

Rozière (la basse), dépendance de Neuville-Coppegueule.

Rozoy, secours de La Falloise.

* Rubécourt, annexe de Pas.

Rubempré (St-Léonard). — R. 753 liv.
    Curé : Lecul, François-Remy (287).
    Vicaire : Routier, Charles-François (288), né le 18 décembre 1754.

Rue : Première portion (St-Wulphy) ; Deuxième portion (le Saint-Esprit). — R. 1785 liv.
    Curé des deux portions : Blondin, Pierre.
    Vicaire de la deuxième portion : Guibart.

· Rumaisnil (Notre-Dame).
    Curé : Bouchon, Pierre, né le 4 février 1750.

Rumigny (St-Cyr et Ste-Julitte).
    Curé : Lefebvre, François.

Saigneville (Saints Fuscien, Victorice et Gentien). — R. 1,322 liv.
    Curé : Delahaye, François-Joseph, né le 19 septembre 1749.

Sailly-Bray, dépendance de la paroisse de Noyelle-sur-Mer.

Sailly-Laurette (St-Quentin). — R. 700 liv.
    Curé : Vast, Pierre-Louis-Robert.

Sailly-le-Sec ou Petit-Sailly (St-Martin).
    Curé : Plet, Firmin.

Sailly-le-sec (St-Martin), au doyenné d'Abbeville.
    Curé : Caumartin, Jean-Chrysotôme, né le 13 octobre 1737.

Sains (Saints Fuscien, Victorice et Gentien).
    Curé : Andrieux, Jean-Louis (289), né le 6 juillet 1743.

Saint-Acheul lès Amiens, siège de l'Abbaye de ce nom.
    Curé : Champion, Jean-Baptiste, chanoine régulier de l'Abbaye.

St-Acheul, au doyenné d'Auxy-le-Château.
Curé : Lefebvre, Ignace.

St-Agnan, dépendance de Grivenne.

St-Albin-en-Harponval, siège du prieuré de ce nom.

* St-André-au-Bois, hameau dépendant de Riquebourg.

St-Aubin-en-Amiénois (St-Pierre). — R. 909 liv.
Curé : Bellegueule, Louis.

* St-Aubin ou St-Albin, secours d'Airon-St-Vast.

St-Aubin-en-Rivière. — R. 1,022 liv.
Curé : Ternois, Louis-Alexandre.

St-Aurin. Voyez St-Thaurin.

* Ste-Austreberte-en-Artois.
Curé : Boufflers, Jean-Baptiste.

St-Blimont (même vocable).
Curé : Poilly, François.
Vicaire : Duchemin, Jean, né le 2 mai 1745.

St-Clair, hameau dépendant de Frettemolle.

St-Étienne-en-Sery, prieuré-cure. — R. 700 liv.
Curé : Limousin, François.

St-Firmin. Voyez Bétaucourt.

St-Fuscien. Siège de l'Abbaye de ce nom.

St-Germain-sur-Bresle. — R. 1,565 liv.
Curé : Levasseur, doyen de la chrétienté d'Oisemont.

St-Gratien (même vocable).
Curé : Hévin, Gilles-Augustin.

St-Hilaire (même vocable). — R. 515 liv.
Curé : Vasseur, Jacques-François, né à Domart-en-Ponthieu, le 24 février 1735.

St-Jean-au-Marais, 3° portion de la cure de Rue. — R. 700 liv.
Curé : Lengaigne, Pierre-Marie.

St-Jean-lès-Brocourt et Guibermesnil (Notre-Dame), prieuré-cure. — R. 1,799 liv.
Curé : Ducrocq, Louis-Simon.

* St-Josse-sur-Mer (St-Pierre).
　　Curé : Gence, Charles.

St-Laud, hameau de la paroisse de Maison-lès-Ponthieu.
St-Léger-lès-Authie, secours d'Authie.
　　Vicaire : Lambert.

St-Léger-lès-Domart. — R. 658 liv.
　　Curé : Delayen, Adrien (290).
　　Chapelain : Boulet, Florentin, né à Picquigny, âgé de 48 ans.

St-Léger-le-Pauvre, prieuré-cure. — R. 2,060 liv.
　　Curé : de Ribeaucourt, Riquier.

St-Mard-en-Chaussée (St-Médard), au doyenné de Fouilloy. Village détruit ; la cure unie à celle du Quesnel.

St-Mard-en-Chaussée ou en Vimeu (St-Médard).
　　Curé : Ruel, Joseph-Joachim.

St-Mard-lès-Roye (St-Médard), prieuré-cure (291). — R. 700 liv.
　　Curé : Paulinier, Pierre-François, né le 24 avril 1737.
　　Desservant : Martin.

St-Martin, dépendance de Villers-Bretonneux.
St-Martin-le-Pauvre, dépendance d'Agnière.
St-Maulguille (même vocable). — R. 1,145 liv.
　　Curé : Louchart, Noël-Antoine.

St-Maulvis (St-Mesnelé), dépendance de la Commanderie. — R. 550 liv.
　　Curé : Conté, Jean-Baptiste-Denis.
　　Vicaire : Sangnier.

St-Maurice lès Amiens. Voyez Cures dans les faubourgs d'Amiens.
St-Maxent (même vocable). — R. 1,812 liv.
　　Curé : Dargnies, Jean-Justin.

St-Nicolas des Essarts, dépendance de Buigny-St-Maclou.
St-Ouen (même vocable). — R. 1,389 liv.
　　Curé : Thiron, Jean-Noël, bachelier de Sorbonne.

St-Pierre-a-Gouy. — R. 700 liv.
　　Curé : Bullot, Pierre-Augustin (292).

St-Quentin-en-Tourmont. Voyez Tourmont.

* St-Remy-au-Bois, annexe de Sauchoy.

St-Ribert, hameau dépendant de Moreuil.

St-Riquier (Notre-Dame). (293) — R. 567 liv.
    Curé : Callé, Pierre-Jacques-François, né le 8 avril 1741.
    Vicaire : Delaporte.

St-Romain (même vocable).
    Curé : Eloy, Pierre-François.

St-Saufrlieu (St-Denis).
    Curé : Degoves, Pierre, doyen de la chrétienté de Conty.

St-Sauveur d'Hédicourt. Prieuré-cure. — R. 3,108 liv.
    Curé : Lejoindre, Noël-Nicolas (294), né le 11 janvier 1732.

Ste-Segrée (Ste-Sigrade). — R. 569 liv.
    Curé : Sorel, Nicolas (295).

St-Sulpice, hameau dépendant de Doullens.

St-Thaurin (même vocable). — R. 500 liv
    Curé : Paulinier (296).

* St-Thiballt (même vocable).
    Curé : Thuillier, Pierre-Jean-Baptiste.

St-Valery :   *Paroisse de St-Martin.*

    Curé : Dubrun, Jean-François, bachelier de Sorbonne, doyen de la chrétienté de St-Valery.
    Vicaire : Fiquet, Louis.

Paroisse de St-Nicolas, en l'Abbaye.

    Curé : Larchez, Jacques-Antoine.
    Vicaire : Obry, Pierre-Antoine-François.

St-Vast-en-Chaussée. — R. 676 liv.
    Curé : Carette, François-Bernard.

Saissemont, annexe de Saisseval.

Saisseval (St-Pierre). — R. 916 liv.
    Curé : Caux, François (297).

Saleux (St-Fuscien). — R. 2,280 liv.
    Curé : Quentin, Jean-François-Nicolas, né le 15 février 1748.

Sallenelle, dépendance de Pendé.

Salouel (St-Quentin), secours de Saleux.

Sandricourt, dépendance d'Agnières.

* Sarcus (St-Pierre).
    Curé : Belhomme, Marc-Antoine-Alexandre.

* Sarnoy (Notre-Dame).
    Curé : Leborgne, Antoine.

* Sarton (Notre-Dame).
    Curé : Foubert, Jean-Baptiste, né à Domart-en-Ponthieu, le 27 novembre 1727.

* Sauchoy (St-Martin).
    Curé : Sueur.

Saucourt (St-Valery), dépendance de Nibas.

Saulchoix-lès-Poix (Ste-Marie-Madeleine).
    Curé : Bienaimé.

* Saulchoix-sous-Domelier (St-Firmin-le-Martyr).
    Curé : Caron.

Sauvillers (St-Martin), secours d'Aubvillers.
    Vicaire : Revel, Claude.

Saveuse (Notre-Dame). — R. 1,415 liv.
    Curé : Damey, Pierre-François (298), né le 6 mars 1742.

* Secqueville, hameau dépendant de Blergies.

Selincourt (Notre-Dame).
    Curé : Crépin, Honoré (299), né le 4 avril 1743.

St-Pierre-lès-Selincourt.
    Prieur-curé : Jolly, Jean-Louis.

Selve (Grand), cense dépendant de la Commanderie d'Oisemont.

Senarpont (St-Denis). — R. 1,000 liv.
    Curé : Beauchen, Jacques.
    Vicaire : Debeuse.

Senlis (St-Martin).
    Curé : Ruin, Claude-François.

Sentelie (St-Nicolas). — R. 1,000 liv.
    Curé : Brailly, François-Noël.

Septenville, hameau composé de sept fermes, dépendant de Rubempré.
Septoutre (St-Léonard). — R. 1,200 liv.
    Curé : Violette, Pierre.

* Seresvillers (St-Martin).
    Curé : Bezu.
    Vicaire : Warmé.

Sery (Notre-Dame), en l'abbaye.
    Prieur-curé : Faisan, Jean-Claude, chanoine de Sery.

Seux (St-Pierre). — R. 700 liv.
    Curé : Montigny, Charles-François (300).

* Sommereux (St-Albin).
    Curé : Gravet.

Sorel (St-Riquier), précédemment annexe de Fontaine-sur-Somme, puis érigée en paroisse. — R. 700 liv.
    Curé : Tripier, Alexandre.

* Sorus (St-Riquier).
    Curé : Malherbe, Jean-Baptiste.

Soues (St-Marcel). — R. 708 liv.
    Curé : Thuillier, Adrien (301).

* Souich (St-Nicolas).
    Curé : Desnaux, Jean-Baptiste.

Souplicourt (St-Samson).
    Curé : Bigorne, Jean-François (302)

Sourdon (St-Firmin-le-martyr). (303) — R. 498 liv.
    Curé : Dubus.

Surcamp (Notre-Dame).
    Curé : Longuet, Josse.

Suzenneville, dépendance de Fresmontier.
Tacerville, hameau de la paroisse de St-Blimont.
Tailly (la Nativité de Notre-Dame). — R. 437 liv.
    Curé : Vion, Joseph-Maximilien.

Taisnil (St-Martin) ou Tagny. — R. 700 liv.
    Curé : Vellin, Jean-Baptiste.

Talmas (St-Albin). — R. 700 livres.
    Curé : Hareux, Jean-Baptiste (304).

Terramesnil, hameau dépendant de la paroisse d'Orville.

Teuffles (St-Valery).
    Curé : Demonchy, Joseph-Félix (305).

Thennes (St-Jean-Baptiste et St-Quentin). (306) — R. 1,691 liv.
    Curé : Mathon.
    Desservant : Joron.

Thézy, dépendance de Glimont.

Thiebval (la Nativité de Notre-Dame).
    Curé : Loriot, Pierre-André.

Thieulloy-l'Abbaye (Notre-Dame).
    Curé : Forceville, Jean-Baptiste (307).
    Vicaire : Thiébault, Charles-François.

Thieulloy-la-Ville (St-Firmin-le-Martyr). — R. 581 liv.
    Curé : Accloque, Jean-Louis.

Thièvres (St-Pierre).
    Curé : François, P.-S.

Thoix (St-Etienne). — R. 838 liv.
    Curé : Legrand, Jean-Charles.

Thory (St-Léger). — R. 1,024 liv.
    Curé : Scellier, Antoine, né au mois d'août 1747.

Thuison, banlieue d'Abbeville.

* Tigny-Noyelle (Notre-Dame), prieuré-cure.
    Curé : Dinoir, Pierre-Antoine.

Tilloloy (Notre-Dame), secours de la paroisse de Dancourt (308).
    Vicaire : Dalongeville.

Tilloy-lès-Conty (Notre-Dame). — R. 1,231 liv.
    Curé : Riquier, Joseph-Nicolas.

Tilloy-sur-Gamaches (St-Jean-Baptiste), secours de Maisnières.
    Vicaire : Davergne.

Tilloy-sur-Mer, hameau de la paroisse de Peudé.

Tirencourt, secours de la Chaussée de Picquigny.

* Tollent-en-Artois (Notre-Dame).
    Curé : Barbier.
Tormont (St-Quentin). — R. 670 liv.
    Curé : Level.
* Tortefontaine (St-Martin).
    Curé : Brismail, procureur de l'abbaye de Dommartin.
Toulle. Voyez Paroisses de Roye : St-Médard.
Tours-en-Vimeu (St-Maxent). — R. 4,880 liv.
    Curé : Godequin, Jacques-Sulpice, docteur en théologie de la faculté de Paris, né le 29 mai 1736.
    Vicaire : Durand.
Toutencourt (St-Léger). — R. 700 liv.
    Curé : Flamand, Jean-Baptiste-Joseph.
    Desservant : Desmarest, Nicolas.
Translay (St-Jean-Baptiste). — R. 700 liv.
    Curé : Depoilly, Antoine, né le 27 octobre 1718.
Treux (Notre-Dame). — R. 1,034 liv.
    Curé : Billet, Alexandre (309), né à Rozières le 15 juin 1718.
Tronchoy (St-Pierre). — R. 1,014 liv.
    Curé : Mercier, Nicolas, doyen de la chrétienté d'Hornoy, né le 4 décembre 1738.
Tronville (St-Honoré), annexe de Blangy.
Tully (St-Firmin, martyr). — R. 337 liv.
    Curé : Soret.
    Vicaire : Thiébault.
Vacqueresse, dépendance de Quevauvillers.
* Vacquerie (St-Firmin, martyr).
    Curé : Geffroy, Pierre-Joseph.
Vacquerie-en-Ponthieu (Notre-Dame), secours de Domémont.
* Vacquery-le-Bouc (Notre-Dame).
    Curé : Lecointe.
Vadencourt (la Ste-Trinité).
    Curé : Lupart, François-Thomas, né le 21 décembre 1747, frère du curé de Paillart.

Vadicourt, dépendance de Dompierre.
Vaire-sous-Corbie (St-Germain). — R. 1,494 liv.
    Curé : Rochon, Louis-Alexis.
* Valencendre, dépendance de St-Josse.
Val-des-Maisons, auprès de Talmas, cense appartenant à l'abbaye de St-Jean.
Valenglart, dépendance de Bouillancourt-sur-Miannay.
Valheureux, dépendance de Candas.
Valine (Notre-Dame), secours de Franleu.
    Vicaire : Pruvot.
* Valivon, cense dépendant de Riquebourg.
Valloires (Notre-Dame), siège de l'abbaye de ce nom.
    Curé : Oudart, Albert-Louis-Joseph, religieux de l'abbaye.
Valonpuis, hameau dépendant de Vergies.
Varenne (Notre-Dame), secours de Léalvillers.
    Vicaire : Couvreur, Jean-Baptiste.
Vauchelles-les-Authie (St-Grégoire).
    Curé : Dalbert, Louis.
Vauchelles-lès-Domart (St-Nicolas), secours de Surcamp.
Vauchelles-le-Quesnoy (Notre-Dame), secours d'Epagnette.
    Vicaire : Allart.
Vaudricourt (St-Martin), prieuré-cure (310). — R. 700 liv.
    Curé : Terreux, Jacques.
Vauvillers (St-Eloi). — R. 926 liv.
    Curé : Damay, Claude-André.
Vaux (l'Assomption de Notre-Dame) et Marquenneville. — R. 716 liv.
    Curé : Marguery.
Vaux, hameau dépendant de Cambron.
Vaux-en-Amiénois (St-Firmin le Martyr). — R. 2,186 liv.
    Curé : Lortie, Jean-Baptiste, né le 29 avril 1745.
* Vaux (St-Martin), secours de Haravesnes.
Vaux-sous-Corbie (St-Gildard).
    Curé : Leully, Jean-Nicolas (311).
* Vaux-sous-Montdidier (St-Médard).
    Curé : Roussel.

Vecquemont (St-Martin). — R. 644 livres.
 Curé : Dherbesse, Antoine-Gabriel.
Velennes (St-Christophe), secours de Fresmontier.
Vercourt (St-Saturnin). — R. 1,842 liv.
 Curé : Hermant, François, né le 3 mars 1742.
Vergies (Notre-Dame). — R. 685 liv.
 Curé : Lœuillier, Jean, doyen de la chrétienté d'Airaines, né le 9 juillet 1735.
 Vicaire : Thorillon.
Verjolay, dépendance de Labroye.
Veron (St-André). — R. 1,094 liv.
 Curé : de Colliveau, Nicolas-Joseph (312).
 Vicaire : Caron, Gille-Norbert, né le 6 juin 1759.
Vers (St-Remy).
 Curé : Thiroux, Barthélemy.
Vert Galand, écart de Beauval.
* Verton (St-Michel).
 Curé : Rollin, Nicolas (313).
Vieulaines (l'Assomption de la Ste-Vierge). — R. 700 liv.
 Curé : Thuillier, Adrien.
* Vieuvillers (St-Amand).
 Curé : Saturne.
Vieux Quend, dépendance de Quend.
Villainecourt, dépendance de Montigny.
* Villancourt, dépendance de Vitz-sur-Authie.
Ville-lès-Flixecourt (St-Nicolas). (*a*) — R. 600 liv.
 Curé : Caron, Jean-Baptiste.
Ville-sous-Corbie (St-Martin).
 Curé : Obry, Augustin-René.
Villecourt, hameau dépendant de Ribemont.
Villeroy (St-Nicolas), secours de Vitz-sur-Authie.

(*a*) On disait aussi Ville St-Ouen, à cause du voisinage de ce lieu, et Ville en Ponthieu, parce que la paroisse était dans le doyenné de St-Riquier en Ponthieu.

Villeroy-en-Vimeu, secours d'Oisemont.
    Vicaire : Trogneux, François-Bernard, né le 1ᵉʳ février 1754.
Villers-aux-Erables (St-Sulpice). (314)
    Curé : Carrette, Joseph.
Villers-Bocage (St-Georges). — R. 1,316 liv.
    Curé : Herbette, François Etienne.
    Vicaire : Bail.
Villers-Bretonneux (la Nativité de St-Jean-Baptiste). — R. 719 liv.
    Curé : Dupré, René.
Villers-lès-Roye (St-Eutrope). — R. 905 liv.
    Curé : Véret.
Villers-les-Tournelles (St-Jacques-le-Majeur). (315) — R. 988 liv.
    Curé : Doublet.
Villers-le-Vert (St-Martin).
    Curé : Fayel, Charles-François.
* Villers-l'Hôpital (St-Jean-Baptiste).
    Curé : Delloualle.
Villers-sous-Ailly (St-Aubin). — R. 1,362 liv.
    Curé : Asselin. Jean-Baptiste.
Villers-sous-Campsart (Notre-Dame), prieuré-cure (316). — R. 646 liv.
    Curé : Corbie, Pierre-Antoine, chanoine régulier de Selincourt.
    Vicaire : Morel, Jean-Baptiste.
Villers-sur-Authie (Notre-Dame). — R. 2,672 liv.
    Curé : Becquelin, Adrien, né le 3 mars 1743.
Villers-sur-Mareuil (St-Martin).
    Curé : Duneufgermain.
Vinacourt (St-Firmin-le-Martyr).
    Curé : Ducrotoy, Joseph (317).
Vironchaux (St-Maurice). — R. 887 liv.
    Curé : Hardy, Jean-François.
    Vicaire : Hardy.
Visme (Notre-Dame). — R. 942 liv.
    Curé : Simon, Pierre (318).
    Vicaire : Gomel.

Vismemont, hameau de la paroisse de Visme.
Visse, dépendance de Maisniéres.
Vitermont (Notre-Dame), secours d'Englebelmer.
Vitz-sur-Authie (St-Martin). — R. 1,333 liv.
    Curé : Prévost, Célestin.

Voie des Prés, dépendance d'Authieulle.
Voisin, dépendance de Dompierre.
Vraignes (St-Valery). — R. 629 liv.
    Curé : Despréaux, Pierre-Jacques.

Vrély (St-Pierre). (319)
    Curé : Frennelet.

* Waben (St-Martin).
    Curé : Louette.

Wailly (St-Vast).
    Curé : Dangest, Joseph Alexandre.

* Wailly (St-Pierre), au doyenné de Montreuil.
    Curé : Waro, Louis.

Wailly, dépendance de Nibas.
Wallon (le), hameau de Sarcus.
Walnat, dépendance d'Halloy lès Pernois.
Wanel (St-Fuscien). — R. 663 liv.
    Curé : Sellier, Jean-Baptiste.
    Desservant : Cumont.

Warfusée. Voy. Abancourt.
Wargnies (la Nativité de Notre-Dame), annexe de la paroisse d'Havernas.
    Vicaire-Desservant : Hordez.

Warloy (St-Pierre-ès-Liens). — R. 714 liv.
    Curé : Deroussen, Jean-François (320).

Warlus (St-Âpre). — R. 249 liv.
    Curé : Debonnaire, Antoine, religieux prémontré (321), né le 17 décembre 1721.

Warsy (Ste-Marie-Madeleine), annexe de Guerbigny.
Warvillers (St-Martin).
    Curé : Demont, Charles (322).

Watiéhurt, hameau dépendant de la paroisse de Lanchères.
Watteblérie, secours de Framicourt.
    Desservant : Riclot, Henri, religieux de Sery. — R. 700 liv.
Wattéglise, dépendance de Dompierre.
* Wavant-en-Artois (St-Vast).
    Curé : Thuillier.
* Welles (St-Pierre).
    Curé : Outurquin.
Wiencourt (St-Nicolas).
    Curé : Dhorville, Nicolas.
Willameville, dépendance de Visme.
Wiry (l'Assomption de la Ste-Vierge). — R. 700 liv.
    Curé : Maréchal, Jean-Charles-François.
* Wis, hameau dépendant de la Calloterie.
Woignarue (Ste-Marie-Madeleine), annexe d'Onival.
    Vicaire desservant : Roy.
Woincourt (St-Martin).
    Curé : Cardon, Jean-François.
    Vicaire : Debure.
Woirel, dépendance de Wiry.
Yaucourt, dépendance de Bussu.
Yonval, dépendance de Cambron.
* Yvregny, annexe de Gennes, au doyenné de Labroye.
Yvren (St-Martin). — R. 1,739 liv.
    Curé : Cornu, Pierre-Albin.
    Vicaire : Tellier, Jean-Baptiste, né le 30 septembre 1756.
Yvrencheux (St-Martin), secours d'Yvren.
Zaleux, hameau dépendant des paroisses de Béhen et de Huchenneville
Zoteux, hameau dépendant de la paroisse d'Acheux-en-Vimeu.

Ecclésiastiques habitués ou domiciliés dans les paroisses de :

Abbeville, *Ste-Catherine* : Dangreville, Jean-Baptiste, prêtre, diacre d'office.
    St-Georges : Bourgois, Jean-Baptiste-Antoine (323), diacre d'office ; Deslier, Pierre-Alexandre, prêtre, sacristain de la paroisse pendant vingt ans ; Ringard, Joseph, prêtre (324).

Abbeville, *Notre-Dame de La Chapelle* : Foisplé, Jacques, diacre d'office.
　　　　　St-Sépulcre : Bizet, Pierre-Paul, aussi diacre d'office.
　　　　　St-Vulfran-en-Chaussée : Pecquet, Jean-Baptiste-Nicolas, prêtre,
　　　　　　supérieur de l'Hôtel-Dieu, où il demeure.
Domart-en-Ponthieu : Thidoi, Amand-Constant.
Domémont : Rohaut, Jean-Alexis.
Merelessart : Vacossaint, Pierre-Jacques-Antoine.
Montdidier : Guidé, Charles-Edouard, principal du Collège (325).
　　　　　Vaudé, Martin, prêtre, directeur de religieuses (326).
Roye, *Paroisse St-Pierre* : Henry, Jean-Baptiste-Joseph, chapelain de Nesle.
St-Valery : Belliard, Louis-Prosper et Masse, Charles-François.
Thoix : Audin, François-Louis.

PERSONNATS DES CURES DE : (a)

Bethencourt-lès-St-Ouen. Titulaire : Hecquet. — R 198 liv.
Bézieux. Titulaire : Voclin, Jean-Baptiste-Remi. — R. 383 liv.
Brucamps. Titulaire : Guillaume, Jean-Louis, chanoine de Vinacourt. — R. 30 liv.
Bussu. Titulaire : Gaudière, Nicolas, prêtre, chapelain de la Cathédrale. — R. 176 liv.
Citerne. Titulaire : Barbier.
Essertaux. Titulaire : Aubrelique, prêtre, demeurant à Noyon (327). — R. 600 liv.
Maison-Rolland. Titulaire : Caron, François, chanoine de la Cathédrale. — R. 58 liv.
Mametz. Titulaire : Gorguette, Charles, prêtre, chanoine de la Cathédrale. — R. 513 liv.
St-Aubin-en-Amienois. Titulaire : Caron, nommé au personnat de Maison-Rolland. — R. 59 liv.

(a) Le personnat est une espèce de bénéfice ecclésiastique, dont le titulaire se nommait la *personne*. L'évêque en était le collateur de plein droit, sauf pour celui de Treux, dont la présentation était faite par l'archidiacre d'Amiens, par suite d'union. Le nombre des personnats a été beaucoup réduit, dans le cours du temps, par l'union de leurs revenus à d'autres bénéfices dont il n'est plus ici question. Le titulaire du personnat était présentateur à la cure du lieu. (*Bénéfices de l'Eglise d'Amiens*, II, 390 et *passim.*)

Treux. Titulaire : Dargnies, Nicolas-Claude, le jeune.

Villers-sur-Authie. Titulaire : Coquerel, Honoré, chapelain de la Cathédrale. — R. 40 liv.

Nous n'avons pu trouver les noms des titulaires des Personnats de Boiteau, Caumont-en-Artois, Ergnies, Liomer, Méaulte, Thoix et Villers-le-Vert.

CHAPELLES SITUÉES A : [a]

Abbeville. — *Communauté des Chapelains de St-Vulfran*. — R. 701 liv.

Dangreville, Jean-Baptiste, prêtre susnommé, né le 7 août 1757.

Dorémus, Antoine-Jacques (328).

Desmarest, Jean-Baptiste-Simon, prêtre (329), titulaire de la chapelle de l'Extrême-onction.

Bonnard, Jean-Baptiste, prêtre, aussi titulaire de la même chapelle.

Deslier, susnommé, prêtre, titulaire de la chapelle de Ste-Marie-Madeleine, au cimetière de St-Vulfran (330).

Delafosse, prêtre.

Hecquet, Etienne-Barthélemy, né le 2 août 1764.

Tous assistants ; les suivants non assistants.

Decayeux ; Dequeux ; Coulon ; Bozanni ; Plée, curé de Limeux ; Tripier, curé de Sorel ; Cailly ; Mellier ; Croutelle ; Dieuy ; Courtois ; Herbette ; Carpentier, Pierre-Jacques, prêtre (331).

Communauté des Chapelains de St-Jean-des-Prés. — R. 2,178 liv.

Leleu, Jean-Baptiste ; Depoilly, Joseph ; Carpentier ; Morand ; Lecadieu ; Catillon et Macquet, Nicolas.

(a) Le mot *chapelle*, dans ses deux significations principales, exprime d'une part l'autel et le petit édifice où sont fondées des messes et certaines prières, sous l'invocation d'un saint ; d'autre part il s'entend du bénéfice constitué pour l'acquit de ces messes. Ici l'expression correcte serait *chapellenie*, mais on l'emploie assez rarement et l'usage contraire a prévalu. Un ou plusieurs chapelains sont investis du bénéfice. Dans son premier sens, le mot chapelle peut offrir un certain intérêt archéologique ; dans le second, il a un intérêt historique non moins grand. Tout lecteur le comprendra.

Pour les chapelles du diocèse d'Amiens, très nombreuses, comme on va le voir, les noms des titulaires nous font assez souvent défaut. Cela se conçoit, car on ne les trouve guère ailleurs que dans les listes des pensionnaires de l'Etat. Outre qu'il est difficile de les y découvrir, beaucoup n'y sont pas inscrits. Nous n'en donnons pas moins la nomenclature entière des chapelles, pourvues ou non de titulaires.

Chapelle de l'Annonciation de Notre-Dame, en l'église Ste-Catherine. — R. 9 liv. 15 sols.
    Titulaire : Widecoq, Adrien-Charles, chanoine de St-Vulfran.

Chapelle de St-Nicolas, en l'église St-Georges. — R. 20 liv.
    Titulaire : Mellier, doyen du chapitre de St-Vulfran.

Chapelle de St-Roch, en la même église. — R. 10 liv.
    Titulaire : Catillon, susnommé.

Chapelle de St-Fiacre, en l'église St-Vulfran. — R. 5 liv.
    Titulaire : Aubry, chanoine de St-Vulfran.

Chapelle de Ste-Marie-Madeleine, au cimetière de St-Vulfran. — R. 13 liv.
    Titulaire : Deslier, prêtre, susnommé.

Chapelle de Ste-Croix, dite Ste-Eutrope.

Chapelle de Ste-Croix, en la maison de Ponthieu. — R. 35 liv.
    Titulaire : Froissart, prêtre, chanoine de St-Vulfran.

Chapelle de l'Extrême-onction. — R. 998 liv.
    Titulaires : Desmarest et Bonnard, susnommés.

Chapelle du St-Esprit.

Chapelle de Ste-Marguerite de La Geole. Elle a été unie au chapitre de St-Vulfran.

Acheux, au doyenné de Doullens. — *Chapelle de Nicaise*, au château.
    Titulaire : Brunel, Jean-Baptiste, prieur.

Acheux-en-Vimeu. — *Chapelle de Ste-Marguerite.* — R. 515 liv.
    Titulaire : Hoquet, prêtre.

Agnières. — *Chapelle de St-Nicolas*, en l'église paroissiale.
    Titulaire : Répons.

Ailly-sur-Somme. — *Chapelle de St-Nicolas.* Elle a été unie à la cure de St-Jean-Baptiste de Picquigny.

Airaines. — *Chapelle de St-Jean, dite des comtes de Ponthieu*, en l'église Notre-Dame. — R. 150 liv.
    Titulaire : Lenfant, Antoine-Adrien, chapelain de la Cathédrale.

Albert. — *Chapelle de St-Nicolas*, dite du tabellion. — R. 702 liv.
    Titulaire : Lefèvre, Philippe. — Puis, Mercher, chapelain de Maucourt.

Grande Chapelle de Ste-Marguerite, au château. — R. 1,015 livres.
   Titulaire : Leroux, curé de Fricourt.
Première chapelle castrale, dite aussi de Ste-Marguerite.
Deuxième chapelle castrale, dite de Notre-Dame.

Alliel, dépendance d'Ailly-le-Haut-Clocher. *Chapelle de Notre-Dame.*
Arrest. — *Chapelle de St-Nicolas*, au château.
Ault. — *Chapelles de St-Julien et de St-Thomas.*
Auxy-le-Chateau. — Voy. Lannoy.
Beauquesne. — *Chapelle de St-Nicolas*, en l'église paroissiale.
   Titulaire : Bouchard.
   Chapelle de St-Louis, au château.
      Titulaire : de Gaucourt.
   Chapelle de St-Quentin.
Beauval. — *Chapelle de Ste-Marguerite* (ancienne maladrerie), transférée en l'église paroissiale. — R. 80 liv.
   Titulaire : Dessolles, Louis-François-Maximilien, chapelain de la Cathédrale.
Bernaville. — *Chapelle de St-Nicolas.* — R. 450 liv.
   Titulaire : Bourgeois, Maurice-Eugène.
   Chapelle de St-Valery, au château, transférée en l'église paroissiale.
      Titulaire : Sueur, Jean-Chrysostôme.
Berny. — *Chapelle de St-Gentien*, en l'église paroissiale.
   Titulaire : Fouquerel, Firmin-Joseph, prêtre.
Béthencourt-lès-St-Ouen. — *Chapelle de St-Jean-Baptiste*, en l'église.
   Titulaires : Dely de Migny et Quignard.
Bétizy, dépendance d'Harbonnières. — *Chapelle des Sts-Côme et Damien*, transférée au château de Feuquières.
   Titulaire : Bonnet, vicaire de Harbonnières.
Blangy-lès-Poix. — *Chapelle de St-Médard.* — R. 150 liv.
   Titulaire : Deroussen, Jean-François, curé de Warloy.
Boubers. — *Chapelle de Notre-Dame.*
Bourseville. — *Chapelle de St-Nicolas.*
Bouttencourt. — *Chapelle de la Maladrerie de St-Barthélemy.*

Bouvaincourt. — *Chapelle de St-Sauveur.*
>Titulaire : le curé du lieu.

Boves. — *Chapelles de St-Nicolas, de St-Vincent et de St-Marcel,* celle-ci auprès de Boves.

Bray-sur-Somme. — *Chapelles de Notre-Dame,* au cimetière, *de Notre-Dame de l'Atre et de St-Pierre.*

Breilly. — *Chapelles de St-Louis et de St-Sulpice.*

Brétencourt, hameau de Frettemole. — *Chapelle castrale de St-Nicolas.*
>Titulaire : Pierrin, Jean-Baptiste.

Buigny-lès-Gamaches. — *Chapelle de Ste-Marie-Madeleine,* érigée en succursale.

Buire-au-Bois. — *Chapelle de Notre-Dame,* érigée au château, transférée en l'église paroissiale.

Buire-le-Sec. — *Chapelle de Romont.*

Bussy-lès-Poix. — *Chapelle de Notre-Dame du Viage.*
>Titulaire : Asselin.

Caix. — *Chapelle de Notre-Dame,* en l'église paroissiale. — R. 573 liv.
>Titulaire : de Malleville, Pierre-Jean-François.

Cambron. — Quatre chapelles.
>Titulaires : Dubrun, Jean-François, curé de St-Martin, à St-Valery-sur-Somme. — R. 948 liv.
>
>de Ryan, prêtre du diocèse d'Amiens, demeurant à Laon (332). — R. 826 liv.

Canaples. — *Chapelle de St-Hubert,* jadis castrale, transférée dans l'église.
>Titulaire : Duplan, Honoré.

Canchy. — *Notre-Dame de Foye* : Chapelle de dévotion, sans revenus.

Caubert. — *Chapelle de Ste-Marguerite.*

Cauminil, paroisse d'Orville. — *Chapelle de St-Nicolas.*

Caumont-en-Artois. — *Chapelle castrale* et *Chapelle de St-Nicolas,* en l'église.

Cayeux-en-Sangterre. — *Chapelle de Notre-Dame,* dite de Clodigny.

Chessoy, dépendance de Laucourt. — *Chapelle de Notre-Dame.*
>Titulaire : Delaloche, chanoine de Roye.

Collencamps, dépendance de Mailly. — *Chapelle de St-Thomas.* — R. 460 liv.
>Titulaire : Hourier, Jacques-Philippe, prêtre, demeurant à Mailly.

Coppegueule, dépendance de Nampty. — *Chapelle de Notre-Dame-des-Vertus.*
Corbie. — *Chapelle de Ste-Croix-Henriette,* en l'église abbatiale. — R. 229 liv.
    Titulaire : Salo du Peyroux.

Chapelle de Ste-Croix-Thorelle, en l'église St-Léonard, supprimée.
Chapelle de Sts-Jacques le majeur et le mineur, en l'église St-Albin.
Chapelle de Ste-Marguerite, en la même église. — R. 107 liv.
    Titulaire : Hennequin, curé de Fresnoy.

Chapelle de Notre-Dame de Laurette, en l'église de St-Eloi ; unie au collège d'Amiens.
Chapelle du St-Sépulcre, en la même église. — R. 210 liv.
    Titulaire : Verrier.

Chapelle du St-Esprit, en l'église de St-Étienne (autrefois Notre-Dame).
Chapelle de Notre-Dame de Famechon, en la même église.
Chapelle de Notre-Dame de l'Hôtel, en la même église. — R. 333 liv.
    Titulaire : Pellerain.

Chapelle de Notre-Dame de Prouzel, en la même église.
Chapelle de St-Martin, en la même église. — R. 100 liv.
    Titulaire : Legrand, Guillaume, de Paris.

Chapelle de St-Nicolas, en la même église. — R. 359 liv. et 550 liv.
    Titulaires : Salo du Peyroux et Le Picard, nommés ci-après.

Chapelle de St-Paul, en la même église. — R. 200 liv.
    Titulaire : Leduc.

Chapelle de Ste-Brigitte, en la même église.
Chapelle de Ste-Colette, en la même église.
    Titulaire : Cavrois, curé de la paroisse. — R. 16 liv.

Chapelle de Corneille, dite St-Cyprien, en l'église de St-Jean l'évangéliste.
    Titulaire : Nyon.

Chapelle de St-Paschase de Ratebert, en la même église.
Chapelle de St-Nicaise, dite Pinchon, en la même église.
Chapelle de Notre-Dame, dite Tinturier, en l'église de St-Thomas. — R. 136 liv.
    Titulaire : Salo du Peyroux.

Chapelle de St-Barthélemy, en la même église. — R. 501 livres.
    Titulaire : Vasse de St-Georges, Armand-Thomas-Georges-Charles, clerc tonsuré du diocèse de Rouen.

Chapelle de Notre-Dame du Palais, en l'église abbatiale de St-Pierre. — R. 43 liv.
    Titulaire : Salo du Peyroux.

Chapelle de St-Louis du Palais, en la même église. — R. 43 liv.
    Titulaire : Balestrier.

Chapelle de Notre-Dame de l'Aurore ou *de l'Ororat*, en l'Hôtel-Dieu. — R. 480 liv.
    Titulaire : Mgr Dupont de Compiègne, Nicolas-Charles-Joseph, abbé d'Aubignac (333).

Cressy. — *Chapelle de St-Nicolas* (Maladrerie). Elle a été unie à l'Hôtel-Dieu.

Crotoy. — *Chapelle castrale*.

Croquoison. — *Chapelle*.
    Titulaire : Corroy, Louis.

Davenescourt. — *Chapelle castrale de St-Maur*.
    Titulaire : Tournier, Pierre.

Démuin. — *Chapelle de St-Nicolas*, en l'église. — R. 489 liv.
    Titulaire : Lambert, vicaire.

Dodelainville. — *Chapelle de St-Maur*.

Domart-en-Ponthieu. — *Chapelle de St-Nicolas*, fondée en l'Hôpital.

Chapelles de la Passion de N.-S. et de Notre-Dame-de-Pitié, en l'église. — R. 295 liv.
    Titulaires au nombre de six (334), ayant des droits égaux, savoir : Francières, curé de Domart ; Magnier, curé d'Avesnes ; Helluin, curé de St-Léger-lès-Domart ; Lefèvre, curé de Gouy-l'Hôpital ; et deux prêtres normands.

Doullens. — *Chapelles de St-Jean et de St-Michel*, en l'église de St-Martin.
    Titulaire : Duclaux.

Chapelle de St-Nicolas, en l'église abbatiale de St-Michel.

Drucat. — *Chapelle de St-Louis*. — R. 198 liv.
    Titulaire : Descaulles, prêtre, chanoine de St-Vulfran.

Eaucourt. — *Chapelle de Ste-Marguerite*, au château.

Erches. — *Chapelle de Notre-Dame.*
    Chapelle de St-Nicaise. — R. 240 liv.
        Titulaire : Lemaire, chapelain du grand Chatelet à Paris.
Esquennes. — *Chapelle de St-Léon.*
        Titulaire : Dessaubas.
Esquincourt. — *Chapelle Notre-Dame.*
Estrées-sous-Guyencourt. — *Chapelle de St-Etienne.*
Estrées-lès-Cressy. — *Chapelle de St-Nicolas.*
Etouvy, dépendance de Montiers. — *Chapelle de St-Servais.* — R. 366 liv.
        Titulaire : Guibet, Honoré, prêtre, chapelain de l'Université de la Cathédrale.
Famechon. — *Chapelle castrale de Notre-Dame.*
Fieffes. — *Chapelle de St-Louis,* dans l'église.
Fignières. — *Chapelle de St-Maurice,* dans l'église.
        Titulaire : Dufour, prêtre à Arras.
Fluy. — *Chapelle de St-Nicolas.* — R. 992 liv.
        Titulaire : de Cacqueray de St-Quentin, Pierre, chanoine de l'église cathédrale de Verdun.
Fontaine-sous-Catheux. — *Chapelle de St-Nicolas,* en l'église.
        Titulaire : Magnier, Firmin-Honoré, curé de la paroisse de Verneuil-sur-Seine (335).
Fontaine-sous-Montdidier. — *Chapelle dans la ferme de la Commanderie.*
Fontaine-sur-Somme. — *Chapelle de Notre-Dame,* en l'église (336). Elle a été unie au Chapitre de St-Vulfran d'Abbeville.
Forestmontier. — *Chapelle de St-Louis.*
        Titulaire : Barutel, Jean-Baptiste, bachelier en droit civil et en droit canon, prêtre et chanoine de l'église collégiale de Notre-Dame de Noailles.
Fouencamps. — *Chapelle de St-Domice,* dans les champs.
Fouilloy. — *Chapelles de St-Jacques le majeur, de St-Jacques, de St-Michel et de St-Nicolas.*
        Toutes quatre en l'église collégiale de St-Mathieu.
    Chapelle de l'hôpital.
Franvillers. — *Chapelle de St-Cyr.*

Fréchencourt. — *Chapelle de St-Éloi.*

Chapelle de Ste-Marguerite. — R. 100 liv.

Titulaire : Lesueur, prêtre, demeurant au Mesnil-Esnard, au diocèse de Rouen.

Fressenneville. — *Chapelle de Ste-Marguerite*, dans l'église.

Titulaire : Focart.

Chapelle de Ste-Barbe (337).

Chapelle de Notre-Dame.

Fretteguisse. — *Chapelle de Ste-Marguerite.* Elle a été unie à la fabrique de Notre-Dame du Chatel d'Abbeville.

Fricamps. — *Chapelle de Notre-Dame du Viage*, dite de la Rose, en l'église. — R. 291 liv.

Titulaire : Asselin, Jean-Baptiste, chapelain de la Cathédrale.

Fricourt. — *Chapelle de St-Quentin*, au cimetière.

Titulaire : Jandin, Sébastien, prêtre.

Frireules, paroisse d'Acheux-en-Vimeu. — *Chapelle du St-Esprit.*

Titulaire : Cailly, prêtre.

Gamaches. — *Chapelle de Ste-Marguerite* (ancienne maladrerie).

Chapelle de St-Michel, au cimetière.

Gezaincourt. — *Chapelle castrale de Notre-Dame*, transférée dans l'église.

Titulaire : Damerval.

Godenvillers. *Chapelle de Notre-Dame d'Annechy.*

Grivesne. — *Chapelle de Notre-Dame*, dans la cour du château.

Guerbigny. — *Chapelle de Sainte-Croix.*

Chapelle de St-Jean du Mont.

Chapelle de Ste-Madeleine. — R. 10 liv.

Titulaire : Gueudé.

Chapelle de St-Nicolas.

Hamel, annexe de Contoire. — *Chapelle de St-Laurent* (ancienne maladrerie).

Hamel-sous-Corbie. — *Chapelle de St-Urbain* (338). — Titulaire : Masson, curé de La Boissière. — R. 250 liv.

Hangest-en-Santerre. — *Chapelle de St-Jean-Baptiste.*

Chapelle de St-Nicolas.

Hiermont. — *Chapelle de St-Georges.*

Heilly. — *Chapelle de Ste-Anne*, en l'église. — R. 325 livres.
  Titulaire : Lagache, Gilles-Adrien, chanoine vicarial de la Cathédrale. — Puis Merchier, curé de Franvillers.

Hocquélus, dépendance d'Aigneville. — *Chapelle de la Nativité de Notre-Dame*.
  Titulaires : Pecquery, Nicolas et Fayel, Charles-François.

Houssoye, hameau de Remaugies. — *Chapelle de St-Nicolas*.

Huppy. — *Chapelle de St-Louis*, dans l'église. — R. 91 liv.
  Titulaire : Verdun.

Jumelles. — *Chapelle de St-Jean-Baptiste*, dite des Coquelets, dans l'église.
  Titulaire : Monin, Jean-Louis.

Labroye. — *Chapelles de St-Jean et de St-Nicolas*, au château.

La Chaussée d'Eu. — *Chapelle de St-Laurent*.
Chapelle de St-Léonard du Val de Gland.

La Chaussée-lès-Picquigny. — *Chapelle*.

La Ferté-lès-St-Valery. — *Chapelle de St-Pierre*. — R. 300 liv.
  Titulaire : Macquet, Philippe, ancien curé de Dominois.

Lahoussoye. — *Chapelle de St-Pierre*. — R. 478 liv.
  Titulaire : Salo du Peyroux, Antoine, prêtre.

Lambercourt. — *Chapelle de Notre-Dame*, au château. — R. 10 liv.
  Titulaire : Decayeux, chapelain de St-Vulfran d'Abbeville.

Lamotte-Croix-au-Bailly. — *Chapelle de la Ste-Trinité*.
  Titulaire : Pieffort.

Lannoy lès Auxi-le-Chateau. — *Chapelle de St-Laurent*.

Laucourt. — *Chapelle*. — R. 687 liv. 13 sols, comprenant ceux de la chapelle de Chessoy.
  Titulaire : Delaloche, aussi titulaire de cette dernière chapelle.

Le Frestoy. — *Chapelle de St-Sauveur*. — R. 401 liv.
  Titulaire : Bosquillon de Frescheville, chanoine de St-Fursy de Péronne.

Le Monchel. — *Chapelle de St-Nicolas*. — R. 300 liv.
  Titulaire : Du Gard, prêtre.

Leuilly. — *Chapelle de St-Martin*.

Lieuvillers. — *Chapelle de Ste-Geneviève*.

Lignières-Chatelain. — *Chapelle de St-Clément.*

Ligny-sur-Canche. — *Chapelle de St-Nicolas.* — R. 72 liv.
   Titulaire : Deslier, chapelain de St-Vulfran.

Lihons. — *Chapelle de Ste-Madeleine.*
   Chapelle de St-Jean de l'Ecce homo. — R. 99 liv.
      Titulaire : Groult, Philibert-Claude, docteur en Sorbonne, curé de Mont-Bellet en Maconnais.
   Chapelle de St-Médard, en l'église paroissiale.
      Titulaire : Roulhac, Antoine, prêtre, chanoine de la collégiale de St-Martin de Limoges, où il demeure.

Long. — *Chapelle de St-Nicolas,* en l'hôpital.

Longpre-les-Corps-Saints. — *Deux chapelles de St-Mathieu,* en la collégiale.
   Chapelle de St-Nicolas, en la même église.
   Chapelle de Notre-Dame.

Machiel. — *Chapelle de Notre-Dame.* — R. 270 liv.
   Titulaire : Froissart, chanoine de St-Vulfran.

Mailly. — *Chapelle de la Conception de la Ste-Vierge,* en l'église paroissiale.

Marconnelle. — *Chapelle castrale,* dite de Fosseux.

Maucourt. — *Chapelle de St-Eloi.* — R. 45 liv.
   Titulaire : Mercher, Jean-Baptiste, ancien curé de La Chaussée-lès-Picquigny (339).

Méricourt-l'Abbé. — *Chapelle de St-Hilaire,* en l'église succursale. — R. 581 liv.
   Titulaire : de Saint-Riquier, Louis (340), prêtre, bachelier en théologie de l'Université de Paris, desservant la cure de Hénencourt.

Mers. — *Chapelle de St-Gilles et St-Leu.* — R. 235 liv.
   Titulaire : Denos, chanoine de Noyelle-sur-Mer.

Mezières. — *Chapelle de St-Louis.*
   Chapelle de St-Nicolas. — R. 1,249 liv.
      Titulaire : Caron, Joseph, né le 26 janvier 1728.

Miannay. — *Chapelle de Ste-Marguerite.* — R. 296 liv.
   Titulaire : Blondin.

Molliens-en-Beauvoisis. — *Chapelle de St-Nicolas.*

Montdidier. — *Chapelle de Ste-Catherine.* — R. 422 livres.
    Titulaire : Lenoir, Nicolas-François, chanoine de la Cathédrale.
Chapelle de Ste-Barbe, au cimetière. — R. 10 liv.
    Titulaire : Guidé, principal du collège.
Chapelle de la Ste-Trinité, en l'église de St-Pierre. — R. 186 liv.
    Titulaire : Jomarigeon Duvernay, Théophile.
Monflières, dépendance de Bellencourt. — *Chapelle de Notre-Dame.*
Montiers-lès-Amiens. - *Chapelle de St-Claude*, au château. - R. 216 liv.
    Titulaire : Mercier, Augustin-François, prêtre, docteur de Sorbonne, vicaire de la paroisse de St-Séverin à Paris, et aussi chapelain de la chapelle de Verpillières, au diocèse de Noyon.
Montigny-sur-Authie. — *Chapelle de Ste-Marguerite.*
Montrelil. — *Chapelle du Grand autel*, en l'église de St-Firmin.
Chapelle d'Hennepuin, en l'église de St-Pierre.
Chapelle de St-Jean de Longfort, en l'église de St-Valois.
Morcourt. — *Chapelle castrale de Notre-Dame*, transférée en l'église. — R. 247 liv.
    Titulaire : Chopart, curé du lieu, qui a pris possession le 22 août 1774.
Moreuil. — *Chapelle du St-Sépulcre*, au château.
Morlencourt. — *Chapelle de St-Nicolas.*
Naours. — *Chapelle de Notre-Dame*, en l'église. — R. 784 liv.
    Titulaire : de Nully, Guillain-François-Louis, prêtre, licencié ès-lois de la faculté de Paris, né à Amiens, le 12 décembre 1755.
Neslette. — *Chapelle de St-Lambert.*
Neuville-lès-Bray. — *Chapelle de Notre-Dame.*
Neuville-lès-Corbie. — *Chapelle de St-Lazare*, dite de la Madeleine.
Noyelle-sur-Mer. — *Chapelle castrale de St-Pierre.*
Chapelle comtesse. Elle a été unie au Chapitre du lieu.
Oisemont. — *Chapelle de Ste-Marie Madeleine* (ancienne maladrerie).
Outrebois. — *Chapelle de St-Sébastien*, dans l'église.
    Titulaire : Camyal.
Parvillers. — *Chapelle de St-Nicolas.* Elle était unie au collège d'Amiens.
Pernois. — *Chapelle castrale de St-Nicolas.*
    Titulaire : Daullé, curé de la paroisse de Notre-Dame de la Chapelle à Abbeville.

Picquigny. — Chapelles fondées dans la collégiale de St-Martin :
Chapelle de Méaulte. — R. 671 liv.

>Titulaire : Houssart, Claude-François, né le 11 novembre 1729.

Chapelle dite de La Chaussée.
Chapelle de Ste-Marguerite d'Hangest.
Chapelle de Notre-Dame de Gouy ou de la Corbière. Elle était unie au collège d'Amiens.
Chapelle de Notre-Dame de la Ferté. — R. 1814 liv.

>Titulaire : Ricouart, Dominique-Eloi-Joseph, prêtre, demeurant à Picquigny.

Chapelle du Guindal.
Chapelles du Pont, au nombre de six.
Chapelle de St-Nicolas, fondée en l'hôtel Dieu.

Plachy. — *Chapelle de Notre-Dame.*

Plessier-Rauleve, dépendance de Grivesne. — *Chapelle de St-Nicolas.*

Plessier-Rozainvillers. — *Chapelle de St-Louis*, en l'église paroissiale. — R. 90 liv.

>Titulaire : Le Picard, curé de Bouvincourt.

Chapelle de Notre-Dame, au château. — R. 432 liv.

>Titulaire : Dufour, Joseph-Louis-Denis, prêtre, demeurant à Bouillancourt.

Proyart. — *Chapelle de Notre-Dame.*
Chapelle de St-Nicolas. — R. 333 liv.

>Titulaire : Hareux, curé de Talmas.

Querrieu. — *Chapelle de Ste-Croix.*

>Titulaire : Augiez.

Quesnoy, au doyenné de St-Valery. — *Chapelle de St-Sulpice.*

Quesnoy-lès-Hesdin. — *Chapelle castrale.*

Quœux. — *Chapelle castrale de St-Nicolas de Rapoy.*

Raineval. — *Chapelle castrale de Ste-Catherine.*

Rambures. — *Chapelle castrale de St-Nicolas*, dite du Frien. — R. 324 liv.

>Titulaire : Trogneux, prêtre.

Rapechy, dépendance de Dompierre-sur-Authie. — *Chapelle de Ste-Anne.*

Remaugies. — *Chapelle de St-Jean.*

Revelles. — *Chapelle de St-Nicolas*, en l'église.
  Titulaire : Augiez, titulaire de la chapelle de Querrieu.

Ribeaucourt, secours de Beaumetz. — *Chapelle castrale*, dédiée à St-Valery.
  Titulaire : Sueur, Jean-Chrysostôme.

Rivière, au doyenné d'Airaines. — *Chapelle de St-Jean-Baptiste* (Maladrerie).

Rougefay, paroisse de Buire-au-Bois. — *Chapelle de St-Nicolas*. — R. 461 liv.
  Titulaire : Dauphin, chapelain au cimetière St-Denis d'Amiens.

Rouvroy-en-Sangterre. — *Chapelle de St-Pierre et St-Paul*, en l'église paroissiale. — R. 240 liv.
  Titulaire : Buignet, chanoine d'Amiens.

Royaucourt, secours de Domelien. — *Chapelle de St-Hubert*.

Roye. — *Chapelains de la Collégiale, au nombre de 15*. — R. 7,500 liv.
  Résidants : (341)
  Basque, Mathieu-François-Gaspard, né le 6 janvier 1746, prêtre, maître de la musique du Chapitre (342).
  Bellanger, prêtre.
  Boutentier, Louis-Antoine-François, prêtre.
  Cozette.
  Fabignon, Pierre, prêtre du diocèse d'Amiens (343).
  Gaffet, Sébastien, prêtre, ancien curé de Cayeux (344).
  Grégoire, Jean-Antoine, prêtre du diocèse d'Amiens (345).
  Heudin, Charles-François, prêtre (346).
  Leblond, Louis-Nicolas.
  Le Roy, Jean-Nicolas, prêtre.
  Maumené, Louis-Antoine, prêtre du diocèse d'Amiens.
  Pauquet, prêtre, atteint d'aliénation mentale (347).
  Péchon, Jean-Baptiste, ancien curé de Fransart, né le 30 janvier 1731.
  Non résidants :
  Fournier, Jean-Baptiste, prêtre, vicaire de Pendé.
  Grégoire, Louis-Antoine-François, clerc tonsuré.

Roye. — *Chapelle de Ste-Madeleine*, au faubourg St-Gilles.

Rubécourt, annexe de Pas. — *Chapelle de Notre-Dame de Pitié*.

Rue. — *Chapelle de Ste-Madeleine* (ancienne maladrerie de Lannoy), transférée au couvent de St-François. — R. 264 liv.
  Titulaire : Rose, Pierre, clerc tonsuré, demeurant à Dieppe, paroisse de St-Remy.

Chapelle du St-Esprit, dite du Personnat.

Chapelle de Portugal, en l'église du St-Esprit.

Chapelle castrale de Gard-lès-Rue. Elle a été unie au Chapitre de Noyelle-sur-Mer.

SAIGNEVILLE. — *Chapelle de Ste-Barbe*, en l'église.

   Titulaire : DEPLEURS SAINT-QUENTIN, domicilié à Sezanne.

ST-GRATIEN. — *Chapelle de ce nom*.

ST-LAUD, hameau de Maison-lès-Ponthieu. — *Chapelle castrale*.

   Titulaire : GUERARD.

ST-MAXENT. — *Chapelle de St-Nicolas*.

ST-SAUVEUR (Hédicourt). — *Chapelle de St-Antoine*.

   Titulaire : PATOUR.

ST-RIQUIER. — *Chapelle de St-Benoit* (jadis cure), en l'abbaye.

   Titulaire : LEGRAND, Eloi, chanoine honoraire de la cathédrale de Noyon.

Chapelle de Ste-Marguerite, au Val de St-Riquier (ancienne maladrerie).

Chapelle de St-Jacques, en l'église paroissiale.

Chapelle de la Trinité, fondée dans le château de la Ferté et transférée dans l'église paroissiale de St-Riquier. — R. 404 liv.

   Titulaire : CHAMPION, Nicolas-Théodore, prêtre, chanoine de St-Vulfran, bachelier en théologie de la faculté de Paris.

ST-VALERY. — *Chapelle dédiée à St-Valery*, sur la montagne (348).

   Titulaire : MAQUET, Philippe, âgé de 82 ans, né à Berck (349).

Chapelle castrale.

   Titulaire : LESUEUR.

SALOUEL, secours de Saleux. — *Chapelle de St-Quentin*.

SAUCOURT, dépendance de Nibas. — *Chapelle de St-Louis*.

SERESVILLERS. — *Chapelle de Notre-Dame*.

TAMFOL, près Picquigny. — *Chapelle de Notre-Dame* (Léproserie). Cette chapelle a été transférée dans l'abbaye du Gard. — R. 18 liv.

   Titulaire : DUFOUR, Augustin, religieux de ladite Abbaye (350).

THOIX. — *Chapelle de St-Louis*, en l'église.

   Titulaire : BOUCHART.

TILLOLOY, paroisse de Dancourt. — *Chapelle de St-Nicolas*, en l'église du lieu. — R. 1,200 liv.

   Titulaire : CUVILLIER, curé d'Armancourt.

Translay. — *Chapelle de Notre-Dame.*
Treux. — *Chapelle de Notre-Dame.* — R. 400 liv.
    Titulaire : Lefebvre, chapelain de l'Université de la Cathédrale.
Tronville, dépendance de Blangy. — *Chapelle de St-Honoré.*
Vaire-sous-Corbie. — *Deux chapelles de St-Urbain,* en l'église paroissiale. — R. 400 liv.
    Titulaires : Masson, Jean-Baptiste-Marie et Séguin de Pazzis, chanoine d'Amiens : ce dernier aussi titulaire de la chapelle de Ste-Anne, à St-Féréol en Dauphiné.
    Chapelle de St-Germain.
Valines. — *Chapelle de St-Denis.*
Vergies. — *Chapelle de St-Cassien.* — R. 151 liv.
    Titulaire : Maillet, Jean-Charles, chanoine de Nesle.
Villeroy, secours de Vitz. — *Chapelle de Notre-Dame des Grez,* en l'église St-Nicolas de Villeroy.
    Chapelle de Ste-Marguerite. Elle a été unie au collège d'Eu.
Villers-Bocage. — *Chapelle de St-Nicolas,* en l'église.
    Titulaire : Mijot.
Vinacourt. — *Chapelle de Notre-Dame,* en la collégiale. Elle a été unie au collège d'Amiens.
Wailly, au doyenné de Conty. — *Chapelle castrale.*
Wavant. — *Chapelle de St-Vast.*
Yalcourt, dépendance de Bussu. — *Chapelle de St-Nicolas,* en la maison seigneuriale. — R. 220 liv.
    Titulaire : Demachy, curé de la Chaussée-Tirencourt.
Zoteux, dépendance d'Acheux-en-Vimeu. — *Chapelle de St-Fiacre.*

PRIEURÉS SIMPLES ET PRÉVOTÉS

I. — Prieurés de :

St-Esprit, à Abbeville (Ordre de Cluny).
    Titulaire : de Buissy, Honoré, prêtre, vicaire général du diocèse d'Autun, abbé de Quinçay, au diocèse de Poitiers.

Notre-Dame, à A<small>IRAINES</small> (même ordre).

 Titulaire : Messire M<small>ARDUEL</small>, Marie-Claude, docteur en Sorbonne, curé de la paroisse St-Roch à Paris. — Sous-prieur : R<small>ICQUIER</small>, Joachim (351).

St-Gervais et St-Protais, à A<small>LBERT</small> ou E<small>NCRE</small> (même ordre). — R. 10,986 liv.

 Titulaire : C<small>OUSIN DE LA</small> F<small>ERRIÈRE</small>, Jean-Baptiste (352).

St-Robert, à A<small>UTHIE</small> (dépendance de Limours (353).

 Titulaire : P<small>FAF</small>. — Sous-prieur : L<small>AMBERT</small>, Antoine-Chrysogone, prêtre.

Notre-Dame, à B<small>AGNEUX</small> (dépendance de Molesme).

 Titulaires : D<small>OM</small> F<small>ABRE</small>, Jean-François, prêtre, religieux profès de l'ordre de St-Benoit, congrégation de St-Maur, sous-prieur et maître des novices du Chapitre de Notre-Dame de la Daurade.

Notre-Dame, à B<small>IENCOURT</small> (Ordre de St-Benoit).

Notre-Dame, à B<small>OUZENCOURT</small> (même ordre).

St-Ausbert, à B<small>OVES</small> (congrégation de Cluny, ancienne observance).

 Titulaire : Messire M<small>AURY</small>, Jean-Jacques, prêtre, bachelier en théologie, licencié ès-lois, curé de la paroisse de St-Brice, au diocèse de Paris, promoteur du même diocèse.

St-Jean-Baptiste, à C<small>AMPS-EN-AMIÉNOIS</small> (Ordre de St-Benoit).

….. à C<small>ANCHY-LÈS-PONT-REMY</small> (congrégation de St-Maur). — R. 6,095 liv.

 Titulaire : J<small>UTEAUX</small>, Jacques-Martin, prêtre de l'ancienne observance de Cluny.

St-Pierre, à C<small>AYEUX-SUR-MER</small> (Ordre de St-Benoit).

 Titulaire : Mgr <small>DE</small> M<small>ARBŒUF</small>, archevêque de Lyon.

Notre-Dame, à C<small>ONTAINVILLERS</small> (même ordre).

St-Antoine, à C<small>ONTY</small> (Ordre de St-Augustin). — R. 2,813 liv.

 Titulaire : D<small>ESJOBERT</small>, Charles-Philippe, chanoine d'Amiens.

Notre-Dame, à C<small>OURCELLES</small> (Ordre de St-Benoit). — R. 765 liv.

 Titulaire : D<small>UTILLOY</small>, Pierre-Dominique, clerc tonsuré du diocèse de Beauvais (354).

Notre-Dame, à D<small>AVENESCOURT</small> (Congrégation de Cluny) (355). — R. 13,627 liv.

 Titulaire : D<small>ECARCY</small>, d'Asnières.

St-Clément, au hameau de C<small>OURCELLES</small>, paroisse de D<small>ÉMUIN</small> (Ordre de St-Benoit, congrégation de St-Maur).

St-Médard, à Domart-en-Ponthieu (Ordre de St-Benoit).
>Titulaire : Mgr de Bessuejols de Roquelaure, chevalier de Malte. — Sous-prieur : Tilloloy.

St-Pierre, à Dompierre (Ordre de St-Benoit).
>Titulaire : Messire Bertrand Guay.

Ste-Marie-Madeleine, à Domvast (Ordre de St-Augustin).

St-Pierre-lès-Doullens (Ordre de Cluny).
>Titulaire : de Colliveau, Jacques-François, trésorier du prieuré conventuel de St-Pierre d'Abbeville.

St-Faron, à Esclainvillers (Congrégation de Cluny), fondé dans l'église paroissiale. — R. 1,497 liv.
>Titulaire : Bosquillon (356).

St-Léger, à Flixecourt (Ordre de St-Benoit). Il a été uni au collège d'Amiens.
>Sous-prieur : Trogneux, Louis-Joseph, faisant fonction de vicaire de la paroisse.

Notre-Dame, à Floxicourt (Ordre de St-Benoit).
>Titulaire : Dom Sigeant.

St-Pierre, à Fresmontier (Ordre de St-Benoit). Il a été uni au collège d'Amiens.

St-Pierre et St-Paul, à Gamaches (Congrégation de St-Maur).
>Titulaire : Messire de Campet, Louis-Alexandre, sous-diacre.

St-Laurent au Bois, à Heilly (Ordre de St-Benoit).

Notre-Dame, à Hornoy (Ordre de St-Benoit). — R. 4,222 liv.
>Titulaire : Messire Mantel, Jacques-Nicolas, né le 6 décembre 1750.

St-Nicolas, à Regny, paroisse de Jumelles (Ordre de St-Benoit).
>Titulaire : Dom Mathieu, Antoine-Louis, religieux bénédictin.

La Ste-Trinité, en La Chaussée d'Eu (Ordre de St-Benoit).
>Titulaire : D. Reynaud, Joseph, prêtre, religieux du prieuré conventuel de Lihons.

St-Martin, à La Falloise (même ordre).

St-Valery, à Laleu (même ordre).
>Titulaire : Delacourt.

St-Lucien, à Leuilly (même ordre). — R. 1,200 liv.
>Titulaire : Toilliez, Louis-Joseph.

St-Vit et St-Modeste, à Ligny-sur-Canche (Ordre de St-Benoit).
Notre-Dame, à Maintenay (Ordre de St-Benoit).
St-Pierre, à Maresmontiers (Congrégation de Cluny). — R. 1,221 liv.
St-Christophe, à Mareuil (Ordre de St-Benoit).
    Titulaire : Le curé du lieu.
Notre-Dame, à Méricourt-sur-Somme (Congrégation de Cluny). — R. 2,050 liv.
    Prieur : Bauthon des Landes, Louis-François-Augustin, curé de St-Ouën du Breuil en Normandie.
    Sous-prieur : Bourgeois, Maurice-Eugène, prêtre (357).
Notre-Dame, à Molliens-Vidame (Ordre de St-Benoit).
    Titulaire : Papinaut.
Notre-Dame sur le Mont, à Picquigny (Ordre de St-Benoit). — R. 553 liv.
    Titulaire : Houpin.
Notre-Dame, à Pierrepont (Ordre de St-Benoit).
Notre-Dame, à Poix (même ordre).
    Titulaire : Messire de Bessuejols de Roquelaure, Marie-Antoine-Louis-Joseph-Catherine-Etienne, chevalier non profès de l'ordre de St-Jean de Jérusalem, capitaine de cavalerie, demeurant à Paris.
St-Denis, à Poix (Ordre des chanoines réguliers de St-Augustin). — R. 8,872 liv.
    Titulaire : Touchy de St-Sauveur, André-Grégoire-Guillaume, bachelier en théologie, clerc minoré du diocèse de Montpellier. — Sous-prieur : Legris.
St-Germain-sur-Bresle (Congrégation de St-Maur).
St-Pierre à Gouy (Ordre de St-Benoit).
    Titulaire : Finatery, Jean-Dominique.
St-Remy-au-Bois ou *Notre-Dame de Grâce* (Ordre de St-Benoit).
    Titulaire : Dom Béry, Jacques-Joseph, prêtre, religieux profès de l'ordre de St-Benoit, congrégation de St-Maur, procureur de l'abbaye royale de St-Pierre de Lagny.
St-Thaurin, au doyenné de Rouvroy (Congrégation de Cluny). — R. 5,910 liv.
    Titulaire : l'abbé Aimé.
Notre-Dame, à Sarton (Ordre de St-Benoit).

— 150 —

St-Denis, à Senarpont (Ordre de St-Benoit). — R. 2,077 livres.
    Titulaire : Dubattier (358).

St-Martin, à Wagny (même ordre).

St-Albin en Harponval, au doyenné de Moreuil (même ordre) (359). — R. 2,305 l.
    Titulaire : Pennelier, curé de Camp-Remi.

    Nota. — Le registre aux pensions ecclésiastiques mentionne un prieuré simple à Essertaux, produisant un revenu de 600 livres, dont le titulaire était Auberlique, demeurant à Noyon. — Ce prieuré ne figure pas dans ceux relevés en 1730.

II. — Prévôtés de :

Bus, au doyenné de Rouvroy.
Cérisy, au doyenné de Lihons.
Naours, au doyenné de Vinacourt. — R. 976 liv.
    Titulaire : Salo du Peyroux, Antoine, prêtre (360).

Ces trois prévôtés dépendaient de l'abbaye de Corbie.

COMMUNAUTÉS SÉCULIÈRES

Chapitre de St-Vulfran d'Abbeville (361). — R. 25,624 liv.
    Doyen : Mellier, Jean-Baptiste, docteur de Sorbonne, vicaire général du diocèse de Digne, seigneur en partie de la pairie de Laviers, attachée à son décanat.
    Chanoines : Descaules, Pierre-Jacques, prêtre, trésorier de la collégiale.
    Danzel, Nicolas-Charles, prévôt (362).
    Champion, Nicolas-Théodore, prêtre, bachelier en théologie de la faculté de Paris.
    Bertin, Pierre-Joseph, prêtre (363), principal du Collège.
    Aubry, Jean-Baptiste-Philippe, prêtre.
    Meurice, Jean-Jacques, prêtre, bachelier en théologie de la faculté de Paris.
    Hecquet, François-Firmin, prêtre, curé de la paroisse St-Nicolas.
    Tellay, Jean-Louis, prêtre.
    de Bertenot, Marie-Marc, prêtre, vicaire général de Montauban.

Siffait, Jacques (364).

Froissart, Jacques-Josse, prêtre, chantre de la collégiale.

Widecoq, Adrien-Charles, né le 22 octobre 1726.

Maillart.

de Baisnat, Maurice.

Vasseur, Jacques.

Cocquerel, Charles-François, né le 29 août 1719.

Vasseur, François-Marie, né le 29 janvier 1740.

Chapitre de St-Riquier, à Dourier en Artois.

Nous n'avons pas trouvé les noms des chanoines, qui devaient être au nombre de six, plus le doyen.

Chapitre de St-Mathieu, à Fouilloy (365).

Doyen : de la Rouzée, Louis-Philippe-Augustin (366).

Chanoines : Daroux, Médard, prévôt, né le 4 janvier 1728.

Duneufgermain, Charles, né le 27 février 1755.

Potez, Pierre.

de Ricquebourg, Noël-Antoine, né le 4 février 1725.

Roger, Pierre-Léonor (367).

Revenus du Chapitre . . . . 9,523 livres.
— de la Prévôté 110 liv.

Chapitre de Notre-Dame (l'Assomption), à Gamaches. — R. 6,017 liv.

Syndic : Dubrun, Pierre-Antoine, prêtre.

Chanoines : Hurlupé, Nicolas, prêtre ; Wattebled, Maxent, aussi prêtre (368) ; Delattre ; Lemée ; Goetzmann, celui-ci n'ayant jamais résidé.

Chapitre de Notre-Dame (l'Assomption), à Longpré-les-Corps-Saints.

Doyen : Forestier, Pierre-Eloi.

Chanoines : Moignet, âgé de 52 ans ; Louchet, François, prêtre ; Bayard, Jacques (369) ; Clément, Joseph-François (370) ; Desmarais ; Marcel ; Pisson ; Chopart, Pierre-Adrien-François (371).

Revenus du Chapitre. . . . . 3,393 livres.
— du Doyenné . . . . 710 livres.

Chapitre de St-Firmin-le-Martyr, à Montreuil-sur-Mer (372).

Doyen : Quenu, Louis.

Chanoines : Poultier, François-Martin-Quilien ; Dubocquet, Jacques-Firmin ; Maury, Charles-Louis-François-Noël, âgé de 40 ans ; Lamiraud, Nicolas-Marie ; Lecomte, Claude.

Chapitre de Notre-Dame, à Noyelle-sur-Mer. — R. 5,810 liv.

Doyen : Vasseur ou Levasseur.

Chanoines : Desnos, François, né le 2 janvier 1760 ; Heuret ; Caron ; Daullé ; Duputel, Jérôme-Antoine, curé du lieu.

Chapitre de St-Martin, à Picquigny (373).

Syndic : Hecquet, Pierre-Ignace, prêtre.

Chanoines : Hiel, Jean, prêtre (374) ; Beauger, Jean-Baptiste ; Vion, Eustache (375) ; Sangnier, Jean-Baptiste-Roch (376), né le 7 août 1756 ; de Berny, Léger, né le 15 août 1754 ; Gaffé, Jean-Etienne-Théophile ; Dubois, Jacques, prêtre (377).

Revenus du Chapitre . . . . 12,571 livres.
— de la trésorerie . . . . . 290 livres.

Chapitre de Ste-Madeleine, à Rollot (378). — R. 3,100 liv.

Chanoines : Delaporte, Pierre ; Revel, Jean-Baptiste ; Vaillant ; Leclercq ; Vertu.

Chapitre de St-Florent, à Roye (379).

Doyen : Pépin (380), prêtre. — Revenus particuliers au doyenné 139 liv. 10 sols.

Chanoines : Le Vasseur, Nicolas, né le 18 mai 1750 ; de la Merrye, Aubert, prêtre (381) ; Noel, prêtre (382) ; Delacloche, prêtre (383) ; Engramer, Louis-Charles, prêtre, né le 17 avril 1719 ; Dhervilly ; Beltremieux (384), Jean-Philippe-Robert, prêtre ; Caron, Claude (385), prêtre ; Desmarest, Louis-François, né le 3 juin 1731 ; Cagnyé ; Duprez, Marie-François-Paul-Joseph (386) ; Wable ; Conseil ; Cambois ; Lacauchie ; Loire ; Leroux.

Chapitre de St-Pierre et St-Paul, à Sarcus.

Chanoines : Descroix, Etienne, sous-diacre ; Dumont ; Vasseur.

Chapitre de St-Firmin-le-Martyr, à Vinacourt. — R. 8,698 liv.

Doyen : Deslaviers, Jean-François, prêtre, bachelier de Sorbonne, mort en 1789.

Chanoines : Ducrotoy, Joseph, curé de la paroisse ; Carlier, Charles-François, mort en 1789 ; Bourdon ; Boulenger, Nicolas-Firmin (387) ; Guillaume, Jean-Louis, prêtre (388) ; Dupont, Louis-Marie, prêtre (389) ; Longuet, curé de Halloy-lès-Pernois, nommé chanoine le 28 septembre 1789, en remplacement de Carlier.

Communauté des prêtres et clercs Caritables de Corbie (390). — R. 8,998 liv.

Sénieur : Duneufgermain, Charles.

Associés : Potez, Pierre ; de Noyelle, Antoine-François ; de Ricquebourg, Noël-Antoine ; Roger, Pierre-Léonor ; Daroux, Médard, chanoine de Fouilloy ; Leulier, François-Remi ; Cavrois, Nicolas-Alexis, prêtre, curé de la paroisse St-Etienne ; Desvignes, Giles-François, né le 5 juillet 1738 ; Delarouzé, Louis-Philippe-Augustin ; Patte, Louis-Charles ; Gouvion de St-Léger ; Harmaville, curé de Cottenchy ; Masclef, prêtre, curé de l'âtre de St-Quentin, au diocèse d'Arras ; Thiroux, curé de Vers ; Péchin ; Rifflet, René, prévôt, principal du Collège de Corbie (391), né le 19 février 1737.

COMMUNAUTÉS RÉGULIÈRES D'HOMMES

Abbaye de NOTRE-DAME de CLERFAY.
Ordre des chanoines réguliers de St-Augustin.

Abbé : de Lestocq, Adrien-Antoine, doyen du Chapitre de la Cathédrale.

Revenus . . . . 9,685 livres.

En 1789 il n'y avait plus de religieux : la conventualité avait cessé vers 1740.

Abbaye royale de St-PIERRE de CORBIE. (392)
Ordre de St-Benoit, congrégation de St-Maur.

Abbé : Le cardinal de Loménie de Brienne, archevêque de Sens.
Grand prieur : D. Senez, Pierre-Joseph.

Religieux : Regnald, Antoine-François, ancien prieur (393) ; Billot, Jean-Charles, sous-prieur ; Dautremepuis, Nicolas (394) ; Cresson, Charles ; Mathieu, Antoine-Louis ; Decocq, Jean-Baptiste ; Boniface, Jean-Baptiste-Joseph ; Lefort, François-Joseph-Martin ; Willesme, Remy ; Le Roy, Jacques-François-Nicolas ; Horin, Honorat-Joseph ; Mopin, Flour-Nicolas ; Debécourt ; Ternisien ; Mallet, Claude-Alexis ; Mégny.

Trois noms nous font défaut.

Abbaye de NOTRE-DAME de FORESTMONTIER.
Ordre de St-Benoit, non reformé.

Abbé : Mgr de Mouchet de Villedieu, François, évêque et seigneur de Digne, baron de Lauzière, conseiller du Roi en tous ses conseils.

Il n'existait plus de religieux dans cette abbaye en 1789. (395)

Abbaye de St-SAUVE de MONTREUIL.
Même ordre de St-Benoit.

Prieur : Fouquet, Pierre.
Religieux : Playoult, Jacques-Joseph ; Rabot, Hubert, Desnoyelles, Lallemand, Pecquet, Poultier.

Abbaye de St-VAST de MOREUIL.
Même ordre de St-Benoit.

Abbé : d'Inguimbert, Louis (396).
Prieur : Chomez, Benoit-Louis, né le 28 février 1758.
Religieux : Pluchart, Philippe (397) et deux ou trois autres, dont nous n'avons pas les noms.

Abbaye royale de St-FUSCIEN-AU-BOIS (398).
Même ordre de St-Benoit.

Abbé : d'Aligre, Guy, clerc tonsuré du diocèse de la Rochelle, demeurant à Paris (399).
Prieur : D. Loudier, Jean-Charles.

Religieux : Dubreuil, Pierre-Jean-François, sous-prieur (400) ; Main, Pierre ; Morel, Pierre-Dominique ; de Beaudour, Joachim-Joseph ; Paradis, Pierre-Louis, procureur.

Revenus de la manse abbatiale . . . . 12,597 livres.
— de la manse conventuelle . . . 5,314 livres.

Abbaye de St-JOSSE-SUR-MER.
Même ordre de St-Benoit.

Abbé : de Curières Castelnau de Saint-Come, Michel.

Il n'y avait plus de religieux. Les biens et revenus conventuels avaient été réunis à ceux de l'abbaye de Saint-Sauve de Montreuil.

Abbaye de NOTRE-DAME, a St-Riquier (401).
Ordre de St-Benoit, congrégation de St-Maur.

Abbé : Mgr de Bruyère de Chalabre, Alexandre-Joseph-Marie-Alexis, évêque de Saint-Omer, premier aumônier de Mgr le comte d'Artois, demeurant à Paris.

Prieur : Dom Enocq, Guillaume, né à Grivillers.

Religieux : (a) Chapellet, Pierre, sous-prieur et sénieur, âgé de 47 ans, né à Dizy, diocèse de Laon.

Margana, Alexis-Joseph, né le 25 juillet 1726, à Bapaume, diocèse d'Arras.

Boubaix, Jean-Louis, procureur et cellerier, né le 14 février 1740 à Cagnoncle, diocèse de Cambrai.

Souilliart, Dominique-Timothée Guillain, dépositaire, âgé de 51 ans, né à Arras.

Gravelle, Charles-Antoine-Joseph, infirmier, âgé de 36 ans, né à Douai.

Dauphinot, Jean-Baptiste, sénieur, professeur de théologie, âgé de 33 ans, né à St-Loup, diocèse de Reims.

(a) A la page 8 ci-dessus, ligne 25, il est dit que le nombre des religieux de St-Riquier etait réduit à huit C'est une erreur ; il faut lire 16, dont dix profès, comme on le voit ici

Religieux : Dubuisson, François-Joseph, âgé de 28 ans, né à Fruges, diocèse de Boulogne.
Lefèvre, Louis-Isidore, âgé de 26 ans, né à Villiers-le-Bel, diocèse de Paris.
Pruvost, Adrien-Grégoire, âgé de 28 ans, né à Humbercourt.
Pierre, Jean-Baptiste, âgé de 25 ans, né à Clermont-Ferrand.
Dalliet, Constant, âgé de 23 ans, né à Inchy en Artois.
Cousin, Jean-Baptiste, âgé de 25 ans, né à Lynde, dioc. de St-Omer.
Rossy, Joseph, âgé de 22 ans, né à Valenciennes, paroisse de St-Jacques.
Dinand, Jean-François, âgé de 24 ans, né à Bouvilnegem, diocèse de Boulogne.
Wargniez, Jacques-Michel, âgé de 24 ans, né à Manicourt, diocèse de Cambrai.

Les six derniers étudiants en théologie.

Abbaye de St-VALERY (402).
Même ordre de St-Benoit

Abbé : Mgr de Bruyère de Chalabre, évêque de Saint-Pons de Tonnières.
Prieur : Dom Laly, Michel-Louis-Joseph.
Religieux : de Jassand, Marie-François ; Blondelus, Louis-Nicolas ; Perduset, Melchior, cellerier ; Longuety, Antoine ; Bracq, Pierre-Philippe-Joseph, secrétaire ; Mercier, Augustin-Louis.

Tous prêtres.

Abbaye de NOTRE-DAME de CERCAMPS.
Ordre de Citeaux, filiation de Pontigny.

Prieur : Cocquerelle, Philippe-Antoine.
Religieux : Delehaye, Pierre ; Petit, Jean-Baptiste, président et curé ; Leboucq, André, sacristain ; Vast, Louis, receveur et procureur ; Guilluy, Jean-Baptiste, cellerier ; Lambert, Louis, dépensier ; Marcq, Jacques, maître de basse-cour ; Hermant, Charles-Louis, professeur, né à Humbercourt, le 27 février 1757 ; Mazy, Louis ; Locquet, Jean-Baptiste ; Hurtrel, Jean-Baptiste ; Ghuiot, Albert.

Abbaye de NOTRE-DAME du GARD (403).
Ordre de Citeaux, filiation de Clairvaux.

Abbé : Mgr de Couzie, Louis-François-Marc-Hilaire, évêque d'Arras.

Prieur : Broyart, Antoine-Honoré, âgé de 46 ans.

Religieux : Hiecq, Louis, 78 ans (404) ; Dufour, Charles-Augustin, sous-prieur et receveur, âgé de 65 ans ; Loignon, Jean-Baptiste-Joseph, âgé de 60 ans ; Payen, Antoine-Marie-Joseph, procureur et cellerier, âgé de 58 ans ; Wafflart, Jacques-François, âgé de 56 ans ; Louvet, Adrien, âgé de 51 ans ; Payen, Bonaventure, âgé de 47 ans ; Beaussart.

Revenus de la manse conventuelle . . . 18,061 livres.

Abbaye de NOTRE-DAME du LIEU-DIEU (405).
Même ordre de Citeaux.

Abbé : de Dombideau de Crouseilhes, Pierre-Vincent, chanoine et vicaire général du diocèse d'Aix, demeurant à Aix (406).

Prieur : Rocquelin, Louis-Guillaume (407), prêtre, né le 21 avril 1721.

Religieux : Crinchon, Pierre, sous-prieur ; Mercier, Paul-Jean-Baptiste-Joseph, procureur, prêtre, âgé de 38 ans ; Carouge de Pomard, François ; Liege, Jean-Pélagie, sacristain, prêtre, né le 10 mai 1750 ; Vaucquet, Onésime-Pierre-Nicolas-Stanislas, prêtre, né le 12 mars 1761 ; Sauvage, François-Toussaint (408) ; Delespine, Aimé ; Martin, Philippe, prêtre, âgé de 46 ans ; Duroux, Pascal, convers ; Loyer, Antoine, convers, né le 25 mars 1728.

Revenus de la manse abbatiale. . . . . 9,459 livres.
— de la manse conventuelle . . . 9,736 livres.

Abbaye de NOTRE-DAME de VALLOIRES.
Ordre de Citeaux.

Abbé : l'Evêque d'Amiens.

Prieur : Dom Legros de Conlans, Antoine.

Religieux : Lenglart, Charles-Félix ; Robert, cellerier ; Delacroix ; Gervaise, Charles ; Pataillot ; de Crabère, Emmanuel, procureur ; Rémond, Jean-Baptiste ; Oudart, Albert-Louis-Joseph ; Grillon ; Frennelet, Jacques-François, docteur en Sorbonne, proviseur du collège de St-Bernard à Paris, âgé de 56 ans.

Tous prêtres.

Revenus de la manse conventuelle . . . 28,053 livres.

Abbaye de St-Josse a Dommartin.
Ordre de Prémontré.

Abbé régulier : Oblin, Guislain.

Prieur : Homo, Grégoire.

Religieux : Hocquet, Célestin, sous-prieur ; Brismail, Antoine, receveur, curé de Tortefontaine ; Gœusse, Théodore, dépensier ; Villin, Léonard ; Crassier, Josse ; Frémaux, Nicolas ; Brasseur, Henri, procureur ; Desplanque, Mathias ; Petin, Jean-Baptiste, curé de Prouville ; Marteau, Augustin ; Lemoine, Liévin ; Régnier, André, professeur ; Caron, Laurent ; Bocquillon, Joseph ; Dufour, Adrien ; Duhaut, Honoré ; Couvreur, Pierre ; Poillion, Charles-Philippe-François, curé d'Aubigny ; Dinoir, Pierre-Antoine, curé de Tigny-Noyelle.

Abbaye de St-André-au-Bois.
Ordre de Prémontré, filiation de Dommartin

Abbé régulier : Allart, Mathieu, né à Bazuelles en Cambrésis.

Prieur : Choisy.

Religieux : Detève, sous-prieur ; Philippot ; Tramecourt ; Bocquet, procureur ; Boidin, receveur ; Charles, desservant de la paroisse ; Delpouve, professeur ; Warenghem ; Henneron ; Goudemand ; Herlemond ; Fontaine, Louis ; de Wailly ; Fache ; Lebrun, desservant de la paroisse.

ABBAYE DE St-PIERRE-LÈS-SELINCOURT, dite de Ste-Larme (409).

Ordre de Premontré

ABBÉ RÉGULIER : TASCHER, Pierre (410), vicaire général du diocèse de Mâcon, aumônier du Roi à l'hôtel-de-ville de Paris, chanoine du Chapitre noble et princier de Coire aux lignes grises. — R. 4,734 livres.

PRIEUR : JOLY, Jean-Louis.

RELIGIEUX : LESUR, sous-prieur ; MAILLE ; IVERNÉ ; LE JOSNE ; WARENGHEM ; DUCHAUSSOY, Charles-Théodore (411) ; plus les curés d'Aumont, de Boisrault et de Villers-Campsart.

ABBAYE DE NOTRE-DAME DE SERY (412).

Ordre de Premontre.

ABBÉ : Mgr DE LA CROPTE DE CHANTERAC, Charles, évêque comte d'Aleth (413).

PRIEUR : FAISAN, Jean-Claude, prêtre.

RELIGIEUX : AUBRY, Etienne, sous-prieur ; CALLEY, Claude, procureur ; DOUEL, Nicolas ; HUGOT, Pierre-Louis, curé de Neslette ; RICLOT, Henri, desservant de Watteblérie, né le 29 septembre 1754 ; FERRIER, Joseph-François, secrétaire ; MENNESSON, Louis-Alexis ; LE ROY, Louis ; PAQUERON, Clément ; GUICHART, Jean-Baptiste ; LEPAGE, Jean-Baptiste ; AUBRY, Claude

Ces trois derniers frères convers.

PRIEURÉ CONVENTUEL DE St-PIERRE ET St-PAUL, A ABBEVILLE (414).

Dependance de Cluny

PRIEUR COMMENDATAIRE : Mgr DE GRIMALDI, Louis-André, des princes de Monaco, évêque-comte de Noyon.

PRIEUR CLAUSTRAL : HERAIL DE MASCLARET, docteur en Sorbonne.

TRESORIER EN TITRE : DE COLLIVEAU, Jacques-François, prieur de St-Pierre de Doullens. — Il est remplacé le 10 août 1789 par DELATTRE, Louis-Pierre, âgé de 35 ans.

RELIGIEUX : DURIEUX, Jean-François-Dominique, âgé de 34 ans ; FORTMANOIR DE ST-MARS. Claude-Louis, âgé de 71 ans ; BLONDIN, prieur de St-Jean du Vivier ; BONNARD.

REVENUS de la manse prieurale . . . 12,000 livres.

Prieuré conventuel de St-PIERRE et St-PAUL, a LIHONS.

Dépendance de Cluny.

Prieur commendataire : Messire Maury, Jean-Siffrein, député aux Etats généraux (415).
Prieur claustral : D. Chevrier, Pierre.
Religieux : D. Reynaud, Joseph ; de St-Vincent, Nicolas-Aimé, procureur général; du Portail d'Apremont, Gabriel ; de Vacherolles, Jacques ; de la Bruyère, Claude ; de Molines, Pierre ; de la Valdène, Pierre.

Revenus de la manse prieurale . . . . 12,000 livres.

Prieuré conventuel de NOTRE-DAME, a MONTDIDIER (416).

Prieur commendataire : Mgr de Barral, Claude-Mathias-Joseph, évêque de Troyes.
Prieur claustral : D. Bertrand, Jean-François, âgé de 40 ans.
Religieux : D. de Pincey, Louis-François, procureur, âgé de 54 ans ; Ramelet, Charles-François, âgé de 39 ans ; Henry, Théodore-Ignace, coudre, âgé de 29 ans.

Couvent des CAPUCINS a ABBEVILLE.

Religieux : Blanchandin, F. D. E. ; Roussel, André; Martin, Jean-Guillaume; Cosse, J. J. Colomban ; Denis, J. M. ; Coquerel, Charles.

Ces deux derniers convers.

Couvent des CAPUCINS a MONTDIDIER (417).

Supérieur : Bourgeois, Martin, dit P. Juste, âgé de 50 ans ;
Becquet, Pierre-André-Basile, dit P. Antonin, âgé de 50 ans ;
Lombard, Antoine-Hubert, dit P. Léopold, âgé de 31 ans.
Sénéchal, Roland, frère lai, dit Fr. Pierre, âgé de 61 ans.

Couvent des CARMES a ABBEVILLE.

Gardien : Cavenel, Clément.

JEAN SIFREIN MAURY
Prédicateur du Roy, l'un des 40 de l'Académie
Né à Voréas Avignonois en 1746.
Député de Peronne, Roye &c.
AUX ETATS GÉNÉRAUX DE 1789

A Paris chez le Sr Deyabin éditeur de cette Collection
Place du Carrousel N.º 4.

Religieux : Lefort, Jean ; Cagnat, Simon ; Dimpre, Pierre-Jacques, né le 1ᵉʳ avril 1744 ; Debarge, P.-F. ; Bellèvre, Louis-Joseph ; Patin, Frédéric ; Hullot, Louis-Marie, né le 21 juillet 1730, à Domart-en-Ponthieu ; Maquet, Jean-Baptiste ; Gérard, Claude ; Olin, Paul-François.

Ces trois derniers convers.

Couvent des CARMES DÉCHAUSSÉS a MONTREUIL.

Supérieur : de Baillencourt, dit Courcol.
Religieux : Leclercq, procureur ; Foursel ; Prévot, dit P. Georges ; Lemaire.
Ces trois derniers professeurs du Collège.

Couvent de la CHARTREUSE de St-HONORÉ, a THUISON-LÈS-ABBEVILLE (418).

Prieur : Haimey, Benoist (419).
Religieux : Jassin, Claude ; Louis, Claude-Hubert (420) ; Charier, François ; Ponchault, Jean-Baptiste-Louis ; Souclay, Alexis, procureur (421) ; Brancourt, Louis, frère donné.

Couvent des CORDELIERS a ABBEVILLE.

Gardien : Lalain, Pierre-Philippe-Joseph, né le 10 avril 1748.
Religieux : d'Haisne, Louis-Joseph, procureur ; Desomain, François-Hubert ; Caullier, Jean-Baptiste-Joseph ; de Fasques, Philippe-Joseph ; Ducrocq, Jean-François ; Deruenne, Louis-François-Joseph, né le 17 novembre 1747 ; Beuvet, Pierre-Joseph, né le 29 juin 1734 ; Devaux, Pierre. Ces deux derniers convers.

Couvent des CORDELIERS a BOUTTENCOURT (422).

Religieux : Pollion ; Feutrel ; Desfacques, Antoine-Joseph ; Naudé ; Playoult ; Vauverjelo, François ; Duroux, Pascal, convers.

Couvent des CORDELIERS a DOULLENS (423).

Gardien : De Croix, Jacques-Hyppolite, âgé de 56 ans.

Religieux : Personne, François-Maurice, ancien gardien, né le 2 novembre 1743 à Monchy-le-Breton ; Bec, Robert, ancien gardien, confesseur, âgé de 71 ans ; Picard, Pierre-Antoine, sacristain (424), âgé de 41 ans ; Chantreuil, Jean-Baptiste, âgé de 54 ans ; Mouilloix, Evrard-Vaast, âgé de 47 ans, frère lai.

Revenus. . . . .   710 livres.

Couvent des CORDELIERS a MAILLY (425).

Gardien : Le Roy, Eugène-Joseph-Arnoult, né le 15 novembre 1753.
Religieux : Lecomte, François-Joseph-Grégoire-Simon, né le 23 décembre 1734 ; Leprêtre, Antoine-François-Joseph (426), né le 10 juin 1724 ; Roger, Pierre-François, né le 3 janvier 1748 ; Péchain, Louis, né le 24 décembre 1759 ; Bucant, Juste-Albert, frère terciaire, né le 10 décembre 1734 ; Barbaut, Eloi, aussi frère terciaire, âgé de 72 ans (426) ; Malvoisin, Quentin, frère profès, né le 15 août 1760.

Couvent des CORDELIERS a PIERREPONT (427).

Gardien : Pronnier, Nicolas-Joseph.
Religieux : Lebatteur.
Nous n'avons pas trouvé d'autres noms de religieux.

Couvent des CORDELIERS a ROYE (428).

Gardien : Mille, Pierre.
Religieux : Huleux, Xavier et un autre dont nous n'avons pas le nom.

Couvent des DOMINICAINS ou JACOBINS a ABBEVILLE.

Prieur : Caron, Philippe, âgé de 61 ans.
Religieux : Desprez, Louis-Joseph-Jules-César, né le 28 février 1747 ; Thuillier, François-Zacharie (429), né le 5 août 1753 ; Boucher, Firmin ; Dupuis, Philippe ; Darras, Rose-Emmanuel, né le 4 février 1739 ; Mouret, François, né le 16 mars 1759.

Couvent des MINIMES a ABBEVILLE.

Supérieur : Lambin, François-Joseph.

Religieux : Savary, Guillaume (430) ; Rabier, Pierre, né le 2 février 1741 ; Lesaffre, Louis-Joseph , Desmeules, convers.

Couvent des MINIMES a ROYE (431).

Supérieur : Picard de Boucacourt, Pierre-Jean-Marie.

Les noms des trois religieux qui composaient la communauté nous font défaut.

COMMUNAUTÉS RÉGULIÈRES DE FEMMES

Abbaye de NOTRE-DAME a BERTAUCOURT (432).

Ordre de St-Benoit.

Abbesse.

Madame de Carondelet, Théodore-Félicité-Parfaite.

Religieuses.

Maressal, Elisabeth-Marguerite, prieure et dépositaire, née à Flixecourt, le 20 janvier 1734 ; de Miraumont, dépositaire ; Lejay, Jeanne-Rosalie ; Froissart, Madeleine ; Marcotte, Marguerite. Toutes mères et discrètes.

Maressal, Jeanne-Elisabeth-Aimée, chapelaine ; Beauchamp, Marie-Anne-Joseph, maîtresse des novices ; née à Bouchain, diocèse d'Arras, le 26 mars 1744 ; Magniez, Charlotte, sacristine ; Lattier, Suzanne-Angélique, cellerière ; Lesturgez, Thérèse-Scolastique, lingère ; Dejoubert, Elisabeth-Thérèse, infirmière ; de Jouanne d'Esgrigny, Marie-Joseph-Jeanne, infirmière, née le 19 décembre 1754 ; Denizot, Marie-Anne-Thérèse, l'ainée, née le 13 décembre 1762 ; Denizot, Dorothée, née le 27 juillet 1763 ; Froidure, Félicité ; Dubois, Catherine-Joseph, tourière ; Crassier, Charlotte, tourière.

M. Bataille, Jean-Louis, prêtre, était le confesseur de la communauté.

Revenus . . . . 21,600 livres.

Abbaye de St-Michel a Doullens (433).

Ordre de St-Benoit.

Abbesse.

Madame de Monmonnier, Madeleine-Françoise, née à Montreuil-sur-Mer, le 1ᵉʳ mai 1759.

Religieuses.

Balesdent, Marie-Jeanne, prieure et dépositaire ; Thorillon, Marie-Marguerite, dite en religion Ste-Rosalie, née à Lucheux, le 9 avril 1722 ; Scott, Elisabeth, dite St-Louis ; Boullet, Marie-Anne, dite Ste-Thérèse. Toutes quatre mères et discrètes.

Branquart ; Demont ; Duflos, Marie-Anne-Charlotte, née le 2 mai 1751 ; Moyniez ; Poiteau, Marie-Caroline-Joseph-Thérèse-Damiens, âgée de 36 ans ; Pruvost ; Thorillon (la cadette), Marie-Anne, née à Lucheux, le 22 septembre 1729.

Revenus . . . . 10,150 livres.

Abbaye de Ste-Austreberte a Montreuil.

Ordre de St-Benoit, réformé au Val de Grâce.

Abbesse.

Madame Lamoureulx de la Javelière, Anne, dite sœur de St-Fulgence (434).

Religieuses.

de Jouanne d'Esgrigny, Anne-Renée, dépositaire (435).
Biaré, Catherine-Austreberte, dite de l'Annonciation.
Caning de Wissork, Marie-Madeleine, dite de St-Agnès.
Féroux, Marie-Anne-Joseph, dite de Ste-Pélagie.
1753. Pannier, Marie-Jeanne-Charlotte, dite de Ste-Rose.
1753. Lecucq, Françoise, dite de Ste-Monique.
1755. Feutrel, Marie-Marguerite, dite de St-Joseph.
1756. Loy, Séraphine-Joseph, dite de Ste-Ursule.
Evrard, Albertine-Joseph, dite de St-François.
d'Arfeuil, Marie, dite de St-Placide, arrivée en ce couvent en 1762.
1761. Leroy, Marie-Thérèse, dite de St-Fulgence.
1764. de Saint Just, Cécile, dite de St-Arsène.
1764. Poret, Henriette-Augustine, dite de Ste-Scolastique.

1765. Pellevé, Françoise, dite de Ste-Anne.
1767. Tirard, Marie-Angélique, dite de Ste-Anastasie.
1769. de Wamin, Marie-Françoise, dite de St-Dominique.
1770. Delattre, Barbe-Charlotte, dite de St-Benoit.
1771. Allard, Marie-Marguerite-Joseph, dite de St-Jean-Baptiste.
1771. Liquois de Beaufort, Marie-Françoise-Joseph-Charlotte, dite de Ste-Madeleine.
1771. Lens, Marie-Thérèse, dite de St-Laurent.
1772. Poultier, Marie-Madeleine-Françoise, dite de St-Charles.
1775. Cras, Marie-Françoise, dite de Ste-Marguerite.
1776. Moitier, Marie-Elisabeth-Augustine, dite de Ste-Flavie.
1777. Detœuf, Marie-Florentine-Joseph, dite de l'Assomption.
1779. Delattre, Marie-Louise, dite de la Nativité de la Sainte-Vierge.
1779. Decroix, Marie-Florence, dite de Ste-Marie.
1779. Siriez, Marie-Madeleine, dite de Ste-Catherine.
1786. Machart, Marie-Julie, dite de Ste-Cécile.
1786. Roger du Quesnoy, Marie-Madeleine-Adélaïde, dite de St-Augustin.
Framery, Françoise, dite de Ste-Julienne (436).
Meurice, Marie-Anne, dite de Ste-Marthe.
Lecucq, Marie-Joseph, dite de Ste-Frameuse.
1782. Petit, Catherine, dite de St-Michel.
1784. Vasseur, Marie-Madeleine, dite de Ste-Geneviève.
Ces cinq dernières, sœurs converses.

Abbaye de NOTRE-DAME de VILLANCOURT et d'ÉPAGNE (437).

Ordre de Citeaux.

Abbesse.

Madame de Feydeau, Anne-Marguerite (438), née le 8 août 1726.

Religieuses,

Sevault, Anne-Françoise ; de Préfontaine, Marie-Charlotte ; Le Canu ; Devismes, Charlotte-Françoise ; Dupont ; Caboche ; Le Roy ; Wargnier, Anne-Elisabeth, née le 25 février 1760 ; Prophète, Constance ; Quignon ; Frenelet ; Glignon ; Bessard ; Beauvarlet ; Coulon ; Ducaurroy, Catherine ; Bouquet, Marie-Pierrine-Victoire, née le 24 décembre 1734 ; Secret ; Legrand, Buchot, Ursule, née le 13 mai 1744 ; Fournier, Henriette ; Midy. Ces huit dernières, sœurs converses.

Communauté des ANNONCIADES a ROYE.

Supérieure.

Devisse, Marie-Rosalie, dite sœur de St-Benoit.

Religieuses.

Mojonier, Marie-Joseph ; Bussu, Marie-Marguerite-Adélaïde ; Wiéville, Marie-Adélaïde ; De Vellenne, Marie-Catherine ; Minard, Marie-Véronique ; de Vallerie, Marie-Pélagie ; Begain, économe ; Guillebon, Marguerite-Elisabeth, âgée de 64 ans ; Guillebon, Marie-Victoire, âgée de 57 ans ; Fay, Marie-Françoise, âgée de 62 ans ; Belin, Marie-Anne, née à Martinpuits, le 9 juin 1719.

Couvent des CARMÉLITES a ABBEVILLE (439).

Supérieure.

Leroy, Marie-Anne, née le 3 février 1732.

Religieuses.

Debrie, Jacqueline-Rose, née le 14 mars 1744 ; Watebled ; Lebrun ; Godefroy ; Tillette d'Acheux, Marie-Madeleine-Françoise-Suzanne ; Gorin, Marie-Thérèse ; Houze ; Pezé, Geneviève, née le 11 août 1735 ; Monflières, Marie-Madeleine ; Lefort, Marie-Thérèse, née le 1er mars 1743 ; Dumetz, Catherine-Cécile ; Belair ; Routier, Marie-Anne-Augustine ; Mille, Marie-Rose-Anne, née le 20 février 1748 ; Bachellier ; Decayeux, Marie-Marguerite-Victoire, née le 16 avril 1751 ; Machart, Marie-Françoise-Emérancienne, née le 6 novembre 1752 ; Buteux, Agathe ; Dumont, Marie ; Caillet, Marguerite-Antoinette ; Sauvage, Marie-Anne, née le 13 février 1754 ; Domleger, Marie-Augustine. Ces cinq dernières, sœurs converses.

Couvent des FILLES DE LA CROIX a ROYE.

Religieuses.

Dercheu, Marguerite ; Haldat, Lucie-Elisabeth, née le 6 juillet 1733 ; Poitevin, Marguerite, née le 31 mars 1737 ; Blot, Françoise ; Dupont, Catherine ; Dorigny, Adélaïde ; Douvry, Rose ; Legrand, Sophie ; Nozot, Florence ; Prévost, Louise ; Legrand, Marie-Joséphine, née le 28 Septembre 1752 ; Maquaire, Marguerite ; Mortreux, Anne ; Levrault.

— 167 —

Couvent des MINIMESSES a ABBEVILLE.

Religieuses.

Decourronne ; Hénique ; Mignolet, Anne, née le 31 janvier 1748 ; Robutel, Marie-Rose-Hyacinthe, née le 3 octobre 1747 ; Dennel ; Cuvillier ; Vilebrode ; Erard ; Binet, Marie-Antoinette, née à Englebelmer, le 15 février 1764 ; Guilain, Constance-Adélaïde, née le 2 février 1765 ; Hénique ; Chevalier ; de Buires, Anne-Catherine-Albertine, née le 13 octobre 1747 ; Le François, Marie-Jeanne, née le 4 décembre 1739 ; Copin ; Froidure, Marie-Françoise, née le 22 mai 1732 ; Cordonnier, Pélagie ; Dufestel, Marie-Marguerite, née le 12 juin 1739 ; Lépinoy, Marie-Thérèse, née le 8 janvier 1759. Ces quatre dernières, sœurs converses.

Couvent des URSULINES a ABBEVILLE (440).

Religieuses.

Poultier, Paule-Catherine (440), née le 7 février 1731 ; Routier, Madeleine ; Vérité, Anne-Elisabeth ; Hebert ; Coffinier, Elisabeth, née le 30 août 1715 à Domart ; Gellé, Marie-Agnès-Victoire, née le 27 août 1760 ; Coffinier, Marie-Jacqueline, née à Domart, le 20 avril 1714 ; Noizeux, Gabrielle-Victoire ; Avenaux, Jeanne-Ursule-Alexandrine, née le 11 septembre 1765 ; Gavelle, Marie-Françoise ; Hullot, Marie-Rose, née le 8 février 1746 ; Dargnies, Ursule ; Enlard, Marie-Emmanuel-Joseph, née le 15 février 1750 ; Daullé ; de Villers d'Hocquincourt, Marie-Madeleine, née le 26 mars 1738 ; Brossard de Lomberval ; Ducaurroy ; Beauvarlet ; Poultier, Marie-Françoise, née le 19 septembre 1737 ; Gaflé, Anne-Barbe-Françoise ; Homassel, Marie-Marguerite-Françoise, née le 25 août 1740 ; Morel, Marie-Madeleine ; Dempster, Rose-Eulalie, née le 16 juin 1752 ; Duflos, Chrétienne ; Violette, Marie-Françoise ; Paillard, Marie-Marguerite ; Decroix, Marie-Théodore-Augustine ; Cauvet ; Violette, Marie-Thérèse ; Brossard de Lomberval, Marie-Madeleine ; Hecquet, Marie-Catherine-Elisabeth, née le 24 juin 1735 ; Cordier ; Roy, Marie-Anne-Elisabeth ; Delaporte, Marie-Marguerite ; DELAPLACE, Marie-Madeleine, née le 13 février 1750 ; MAYEUX, Françoise; LECLERCQ, Françoise, née le 25 janvier 1734; RINGARD, Marie-Louise, née le 22 août 1749; WADOU, Marie-Marguerite-Françoise, née le 17 avril 1744 ; DIVOIRE, Marie. Ces neuf dernières, sœurs converses.

Couvent des URSULINES a MONTDIDIER (441).
Supérieure.
CARDON, Marie-Catherine, dite Ste-Geneviève, née le 25 novembre 1719.

Religieuses.
ROBLET, Madeleine-Claire, dite Ste-Gabrielle, assistante, âgée de 58 ans.
LECLERCQ DE BERTONVAL, Radegonde-Hyacinthe, dite Ste-Radegonde, zélatrice, âgée de 57 ans.
STURLER, Marie-Jacques, dite Ste-Joséphine, dépositaire, âgée de 65 ans.
DE BOUVILLE, Louise-Marguerite, dite Ste-Victoire, maîtresse générale, âgée de 55 ans.
BAUSE, Marie-Jeanne, dite de St-Bruno, âgée de 58 ans.
DE MONCHY, Louise-Marguerite, dite de St-Augustin, âgée de 53 ans.
LEVAVASSEUR, Marie-Charlotte-Elisabeth, dite de St-Louis, âgée de 53 ans.
LECUL, Marie-Marguerite, dite Ste-Thérèse, née le 14 avril 1734.
GUEDÉ, Marie-Anne, dite de St-Edouard, âgée de 37 ans.
GIRÉ, Madeleine-Gertrude, dite Ste-Ursule, âgée de 41 ans.
MÉNAGER DE GRANDMAISON, Marie-Geneviève, dite Ste-Gertrude, âgée de 79 ans.

Couvent des SŒURS BLANCHES ou DOMINICAINES a ABBEVILLE.
Religieuses.
DARRAS, Rose-Emmanuel, économe ; MAYEUR, Constance-Joséphine ; SCELLIER, Marie-Rose-Augustine ; NICOLSON, Marie ; QUESNEL ; POULET; FLAMAND, Catherine-Guislaine-Joseph, née le 23 juillet 1764 ; FOUQUES, Marie-Charlotte (442) ; COUVREUR, Anne-Joseph ; FRANÇOIS ; DUCROCQ, Marie-Catherine-Rosalie ; BACHELLIER, Agnès-Austreberte ; LEBLOND ; BERNARD, Marie-Madeleine ; DUFESTEL ; LEBLOND ; FOUQUES, Marie-Jeanne ; CAYEUX, Marie-Jeanne, née le 23 août 1731 ; CAYEUX, Marie-Geneviève ; DUCROCQ ; COYALET ; DUCROCQ, Geneviève-Rose, née le 20 décembre 1746. Ces cinq dernières, sœurs converses.

Couvent des SŒURS GRISES (cordelières), a DOULLENS (443).

Supérieure.

1761. Pothier, Marie-Florine-Julienne, dite de Ste-Thérèse, âgée de 49 ans.

Religieuses.

1750. Legrand, Aldegonde-Charlotte, dite de Ste-Aldegonde, vicaire, âgée de 59 ans.
1764. Delseaux, Marie-Joseph-Elisabeth, dite de Ste-Elisabeth, dépositaire, âgée de 49 ans.
1763. Carpentier, Marie-Marguerite-Julie, dite de St-Louis, née à Flers en Artois, le 24 mars 1746, première tourière.
1758. Labouré, Isabelle-Joseph, née à Bucquoy, le 19 novembre 1729.
1755. Cormon, Marie-Joseph, dite de Ste-Rosalie, âgée de 52 ans.
1751. Devigne, Marie-Mathurine-Joseph, dite de St-Joseph, âgée de 62 ans.
1763. Ringard, Marie-Marguerite, dite de Ste-Cécile, âgée de 45 ans.
1758. Théry, Marie-Anne, dite de Ste-Catherine, âgée de 51 ans.
1770. Duplouich, Marie-Augustine, dite de St-François, âgée de 45 ans.
1775. Grossemy, Marie-Jeanne, dite de Ste-Victoire, âgée de 36 ans.
1784. Grossemy, Marie-Scolastique-Pacifique, dite de Ste-Scolastique, âgée de 28 ans.
1754. Degausin, Marie-Antoinette, dite de Ste-Julie, âgée de 64 ans.
1776. Masse, Elisabeth, dite de Ste-Marthe, née le 4 août 1755.

Ces deux dernières, sœurs converses.

Revenus de la communauté . . . . . 3,620 livres.

Couvent des SŒURS GRISES a MONTDIDIER.

Supprimé par décret de l'évêque d'Amiens, du 15 février 1768, approuvé par lettres patentes du Roi, du mois d'août suivant, il n'y restait alors que trois dames de chœur et deux converses. Leurs noms ne nous sont pas connus.

Couvent des SŒURS GRISES a MONTREUIL (444).

Il ne restait probablement dans cette Maison, en 1789, qu'une seule religieuse : Madame Marie-Louise-Olympiade de Mailly, dite de la Résurrection, alors âgée de 84 ans, et qu'on retrouve encore en 1791, suivant le procès-verbal de l'inventaire dressé le 22 février.

Couvent des SŒURS GRISES de RUE.

Supérieure.

MAGNER, Agnès, dite de Ste-Catherine.

Religieuses.

BAILLET, Jeanne-Françoise, dite de Ste-Rose ; BARBIER, Henriette, née le 15 octobre 1732 ; DOUZENEL, Marie-Madeleine ; DU BOIS, Anne-Marguerite-Austreberte ; DU BOIS, Marie-Catherine-Chrysogone ; DEQUEVAUVILLERS, Marie-Anne ; LOROY, Marie-Françoise-Pélagie ; DE SOURDIS ; MACHY, Marie-Françoise-Julie, née le 23 janvier 1755, à Auxy-le-Château ; EDME, Marie-Louise ; LOROY, Colette-Joseph ; LOROY, Charlotte-Dorothée ; FLAMICHON, Rosalie, dite de St-Augustin, vicaire ; RICARD, Marie-Marguerite ; PROVINS, Marie-Thérèse ; BOQUET, Marie-Rosalie ; BRUQUE, Marie-Anne.

Ces quatre dernières, sœurs converses.

Le Directeur de cette Maison était : CRUNEL, Jacques-Mathieu, religieux cordelier.

Couvent de la VISITATION de Ste-MARIE a ABBEVILLE (445).

Supérieure.

DOROCÉE, Angélique, née le 28 janvier 1729.

Religieuses.

DECAYEUX, Marie-Elisabeth-Louise, née le 16 avril 1751 ; MACQUET ; VARLET DE LA VALLÉE ; MIBEAU ; PITT ; REGNIER, Marie-Catherine-Ursule, née le 29 avril 1755 ; RIDOUX ; VIEILLE, Marie-Madeleine, née le 25 septembre 1754 ; TASSART ; LEROY ; LEBRUN, Françoise-Catherine-Cécile, née le 21 janvier 1756 ; BRAS ; DECAYEUX ; RIQUIER, Esther-Alexandrine, née le 8 avril 1741 ; DANZEL, Marie-Anne-Marguerite, née le 29 mars 1738 ; DUVAL ; BOURGEOIS, Marie-Joséphine, née le 7 octobre 1730 ; TOULLET ; DECAYEUX, Marie-Charlotte-Marguerite, née le 20 février 1720 ; FROISSART, Françoise ; ERARD ; DURAND, Françoise ; MICHAULT, Françoise-Noële-Austreberte ; BRADY, Catherine ; MANGIN ; ŒULLIO, Marguerite-Anne-Esther, née le 30 décembre 1733 ; BOULANGER DU HAMEL ; JÉROSME, Marie-Rose-Françoise, née le

6 janvier 1753 ; Biard, Marie-Madeleine, née le 28 mars 1734 ; Leclercq ; Jérosme ; Carouge, Marie-Anne ; Lelong, Catherine; Olin, Marie-Madeleine, née le 9 octobre 1760 ; Leullier, Marie-Anne, née le 13 mars 1745 ; Lotte, Marie-Joseph, née le 20 juillet 1719 ; Dumont, Marie-Catherine, née le 3 mai 1749 ; Roger, Françoise.

Ces sept dernières, sœurs converses.

RELIGIEUSES HOSPITALIÈRES.

HOTEL-DIEU d'ABBEVILLE (446).
Ordre de St-Augustin.

1759. Lion, Jacqueline-Védastine-Aldegonde, dite de Ste-Aldegonde, supérieure.
1758. Vacavant, Marie-Madeleine-Victoire, dite de St-Vulfran, assistante, née le 16 mars 1742.
1758. Vacavant, Marie-Anne-Thérèse, dépositaire, née le 23 janvier 1734.
Coignaux, Marie-Louise.
Devisme, Marie-Elisabeth.
Le Febvre, Marie-Louise-Victoire, née le 17 février 1737.
Tellier, Marie-Françoise.
1754. de Moyenneville, Marie-Thérèse-Rosalie, dite de Ste-Rosalie, née le 25 mars 1734.
1761. Lecointe, Marie-Madeleine-Louise, dite de St-Augustin, née le 1er mars 1740.
1762. Depoilly, Louise-Françoise, dite de Ste-Sophie, née le 25 juin 1721.
1763. Leroy, Marie-Anne, dite de St-Laurent, née le 22 avril 1745.
1765. Cauchy, Marie-Angélique-Victoire, dite de St-Nicolas.
1766. Beauvais, Marie-Catherine-Elise, dite de St-Maxime.
1766. Houzel, Marie-Thérèse-Joseph-Gaspardine, dite de Ste-Agathe.
1766. Hurand, Marie-Anne-Joséphine, dite de St-Louis.
1767. Beauvarlet, Marie-Catherine-Victoire, dite de Ste-Catherine.
1770. Testard, Marie-Madeleine-Angélique, dite de Ste-Nathalie, née le 7 juillet 1745.
1770. Dequevauvillers, Jeanne-Marguerite, dite de St-Ambroise, née le 12 juillet 1746.

1771. d'Arrest, Marie-Catherine-Charlotte, dite de St-Bernard, née le 16 juillet 1750.
1771. Lottin, Marie-Catherine, dite de Ste-Scholastique.
1772. Bréhon, Marguerite-Anne-Joséphine, dite de St-Alexis, née à Montdidier, le 1er avril 1754.
1773. d'Arrest, Marie-Marguerite-Geneviève, dite de St-Bruno, née le 21 avril 1757.
1775. Delamart, Marie-Jeanne, dite de St-Basile, née le 1er mai 1756.
1777. Cœugnet, Marie-Catherine, dite sœur des Anges.
1777. Cuvillier, Marie-Agnès, dite de Ste-Sophie.
1778. Mellier, Angélique-Colette, dite de St-Joseph, née à Amiens, le 10 août 1758.
1779. Dequen, Marie-Catherine-Charlotte, dite de St-Benoit.
1780. Bouchon, Marie-Thérèse-Joseph, dite de Ste-Marthe.
1782. Level, Marie-Louise, dite de Ste-Félicité, née le 28 janvier 1763.
1783. Mellier, Marie-Joseph-Rosalie, dite de St-Honoré, née le 3 février 1763.
1784. Nicolle, Marie-Madeleine-Joseph, dite de St-Isidore, née le 6 mars 1763.
1787. Miannay, Marie-Françoise-Angélique, dite de St-Jean-Baptiste, née en 1767.
1787. Amourette, Marie-Anne, dite de St-François Xavier, née le 17 février 1768.
1787. Leclerc, Marie-Anne-Françoise-Julie, dite de St-Stanislas de Kotska, née le 24 août 1763.
1787. Martin, Marie-Cécile, dite de Ste-Ursule, âgée de 26 ans.
1787. Vanderelst, Marie-Anne-Françoise, dite de Ste-Pélagie, née le 7 août 1760.
1788. Bontemps, Marie-Joseph, dite de Ste-Clotilde, âgée de 24 ans, née à Terramesnil.

Le maître supérieur et administrateur de l'Hôtel-Dieu, était Me Jean-Baptiste-Nicolas Pecquet (447), natif de Montreuil, curé de Marconnelle, maître ès-arts en l'Université de Paris.

HOPITAL de St-JOSEPH d'ABBEVILLE (448).
Filles de la Charité, dites sœurs Claude.

Debray, Marie-Marguerite, née à Abbeville, paroisse du St-Sépulcre, le 31 mai 1743.

Porquet, Marie-Gabrielle, née à Abbeville, paroisse de St-Jacques, le 18 mars 1747.
Jumel, Marie-Anne, née à Francières, le 29 mai 1739.
Beaurain, Marie-Louise, née le 8 octobre 1755.
Leroux, Louise ; Ponche, Véronique ; Renard, Madeleine.

HOTEL-DIEU d'ALBERT.
Filles de la Charité.

Vilhardin, Marie-Jeanne, née à Moulins en Bourbonnais, le 23 novembre 1730.
Grandjean, Marthe, née à Verjus, diocèse de Châlons-sur-Saône, le 12 février 1763.

Plus deux autres probablement, dont les noms nous ont échappé.

HOTEL-DIEU de BRAY-SUR-SOMME.
Filles de la Charité.

Bourgeois, Etiennette, âgée de 34 ans ; Biargue, Louise ; N. Marie-Anne.

HOTEL-DIEU de CORBIE (449).
Ordre de St-Benoit.

Boulanger, Elisabeth-Colette, née le 24 janvier 1728, supérieure ; de Ribeaucourt, Marie-Louise ; Jovelet, Marie-Rose ; Warnet, Marie-Anne-Joséphine ; Masclef, Marie-Gabriel ; Ternisien, Marie-Joseph-Pâque ; Le Caron, Ursule-Victoire-Adélaïde ; Démarquay, Marie-Agnès, née le 10 mars 1758 ; Lefebvre, Emélie-Elisabeth ; Duflos, Catherine-Joseph ; Cuvillier, Marie-Barbe ; Copillon, Marie-Véronique, née le 18 octobre 1735 ; Delajus, Marie-Joseph, née le 10 février 1743.

Ces deux dernières, sœurs converses.

HOTEL-DIEU de DOULLENS (450).
Ordre de St-Augustin.

Robiquet, Marie-Thérèse-Isabelle, dite sœur de St-Augustin, née à Hesdin, le 6 mai 1713, supérieure.

Tabary, Marie-Claire, dite de St-Louis, née à Gaudiemprez, le 17 janvier 1718.
Mathon, Louise-Françoise, dite de St-François, née à Avesnes, le 6 septembre 1721.
de Boffles, Marie-Antoinette, dite de St-Gabriel, née à Flers-Flammermont, le 30 janvier 1735.
Bocquet, Marie-Jeanne-Elisabeth, dite de St-Charles, née à Pénin en Artois, le 16 février 1760.
Blin, Angélique-Philippine, dite de Ste-Victoire, née à Fillièvres, le 11 janvier 1766.
Morel, Jeanne-Joseph, dite des Anges, née à Infère, diocèse d'Arras, le 26 décembre 1739.
Protin, Marie-Barbe-Louise, dite de St-Eustache, née le 12 décembre 1738.
Petit, Célestine-Joseph, dite de Ste-Berthilde, née à Gouy en Artois, le 12 mai 1744.
L'aumônier de la Maison était : M. Thuillier, Pierre-Firmin, né le 18 décembre 1729, à Amiens, paroisse de St-Remi.

HOTEL-DIEU de MONTDIDIER (451).
Ordre de St-Augustin.

Molliens, Madeleine, âgée de 59 ans ; Cagnard, Marie-Thérèse, née le 13 août 1743 ; Cagnard, Marie-Jeanne, née le 14 août 1746 ; Naudin, Marie-Marguerite, née le 3 juillet 1752 ; Pinchon, Marie-Thérèse, âgée de 29 ans ; Liénard, Thérèse ; Balin, Marie-Françoise, âgée de 31 ans ; Scellier ; Caussin ; Dauchel, Thérèse-Françoise-Charlotte, née le 15 octobre 1765 ; Pinchemel, Catherine-Henriette, née le 28 mars 1761.

HOTEL-DIEU de MONTREUIL (452).
Ordre de St-Augustin.

d'Heuzé, Octavie, dite sœur de St-Gabriel, supérieure.
Lemaire, Louise, dite de Ste-Monique, assistante.
Waguet, Marie-Anne-Charlotte, dite de Ste-Marthe, discrète.
Boitel, Marie-Madeleine-Suzanne, dite de St-Joseph, économe.

De la Verdy, Marie-Louise-Françoise, dite de Ste-Catherine.
Framery, Marguerite, dite de Ste-Ursule.
Vézelier, Elisabeth-Austreberte, dite de Ste-Austreberte.
Hennequin, Marie-Catherine-Rosalie, dite de Ste-Elisabeth.
Lignier, Marie-Louise-Françoise-Austreberte, dite de St-Firmin.
Delbarre, Marie-Françoise-Antoinette-Noël, dite de St-Agnès.
Hacot, Marie-Louise-Victoire, dite de Ste-Bonne.
Flahaut, Marie-Louise-Rose, dite de St-Augustin.
Duval, Marie-Jeanne, dite de St-Louis.
Delannoy.
Duprey, Marie-Joseph-Catherine, dite de Ste-Thérèse.
Dubois, Marie-Jeanne-Isbergue, dite de St-François de Sales.
Cocquerel de Honlieu, Geneviève-Albertine, dite de Ste-Claude.
Villin, Marie-Thérèse-Augustine, dite de Ste-Marguerite.
Biaré, Marie-Marguerite-Elisabeth, dite de St-Nicolas.
Lefebvre, Anne-Elisabeth, dite de Ste-Cécile.
Lagache, Marie-Joseph, dite de St-Vincent de Paul.
Passet, Marie-Antoinette.

SŒURS DE L'ORPHELINAT OU PETIT HOPITAL DE MONTREUIL (453).

Ordre de St-François.

Gobert, Marie-Marguerite, dite de Ste-Agathe, supérieure.
Codron, Marie-Anne, dite de St-Antoine.
Tanchon, Marie-Françoise, dite de Ste-Rosalie.
Bouillez, Marie-Françoise, dite de St-Augustin.
Barré, Marie-Anne-Antoinette, dite de Ste-Catherine.
Cordier, Marie-Joseph, dite de Ste-Marie-Marguerite.
Bridoux, Marie-Françoise-Clémentine, dite de Ste-Marie.
Autrique, Marie-Françoise, dite de Ste-Pélagie.
de Marle, Marie-Françoise, dite de Ste-Marthe.
Dumont, Marie-Madeleine, dite de Ste-Félicité.
Delenclos, Marie-Marguerite, dite de Ste-Thérèse.
Delenclos, Marie-Louise-Pétronille, dite de Ste-Madeleine.
Langlois, Marie-Angélique, dite de Sté-Victoire.
Hautecœur, Augustine, dite de Ste-Cécile.
Bourgeois, Marie-Elisabeth, dite de St-Joseph.

HOSPICE de RUE (454).

Ordre de St-Augustin.

1753. Vainet, Marie-Jeanne, dite de St-Gabriel, née le 3 décembre 1730, supérieure (455).
1736. Peigné, Marguerite-Rose, dite de St-Louis, assistante (456).
1741. Brailly, Jacqueline, dite de St-Wulphy, dépositaire (457).
1748. Brasseur, Marie-Anne, dite de St-Augustin (458).
1755. Noé, Elisabeth-Françoise, dite de Ste-Monique (459).
1757. Vainet, Marie-Françoise, dite de St-Agnès, née le 5 octobre 1735.
1767. Sellier, Marie-Anne-Elisabeth, dite de Ste-Elisabeth (460), née le 19 novembre 1744.
1769. Valois, Marie-Jeanne-Antoinette, dite de Ste-Thérèse (461), née le 30 novembre 1738.
1777. Duval, Thérèse, dite de Ste-Ulphe, née le 26 octobre 1756.
1779. Mabille, Marie-Anne-Dominique, dite de St-Joseph (462).
1782. Savary, Marguerite-Catherine-Austreberte, dite de Ste-Croix (463), née le 3 mai 1761.
    Boiet, dite de Ste-Scolastique.
    Descelers, dite de Ste-Ambroise.

Le directeur spirituel de ces religieuses était, en 1789, M. Grevet, curé de Beauvoir-lès-Rue.

HOTEL-DIEU de St-RIQUIER (464).

Ordre de St-Augustin.

1746. Bourgeois, Marie-Jeanne-Théodose, dite en religion sœur de St-François, âgée de 69 ans, supérieure (465).
1741. de Mortagne, Noël, dite de Ste-Marguerite, assistante, âgée de 68 ans (466).
    Caillerez, Marie-Madeleine, dite de St-Augustin, dépositaire, âgée de 44 ans.
1747. Clabaut, Louise-Elisabeth-Charlotte, dite de St-Paul, discrète, âgée de 66 ans (467).
1742. Noso, Jacqueline-Françoise-Joseph, dite de Ste-Félicité, discrète, née le 18 janvier 1725, à Choques en Artois.
1749. Héroguelle, Félicité, dite de Ste-Pélagie, discrète, née à Wanquetin en Artois, le 11 décembre 1727.

1757. Tholliez, Marie-Thérèse, dite de Ste-Marie-Thérèse, discrète, âgée de 57 ans.
   Delaplace, Marie-Anne, dite de Ste-Marie-Anne, âgée de 57 ans.
   Houriez, Jeanne-Thérèse, dite de Ste-Marthe, âgée de 56 ans.
   Camus, Marie-Anne-Thérèse, dite de Ste-Victoire, née le 23 octobre 1740.
   d'Haï, Elisabeth-Joseph, dite de Ste-Aldegonde, âgée de 43 ans.
   Chivet, Michelle, dite de Ste-Rosalie, née le 2 mars 1743.
   Boyel, Cécile, dite de Ste-Scolastique, âgée de 38 ans.
   Farsy, Françoise, dite de Ste-Angélique, âgée de 30 ans (468).
   Daboval, Marie-Jeanne, dite de Ste-Julie, âgée de 40 ans, née à Ailly-le-Haut-Clocher (469).
   Thoriez, Augustine, dite de St-Joseph, âgée de 30 ans.
1784. Blondel, Marie-Angélique-Euphrosine, dite de Ste-Elisabeth, née à Méharicourt le 25 mars 1758.
1784. Régnier, Marie-Rose-Scolastique, dite de Ste-Agnès, née le 24 avril 1764 à Arras, dans la paroisse de St-Géry.
1785. Devillers, Restitude, dite de Ste-Cécile, née à Villers-Carbonnel le 28 novembre 1765.

L'administrateur-maître de l'Hôtel-Dieu était, en 1789, l'abbé Antoine Dupreuil.

HOTEL-DIEU de St-VALERY (470).
Ordre de St-Augustin.

1736. Petit, Marie-Jacqueline, en religion dite sœur Ste-Marie, née en 1717, supérieure.
1752. Jumel, Marie-Madeleine, dite St-Benoit, née à Amiens le 23 mai 1732, assistante.
1764. Reynard, Marie-Jeanne, dite St-Augustin, née à Amiens en 1743, dépositaire.
1738. Gadiffet, Madeleine, dite Ste-Geneviève, née à Rozières en 1714.
1749. Leprêtre, Marie-Madeleine, dite Marie de l'Assomption, née au Tréport.
1750. Pessé, Madeleine, dite sœur Madeleine de la Passion, née à Rozières en 1725.
1761. Beaurain, Marie-Charlotte, dite St-Jean-Baptiste, née à Redan en 1733.
1763. Déjardin, Marie-Françoise, dite St-Valery, née à St-Valery en 1734.

1768. Dubois, Marie-Jeanne, dite Ste-Thérèse, née à Campignolles en 1744.
1771. Lecomte. Marie-Madeleine, dite St-Joseph, née à Saucourt, paroisse de Nibas, en 1748.
1778. Pointier, Marie-Antoinette, dite Marie de la Croix, née à Monchy-Lagache en 1755.
1778. Bonnière, Marie-Barbe, dite du St-Esprit, née à Monchy-Lagache en 1760.
1779. Dumont, Marie-Madeleine, dite Ste-Victoire, née à Corbie en 1753.
1779. Larcher, Eugénie-Geneviève, dite Ste-Agnès, née à St-Valery en 1750.
1783. Harlée, Marie-Anne, dite Ste-Catherine, née à Montreuil en 1756.
1788. Gricourt, Monique, dite Ste-Marthe, née à Faye, paroisse de Vergies, en 1762.
1788. Fourdrain, Marie-Anne-Félicité, dite Ste-Ursule, née à Saucourt en 1753.
1788. Duhamel, Austreberte, dite Ste-Claire, née à St-Valery en 1756.
1788. Gence, Elisabeth, dite Ste-Austreberte, née à St-Valery en 1765.

TROISIÈME PARTIE.

LOCALITÉS AJOUTÉES A L'ANCIEN DIOCÈSE.

PAROISSES ET DÉPENDANCES.

Ablaincourt (St-Agnan), prieuré-cure. — R. 2,069 livres.
    Curé : Amand.

Aix, dépendance de Vraignes.

Aizecourt-le-Haut (St-Antoine). — R. 745 liv.
    Curé : Debray, Sébastien.

Aizecourt-le-Bas (St-Gilles). — R. 700 liv.
    Curé : Belval, Jean-François, né le 18 octobre 1744.

Allaines (St-Paul). — R. 700 liv.
    Curé : Camus, François-Augustin.

Assevillers (l'Assomption de la Ste-Vierge). — R. 1828 liv.
    Curé : Roussel, Jean-Baptiste-Timothée, né le 24 janvier 1758.

Athies (l'Assomption de la Ste-Vierge). — R. 700 liv.
    Curé : Demain, Jean-Baptiste (471), né le 28 janvier 1737.
    Vicaire : Bachelet.

Aubigny, dépendance de Brouchy.

Bacquencourt, dépendance de Hombleux.

Balatre (St-Hilaire). — R. 1282 liv.
    Curé : de Vie, Denis-Lambert, né le 6 septembre 1744.

Barleux (St-Médard).
    Curé : Demilly, Jean.
Bayencourt (St-Nicolas).
    Curé : Renard, Jean-Pierre.
Bazincourt, dépendance de Biache.
Beaucamp-le-Jeune (l'Assomption de la Ste-Vierge). — R. 915 liv
    Curé : Poissonnier, Jean-Louis-Pascal.
    Vicaire : Olive, Pierre-Augustin.
Beaucamp-le-Vieux (St-Martin).
    Curé : Caignard.
    Vicaire : Guerard.
Beaumetz (St-Nicolas), dépendance de Cartigny.
Beauregard, dépendance de Miraumont.
Beaurepaire, dépendance de Fourcigny.
Beauséjour, dépendance de Villers-Faucon.
Becquincourt (St-Denis). — R. 863 liv.
    Curé : Serpette, Antoine, âgé de 89 ans.
Belloy-en-Vermandois (St-Martin). — R. 781 liv.
    Curé : Chevint, Jean-Pierre.
    Vicaire : Bonard.
Bernes (St-Martin). — R. 2,218 liv.
    Curé : Cocu, Adrien-Joseph, né le 27 décembre 1758.
Berny-en-Sangterre (St-Vast). — R. 1374 liv.
    Curé : d'Hubert, Jean-Baptiste, né le 15 août 1752.
Bersaucourt, dépendance de Pertain.
Béthencourt-sur-Somme (l'Assomption de la Ste-Vierge).
    Curé : Rousseau, Pierre-Joseph-Jean-Baptiste, né le 23 mars 1746
Beuvraignes (St-Martin). (472) — R. 1815 liv.
    Curé : Vincent.
    Vicaire : Le Roy, Nicolas.
Biache (St-Médard).
    Curé : Dassonville, Jean-Baptiste, né le 3 septembre 1749.
Biarre (la Nativité de la Ste-Vierge). (473)
    Curé : Vielle.

Bias, dépendance de Cartigny.
Billancourt (St-Martin). — R. 1335 livres.
    Curé : Lemerchiet.
Billon, dépendance de Suzanne.
Blangiel, dépendance de La Fresnoye.
Bonneuil, dépendance d'Eppeville.
Bosmont, dépendance de Brouchy.
Bouchavesne (St-Paul). — R. 828 liv.
    Curé : Coquel, Pierre-Adrien, né le 20 juin 1747. Il avait pris possession le 20 mai 1778.
Boucly (St-Omer), succursale de Tincourt.
    Desservant : Patin, Nicolas.
Bourgeonval, dépendance d'Equancourt.
Bouvincourt (St-Gilles), dépendance de la paroisse de Vraignes.
Bovent, dépendance d'Ablaincourt (a).
Breteuil, dépendance de La Fresnoye.
Breuil (St-Médard). — R. 974 liv.
    Curé : Grenier.
Brie (St-Géry). — R. 358 liv.
    Curé : Cary, Adrien-Vincent.
Brisepot, dépendance de Montmarquet.
Briost (la Nativité de la Ste-Vierge). — R. 822 liv.
    Curé : Lenoir, Jean-François (474).
Brouchy (St-Martin). — R. 803 liv.
    Curé : Thévenard, Martin, né le 22 octobre 1717.
Brusle, hameau dépendant de Cartigny.
Buire (St-Martin). — R. 849 liv.
    Curé : Daudrez, Joseph.
Buny, dépendance de Voyennes.
Buscourt (St-Quentin), secours de Feuillères.
Bussu (St-Martin). — R. 1550 liv.
    Curé : Cassel, Pierre-Quentin.

(a) C'est par erreur que ce lieu figure à la page 72 ci-dessus, comme étant de l'ancien diocèse. L'indication de la paroisse dont il dépend a dû le faire remarquer.

Buverchy (la Nativité de la Ste-Vierge). — R. 982 livres.
   Curé : Rivage, Etienne.

Canisy (St-Charles Borromée), secours de Hombleux.
Cany, aujourd'hui sans église.
   Curé : Gaudissart, Jean.

Cappy (St-Nicolas), prieuré-cure.
   Curé : Lefèvre, Jean-Charles.

Carrépuis (St-Martin). (475) — R. 700 liv.
   Curé : Camus.

Cartigny (Ste-Radegonde), prieuré-cure. — R. 871 liv.
   Curé : Duriez, Philippe-François, né le 8 décembre 1726.

Castelet, dépendance de Cartigny.
Cauvigny, dépendance de Pœuilly.
Champien (St-Pierre). — R. 815 liv.
   Curé : Fayot de Maisonneuve, Jacques-Drosin-Valentin (476), né le 25 juillet 1750.

Charny, dépendance de Morvillers.
Chateau-Fort, dépendance de Languevoisin.
Chateau-Gaillard, dépendance de St-Sulpice.
Chaulnes (St-Didier). — R. 1087 liv.
   Curé : Grehen, Gabriel (477).
   Vicaire : Cotté.

Cizancourt (Ste-Madeleine). — R. 1286 liv.
   Curé : Tourlet, Louis-Jean.

Cléry (St-Martin). — R. 483 liv.
   Curé : Friant, Claude.

Combles (St-Vast). — R. 1258 liv.
   Curé : Lempereur, François, né le 24 juillet 1742.

Coupe-Voie, dépendance d'Eppeville.
Courcelette (St-Ultain). — R. 1246 liv.
   Curé : Demonchaux, Philippe-Joseph.

Courcelles, dépendance de Buire.
Crémery (St-Martin). — R. 751 liv.
   Curé : Dufresnoy, Jean-Pierre-Louis, né le 8 septembre 1751.

CRESSY-OMENCOURT (St-Crépin et St-Crépinien). (478) — R. 1078 livres.
 Curé : LARUE, Louis-Augustin.

CROIX-MOLIGNAUX (St-Médard). — R. 516 liv.
 Curé : GADIFFET, Jacques (479).

CURCHY (St-Médard). (480) — R. 700 liv.
 Curé : GÉRARD, Antoine.

CURLU (St-Nicolas), prieuré-cure, dépendant de l'abbaye de St-Barthélemy de Noyon. — R. 872 liv.
 Curé : DELIGNY.

CUVILLY, dépendance de Sancourt.

DENIÉCOURT (St-Gentien), dépendance d'Estrées.

DEVISE (St-Remi).
 Curé : BOURDON, Robert.

DIGEON (l'Assomption de la Ste-Vierge), prieuré-cure.
 Curé ou desservant : N ?

DOINGT (l'Assomption de la Ste-Vierge), prieuré-cure. — R. 3,183 liv.
 Curé : GAMELON, Adrien-Vast (481).

DOMPIERRE (St-Pierre et St-Paul).
 Curé : COURTIN, Barthélemy (482).

DOUILLY (St-Etienne). — R. 1040 liv.
 Curé : LAMY, Jean-Baptiste.

DOUVIEUX, dépendance de Monchy-Lagache.

DRESLINCOURT, dépendance de Curchy.

DRIENCOURT (Ste-Radegonde).
 Curé : GUILLEMONT, Charles.

ECLUSIER (Ste-Madeleine). — R. 700 liv.
 Curé : CAVREL, Pierre-François (483).

ENNEMAIN (St-Martin). — R. 2,036 liv.
 Curé : PRÉVOT, Denis, né le 1er octobre 1741.

EPEHY (St-Nicolas).
 Curé : CAVEL, Charles-Louis, né le 7 juin 1756.

EPÉNANCOURT (la Nativité de la Ste-Vierge). — R. 809 liv.
 Curé : GUILLOT, Médard-Marie-Etienne, né le 5 août 1737.

Eppeville (St-Martin), prieuré-cure de l'ordre de Prémontré. — R. 908 livres.
Curé : Cambronne.

Equancourt (St-Martin). — R. 700 liv.
Curé : Massoul, Charles.

Ercheu (St-Martial). — R. 2,788 liv.
Curé : Haye.

Esmery-Hallon (St-Martin). — R. 1377 liv.
Curé : Plomion.

Estouilly (St-Médard).
Curé : Billiart, Louis, né le 1er octobre 1742.

Estrées-Deniécourt (St-Quentin). — R. 933 liv.
Curé : Tranchel, Jean-Baptiste (484).

Estrées-en-Chaussée (St-Firmin-le-Confesseur), dépendance de Santin (485).

Etalon (St-Nicolas). — R. 700 liv.
Curé : Armand.

Eterpigny (St-Médard). — R. 760 liv.
Curé : Frion, Alexandre.

Etricourt (St-Michel), secours de Manancourt.
Vicaire : Divry, Joachim (486).

Falvy (Ste-Benoite d'Origny). — R. 794 liv.
Curé: Sarrey, Antoine.

Fargny, dépendance de Curlu.

Fay (St-Quentin), secours d'Assevillers.
Vicaire : Poitevin.

Feuillancourt, hameau dépendant d'Allaines.

Feuillères (la Nativité de la Ste-Vierge), autrefois secours de Buscourt. — R. 762 liv.
Curé: Reynard de Bussy, François-Joseph, né le 13 septembre 1741.

Fins (St-Martin).
Curé : Doré-d'Aubigny.

Flamicourt (l'Assomption de la Ste-Vierge), secours de Doingt.

Flamicourt, dépendance de Muille-Villette.

Flaques, dépendance de Hombleux.

FLAUCOURT (Ste-Geneviève). — R. 1662 livres.
   Curé : DUSEVAL, Jean-François.

FLÉCHIN, dépendance en partie de Bernes et en partie de Vraignes.

FLERS (St-Martin). (487) — R. 914 liv.
   Curé : MAGNIER, Charles-François-Joseph.

FLEZ, dépendance de Monchy-Lagache.

FONCHES (St-Vast). (488) — R. 807 liv.
   Curé : DEBRAY, Charles-Antoine.

FONCHETTE (la Ste-Famille), secours de Punchy (489).

FONTAINE-LÈS-CAPPY (la Nativité de la Ste-Vierge).
   Curé : BILLET, Louis (490).

FONTAINE, dépendance de Pargny.

FOUCAUCOURT (St-Quentin). — R. 483 liv.
   Curé : HOUSSART, Pierre.

FOURCIGNY (St-Jean-Baptiste), paroisse dépendant de la Commanderie de Vildieu la Montagne. — R. 700 liv.
   Curé : RASSE (491).

FOURQUES, dépendance d'Athies.

FRÉGICOURT (St-Brice), secours de Sailly en Arrouaise.

FRESNE-EN-SANGTERRE (St-Médard). — R. 1062 liv.
   Curé : LEJEUNE, Charles.

FRISE (St-Pierre). — R. 2592 liv.
   Curé : GÉRAULT, Fursy.

FROIDMONT, dépendance de Billancourt.
FROIDMONT, dépendance de Nesle.

GAUVILLE (St-Clément). — R. 700 liv.
   Curé : MAILLARD.

GENERMONT, dépendance de Fresne.

GINCHY (St-Pierre). — R. 683 liv.
   Curé : CARON, Jean-Louis.

GOMIÉCOURT, dépendance d'Ablaincourt.
GOUSSENCOURT, dépendance de Morchain.

GRÉCOURT (St-Mathieu). — R. 2097 liv.
   Curé : DUBOIS.

Gruny (St-Quentin). (492) — R. 700 livres.
    Curé : Paillot, Pierre, né le 6 juillet 1727.

Gueudecourt (St-Pierre). — R. 1141 liv.
    Curé : Manchouart, Joseph.

Guillemont (St-Pierre), succursale de Ginchy.

Guisancourt, dépendance de Quivières.

Guyencourt (l'Assomption de la Ste-Vierge), succursale de Longavesne.

Halles (Notre-Dame-des-Victoires), secours de Ste-Radegonde.

Ham :   *Paroisse de St-Martin*, prieuré-cure (493).

    Curé : Mercier, Jean-Baptiste-Joseph, chanoine régulier de Saint-Augustin, de la Congrégation de France, né le 27 mai 1754.
    Desservant : Tupigny, François-Maximilien.
    Vicaires : Quenouelle, Pierre-Aimable et Fromont.

        Paroisse de St-Pierre, prieuré-cure.

    Curé : Bédos, Jean-Pierre, chanoine régulier de St-Augustin, né le 27 juillet 1734.
    Vicaire : Daudrez, Pierre-François.

        Paroisse de St-Sulpice au Faubourg, prieuré-cure (494).

    Curé : Haillot, Pierre-Louis, chanoine régulier de ladite congrégation.

Hamel, dépendance de Tincourt.

Hamelet, dépendance de Marquaix.

Hancourt (St-Pierre).
    Curé : Ledieu.

Happlincourt, dépendance de Villers-Carbonnel.

Hardecourt-au-Bois (St-Martin), secours de Curlu.
    Desservant : Dassonvillez.

Hem-Monacu (St-Hilaire). — R. 1600 liv.
    Curé : Caussin, Louis.

Herbécourt (St-Pierre). — R. 2013 liv.
    Curé : Boury, Pierre.

Herly (St-Eloi). — R. 748 livres.
    Curé : Levrault.
Hervilly (St-Jean-Baptiste). — R. 565 liv.
    Curé : Moreau, Nicolas.
Hesbécourt, dépendance de la paroisse d'Hervilly.
Heudicourt (St-Hilaire). — R. 1116 liv.
    Curé : Serpette : Georges-François.
Hombleux (St-Médard). — R. 1218 liv.
    Curé : Brumard.
    Desservant : Ancelin.
Horgny, dépendance de Villers-Carbonnel.
Hyencourt-le-Grand (St-Léger). — R. 615 liv.
    Curé : Hémel.
Hyencourt-le-Petit (St-Léger), secours d'Omiécourt.
Irles (St-Martin). — R. 751 liv.
    Curé : Demonchaux, Jean-Philippe.
L'Abbaye, dépendance de Gruny.
Laboissière (St-Vincent).
    Curé : Martin, Jean-François.
La Chapelette, dépendance de Péronne.
La Folie, dépendance d'Esmery-Hallon.
La Fresnoye (St-Nicolas). — R. 700 liv.
    Curé : Rigaut, Jean, né le 10 septembre 1728.
La Grenouillère, dépendance de Frise.
La Louque, dépendance de La Fresnoye.
Languevoisin (la Nativité de la Ste-Vierge). — R. 1500 liv.
    Curé : Delaplace.
Lannoy, dépendance d'Ercheu.
Le Forest et Hôpital-au-Bois, dépendances de Maurepas.
Le Sart, dépendance de Maurepas.
Lesbœufs (St-Fursy), secours de Gueudecourt.
    Vicaire : Castel.
Les Loges, dépendance de Beuvraignes.

LIANCOURT-FOSSE (St-Médard). — R. 700 livres.
    Curé : CUVILLIER, Pierre, né le 30 mars 1731.
LICOURT (St-Pierre). — R. 2472 liv.
    Curé : OYON, Jean-Louis, né le 9 juillet 1748.
LIÉRAMONT (St-Quentin).
    Curé : DOUAY, Louis-Joseph (495).
LŒUILLY, dépendance de Villers-Faucon (496).
LONGAVESNE (St-Martin). — R. 700 liv.
    Curé : BROUETTE, Claude, né le 15 mai 1735.
    Vicaire : DARRAS.
LONGUEVAL (St-Nicolas).
    Curé : LEVASSEUR, Pierre.
LUCHEUX (St-Léger).
    Curé : LEFÈVRE, Pierre.
MAISMONT, dépendance de Ste-Radegonde.
MANANCOURT (St-Martin). — R. 1243 liv.
    Curé : RICARD, Jean-Baptiste-Victor (497).
    Vicaire : DIVRY.
MANICOURT, dépendance de Curchy.
MARCELET, dépendance de Soyécourt.
MARCHÉ-ALLOUARDE (St-Martin). (498)
    Curé : FROMOND.
MARCHÉLEPOT (St-Marcel). — R. 953 liv.
    Curé : VASSET, Philibert.
MARGÈRE, dépendance de Douilly.
MARICOURT (la Nativité de Notre-Dame).
    Curé : CAUET, Nicolas-Philippe.
MARQUAIX (St-Eloi).
    Curé : DEBRAY, Jean-Pierre.
    Vicaire : DUPUIS, Mathurin, né le 26 février 1762.
MATIGNY (St-Eloi).
    Curé : ALAVOINE, Georges.
MAUREPAS (St-Martin). — R. 2700 liv.
    Curés : ROYER, Henry-Hyacinthe ; puis VÉLU ; puis CARON, Etienne-Claude.

Mazancourt, dépendance de Fresne.

Méraucourt (Ste-Marie-Madeleine), secours de Monchy-Lagache.

Mesnil-Bruntel (St-Médard). — R. 700 liv.
    Curé : Sandras, Louis-André, né le 9 décembre 1743.

Mesnil-en-Arrouaise (St-Etienne).
    Curé : Troussel, Louis-Jean, né le 21 décembre 1744.

Mesnil-St-Nicaise, grand et petit (St-Nicaise). — R. 1192 liv.
    Curés : Bayard, Charles-Antoine ; puis Meurice, Jean-Henri, né le 21 janvier 1753.

Mesnil-St-Vaneng, dépendance d'Esmery-Hallon.

Miraumont (St-Léger).
    Curé : Leroux, Jean-Baptiste.

Misery (St-Waast).
    Curé : Havet, Thomas (499).

Missipipy, dépendance d'Eppeville.

Moislains (St-Pierre). — R. 1076 liv.
    Curé : Lefebvre, Jean-Baptiste.

Molignaux, dépendance de Croix.

Monchy-Lagache (St-Pierre). — R. 1977 liv.
    Curé : Dufresnoy, Pierre.
    Vicaires : Flamant, Jean-Baptiste-Bonaventure et Delaire, alternativement.

Mons-en-Chaussée (St-Pierre). — R. 720 liv.
    Curés : Dauné, Jean-François ; puis Etévé, Pierre-Louis, né le 8 juillet 1759.

Montécourt, dépendance de Monchy-Lagache.

Montizel, dépendance de Douilly.

Montmarquet (la Nativité de la Ste-Vierge). — R. 1200 liv.
    Curé : Boule.

Mont-Réal, dépendance d'Omiécourt.

Mont-St-Quentin, secours de Ste-Radegonde.

Morchain (St-Pierre). — R. 656 liv.
    Curé : Francière, Ignace-Stanislas-François, né le 28 février 1734.

Morlemont (Ste-Madeleine), secours de St-Léonard au faubourg de Nesle.

Morvillers (St-Saturnin). — R. 1860 livres.
    Curé : Leroux, Esprit.
    Vicaire : Pépin, Pierre-Paul, âgé de 51 ans.

Moyencourt (St-Nicolas). — R. 700 liv.
    Curé : Lesert.

Muille-Villette (St-Médard). — R. 700 liv.
    Curé : Aubin.

Nesle :   *Paroisse de St-Pierre.* — R. 315 liv.
    Curé : Herbé, Charles (500).

Paroisse de St-Nicolas.

Curé : Leroy, Urbain, l'aîné, né le 8 décembre 1737.

Paroisse de St-Léonard, au faubourg. — R. 1497 liv.

Curé : Leroy, Louis-Charles-Hippolyte.

Paroisse de St-Jacques, apôtre, au faubourg. — R. 700 liv.

Curé : Cuvillier, Adrien (501).

Nurlu (la Nativité de la Ste-Vierge).
    Curé : N. absent depuis nombre d'années.
    Desservant : Bachelée.

Offoy (St-Léger), prieuré-cure. — R. 1070 liv.
    Curé : Moyencourt.

Omencourt (St-Médard), dépendance de Cressy.
    Desservant : Cavenel, Louis, né le 17 août 1745.

Omiécourt (St-Médard). — R. 1346 liv.
    Curé : Chazé, Eloi Constant (502), né le 20 août 1734.

Orival (St-Martin).
    Curé : Cottret, Charles-François, âgé de 60 ans (503).
    Vicaire : de la Campagne.

Pargny (St-Sulpice).
    Curé : Carlier, Charles-Antoine.

PÉRONNE :   *Paroisse de St-Jean-Baptiste.* — R. 2527 livres.

Curé : Lallouette, Jean-Joseph-Maximin. (504)
Vicaire : Lemaire, Laurent-Etienne.

Paroisse de St-Sauveur.

Curé : de Guillebon, Marie-Charles-Joseph.
Vicaire : Grain, Pierre-Valentin.

Paroisse de St-Quentin Capelle. — R. 1575 liv.

Curé : Debeyne, Charles-Laurent.
Vicaires : Wesbeck, Pierre-François-Mathieu et Caudron, Eloi.

Paroisse de Notre-Dame, au faubourg de Bretagne, prieuré-cure.

Curé : Croizet, Claude-Joseph, (505) né le 15 mai 1750.

Paroisse de St-Quentin en l'eau, au faubourg de Paris ou Sobotécluse, prieuré-cure. — R. 1488 liv.

Curé : Du Roisel, Pierre-Marie-Abraham, né le 7 novembre 1756.

PERTAIN (St-Remi), prieuré-cure. (506) — R. 4072 liv.

Curé : Thibaudet, Joseph.
Vicaire : Caix.

PETIT SOREL, dépendance de Sorel.

PLOUY, dépendance de Fins.

PŒUILLY (St-Eloi), secours de la paroisse de Vraignes.

Desservant : Deberly, religieux prémontré de Vermand, par permission du prieur-curé de Vraignes.

PONT-LÈS-BRIE, dépendance de Brie.

POTTE, dépendance de Morchain.

PRESSOIR (St-Sulpice). — R. 798 liv.

Curé : Branger, Claude-Pierre-François.

PRUSLE, dépendance de Mons-en-Chaussée.

PUNCHY (St-Médard). (507) — R. 700 liv.

Curé : Boulogne.

PUZEAUX (St-Waast). — R. 700 liv.

Curé : Ottizier. (508)

Pys (St-Fursy). — R. 712 livres.
    Curé : Fournier, Guilain-François.

Quiquery (St-Quentin), secours de Languevoisin.

Quivières (St-Quentin).
    Curé : Thurotte, Alexis.
    Vicaire : Plessier.

Rancourt (St-Waast).
    Curé : Lempereur.
    Vicaire : Hadingue.

Réthonvillers (St-Médard). — R. 1858 liv.
    Curé : Hédouin, Jean-Baptiste, né le 26 mai 1750.

Révelon, dépendance de Heudicourt.

Roiglise (St-Martin). (509)
    Curé : Leleu.

Roisel (St-Martin). — R. 547 liv.
    Curé : Lecreux, Louis-Martin-Claude.

Ronssoy (St-Nicolas), succursale de Templeux-le-Guérard.
    Desservant : Masse, Victor.

Rossignol, dépendance de Bayencourt.

Rouy-le-Grand (St-Etienne). — R. 1333 liv.
    Curé : Friant.

Rouy-le-Petit (St-Eloi). — R. 941 liv.
    Curé : Roguet.

Sailly-Saillisel ou Sailly-en-Arrouaise (St-Waast). — R. 1100 liv.
    Curé : Corbeaux, Romain. (510)

St-Christ (Ste-Jule). — R. 1824 liv.
    Curé : Legrand, César-Cyr-Alexandre.

St-Cren, dépendance de Mons-en-Chaussée.
St-Grégoire, dépendance d'Eppeville.
St-Martin, dépendance de Laboissière.
St-Nicolas, dépendance d'Esmery-Hallon.
St-Pierre-Divion (St-Pierre-ès-liens), secours de Thiepval.
Ste-Radegonde. — R. 581 liv.
    Curé : Ducauroy, Charles-Claude.

St-Sulpice. Voyez paroisses de Ham.
Sancourt (St-Médard). — R. 1200 livres.
    Curé : Flamand.
Santin (St-Géry), prieuré-cure (511) dépendant de l'abbaye de Ham. — R. 3,700 liv.
    Curé : Cordier, Jean.
    Vicaire : Leroy.
Saulcourt, dépendance de Longuavesne.
Septfours, dépendance de Réthonvillers.
Sorel (la Nativité de la Ste-Vierge).
    Curé : Coquel, Jacques.
Sorgny, dépendance de Ham.
Sormont, dépendance de Cléry.
Soyecourt (St-Martial). — R. 711 liv.
    Curé : Froissart, Louis-Antoine.
Suzanne (St-Hilaire). — R. 586 liv.
    Curé : Odelin, Jean-Pierre.
Templeux-la-Fosse (la Nativité de la Ste-Vierge).
    Curé : Detaille, Joseph, né le 15 décembre 1749.
Templeux-le-Guérard (St-Médard). — R. 730 liv.
    Curé : Callot, Jacques-François.
Tertry (St-Omer). — R. 630 liv.
    Curé : Brasle, Jacques-Simon. (512)
Tilloy, dépendance de Réthonvillers.
Tincourt (St-Quentin), prieuré-cure. — R. 2,508 liv.
    Curé : Darlot, Jacques-Michel, né le 8 juillet 1742.
Toulle, dépendance d'Offoy.
Ugny-l'Equipée (St-Martin). — R. 790 liv.
    Curé : Collache, Claude-André (513).
Vaux-sur-Somme (St-Vast), secours d'Eclusier.
Verlaines, dépendance d'Eppeville.
Vermandovillers (St-Martin). — R. 853 liv.
    Curé : Leblanc, Claude-André, né le 5 janvier 1737.
Verpillières (St-Martin). — R. 779 liv.
    Curé : Du Rotoy.

VILLECOURT (St-Barthélemy). — R. 876 livres.
 Curé : BOULLENOIS, Claude (514).

VILLERS-CARBONNEL (St-Quentin).
 Curé : LONGATTE, Charles.

   VILLERS-FAUCON : *Paroisse de St-Quentin.*
 Curé : CAVREL, Noël.

 Paroisse de Notre-Dame (l'Assomption). — R. 1,019 liv.
 Curé : GRANGER, Léon-François, né le 7 juin 1763.

VIVIER (LE), dépendance de Ste-Radegonde.
VOYENNES (St-Etienne).
 Curé : POINTIER.

VRAIGNES (St-Pierre), prieuré-cure. — R. 2,100 liv.
 Curé : CARDON, Jacques. (515)

WAUCOURT, dépendance de Champien.
Y, dépendance de Croix.
YTRES (Notre-Dame). — R. 344 liv.
 Curé : LEBLANC, Antoine-Joseph.
 Vicaire : LEGRUE.

ECCLÉSIASTIQUES HABITUÉS DANS LES PAROISSES DE :

CHAULNES : LEGRAS, Adrien-Charles-Augustin, principal du Collège.
HAM : FROMOND, François, principal du Collège.
PÉRONNE : VINCHON, Fursy-Alexandre, âgé de 50 ans, né à Ennemain. (516)

CHAPELLES SITUÉES A : [a]

ATHIES. — *Chapelle de Ste-Marie-Madeleine*, dans l'église paroissiale. (517)
 — R. 136 liv.
 Titulaire : LOISEAU DE PERTHUIS, Louis-Luc, clerc du diocèse de Metz, demeurant à Paris, qui a pris possession le 4 juin 1787.

---

[a] Il existait un certain nombre de Chapelles que nous ne rapportons pas à leur ordre, parce que nous n'en avons pas trouvé les titulaires. En voici d'ailleurs la nomenclature.

A Allaines (St-Maur), dans l'église paroissiale ; à Bacquencourt (Ste-Marguerite), dans l'église ; à Barleux (Notre-Dame) ; à Bazincourt (St-Servais) ; à Belloy (Notre-Dame de Quevillé), dans

— 195 —

Berny-en-Sangterre. — *Chapelle de Notre-Dame de Pitié*, dans l'église paroissiale. — R. 98 livres.
　　Titulaire : Le Charly, prêtre de Paris. (518)

Biache. — *Chapelle de St-Nicolas*, dans l'église. — R. 257 liv.
　　Titulaire : Delfraise, Jean-Joseph, clerc minoré du diocèse de Châlons-sur-Marne.

Buire. — *Chapelle de Notre-Dame.*
　　Titulaire : Féra, ancien curé de Grécourt.

Carrépuis. — *Chapelle de St-Gilles*, dans l'église paroissiale. — R. 239 liv.
　　Titulaire : Rouillon, aumônier au régiment de Languedoc. (519)

Cléry. — *Chapelle de St-Jacques et St-Philippe*, dite de Hamel Lecat, en l'église paroissiale. — R. 644 liv.
　　Titulaire : Renoux, Antoine, prêtre du diocèse de Clermont, chevalier ecclésiastique de l'ordre de Malte, chanoine de Cambray. — Il eut pour successeur le 24 septembre 1789 : Beauvais, Antoine-Joseph-Théodore, clerc tonsuré du diocèse de Cambray, mineur, étudiant à Paris.

Ercheu. — *Chapelle dédiée à ?* — R. 300 liv.
　　Titulaire : Levrault, curé d'Herly.

Falvy. — *Chapelle de St-Jean-Baptiste*, dans le château. — R. 216 liv.
　　Titulaire : Jarry.

Gomiécourt. — *Chapelle de St-Georges.* — R. 310 liv.
　　Titulaire : Boutentier, Louis-Antoine-François, chapelain de la collégiale de Roye.

Ham. — *Chapelle castrale, dédiée à ?* — R. 120 liv.
　　Titulaire aumônier : Robert.

---

l'église ; à Brie (Notre-Dame), dans l'église ; à Cappy (St-Etienne), dans l'église ; à Cartigny (Notre-Dame), dans l'église ; à Ennemain (Notre-Dame des joies) ; à Esperincourt (St-Martin), dans l'église ; à Esterpigny (Notre-Dame), dans l'église ; à Fléchin (St-Laurent) ; à Goussencourt (St-Louis) ; à Happlincourt (St-Nicaise), au château ; à Hyencourt (Notre-Dame), au château, à Longueval, au château ; à Nesle (St-Nicolas), au château ; à Péronne (Ste-Agnès, l'Immaculée Conception de la Ste-Vierge, St-Denis, le St-Esprit et St-Jean), dans la Collégiale ; encore à Péronne (St-Pierre, dite Sobotécluse ; St-Pierre dite de Bayencourt et Notre-Dame d'Esterpigneul), dans l'église de St-Quentin en l'eau ; à Plouis (St-Eloi) ; à Ste-Radegonde (St-Nicolas d'Uriez), dans l'église paroissiale ; à Verpillières (St-Jérôme), dans l'église paroissiale.

Hombleux. — *Chapelle de Ste-Marguerite*, dite de Bacquencourt, érigée en l'église paroissiale. — R. 249 liv.

 Titulaire : Duval, Pierre, prêtre, demeurant à Offranville près Dieppe, qui a pris possession le 3 décembre 1785.

Irles. — *Chapelle de la Ste-Vierge*, en l'église. — R. 504 liv.

 Titulaire : de Beaussart, Ferdinand-Joseph, clerc tonsuré du diocèse d'Arras. (520)

Miraumont. — *Chapelle de St-Cyr et Ste-Julitte*, fondée en l'église paroissiale. — R. 844 liv.

 Titulaire : Hermand, Bernard-Aimé-Bruno, clerc tonsuré du diocèse de Boulogne. (521)

Nesle. — I. *Communauté des Chapelains de la Collégiale*. — R. 4,237 liv.

 Bacouel, Remi ; Darcourt, Jean-Baptiste-François (522), né le 23 septembre 1730 ; Dubois, Nicolas ; Leroy, curé de la paroisse St-Léonard de Nesle et de Morlemont ; Meurice, curé de Mesnil St-Nicaise ; Olivier, Remi ; Quenescourt, Jacques-Joseph ; Tous sept résidants et ayant seuls, à ce titre, droit aux revenus, et Henry, Jean-Baptiste-Joseph, prêtre habitué de la paroisse St-Pierre de Roye, où il réside. (523)

 II. *Chapelles dans la Collégiale.*

Chapelle de St-Barthélemy. — R. 211 liv.

 Titulaire : Sabinet, chanoine de St-Fursy de Péronne.

Chapelle de Ste-Etienne-le-Martyr. — R. 770 liv.

 Titulaires : Bagaris, André-Pancrace (524) et Bacouel, susnommé.

Chapelle de St-Honoré. — R. 424 liv.

 Titulaire : Dubois, susnommé.

Chapelle de St-Jean l'évangéliste. — R. 422 liv.

 Titulaires : Gervois, Louis-Nicolas-Benjamin, prêtre, demeurant à Amiens, et Leroy, susnommé.

Chapelle de St-Martin. — R. 360 liv.

 Titulaires : Aubert de la Merrye, chanoine de Roye et un autre.

Chapelle de St-Nicolas. — R. 850 liv.

 Titulaires : Meurice et Olivier, susnommés.

Chapelle de St-Thomas de Cantorbéry, martyr. — R. 1658 liv.

 Titulaires: Nobécourt, chanoine de St-Fursy de Péronne ; Henry, susnommé ; Cornet, Pierre-Henri, prêtre, bachelier en théologie (525) et Darcourt, susnommé.

Chapelle de Ste-Jeanne (*alias* Ste-Gemme). — R. 485 liv.

 Titulaires : Boucly, Louis-François-Alexandre, professeur septennaire en l'Université de Paris, et Quenescourt, susnommé.

Chapelle de St-Jean-Baptiste, dans les creutes (la crypte). — R. 224 liv.

 Titulaire : Danicourt, Louis-Désiré, bachelier en théologie de la Faculté de Paris, où il demeure.

 III. *Chapelles dans l'église paroissiale de St-Pierre.*

Chapelle de St-Michel. — R. 436 liv.

 Titulaire : Hanquet, Jean-Louis, prêtre, chanoine de Nesle.

Chapelle de St-Quentin. — R. 196 liv.

 Titulaire : Bacouel, Pierre, l'aîné, prêtre, chanoine de Nesle (526).

Péronne. — I. *Communauté des Chapelains de la Collégiale.* — R. 5,757 liv.

de Guillebon, chanoine de St-Fursy ; Boutteville ; de Beyne, curé de St-Quentin-Capelle ; Fabignon, chapelain de Roye ; Desforges, curé de St-Sauveur de Paris, et Wesbeck, vicaire de St-Quentin-Capelle.

 II. *Chapelles dans la Collégiale.*

Chapelle de Notre-Dame. — R. 1944 liv.

 Titulaires par égales portions : de Guillebon ; Boutteville ; de Beyne (527) et Fabignon, susnommés.

Chapelle de Ste-Marie-Madeleine. — R. 127 liv.

 Titulaire : Wesbeck, vicaire de St-Quentin-Capelle.

Chapelle de St-Nicolas. — R. 172 liv.

 Titulaire : Macé, René-François, prêtre, curé de Coquers au Mans.

Chapelle de St-Louis.

 Titulaires : Boutteville, susnommé et deux autres.

Chapelle de Ste-Catherine. — R. 903 liv.

 Titulaire : Roussel, demeurant à Péronne.

Chapelle vicariale de St-Pierre, fondée en l'église St-Fursy.

    Titulaires : DE MONTIGNY, Louis-Alexandre, prêtre (528), âgé de 49 ans, lequel a pris possession le 4 juillet 1777, et deux autres.

Chapelle de Notre-Dame in partu, dite vulgairement *Chapelle d'Esme*, fondée sous la tour de St-Fursy. (529) — R. 280 liv.

    Titulaires : ENGRAMER, chanoine de Roye, et un autre.

SAULCOURT. — *Chapelle de St-Michel*, dans le château.

    Titulaire : GAMBIER, Pierre François.

VILLERS-CARBONNEL. — *Chapelle de Ste-Anne en l'église*. — R. 159 liv.

    Titulaire : CHARLARD, Joseph, clerc tonsuré du diocèse de Noyon, demeurant à Bohain. (530)

YTRES. — *Chapelle dédiée à ?* (531) — R. 300 liv.

    Titulaire : BOURLET, Charles, prêtre.

PRIEURÉ SIMPLE ET PRÉVOTÉ

Prieuré de St-Nicolas-au-Bois, dans la paroisse d'Emery-Hallon. — R. 1893 liv.

    Titulaire : DE LONGUAVESNE, Claude-Toussaint, prêtre du diocèse de Paris. (532)

Prévôté de Mesnil-St-Vast. (533)

    Titulaire : DOM GOUILLARD, religieux de l'abbaye de St-Vast.

COMMUNAUTÉS SÉCULIÈRES

CHAPITRE DE NOTRE-DAME DE NESLE. (534) — R. 61,686 liv.

    NOTA. — La date qui suit la dignité est celle de la prise de possession de celle-ci. — La date qui précède chaque nom et celle de l'entrée au chapitre.

Doyen. — (24 Septembre 1782.)

1770. DHANGEST, Joseph. (535)

Chanoines.

1740. CAMBRONNE, André, promoteur.
1750. DUROIZEL, François, né le 15 août 1717.
1752. BOUDOUX D'AUTEFEUILLE, Pierre.
1754. BACOUEL, Pierre, l'aîné, prêtre, né le 30 septembre 1722.
1760. HUET, Simon-Joseph. (536)
1762. FOUQUIER, Louis-Antoine, né le 20 février 1738.
1762. FOUANT, Pierre-Nicolas.

1764. Olivier, Jacques-Louis-Laurent.
1765. Depille, Claude.
1766. Lamy, Charles-Augustin, prêtre. (537)
1771. Maillet, Jean-Charles, prêtre. (538)
1772. Bacouel, Pierre, le jeune.
1772. Adam, Charles-Antoine-Stanislas.
1775. Le Roy, Adrien-Antoine (539), né le 6 novembre 1734.
1775. Bacouel, Remi, précepteur-régent du collège (540), né le 25 janvier 1745.
1778. Chellé, Louis-Philippe-Edouard.
1779. Lefebvre, Jean-Marie-Louis-Charles.
1781. Monsur, Jean-Nicolas, né le 9 décembre 1746.
1782. Moreau, Simon-Quentin.
1784. Nobécourt, Jean-Louis-Pierre,
1754. Hanquet, Jean-Louis, prêtre semi-prébendé, né le 12 févrter 1728.
1777. Gourdin, Antoine-François, semi-prébendé, né le 15 février 1751.

Chapitre de ST-FURSY a Péronne. (541). — R. 94,946 liv.

Doyen. — (1761).

1757. de Salves d'Aguillery, Joseph-Thimothée.

Chanoines.

1774. de la Coarret-Case-Major, Jeanbaptiste, chancelier.
1785. d'Ayraines de Vaudricourt, Louis-René, prêtre, chantre.
1770. Nobécourt, Claude-Quentin, théologal, (542) né le 20 mars 1740.
1738. Sabinet, Nicolas-Martin (Jubilée). (543).
1746. Trumeau de la Forest. (544).
1747. Astoing, Pierre. (545).
1750. Le Vasseur de la Tour.
1750. Aubrelique, Jean-Marie, né le 8 septembre 1723.
1754. Brosse.
1757. de Solignac, Romain-Jean-Pierre. (546)
1758. Bréval, Henry, chargé de la maîtrise. (547)
1759. de Montault, Dominique-Louis. (548)
1761. de Hennault, Marie-Louis, (550) né le 15 février 1739.
1764. de Guillebon. (551)
1772. Fatras, Etienne. (552)
1773. Castel.

1775. Courtalon.
1782. Devin, Claude-Michel. (553)
1783. Paticier, Pierre. (554)
1784. Hanriot.
1784. de Pluviers, Justin-Bénigne. (555).
1785. Delechaux, Pierre-Germain-Antoine-Marthe, né le 17 juillet 1721.
1786. Berthelot, Jean. (556)
1787. du Boyer de Beurnonville, Alexandre-Charles-François. (557)
1788. Poujet, diacre.
1788. Bosquillon de Frescheville, (558) Luglien-François, écuyer, prêtre.
de Frolich. (559)

Revenus des Dignités : Doyenné . . . . . . 375 livres.
Chantrerie . . . . . 225 livres.

Chapitre de ST-LEGER, a Péronne (uni à celui de St-Fursy). Rev. 3,059 liv.

Chanoines.

1748. Barbare (mort au mois de mars 1789).
1756. Calais, Cabriel-Jean-Joseph, né le 11 janvier 1731.
1783. Hadingue. (560).
1785. de Sachy, Eustache, (561) prêtre.
1785. Curaté, Marc-Antoine, principal du Collège. (562)

Hermites de la CHAPELETTE, près Peronne.

Desflaques, Simon, âgé de 82 ans.
Sené, Pierre, âgé de 58 ans, aveugle.
Rançon, François, âgé de 33 ans, infirme.

COMMUNAUTÉS RÉGULIÈRES D'HOMMES

Abbaye de NOTRE-DAME de HAM

Ordre de St-ugustin, congrégation de France.

Abbé commendataire : Mgr François-Joseph-Gaston de Partz de Pressy, évêque de Boulogne-sur-Mer, conseiller du Roi en tous ses conseils.
Prieur : Cordier, Jean, curé de Santin.

Religieux : Liétrement, Pierre-Robert-Nicolas, né le 31 octobre 1747 ; Savary, Jean-Baptiste, né le 4 octobre 1758 : prêtres ; Dubreuil, Elie, né le 6 octobre 1764 ; Morel, Jean-Baptiste ; Rempnoulx, Jean ; Lagasne, Pierre ; Moranvillé, Etienne ; Le Blanc, François : diacres ; Gouthière, Jean-François ; Demeaux, Antoine-Joseph : sous-diacres.

Couvent des CAPUCINS a PÉRONNE.

Lebas, André, né le 15 mars 1732.
Pérus, Pierre-François, né le 7 mars 1748.
Flamand, Pierre-Joseph, né le 30 novembre 1746.

Couvent des CORDELIERS a PÉRONNE.

Cousin, gardien ; Wallart ; Bouchard ; Moreau ; Ramin, Jean, né le 16 janvier 1730.

Couvent des MINIMES a PÉRONNE.

Demazières, Marc-Albéric-Joseph, né le 24 avril 1737, infirme.
Alligard, Jean-François, né le 2 novembre 1746.
    Et autres inconnus.

Couvent des TRINITAIRES a TEMPLEUX-la-FOSSE.

Caulers, Liévin-Joseph, ministre de la Maison, né le 6 août 1746.
Pennequin, âgé de 32 ans.
Lessiaux, âgé de 27 ans.

COMMUNAUTÉS RÉGULIÈRES DE FEMMES

Couvent des CLARISSES a PÉRONNE.

Bourdon, Abbesse.
François, Marie-Madeleine-Joseph, née le 10 novembre 1752.
Francière, Scolastique. (563)
Magniez, Marie-Anne, née le 1ᵉʳ juin 1731.
    Et autres dont les noms ont échappé à nos recherches.

Couvent des URSULINES a PÉRONNE. — R. 5,769 livres.

Béhal, Thérèse. (564)
Camus, Marie-Jeanne, née le 18 octobre 1739.
Dequehaigny, Julie-Antoine, née le 16 février 1767.
Gaudefroy, Marie-Joseph, née le 14 juin 1758.
Lecreux, Marie-Anne-Joseph, née le 8 août 1744.
Lemaitre, Marguerite-Catherine, née le 7 novembre 1760.
de Milly, Marie-Hélène, professe, née le 28 mai 1762.
de Milly, Marie-Françoise, professe, née le 25 février 1767.
Taisne, Henriette-Joseph, professe, née le 12 novembre 1755.
Tullier, Marie-Elisabeth, converse, née le 24 mars 1749.

Couvent des FILLES DE LA CROIX, a NESLE. (565)

Jacquart, Catherine, née à Péronne, âgée de 64 ans.
Ballin, Thérèse-Julie, âgée de 63 ans.
Hennebert, Marie-Joseph, née le 19 mars 1736.
Fétou, Louise, âgée de 47 ans.
Blot, Marie-Françoise, née le 16 avril 1742.
Paris, Jeanne-Elisabeth, âgée de 45 ans.
Frion, Marie-Rose, née le 5 décembre 1745.
Legrand, Félicité, âgée de 38 ans.

Filles de Ste-AGNÈS a PÉRONNE. (566)

1758. Cadot, Marie-Catherine, dite en religion sœur St-Louis, née le 10 janvier 1738 à Marquaix, supérieure.
1754. Pouillaude, Marguerite, dite St-Michel, dépositaire, née le 13 février 1734 au Transloy.
1739. Dollé, Anne-Jeanne-Marie-Théodore, dite Ste-Agnès, discrète, âgée de 76 ans.
1755. Chatelain, Marie-Anne, dite Ste-Félicité, maîtresse des novices, née le 2 février 1734 à Ginchy-Guillemont.
1739. Leine, Louise-Joseph-Suzanne.
1757. Lévêque, Anne-Marguerite, née le 2 janvier 1733 à Ste-Croix-d'Omissy, diocèse de Noyon.
1764. Batel, Marie-Catherine, née le 28 juillet 1742 à Flaucourt.

1768. Boucher, Marie-Madeleine-Rosalie, née le 18 janvier 1738 à Etricourt, dépendance de la paroisse St-Léger de Norroy.
1769. Copillon, Marie-Victoire-Sophie, dite Ste-Gertrude, née le 10 avril 1748 à Bray-sur-Somme.
1774. Boulet, Françoise-Paul, née le 9 janvier 1748 à Péronne, paroisse de St-Jean-Baptiste.
1779. Delame, Marie-Marguerite-Pélagie, dite Ste-Thérèse.
1780. Hénon, Marie-Hélène-Euphrosine, dite Ste-Madeleine, née le 28 février 1757 à Montauban, diocèse d'Amiens.
1782. Marchandise, Marie-Joseph, née le 18 mars 1760 à Doingt.
1783. Lévêque, Marie-Françoise-Joseph, née le 18 mars 1759 à Marchélepot.
1785. Lévêque, Marie-Catherine-Félicité, dite Ste-Rose, née le 8 mai 1761 à Marchélepot.
1788. Mallemain, Marie-Françoise, dite Ste-Victoire, née le 29 juin 1770.
1788. De Marle, Francoise, dite St-François de Paule.

FILLES DE STE-AGNÈS, MAISON DE LA PROVIDENCE, A HAM. (567)

1754. Lanoy, Marie-Madeleine, née le 21 décembre 1732.
1754. Serain, Marie-Euphrosine, née le 5 septembre 1729 à Ham, paroisse de St-Pierre.
1754. Leroy, Marie-Louise, née le 23 août 1743 à Pertain.
1757. Bourgeois, Marie-Agnès, née le 13 octobre 1735 à Lasair.
1758. Lesage, Marie-Catherine, dite Ste-Rose, née le 17 avril 1730 à la ferme de Thury, paroisse de Marest Dampcourt.
1777. Caron, Marie-Angélique, née le 8 décembre 1758 à Aubencheul-au-Bois.
1784. Souplet, Marie-Catherine, née le 29 avril 1757 à Tincourt-Boucly.
1786. Grain, Catherine-Constance, née le 26 mars 1765 à Bonis.
1789. Marchand, Marie-Anne-Séraphine, née le 14 octobre 1764.
1784. Vermond, Marie-Madeleine, née le 10 mars 1756, sœur converse.

RELIGIEUSES HOSPITALIÈRES.

HOTEL-DIEU de HAM.

Filles de la Charité, congrégation de St-Lazare.

1762. Jarton, Marie, supérieure, née à St-Saturnin le 13 avril 1742.
1761. Cornet, Antoinette, née à Dompierre le 5 septembre 1756.

Fabre, Marie, âgée de 45 ans.
1775. Parcheval, Marie-Joseph-Antoinette, née le 14 mai 1749 à Pertain, paroisse de St-Remi, diocèse de Noyon.
Martel, Euphrosine, âgée de 29 ans.
1787. Delhay, Marie-Anne-Joseph, née le 31 août 1762 à Roillecourt.
Poujade, Antoinette, née le 27 décembre 1767 à Soubiroux.

HOTEL-DIEU de NESLE.
Filles de la Charité.

1763. André, Marie-Thérèse, née le 18 novembre 1741 à Fong?
1766. Lemaire, Marie-Jeanne, née le 26 juillet 1746 à Ambleteuse.
1768. Mombrun, Madeleine-Eugénie, (568) née le 11 février 1750 à Villers-Cotterets.
1769. Chauvassagne, Gilberte, née le 10 juin 1751 à Clermont-Ferrand, paroisse de St-Genest.
1775. Warembourg, Marie-Catherine, née le 4 juin 1756 à Fillièvres.
1781. Jacquemin, Louise, née le 24 octobre 1762 à Metz, paroisse St-Georges.
1781. de Lage, Marguerite, née le 30 janvier 1763 à St-Mexant-de-Lavergne.

HOTEL-DIEU de PÉRONNE.
Sœurs Bénédictines.

Cagny, Marie-Angélique ; Taisne, Henriette ; Boulanger, Marie-Louise ; Burillon, Catherine ; Lemaitre, Félicité ; Demilly, Hélène ; Thuillier, Elisabeth ; Démarquay, Marie-Anne, née à Curlu le 15 décembre 1737. (569)

Le chapelain perpétuel de l'Hôtel-Dieu était M. Besse, Claude-Laurent, maître ès-arts de l'Université de Paris.

NOTES ET RENSEIGNEMENTS

BIOGRAPHIQUES ET HISTORIQUES.

1. page 3. — Les seigneurs ecclésiastiques furent appelés aux Assemblées générales du Clergé dans les bailliages où ils possédaient des biens. C'est ainsi, par exemple, que sont représentés dans celle du bailliage d'Amiens le prieur et les religieux de l'abbaye de Beaubecq, en qualité de seigneurs de Muraumont, par Dom Broyard, prieur de l'abbaye du Gard, fondé de leur procuration, et le Chapitre de l'église cathédrale de Paris, en qualité de seigneur d'Outrebois, par M. O'Mellane.

2. p. 5. — La diversité de mœurs et de coutumes, entre certaines contrées de notre diocèse, s'affirme principalement sur quelques points qu'il ne nous parait pas hors de propos de noter ici. Dans les paroisses régies par la coutume d'Amiens, les biens meubles et immeubles côtiers et roturiers se partageaient également entre tous les enfants du décédé (article 82); mais tous les héritages féodaux nobles appartenaient au fils aîné ou, à défaut de fils, à l'aînée des filles, à la charge d'un quint *hérédital*, à partager également entre les autres enfants (art. 71). Dans les paroisses régies par la coutume de Ponthieu, tous les biens de la succession. meubles ou immeubles côtiers ou féodaux, situés dans ce comté appartenaient au fils aîné, sauf un quint *viager* seulement aux puinés ; il n'y avait donc qu'un seul héritier en Ponthieu (art. 1er et 3). Faut-il parler du droit de marché qu'on trouve dans le Sangterre spécialement? C'est une très ancienne prétention, de la part des fermiers, de conserver à perpétuité pour eux et leurs héritiers la jouissance de la terre qu'ils cultivent. Il a été beaucoup écrit sur et contre cet usage. Dans notre notice intitulée *Usages et traits de mœurs en Picardie*, nous avons signalé les opinions contradictoires. (Voyez Mémoires de la Société des Antiquaires de Picardie, tome XXVIII, page 585.)

3. p. 23. — Les bénéfices unis au collège d'Amiens étaient ceux ci-après nommés. En 1730 celui de St-Denis produisait 2,180 livres, tant pour fermages, droits et prestations en grains, que pour location de trois maisons à Amiens. Nous ne portons ici que le produit de ces maisons, seul connu. Voici le tableau des revenus à trois époques précises :

		1730.	1762.	1789.
Prieurés :	de St-Denis d'Amiens (maisons)	605 liv.	1040 liv.	2300 liv.
—	de Flixecourt.	1390	3311	7526
—	de Fresmontiers.	720	?	2305
Chapelles :	de Ste-Brigitte, en la Cathédrale.	57	75	?
—	de N.-D. de la rose, en St-Nicolas	240	425	5000
—	de St-Quentin, à Amiens . .	420	?	1040
—	de N.-D. de Lorette, en St-Eloi de Corbie	75	80	240
—	de Gouy ou la Corbière, en la Collégiale de Picquigny .	280	330	535
—	de St-Nicolas, au village de Parvillers	132	?	420
—	de N.-D. en la Collégiale de Vinacourt	?	340	986

4. p. 26. — Mgr de Machault, né à Paris le 29 décembre 1737, était fils de Jean-Baptiste de Machault, seigneur d'Arnouville près de Gonesse, et de Geneviève Louise Rouillé de Coudray, son épouse. Il fut grand-vicaire et archidiacre d'Amiens sous la prélature de Mgr de La Motte, qui le choisit et l'obtint pour coadjuteur en 1772, et auquel il succéda. Mgr de Machault assista en personne à l'Assemblée générale du bailliage d'Amiens en 1789. Il y fut nommé député aux États généraux, pour les bailliages d'Amiens et de Ham. En 1791, sous la pression des évènements, il quitta son diocèse et se rendit à Paris. Vers la fin du mois de février il se réfugia à Tournay, d'où il passa en Westphalie. Il résida successivement à Munster et à Paderborn, puis il partit pour Anvers à la fin du mois de février 1802. Après la tourmente révolutionnaire, il revint en France et mourut au château d'Arnouville le 12 juillet 1820.

Nous publions ici son portrait, au bas duquel sont ses armoiries : *d'argent à trois têtes de corbeaux de sable*. (*Actes de l'église d'Amiens*, tome Ier, p. cxiij. — Correspondance de l'abbé Gorin pendant son émigration en Allemagne, dans *la Picardie*, 1883, p. 477 et 479.)

5. p. 26. — Le temporel du Chapitre d'Amiens était divisé en 44 prébendes, dont 42 étaient tenues par les chanoines prêtres, sous-diacre et clercs qui sont ici nommés, les deux autres avaient été dévolues aux abbayes de St-Acheul et de St-Martin aux jumeaux, dès les années 1085 et 1148. Le Chapitre fut représenté à l'Assemblée générale du bailliage par les chanoines Desjobert, du Gard et Rose. — Il entretenait pour les offices de la Cathédrale des enfants de chœur et treize musiciens, savoir : un serpentiste, trois basses-tailles, deux hautes-contre, cinq basses-contre, un maître et un sous-maître. Un arrêté du département du mois de mars 1792, les suspendit provisoirement de leurs fonctions jusqu'à ce que, par la Convention nationale ou par le Roi, il fût statué sur leur conservation ou leur suppression. — Au nombre des objets précieux que possédait la Cathédrale et qui furent confisqués et jetés au creuset pendant la Révolution, signalons le magnifique reliquaire en or, dans lequel était enfermé le chef de St-Jean-Baptiste, et le plateau en or, massif, orné de pierres fines, sur lequel il reposait. C'était un don fait par la reine Isabelle de Bavière, à l'occasion de son mariage avec Charles VI, en 1385. On sait que la relique et la calotte de cristal de roche qui la recouvrait depuis des siècles ont été sauvées par le maire Lescouvé lui-même. Les experts avaient estimé ce reliquaire 150 mille livres, nous apprend le représentant du peuple André Dumont, par une de ses lettres ridiculement cyniques, adressées à la Convention nationale. (*Amiens et le département de la Somme pendant la Révolution*, tome II, page 228.)

6. p. 26. — Le doyen de Lestocq, était natif d'Amiens. Dans sa jeunesse il avait été secrétaire du cardinal de la Roche-Aymon, archevêque de Reims. Il fut député à l'Assemblée du Clergé tenue à Paris en 1745. Au mois d'octobre 1771 il fut nommé abbé de Clerfay. Il fut arrêté comme suspect le 3 avril 1793, enfermé à Bicêtre le 7 septembre suivant, et aux Carmélites le 15 octobre. (De Cardevaque, dans la *Picardie*, 1879, p. 390.)

7. p. 26. — L'abbé Dargnies naquit à Abbeville paroisse de St-André, le 3 mai 1735, d'Antoine Dargnies et de Geneviève Marguerite Délegorgue,

son épouse. En 1787 il fut nommé député à l'Assemblée provinciale de Picardie, qui le choisit comme membre de la Commission intermédiaire. Il en remplit les fonctions avec un zèle digne des plus grands éloges. Aussi, la Commission intermédiaire sollicita-t-elle du Roi, en sa faveur, la commende de l'abbaye de Moreuil qui était devenue vacante. Les motifs qu'elle fit valoir à l'appui sont des plus honorables pour le candidat. En 1789 l'Académie des sciences et arts d'Amiens reçut l'abbé Dargnies dans son sein. Il jouissait d'une pension sur l'abbaye de Valloires.

Les temps étaient devenus difficiles et M. Dargnies avait cru prudent de se tenir caché : ce qui le fit accuser d'émigration. Le 18 février 1793 le Conseil général du département avait prescrit la recherche et l'arrestation des prêtres réfractaires. Une visite domiciliaire fut faite dans la maison habitée par l'abbé Dargnies. On le trouva disant la messe sur un autel portatif ; huit personnes des deux sexes y assistaient. Il fut arrêté et enfermé à la conciergerie. Mais le tribunal du district, reconnaissant qu'il ne se trouvait ni dans le cas de la déportation ni dans celui de l'émigration, ordonna son élargissement le 20 février. Cette décision amena un conflit célèbre qui fut porté devant la Convention nationale, le 25 du même mois. On en peut lire les détails dans *Amiens et le département de la Somme, pendant la Révolution*, tome II, page 253. Aussitôt libre, M. Dargnies émigra en Allemagne ; il mourut le 17 avril 1796 à Duderstadt, où il habitait avec l'abbé Gorin. On a de lui : 1° Un *Recueil des lettres spirituelles de Mgr de La Motte*, 1777 ; 2° La *Vie de Mademoiselle de Louvencourt, décédée à Amiens en odeur de sainteté*. Imprimerie Caron-Berquier à Amiens, 1788.

8. p. 26. — Le chanoine Mignot résigna son canonicat au profit de Monsieur Foillenot de Magny, prêtre. Celui-ci était aussi titulaire : 1° du prieuré de St-Pierre d'Usson, département de la Vienne, arrondissement de Civray ; 2° de la chapelle de la Ste-Vierge et de St-Antoine, érigée en l'église paroissiale de Buvilly, département de Montpira alors, aujourd'hui du Jura, arrondissement de Poligny ; 3° et de la chapelle de Notre-Dame de Pitié, fondée en l'église de l'hôpital de Vesoul, Haute-Saône.

9. p. 26. — Le prévôt était chargé de l'administration temporelle du Chapitre. Il était le représentant de celui-ci à l'extérieur. — On trouve cet officier dans les abbayes et autres communautés dont les revenus importants ou les domaines éloignés demandaient une gestion spéciale. Si le domaine consistait en une seigneurie, le prévôt y exerçait la justice.

10. p. 26. — Le chanoine Séguin de Pazzis était aussi titulaire de l'une des chapelles de St-Urbain de Vaire-sous-Corbie, mentionnée plus loin, et d'une chapelle sous l'invocation de Ste-Anne, fondée à St-Féréol en Dauphiné, du revenu de quarante livres.

11. p. 26. — Le chanoine Desjobert était aussi titulaire du prieuré de Conty et de deux chapelles érigées dans l'église de Carvin, près de Lille en Flandre, l'une sous l'invocation de St-Marc, produisant 577 livres, et l'autre sous l'invocation de St-Nicolas, produisant 245 livres.

12. p. 27. — Le chanoine Pingré était seigneur de Bussy-lès-Dours. Il fut arrêté et enfermé à Bicêtre le 8 septembre 1793. Il entrait aux Capettes le 13 mai 1794.

13. p. 27. — Le chanoine Bigorne fut, pendant la Terreur, enfermé dans les prisons d'Amiens, depuis le 14 novembre 1793 jusqu'au 14 janvier 1795.

14. p. 27. — Le chanoine P. J. du Gard, était aussi titulaire de la chapelle de St-Nicolas du Moncel. Il fut, pendant la Terreur, le 30 pluviose an II (18 février 1794), arrêté à Sains et emprisonné à Amiens, dans la maison de Bicêtre d'abord, puis successivement dans plusieurs autres prisons. Il fut libéré le 16 juillet de la même année.

15. p. 27. — Le chanoine Dutilloy, était né à Amiens. Il fut arrêté le 11 mai 1793, transféré à Bicêtre le 7 septembre suivant, et successivement dans sept autres prisons d'Amiens. Il se trouvait aux Carmélites au mois d'octobre 1794, et fut mis en liberté peu de temps après. — Il mourut le 25 juillet 1803. (Registre aux actes de l'autorité épiscopale, de 1802 à 1804, p. 114. Archives du Département.)

16. p. 27. — Le chanoine Prévost de Montaubert, était aussi titulaire de la chapelle des Berqueries, située au Vieil Hesdin. Il mourut le 6 janvier 1792.

17. p. 27. — Le chanoine P. G. J. Gorguette fut arrêté le 23 avril 1793, enfermé à Bicêtre le 7 septembre, et aux Carmélites le 15 octobre de l'année suivante.

18. p. 27. — Le chanoine Gallas fut arrêté et emprisonné à Bicêtre le 19 octobre 1793. Il était dans la maison des Carmélites au mois d'octobre 1794.

19. p. 27. — Le chanoine Rose, était titulaire de la chapelle de Beaufremont et de celle du Mesnil-Pipart, département de l'Eure, lesquelles produisaient ensemble 809 livres. Il était natif de Tôtes, au-dessus de Dieppe. Pendant la Terreur, il fut enfermé dans les prisons d'Amiens. Son arrestation avait été faite le 22 avril 1793 ; il était encore aux Carmélites au mois d'octobre 1794.

20. p. 27. — Le chanoine Charles Gorguette, natif d'Amiens, fut arrêté le 5 avril 1793 et enfermé dans les prisons d'Amiens. On le trouve aussi dans la maison des Carmélites au mois d'octobre 1794.

21. p. 27. — Le chanoine Lenoir était né à Amiens. Arrêté à Démuin dans la nuit du 15 au 16 juin 1793, il fut conduit à Amiens, avec plusieurs autres prêtres, enfermé à la conciergerie, transféré le lendemain à Bicêtre et le 30 juin à la Providence, en exécution d'un arrêté du directoire du département dudit jour, à cause de ses infirmités qui empêchaient sa déportation à la Guyane. Balloté ensuite de prison en prison, on le trouve dans la maison de réclusion des Carmélites au mois d'octobre 1794.

22. p. 27. — Deux des trois prébendes dites théobaldiennes n'étaient que des demi-prébendes. Le chanoine Dequen était aussi titulaire du prieuré de St-Magne de Thermes, au diocèse de Mande en Gevaudan, qui produisait 1689 livres.

23. p. 27. — Le chanoine Buignet était aussi titulaire de la chapelle de St-Pierre et St-Paul, à Rouvroy en Sangterre. Arrêté pendant la Terreur, il fut emprisonné à Amiens dans la maison de Bicêtre le 13 mai 1793. Mais, en exécution d'un arrêté du département du 18 juillet suivant, il fut transféré au domicile d'une veuve Benoit, pour y rester jusqu'à parfaite guérison d'un tremblement convulsif dont il avait été atteint dans la nuit du 11 au 12 dudit mois. Il fut remis sous les verrous à la Providence le 16 février 1794, d'où il passa aux Filles repenties, puis aux Carmélites ; il fut enfin libéré le 14 janvier 1795.

24. p. 28. — Le chanoine Damonville était né le 28 mai 1753 aux Andelys, de Jacques-Charles-Nicolas Damonville et de Françoise-Elisabeth Decroixmarre, son épouse. Il fut emprisonné à Bicêtre le 5 novembre 1793 et successivement dans d'autres prisons d'Amiens, jusqu'au 3 juin 1794, jour où il fut transféré à Rochefort pour la déportation, en exécution d'un arrêté du département de la Somme du 2 prairial an II (21 mai 1794). Cet arrêté déclarait déportables immédiatement douze prêtres, dont deux étrangers au diocèse, savoir : 1° Brunet, André-Gabriel, capucin, né à Paris, dont nous parlerons ; 2° Rousseau, Pierre-Joseph, musicien, né le 18 décembre 1762 à Vezilly, dans le diocèse de Soissons, de Jean-Joseph-Rousseau et de Marie-Madeleine Jean, son épouse. L'abbé Rousseau, qui habitait Amiens, est l'auteur du récit intitulé : *Le martyre des prêtres français déportés dans la rade de l'île d'Aix près Rochefort*, publié en 1803. On le trouve dans les *Mémoires pour servir à l'histoire de la Religion*, par M. Jauffret, devenu évêque de Metz.

25. p. 28. — Le chanoine Ch. J. A. Joiron était natif d'Amiens. Il fut arrêté le 3 avril 1793 et emprisonné à Bicêtre le 13 mai. Après avoir été balotté de prison en prison pendant dix huit mois, il fut libéré vers le mois d'octobre 1794. Au mois de septembre 1799 il fut arrêté de nouveau, enfermé à la Conciergerie (maison de justice), puis à Bicêtre et enfin libéré le 28 mars 1800.

26. p. 28. — Le chanoine Tranel se rendit volontairement dans la prison de Bicêtre à Amiens, le 30 novembre 1793, en exécution de la loi. Il fut transféré successivement dans d'autres ; il était encore détenu aux Carmélites au mois d'octobre 1794.

27. p. 28. — Le chanoine Lucet était aussi titulaire de deux chapelles sous l'invocation de Notre-Dame et de St-Jean, érigées dans l'église de Carvin près de Lille en Flandre, qui produisaient 338 livres.

28. p. 28. — Le chanoine Bondu, natif d'Amiens, fut arrêté le 13 avril 1793 et enfermé à Bicêtre le 13 mai. Il resta dans les prisons d'Amiens pendant un an et demi.

29. p. 28. — Les biens provenant des nombreuses fondations faites pendant le cours des siècles pour la célébration de la sainte messe dans les chapelles de la cathédrale formaient deux parts, dont l'une pour les titulaires de ces bénéfices. L'autre était gérée et administrée, au profit commun, par un prévôt qui en distribuait les fruits dans des conditions déterminées : c'était la Communauté et Université des chapelains.

L'aggrégation était facultative. En 1789, comme en 1730 et en 1611, le nombre des chapelains unis était de 64. La primitive aggrégation n'était composée que de dix membres. Ses revenus sont toujours restés distincts et attribués aux titulaires successifs des dix premières chapelles.

L'université des chapelains fut représentée à l'assemblée générale du bailliage par MM. Démanché et Lucas, deux de ses membres.

30. p. 28. — M. Jean-Baptiste Asselin était en outre titulaire de deux autres chapelles, l'une dans l'église paroissiale de St-Remi d'Amiens, l'autre à Fricamps. Il résigna le 8 mai 1789, au profit de son neveu, deux chapelles, sur le produit desquelles il se réserva une pension.

31. p. 29. — Le chapelain Daire nous parait être l'ex père célestin, le premier historien de la ville d'Amiens. Nos listes de chapelains ne portent pas son prénom, mais notre conviction s'appuie sur cette circonstance que, précisément à la même époque, un autre religieux sécularisé du même couvent, Adrien-François Bocquet, figure parmi les ecclésiastiques habitués de la paroisse St-Remi. (Voy. ci-dessus p. 8 et 36.)

32. p. 29. — Le chapelain Fouquerel était aussi titulaire de la chapelle de Ste-Anne des Bocquiaux, en l'église de St-Martin d'Etaves, diocèse de Noyon, produisant 160 livres, et de la chapelle de St-Nicolas en l'église de Flavy, produisant 337 livres. (Registre aux Avis pour les pensions, p. 203.)

33. p. 30. — Le chapelain Legendre était né à Molliens en Beauvoisis. Il fut arrêté le 3 avril 1793, conduit à Bicêtre le 7 septembre, et successivement dans d'autres prisons d'Amiens. Au mois d'octobre 1794 on le trouve encore aux Carmélites.

34. p. 30. — Le chapelain Lejeune, né à Amiens, fut arrêté le 9 mai 1793. Il entra dans la prison de Bicêtre à Amiens le 7 septembre, fut transféré aux Capettes, puis aux Carmélites et de nouveau à Bicêtre, où il mourut le 5 août 1794.

35. p. 30. — M. Le Picard s'étant retiré à Paris, y mourut en 1819. Par son testament olographe daté du 24 décembre 1817, déposé le 8 juin 1819, aux minutes de M° Breton, notaire à Paris, il avait légué aux hospices de la ville d'Amiens un marché de terre situé à Bouvincourt.

36. p. 30. — Le chapelain Lucas remplit les fonctions de Secrétaire du Chapitre de la Cathédrale depuis 1760 jusqu'en 1790. A cette époque il était âgé de 65 ans.

37. p. 30. — Le chapelain Martin, né à Amiens, fut arrêté le 2 avril 1793, entra à Bicêtre le 7 septembre et passa dans diverses autres prisons. On le trouve encore aux Carmélites au mois d'octobre 1794.

38. p. 30. — M. Quignon, chapelain de l'université, était aussi titulaire de la chapelle de la Ste-Vierge en l'église de Vauconcourt, au diocèse de Besançon, produisant 440 livres. Il avait été curé de Saveuse et avait réservé sur la cure, en la résignant, une pension de cent livres, selon le registre aux délibérations du département, 4ᵉ bureau, séance du 26 mai 1791.

39. p. 32. — Il existait autrefois deux chapelles dédiées à Ste-Brigitte ; mais l'une d'elles ayant été unie au collège d'Amiens, les biens se confondirent avec les autres appartenant à cet établissement, et il n'y eut plus de titulaire particulier.

40. p. 32. — M. Roux, prêtre du diocèse d'Avignon, était aussi titulaire : 1° de la chapelle de Notre-Dame la brune, en l'église d'Eyragues (Bouches-du-Rhône), produisant 150 livres ; 2° de la chapelle de St-Eustache, en la même ville, du revenu de 5 livres 7 sols ; 3° de la chapelle Saint-Charles et Saint-Roch à Bourgade, du revenu de 45 livres 16 sols ; 4° et d'une chapelle dite Danville, au même lieu, du revenu de 16 livres.

41. p. 32. — Les renseignements relatifs à la fondation de la chapelle de St-François de Sales, ont été donnés imparfaitement dans les *Bénéfices de l'Eglise d'Amiens*. Nous les complétons et rectifions.

Cette fondation fut faite par Mlle Cristine de Baisieux dame de Domart-sur-la-Luce, où elle demeurait. Le chapelain fut chargé de faire dire chaque année à perpétuité, après la mort de la fondatrice, un obit dans l'église paroissiale de Domart, et de dire dans ladite chapelle six messes basses chaque année, aussi à perpétuité, le premier vendredi de chacun des six premiers mois de l'année. Et, pour l'acquit de ces charges, elle a fait donation de douze journaux de terre labourable située en quatre pièces sur le terroir de Domart, pouvant produire environ 45 à 50 setiers de blé, mesure de la ville d'Amiens. L'acte de cette fondation fut passé pardevant les notaires royaux au bailliage d'Amiens le 26 mai 1639 et insinué le 9 juin suivant. (Arch. départem. Registre B, f° 58.)

42. p. 32. — Le chapitre de St-Firmin comptait six prébendes, et celui de St-Nicolas huit. Ces deux chapitres furent réunis sous le titre de St-Martin, par décret de l'évêque d'Amiens, Mgr de Machault, daté du 28 octobre 1786 ; ce qui fut confirmé par lettres patentes du Roi du mois de février 1787.

Les chanoines de la collégiale de St-Martin furent représentés à l'Assemblée du bailliage par MM. Decoisy et Darras, deux d'entre eux.

43. p. 32. — Le chanoine Desjardins fut arrêté et emprisonné à Bicêtre le 2 juin 1794, puis dans les maisons des Filles repenties et des Carmélites. Il fut libéré le 14 janvier 1795.

44. p. 32. — Le chanoine Douchet, né à Hem-lès-Doullens, fut arrêté le 3 avril 1793, transféré le 7 septembre à Bicêtre et successivement dans d'autres prisons d'Amiens, où il était encore le 15 octobre 1794.

45. p. 32. — Le chanoine Tripier figure en la procuration donnée capitulairement le 12 mars 1789, afin d'assister à l'Assemblée générale du bailliage pour la nomination des députés aux Etats généraux. Il avait succédé à Jean Palyart, décédé un peu avant le synode de 1789.

46. p. 32. — Après avoir été jésuite, M. Triboulet devint chanoine de Saint-Martin, en 1788. Le 10 prairial an II (29 mai 1794) il reçut ordre de se rendre, dans les 24 heures, en la maison de détention de Bicêtre : il obéit. On le trouve dans la maison des Filles repenties au mois de juin suivant. (Registre aux délibérations du département, 4e bureau.)

47. p. 32. — Le chanoine Voclin, qui faisait partie de l'université des chapelains de la Cathédrale, fut arrêté à Amiens le 3 avril 1793, enfermé à Bicêtre le 13 mai et traîné de prison en prison pendant près de deux ans ; il fut libéré le 14 janvier 1795.

48. p. 33. — Le chanoine Grenet était né à Amiens. Il fut arrêté comme suspect le 3 avril 1793, et conduit à Bicêtre le 7 septembre suivant. On le trouve dans la prison des Carmélites au mois d'octobre 1794.

49. p. 33. — Le chanoine Lenfant était natif d'Amiens. Il fut arrêté le 23 avril 1793, entra dans la prison de Bicêtre le 7 septembre, passa dans plusieurs autres maisons de détention de la Ville et fut libéré le 14 janvier 1795.

50. p. 33. — M. Darras, titulaire de l'une des prébendes de St-Firmin, l'était encore de la chapelle de St-Jean-Baptiste dite de pleine sevette, fondée en la paroisse de Neville-en-Caux, produisant un revenu de 471 livres.

Il était supérieur du Petit séminaire d'Amiens, érigé par deux décrets de Mgr de Machault, en date du 5 et 10 août 1781, confirmés par lettres patentes du Roi, du mois de mars 1782, lesquelles furent homologuées par le parlement de Paris le 2 septembre suivant. A ce titre il recevait un traitement annuel de 1,500 livres.

M. Darras avait été plus de 20 ans curé à la campagne et plus de 10 ans doyen de chrétienté. Il fit le sacrifice de ces places pour se rendre aux désirs de son évêque qui l'avait admis dans son conseil. Il passa ensuite la plus grande partie de sa vie à élever les jeunes ecclésiastiques du diocèse. Sa santé fut considérablement altérée par un empoisonnement qu'il avait essuyé.(Reg. aux avis pour les pensions ecclésiastiques, p. 198.)

51. p. 33. — Les revenus de toutes les paroisses de la ville d'Amiens s'élevaient à 10,544 livres, selon que nous l'apprend une délibération du directoire du département de la Somme du 3 décembre 1791. Pour quatre d'entre elles nous n'avons pas trouvé leur revenu particulier, mais nous donnons celui des autres.

52. p. 33. — Le curé Brandicourt, devenu vicaire épiscopal de l'évêque constitutionel Desbois, fut arrêté et conduit à la conciergerie le 13 novembre 1793 et élargi le 22 du même mois.

53. p. 33. — Le curé Quignard, avec sept autres de la Ville, signa le 16 janvier 1791 une formule de serment qui, n'étant pas pure et simple mais restrictive, excita l'indignation du directoire du département. Pour ce fait, tous furent destitués, ainsi que leurs vicaires, le 16 avril 1791. Pendant la Terreur, le 26 février 1793, M. Quignard fut arrêté et enfermé à la Providence, puis dans diverses prisons de la Ville. Il ne fut libéré que le 14 janvier 1795.

54. p. 33. — Le vicaire Caullier mourut le 29 janvier 1790. Il était fils d'Antoine Caullier.

55. p. 33. — Le curé N. Roussel était né à Ville-sous-Corbie. Il avait signé la formule de serment restrictif et fut destitué. Le 24 février 1793 on l'arrêta, et le 7 septembre il était enfermé à Bicêtre, puis successivement dans d'autres prisons d'Amiens. On le trouve encore dans la maison des Carmélites au mois d'octobre 1794.

56. p. 34. — Le curé J. G. Roussel signa, comme le précédent, la formule restrictive de serment et fut destitué en 1791. C'est lui qui, en 1764, le jour de la Sainte Trinité, avait béni *la Croix du four des champs*, érigée par la confrérie de ce nom dans l'église de St-Jacques, dont il était déjà curé. Elle a disparu depuis longtemps. (Documents particuliers de la confrérie.)

57. p. 34. — Le curé Dufresne, quoique réputé démissionnaire, pour avoir signé la formule restrictive de serment, fut autorisé, sur sa demande, à continuer de desservir la paroisse jusqu'à nouvel ordre.

58. p. 34. — Le curé Palyart, l'un des signataires de la formule restrictive de serment et pour cela destitué, fut arrêté le 1er octobre 1793, enfermé à Bicêtre le 6, et transféré le 13 à la Conciergerie (maison de justice).

59. p. 34. — Le curé Duminy, signataire aussi de la formule restrictive de serment et l'un de ceux qui l'avaient proposée, fut destitué en 1791.

60. p. 34. — Le curé Hareux, qui avait avec l'abbé Duminy proposé et signé la formule restrictive de serment, fut comme lui destitué.

61. p. 34. — Le curé Fertel fut aussi destitué en 1791, pour avoir signé la formule restrictive de serment. Il mourut en 1813 et fut inhumé dans le cimetière du faubourg de Beauvais établi près de la chapelle St-Honoré, maintenant détruite. La pierre posée sur sa tombe a été rapportée dans la chapelle des fonts baptismaux de la cathédrale. On y lit l'épitaphe suivante :

D. O. M.

In spem Resurrectionis.

Ici repose le corps de M. Pierre-Honoré-François Fertel, d'abord curé de la paroisse de St-Sulpice d'Amiens et prévôt des chapelains de la cathédrale ; ensuite, après dix ans d'exil pour la foi, curé de la cathédrale, puis doyen du Chapitre et vicaire général du diocèse ; il est décédé le 24 mars 1813, agé de 72 ans et 5 mois.

Ses vertus, ses lumières, son rare talent pour la chaire et la direction des consciences, lui avaient mérité l'amour, la confiance et la vénération des prêtres et des fidèles, qui ont pleuré amèrement sa perte, ainsi que sa famille qui a posé ce monument de sa douleur et de sa reconnaissance.

Priez Dieu pour le repos de son âme.

De profundis. — Requiescat in pace.

Sur une pierre ajoutée au bas de la précédente on lit :

Par délibération du Chapitre, en date du 15 mars 1869, les restes vénérés de M. Fertel ont été transférés du cimetière supprimé de St-Honoré en la sépulture de MM. les chanoines à la Madeleine et sa pierre tumulaire a été placée ici.

62. p. 34. — Le curé Benoit fut, comme ses confrères, destitué pour avoir signé la formule restrictive de serment.

Il fut arrêté deux fois pendant la Terreur : d'abord chez la dame Maizan, où il était retiré, et conduit à la conciergerie le 18 février 1793, élargi le 2 mars ; ensuite, le 16 février 1794, il est enfermé aux Capettes. On le trouve aux Carmélites au mois d'octobre suivant.

63. p. 34. — Le curé Declaye était aussi titulaire du prieuré simple de St-Marc de Salles. (Registre aux pensions p. 286.)

64. p. 35. — Indépendamment des revenus particuliers de chacune des paroisses, les curés d'Amiens palpaient d'autres produits de biens mis anciennement en commun. On en distinguait de deux sortes : 1° Ceux de la primitive communauté, dont l'origine remonte au commencement du XIIIe siècle et ne profitaient plus qu'à six des curés ; 2° Ceux d'une autre communauté formée depuis, sans qu'on en trouve la date, lesquels se partageaient également entre les douze curés actuels.

Dans les opérations du Bureau diocésain en 1730, les revenus des deux communautés furent confondus et constatés s'élever net à 750 livres. A l'époque de la Révolution on rétablit la distinction, afin de

— 218 —

fixer la pension à allouer à chacun des curés, d'après l'importance de ses droits dans ces communautés. (*Bénéfices de l'Eglise d'Amiens*, tome 1er, page 81. — Archives du département, Titres de la communauté des curés. — Registre aux Avis des pensions, p. 281.)

65. p. 35. — M. Jean-Baptiste Asselin, âgé de 72 ans, était chargé depuis l'année 1740 d'administrer l'extrême onction aux paroissiens de la Cathédrale. Il exerça cette fonction jusqu'au moment de la constitution civile du clergé.

66. p. 35. — Le prêtre Lefranc, pour obéir à l'ordre de la commission révolutionnaire du département, se rendit volontairement à la conciergerie d'Amiens, où il fut écroué le 14 novembre 1793. Il fut libéré le 22.

67. p. 35. — M. Fréville, né à Amiens le 30 octobre 1759, avait reçu l'ordre de la prêtrise vers l'année 1786. Au mois de juin 1791 il fut élu curé de Toutencourt. Le 4 octobre 1792 il prêtait le serment requis. Le 14 ventose an II (4 mars 1794) il se mariait avec Dlle Marie-Barbe-Delphine Robillard, âgée de 27 ans. Dans l'acte il est dit « ci-devant curé de la paroisse de la dite commune et âgé de 34 ans ». Il figure sur les listes des anciens ecclésiastiques pensionnés jusqu'en l'an X (1801-1802). (Arch. départ. liasse F des curés constitutionnels.)

68. p. 35. — L'abbé Le Roy devint vicaire de la paroisse de St-Jacques d'Amiens, sous l'évêque constitutionnel, et changea alors son nom en celui de *République*. Le 24 brumaire an II (14 novembre 1793), « d'après l'invitation du citoyen André Dumont, représentant du peuple dans les départements du Nord, et le vœu du peuple », il déclara renoncer à l'exercice des fonctions de prêtre et déposa ses lettres de prêtrise et autres aux mains du citoyen Martin, officier municipal de la permanence à Amiens.

69. p. 35. — M. Laurent était natif d'Amiens. Il avait résigné la cure d'Englebelmer en faveur de M. Létocart, au mois de décembre 1780, en se réservant une pension de 300 livres. On a vu précédemment que M. Laurent était aussi titulaire de l'une des chapelles de St-Jean-Baptiste *retro chorum* de la cathédrale. Il fut arrêté le 3 avril 1793, enfermé à Bicêtre le 7 septembre, puis dans plusieurs autres prisons d'Amiens. On le trouve en dernier lieu aux Carmélites au mois d'octobre 1794.

70. p. 36. — M. Férin était né à Amiens, paroisse St-Michel, le 4 février

1750, de Louis-Gabriel Férin et Marie-Angélique Caron, son épouse. Il fut arrêté le 3 avril 1793 et enfermé dans les prisons d'Amiens, où il resta jusqu'à son transfèrement à Rochefort, qui eut lieu le 3 juin 1794. Il avait été déclaré déportable par l'arrêté du département, du 2 prairial an II (21 mai 1794). Embarqué sur le navire *Les deux Associés*, il y mourut dans la nuit du 25 au 26 septembre 1794. On l'enterra dans l'île Madame.

71. p. 36. — Leroux, Jean-Baptiste-Joseph, fils de Jean-Baptiste Leroux et de Marie-Elisabeth Cagnart, était né à Amiens le 26 août 1740. Il était titulaire de la chapelle de Ste-Barbe, en l'église paroissiale de St-Sulpice. Il fut arrêté et emprisonné à Bicêtre le 12 novembre 1793, puis par ordre d'André Dumont, Saint Just et Lebas, transféré aux Capettes le 16 février 1794. Après être passé successivement dans d'autres prisons de la ville, et en dernier lieu aux Carmélites le 15 octobre, il fut libéré le 19 janvier 1795. Il avait été, avec son frère et dix autres, condamné à la déportation par l'arrêté du département du 21 mai 1794 ; mais il ne figura point sur la liste de départ et resta à Bicêtre jusqu'au 15 octobre, puis il rentra aux Carmélites.

72. p. 36. — Leroux, Augustin-Joseph, frère puiné du précédent, naquit à Amiens le 18 mars 1743. Il fut emprisonné en même temps que son frère et subit les changements de prison aux mêmes dates jusqu'aux Carmélites. Delà il passa le 1er mai 1794 à Bicêtre, et fut déclaré déportable par l'arrêté du département qui vient d'être rappelé. Moins heureux que son frère, il fut transféré le 3 juin à Rochefort pour la déportation. Embarqué sur le navire *Les deux Associés*, il y mourut le 15 septembre suivant et fut inhumé dans l'île Madame.

73. p. 36. — M. Monin était aussi titulaire de la chapelle de St-Jean-Baptiste des Coquelets, à Jumelles. Il mourut au mois d'août 1789.

74. p. 36. — M. Manier émigra en Allemagne : il était à Duderstadt en Saxe, avec M. Gorin et d'autres prêtres d'Amiens, comme en témoigne celui-ci en écrivant à sa sœur. Dans une lettre datée du mois de décembre 1795, il dit : « Toute la colonie se porte bien et ne souffre réellement que de vos souffrances. »

75. p. 36. — M. Gorin était né à Amiens le 23 avril 1744, de Charles-Joseph-Gorin, imprimeur en étoffes (?) et de Jeanne Hainselin, son épouse. Il succéda à M. Monin, comme principal du collège d'Amiens, le 11 septembre 1789, après avoir professé les classes de cinquième et de quatrième. Destitué en 1791 pour refus de serment, il fut proscrit comme prêtre réfractaire par la loi du 10 août 1792 et prit le chemin de l'exil. Il se réfugia d'abord à Bruges et bientôt après en Allemagne. En 1795 il était à Erfurt, d'où l'Electeur de Mayence fit sortir tous les émigrés français, vers le mois d'octobre de cette année. L'abbé Gorin se réfugia à Duderstadt, où il resta jusqu'à son retour en France en 1802. L'Académie des sciences et lettres d'Amiens l'admit dans son sein le 8 octobre 1803. Son discours de réception eut pour sujet *le rire*, cette douce expansion de l'âme qui lui était si familière, comme l'atteste sa correspondance. Nommé proviseur du Lycée d'Amiens le 14 décembre 1809, il se démit de cette fonction en 1813 et mourut vingt ans après, le 15 septembre 1833. (Voy. sa Correspondance pendant son émigration en Allemagne, publiée par nous dans *La Picardie*, 1883, p. 377.)

76. p. 36. — M. Dauphin émigra en Allemagne avec M. Gorin, qui parle souvent de lui dans sa correspondance et le nomme parfois Myrtil (a). Ensemble ils firent le voyage d'Erfurt à Duderstadt au mois d'octobre 1795. A la fin de l'année 1799, Myrtil était à 20 lieues delà, faisant l'éducation de deux jeunes gens. Au commencement de l'année 1801, il rentrait en France, dans des conditions qui furent blâmées par son ami.

77. p. 36. — Le chapelain Vaillant était né au Candas. Il fut emprisonné à Amiens pendant la Terreur, d'abord à Bicêtre le 7 septembre 1793, puis successivement dans d'autres maisons. On le trouve encore aux Filles repenties au mois de septembre 1794.

78. p. 36. — M. Vielle avait encore une pension de 450 livres sur la cure d'Aubercourt.

79. p. 37. — Le frère de Lesellier, chapelain de St-Laurent et son mandataire, déposa au district le 7 avril 1792, les objets suivants, provenant de ladite chapelle : un petit calice, sa patène et un petit ciboire, en argent ; deux bénitiers en cuivre ; deux burettes et leur plateau en étain.

80. p. 38. — L'inventaire de l'abbaye de St-Acheul dressé par les officiers municipaux en 1790 constate le détail suivant des vases sacrés et

---

(a) Souvenir de la mythologie grecque. Quelque allusion intime peut-être ?

ustensiles trouvés dans la sacristie : un soleil pesant environ trois marcs (*a*) et un ciboire, tous deux en vermeil ; un ciboire plus petit pour porter les sacrements, deux calices, deux paix, deux boites aux saintes huiles, deux burettes, une croix, un encensoir et sa navette : le tout en argent ; le bâton de la croix garni d'une feuille d'argent, deux bâtons de chantres argentés.

La Bibliothèque ne fut trouvée contenir que 4,142 volumes ; mais l'inventaire dressé plus tard, par l'ordre du district, constata 5,072 volumes et un manuscrit pour servir à l'histoire de France, depuis 1574 jusques en 1589. (Relevé des Inventaires. Arch. départem.)

81. p. 38. — L'abbé de St-Acheul se fit représenter à l'Assemblée générale du clergé pour la confection des cahiers et l'élection des députés aux Etats généraux. par M. de Lestocq, doyen du Chapitre d'Amiens.

82. p. 38. — Dom Laurent Revoir qui tenait, comme nous l'avons dit p. 28, la prébende régulière de la cathédrale attribuée à l'abbaye de St-Acheul, représenta le prieur et les religieux à l'assemblée générale du bailliage. Il fut arrêté en 1793, à l'âge de 70 ans, et enfermé dans les prisons d'Amiens. On le trouve dans la maison des Capettes au mois de mai de l'année 1794.

83. p. 38. — Dom Taffin était né à Baillole, au diocèse d'Arras. Arrêté le 9 décembre 1793, il fut incarcéré à Bicêtre et successivement dans plusieurs autres prisons d'Amiens. Sa libération eut lieu le 23 mai 1794.

84. p. 38. — L'abbaye de St-Jean était chargée : 1° d'une pension de 1,500 livres au profit de M. Isidore Le Melletier, prêtre, supérieur du séminaire de St-François, demeurant à l'abbaye de Montebourg, diocèse de Coutances ; 2° d'une autre pension de 1,800 livres au profit de M. Pajot, par brevet du Roi du 2 avril 1780 ; 3° d'une autre de 1,200 livres au profit de M. Charles d'Aiguebelle, prêtre du diocèse de Gap.

L'inventaire qui y fut fait le 27 avril 1790 donne le détail suivant des vases sacrés et ustensiles du culte : un soleil de 32 pouces de haut, un calice de 10 pouces de haut, deux autres très anciens, de 9 pouces de haut, tous en vermeil ; une croix aussi en ver-

---

(*a*) Le marc était de 8 onces, l'once de 8 gros, le gros de 64 grains ; 2 marcs faisaient la livre.

meil et ornée d'émail, de 28 pouces de haut ; un ciboire, deux paix, deux burettes et leur plateau, deux encensoirs avec leurs chaines, une navette, deux chandeliers de 22 pouces de haut, un bénitier de 8 pouces de haut sur 8 de large, avec le goupillon, deux boites aux saintes huiles : le tout en argent ; deux bâtons de chantres, dont les lanternes en argent portent environ 15 pouces de haut et les bâtons sont revêtus d'argent sur environ 4 pieds. Le bâton de la croix, garni d'une feuille d'argent, est d'environ cinq pieds. Il y avait aussi un livre d'évangiles et un livre d'épitres, revêtus d'un côté d'une feuille d'argent.

Quant à la bibliothèque, elle fut trouvée composée de 14,266 volumes. Cependant le catalogue dressé en 1792 ne constata plus que 11,620 volumes. Dans un cabinet d'histoire naturelle on voyait un squelette, des peaux d'animaux divers, deux petits navires avec leurs agrès suspendus au plafond, des gravures et des petits tableaux représentant de grands personnages, etc.

A l'Assemblée générale du clergé du bailliage, l'abbé de St-Jean fut représenté par le chanoine Dargnies, archidiacre de Ponthieu, son procureur fondé, suivant acte devant notaires à Paris. Il y est fait cette stipulation : « N'entendant toutefois ledit seigneur constituant que la mission qui sera donnée, en son nom, aux députés de l'ordre les autorise en ce qui pourrait être contraire aux droits légitimes de la puissance royale, à l'usage constitutionnel d'opiner par ordre, ainsi qu'aux droits inprescriptibles du Clergé, de la Noblesse et du Tiers-état ». Les religieux furent représentés par leur prieur à la même assemblée. (Archives du département, liasse des procurations. B. 263. Fonds du bailliage. — Relevé des inventaires ; pièces non classées.)

85. p. 38. — Le prieur Mareschal était né à Besançon. Dans une délibération de la Commission intermédiaire de Picardie, datée du 20 mai 1789, on lit ce qui suit : Un incendie ayant éclaté dans le village de Selincourt le 17 dudit mois, 83 maisons furent consumées. Des secours envoyés aux victimes consistaient principalement en riz. Le prieur de l'abbaye de St-Jean, qui connaissait le procédé de préparation de cette denrée, s'offrit pour aller sur les lieux l'apprendre aux habitants, ce dont il fut vivement remercié. Pendant la Terreur, il fut incarcéré à Amiens dans la maison de Bicêtre le 7 septembre 1793 et y mourut le 29 janvier 1794. — (Registre 3° aux délibérations p. 462.)

86. p. 38. — Le chanoine Léger était aussi titulaire des bénéfices simples et réguliers de St-Jean de Merdogne et de St-André du Breuil, dépendant de l'abbaye de St-André de Clermont-Ferrand.

Quoique ces deux prieurés soient très éloignés de notre diocèse et parce que les documents qui les concernent n'existent peut-être plus dans le pays, nous croyons utile de transcrire ici, à titre de renseignement, ceux que nous avons trouvés.

Biens de fondation du prieuré de Merdogne.

1° Une maison à Merdogne, produisant un revenu de	30 livres.
2° Cinquante œuvres de vigne dans la justice de la Roche blanche et de Merdogne, produisant environ 500 pots de vin, estimés	750 liv.
3° Dîmes sur vignes à la Roche blanche, produisant à peu près 25 pots de vin. estimés	37 liv. 10 s.
4° Environ six citérées de terre à la justice de la Roche blanche	100 liv.
5° Un verger et vigeries dans la justice de Jussas, terroir de Macote	50 liv.
6° Une rente sur la justice de Merdogne, de. . .	6 liv.
7° Cens sur une maison sise à Merdogne	1 liv. 10 s.
8° Produit de l'huile de noix et de la madière . .	30 liv.
TOTAL	1,005 livres.

Charges : douze messes par an.

Revenus du prieuré du Breuil.

Rentes sur le four banal et le moulin du lieu, terre labourable, graviers, pachiers, rivages et autres autour de la chapelle de St-André, s'élevant à 100 livres.

Charges : douze messes par an.

87. p. 39. — Dom Foubert, religieux Prémontré d'Amiens, était absent de l'abbaye lors de l'inventaire fait en 1790. Il était enfermé, pour cause de

démence, dans la maison de St-Venant près de Béthune, tenue par les frères de la congrégation du tiers-ordre de St-François, dits des *Bons fils*.
— Une réclamation de pensions faite au district d'Amiens par M. Antoine Mimerel, négociant à Amiens, au nom des religieux dont il était mandataire, nous fait connaître que, outre D. Foubert, la maison renfermait encore à cette époque MM. Leclercq, curé du Quesnoy en Sangterre et Pauquet, chapelain de Roye, aussi pour cause de démence; que le prix de la pension était fixé en faveur des curés à 700 liv. par an, et que M. Devillers, curé de Beauval, qui y avait été tenu depuis 1768 en vertu d'un ordre du Roi daté du 27 avril de la dite année, pour cause d'accusation de maléfice, y était décédé le 12 février 1792. (Registre aux délibérations du 4° bureau, séance du 15 mai 1792.)

88. p. 39. — Les religieux de l'abbaye de St-Martin aux jumeaux avaient été transférés, après la réforme, dans la maison connue sous le nom des douze pairs de France, sise rue de Beauvais. Ils furent représentés à l'Assemblée générale du bailliage d'Amiens par leur prieur, en vertu des pouvoirs à lui conférés. Les vases sacrés et ustensiles à l'usage du culte dans l'abbaye consistaient, d'après l'inventaire fait en 1790, en : un soleil et un ciboire de vermeil; deux calices, une boite aux saintes huiles, deux burettes avec leur plateau, un encensoir et sa navette, une petite croix d'autel, en argent; une grande croix revêtue d'argent.

La bibliothèque se composait de 3,194 volumes tant reliés que brochés, d'après le catalogue dressé plus tard par l'ordre du district.

89. p. 39. — M. Cornet, qui tenait la prébende régulière attribuée à l'abbaye de St-Martin, fut arrêté à Amiens le 29 septembre 1793, à l'âge de 70 ans, et traîné dans les diverses prisons de la ville. On le trouve encore dans la maison des Filles repenties au mois de septembre 1794. Ses infirmités n'avaient pu attendrir la Commission révolutionnaire qui, au mois de janvier, avait refusé à ses frères de le garder chez eux à la disposition des autorités.

90. p. 39. — Thomas Serriaux, profès du couvent des Augustins d'Amiens, l'avait quitté depuis 12 ans, pour aller résider dans le couvent des Cordeliers de Chartres. Il était chapelain de Reversaux, arrondissement de Janville (Eure-et-Loire). Dans la sacristie du couvent des Augustins il a été trouvé, lors de l'inventaire : un soleil en vermeil, avec une couronne aussi en vermeil et ornée de pierres communes ; un calice et une croix de procession, en vermeil, le bâton de celle-ci garni d'une feuille d'argent ; un autre calice avec sa patène, un ciboire et son couvercle, une custode, une petite boite aux saintes huiles, un encensoir, sa navette et sa cuillère, une paire de burettes et leur plateau, le tout en argent ; une verge de bédeau à trois nœuds d'argent ; enfin une statue de la Ste-Vierge, accôtée de trois têtes d'anges, avec une plaque et deux festons : le tout d'argent ; plus un lutrin en cuivre.

La bibliothèque se composait de 9,743 volumes, dont : 739 in-folio, 1465 in-4°, 1519 in-8°, les autres de petit format.

91. p. 39. — Le religieux augustin Huchette devint, le 4 février 1791, professeur de théologie au Collège d'Amiens. On le voit plus tard chargé de la garde des archives du département.

92. p. 39. — Suivant l'inventaire dressé par deux officiers de la municipalité le 10 mai 1790, il a été trouvé dans la sacristie des Capucins d'Amiens : un soleil ou ostensoir en argent doré ; deux calices, un ciboire et une boite aux saintes huiles en argent ; six flambeaux, un encensoir avec sa navette, deux girandoles à double branche, en cuivre argenté ; une croix, six chandeliers, une lampe, un symbole et un bénitier, en cuivre.

Selon le même inventaire, la bibliothèque du couvent se composait de 3,922 volumes. Il s'en est trouvé 4,192 lors de leur transport au district le 15 décembre 1791, dont 913 in-f° et 400 in-4°.

93. p. 39. — Le capucin J. P. Marié fut arrêté comme réfractaire le 7 décembre 1793, et enfermé le lendemain à Bicêtre. Transféré de prison en prison, il fut enfin libéré le 12 février 1795.

94. p. 39. — Le capucin Levasseur fut arrêté et enfermé, sous le nom de Vasseur, dans les prisons d'Amiens le dix octobre 1793. On l'y trouve encore au mois d'octobre 1794.

95. p. 40. — Le capucin Dinocourt, arrêté comme prêtre réfractaire, fut emprisonné à Bicêtre le 28 septembre 1793, passa dans d'autres prisons et fut mis en liberté le 11 février 1795.

96. p. 40. — Le capucin Paschal Brunel fut arrêté comme suspect, à défaut de prestation de serment, et emprisonné à Bicêtre le 2 novembre 1793, puis successivement dans d'autres maisons. Par l'arrêté du département du

21 mai 1794 il fut sursis à prononcer sur son sort comme déportable, et il entra le 15 octobre 1794 aux Carmélites ; nous n'avons pas trouvé l'époque de sa libération.

Dans ce couvent d'Amiens se trouvait réfugié un père capucin étranger, Brunet, André Gabriel dit le P. Alboin, né à Paris, paroisse de Ste-Marguerite, le 2 août 1767, de Gabriel-François Brunet, et de Marie-Catherine Deporte, son épouse. Arrêté le 3 avril 1793 et écroué à Bicêtre, par ordre de la municipalité d'Amiens le 13 mai, il resta dans les prisons de cette ville jusqu'à son départ pour Rochefort, qui eut lieu le 3 juin 1794. Il avait été déclaré déportable par l'arrêté du 21 mai précédent.

97. p. 40. — La bibliothèque des Carmes se composait de 4,198 volumes, selon l'inventaire fait en 1790. Le catalogue dressé plus tard en porte le nombre à 7,344.

98. p. 40. — Le religieux Lamouri était né à Hesdin. Arrêté le 3 avril 1793, il fut incarcéré à Bicêtre le 19 octobre, transféré successivement dans d'autres maisons et enfin libéré le 10 février 1795.

99. p. 40. — Le religieux Le Bis, et le P. Firmin Vigneron, dont nous allons parler, eurent à essuyer, dans les premiers jours du mois de janvier 1792, un refus de certificat de résidence par le maire d'Amiens, par ce qu'ils portaient l'habit religieux ; ce que blâma le département.

100. p. 40. — Le P. Firmin était natif d'Amiens. Pendant la Terreur il se tint caché, et la nuit il portait les secours de la religion par la ville d'Amiens et les campagnes environnantes. Arrêté à Leuilly le 3 avril 1794, il fut conduit à Amiens à travers mille outrages, écroué dans la maison des Carmélites, transféré le 5 à la Conciergerie, le 7 à la maison de justice, et condamné à mort le 8 par le tribunal criminel. Il fut exécuté quelques jours après seulement, c'est-à-dire le 14 avril, sur la place du grand marché. Son corps fut inhumé dans le cimetière St-Denis. (Registre aux délibérations du département, 2ᵉ bureau, séance du 9 janvier 1792. — Mss. Machart, tome IV, page 406. Bibliothèque d'Amiens. — *Les Martyrs de la Foi*, par l'abbé Guillon, tome IV, page 722.)

101. p. 41. — L'inventaire dressé dans le couvent des Cordeliers le 5 mai 1790 fait connaître qu'à la Communauté étaient affiliés : Leroy, Albert-Joseph, prêtre, âgé de 52 ans, demeurant à Magny ; Duchemin, Armand-

François-Joseph, ancien gardien, demeurant à Pontoise, âgé de 49 ans ; Legrand, Antoine-Michel, âgé de 37 ans, demeurant à Verneuil ; et Tribout, Jean-Eloi, âgé de 35 ans, demeurant à la Garde, tous profès d'Amiens.

Il se trouvait tant dans la sacristie que dans l'église : deux calices, un ciboire, un soleil, une grande croix, un encensoir avec sa navette et une boite aux saintes huiles : le tout en argent ; huit chandeliers, un bénitier et son goupillon, en cuivre argenté ; un encensoir, six chandeliers, une lampe et un lutrin, en cuivre.

Dans la bibliothèque du couvent on comptait 2,032 volumes, d'après l'inventaire de 1790, et selon l'inventaire subséquent 3,266 volumes, dont 632 de formats divers, composant 341 ouvrages différents et complets. — Le procès-verbal d'enlèvement ne porte que 3,088 volumes.

102. p. 41. — La bibliothèque des religieux Feuillants se composait de 1,225 volumes, selon l'inventaire qui en fut dressé le 11 juillet 1794 par Huchette ; celui de 1790 ne nous est pas connu.

103. p. 41. — Le revenu du couvent des Jacobins d'Amiens porté ici, est celui constaté en l'inventaire dressé par deux officiers municipaux, le 12 mai 1790.

On a trouvé tant dans la sacristie que sur les autels : deux calices, un ciboire, un ostensoir, une croix, deux chandeliers, une autre petite croix pour les processions, le tout en vermeil ; un ciboire, trois calices, deux burettes avec leur plateau, une boite aux saintes huiles, une croix, deux grands chandeliers d'acolytes, un encensoir avec sa navette et la cuillère, un petit reliquaire de Ste-Marguerite et une statue de la vierge du Rosaire : le tout en argent ; une grande croix d'argent massif, avec son bâton plaqué d'argent, deux lampes et douze chandeliers pour les autels, un encensoir, avec sa navette et la cuillère, un bénitier et son goupillon : ces derniers objets en cuivre blanchi.

La bibliothèque, d'après le même inventaire, se composait de 6,419 volumes. Le procès-verbal de leur enlèvement dressé le 31 mars 1791, n'en constate plus que 5,293, dont 1,050 in-folio et 502 in-4°, les autres de formats divers ; il ne fait aucune observation au sujet de cette différence, non plus que les autres procès-verbaux.

104. p. 41. — Le religieux jacobin C. F. Leconte, mourut dans le cours de l'année 1790, après le 12 mai.

105. p. 41. — Nous avons cité (p. 9) la belle réponse du religieux Rinuy, aux commissaires de la commune d'Amiens, sur ses intentions en ce qui concernait la vie commune.

106. p. 42. — Dans la sacristie du couvent des Minimes d'Amiens il a été trouvé, lors de l'inventaire : un soleil, un ciboire, deux calices, une paix en vermeil, une petite croix aussi en vermeil et émaillée ; un autre ciboire d'argent ciselé, une coupe d'argent doré en dedans ; une petite ampoule, un calice, deux burettes et leur bassin, un encensoir et sa navette, une croix de procession : le tout en argent, le bâton de la croix garni d'argent ; une autre petite croix d'argent, dans laquelle est enchâssée une parcelle de la vraie croix ; enfin le bonnet de St-François de Paule, enfermé dans un étui brodé en or, orné d'une fleur de lis en vermeil, de trois petites plaques d'or travaillées à jour, de seize pierres de différentes couleurs, montées sur or et argent, d'environ une demi-once de grosses perles et de sept roses de perles fines qui ne sont pas entières.

La bibliothèque du couvent se composait de 4,326 volumes, dont 758 in-folio, 545 in-4°, 280 in-8°, les autres de petit format.

107. p. 42. — Le religieux Minime Crinon, fut enfermé à Bicêtre le 26 septembre 1793, puis baloté de prison en prison. Il entra dans celle dite des Filles repenties le 28 septembre 1794. Nous n'avons pas trouvé la date de sa sortie.

108. p. 42. — La bibliothèque des prêtres de l'Oratoire se composait de 3,768 volumes, d'après l'inventaire fait en l'an II.

Voici le détail de l'argenterie trouvée dans l'église : un ostensoir, un ciboire, deux calices et une patène, en argent doré ; une autre patène, un encensoir avec sa navette et une boite aux saintes huiles, en argent. (Certificat donné en 1792, en présence du nouveau supérieur Delarue. Archiv. départem. série Q.)

109. p. 42. — M. Delahautemaison, né à Paris, était entré dans la congrégation de l'Oratoire le 6 janvier 1731 ; il mourut à Amiens le 30 octobre 1792. Sa santé sans doute l'avait fait, dès avant, résigner son titre, car en 1791 il avait pour successeur M. Philippe-Etienne Delarue, né le 18 avril 1743 à Boulogne-sur-Mer et entré dans la congrégation le 22 octobre 1762. (Bail devant Delattre, notaire à Amiens, du 2 décembre 1791.)

110. p. 42. — Le Séminaire fut bâti en 1740. Il contient 120 chambres. L'inventaire fait le 20 août 1790, par une commission de la municipalité, constate le revenu de la maison et ses charges, aussi bien que l'état du trésor de la sacristie que nous relevons ici : un calice de vermeil et quatre calices d'argent, avec leurs patènes, une paire de burettes, avec leur plateau et une sonnette, aussi en vermeil ; une autre paire de burettes et son plateau, en argent ; deux paix et deux ciboires, deux chandeliers d'acolytes, un bénitier et son goupillon, deux encensoirs et leurs navettes, quatre reliquaires, une boite aux saintes huiles et un soleil ; le tout en argent ; deux bâtons de chantres revêtus seulement d'une feuille d'argent, avec leurs lanternes et une croix, en argent.

La bibliothèque contenait 6,481 volumes, classés en 12 séries, et cases étiquetées suivant l'ordre ci-après : 1° livres prohibés ; 2° histoire ecclésiastique ; 3° histoire profane ; 4° droit civil et canonique ; 5° philosophes ; 6° théologie, morale, géographie et poésie ; 7° théologie polémique ; 8° les Pères ; 9° orateurs ; 10° ascétiques et liturgie ; 11° bibles et interprètes ; 12° pères et conciles.

111. p. 42. — Le lazariste Brochois était né à Paris. Il était âgé de 51 ans lorsqu'il fut arrêté et incarcéré à Amiens, dans la maison de Bicêtre, le 13 mai 1793. Il mourut dans cette prison le 12 décembre de la même année. M. l'abbé Guillon (*Les Martyrs de la Foi*, tome II, page 339), n'a pu dire ni le lieu de la détention de M. Brochois, ni la date de sa mort.

112. p. 42. — Ce lazariste était le neveu d'Adrien Lamourette, aussi lazariste, grand-vicaire de l'évêque d'Arras en 1789, puis sacré évêque schismatique de Lyon en 1791. Selon l'abbé Guillon, Antoine Lamourette, fut arrêté en 1793 et mourut en prison, peut-être à Paris ou à Arras. Nous ne l'avons pas trouvé sur les livres aux écrous d'Amiens. (*Les Martyrs de la Foi*, III, 421.)

113. p. 42. — Bailly fut arrêté et écroué à Bicêtre, le 19 octobre 1793, puis transféré le même jour à la Conciergerie, par ordre des membres du Comité de surveillance de la 9° section d'Amiens. Dans *Les Doléances et les Victimes*, page 322, il figure en double emploi sous le nom de Bully : ainsi écrit au livre d'écrou de la Conciergerie.

114. p. 42. — Le frère Bourgeois avait été admis dans la congrégation de la

Mission, le 15 août 1756, et depuis lors il était resté attaché à la maison d'Amiens.

115. p. 43. — La sœur Dervillez fut, pendant la Terreur, enfermée dans les prisons d'Amiens, le 23 mars 1794.

116. p. 43. — Marie-Jeanne Garçon de Brunel et Charlotte de Barberay furent autorisées par le département, le 15 février 1791, à rester dans l'infirmerie qu'elles occupaient depuis cinq ans, à cause de leurs infirmités.

117. p. 44. — La sœur Loisemant fut emprisonnée à Amiens, le 8 décembre 1793. Elle mourut dans la prison des Grands chapeaux, le 16 avril 1794.

118. p. 44. — La religieuse Legrain du Breuil était absente de l'abbaye du Paraclet et résidait à l'abbaye de Gomer-Fontaine, auprès de Trye-la-Ville (Oise), pour cause de maladie. (Procès-verbal dressé le 7 février 1791. Archives du département de la Somme.)

119. p. 44. — Quinze des religieuses de Ste-Claire furent enfermées dans les prisons d'Amiens en 1793 et en 1794. Ce sont : 1° les sœurs Boully, Delacour, Delaporte et Gentien, qui furent libérées le 29 août 1794 ; 2° les sœurs Boistel, Bouquet, Furme, Cocquerel, Belhomme, Wichery, Vilmont, Mouillard, Dufour, Duquesnoy et Poiret, qui ne furent rendues à la liberté que quelques jours plus tard, le 3 septembre.

120. p. 46. — Les sœurs Carmélites professes Ragot, Avenaux, Hérault, Laurent, Chauvelin, Lendormi, Deunet, Bouquet, et les sœurs converses Leclerc, Legrand, Petit, furent emprisonnées à Amiens le 8 octobre 1793 et libérées le 2 septembre 1794.

121. p. 46. — La sœur Marie-Louise-Henriette de Chauvelin était religieuse professe de la maison des Carmélites de Paris et demeurait au monastère d'Amiens, depuis le mois de janvier 1782.

122. p. 47. — L'inventaire fait dans le couvent des dames de Ste-Elisabeth (sœurs grises) d'Amiens, le 3 août 1790, constate qu'il se trouvait tant dans la sacristie que dans l'église : un ciboire, une boîte aux saintes huiles, un encensoir, deux burettes et leur plateau, en argent ; un soleil et deux calices en vermeil ; dix chandeliers en cuivre argenté ; deux bénitiers, deux chandeliers et deux lampes, en cuivre jaune.

Le directeur de la Maison était M. Degove, et le chapelain M. Delsaux, tous deux prêtres.

123. p. 47. — Madame Cauët mourut en 1810. Elle fut inhumée dans la chapelle du cimetière d'Hangest-sur-Somme, où se voit encore son épitaphe, sur une pierre attachée à la muraille et ainsi conçue :

D. O. M.

Au milieu de cette chapelle repose le corps de :

Magdeleine Marguerite Cauët, ex-supérieure des dames de Ste-Elisabeth d'Amiens, décédée à Bichecourt le 12 juin 1810, âgée de 74 ans.

Priez Dieu pour le repos de son âme.

(Communication de notre collègue M. Robert de Guyencourt.)

124. p. 47. — On entend par le mot *jubilaire* le religieux ou la religieuse ayant cinquante années de profession.

125. p. 49. — Lors de l'inventaire du couvent des dames de Ste-Elisabeth, madame Desroye affiliée déclara « que son intention était de continuer de vivre et mourir dans la Maison, puisque Dieu l'y avait amenée, et qu'elle avait formé ses vœux au couvent de St-Mandé, ordre hospitalier de St-Augustin en la ville de Paris, il y avait environ 55 ans. »

126. p. 46. — La sœur de Braine fut enfermée dans la prison de la Providence à Amiens pendant quelques jours, du 8 au 22 décembre 1793.

127. p. 50. — La sœur Mulot fut enfermée dans la prison de la Providence, en même temps que la précédente et en sortit le même jour.

128. p. 50. — Les religieuses Ursulines avaient pris naissance dans le Midi de la France. On les trouve à Aix et à Toulouse dans les premières années du XVIIe siècle. Elles s'établirent à Paris en 1608 et à Amiens en 1613.

Dans le procès-verbal de constatation de l'état des religieuses, dressé le 31 août 1790 par les officiers municipaux Chrysostôme Godart, négociant et Charles-François Bastard Delaroche l'aîné, ancien négociant, nous lisons : « L'instruction (chez les Ursulines) est purement gratuite. L'on n'y reçoit que les enfants des citoyens pauvres et hors d'état de payer les honoraires des maîtres ou maîtresses d'écoles. L'éducation qu'elles y reçoivent et à laquelle l'institut des religieuses les a vouées est un soulagement pour la classe des citoyens peu aisés. Les soins, les attentions qui sont prodigués à ces enfants ne peuvent que faire désirer la conservation d'une institution aussi utile. » — Dans la sacristie se sont trouvés les objets à l'usage du culte, dont suit le détail : un calice, un ciboire, une paire de burettes et leur plateau, en vermeil ; un soleil, deux calices, deux ciboires, trois paires de burettes, avec leurs plateaux, une croix, un encensoir et sa navette, en argent ; une autre croix, six grands chandeliers avec bras, un bénitier, une lampe, en argent *haché* ; enfin deux flambeaux en cuivre doré.

Pendant la Terreur les sœurs professes Asselin, Fouquerel, Lagache, de Brailly, Judas du Souich, Flant, et les sœurs converses Devaux et Diot furent enfermées dans les prisons d'Amiens.

129. p. 53. — Le couvent des Visitandines était situé rue des Rabuissons et comprenait maison conventuelle, église, cour et jardin, tenant d'un côté à la maison des religieuses du Paraclet, d'autre côté au jardin de la maison où se tenaient les séances de l'Assemblée provinciale. En 1789 la communauté des religieuses de la Visitation, se composait de 35 professes du voile noir, 8 du voile blanc, 2 tourières. On y comptait 18 demoiselles pensionnaires, dites du petit habit, parce que ces jeunes élèves portaient un vêtement demi-religieux.

Les religieuses de la Visitation, dispersées en 1792, se réfugièrent dans leurs familles ou dans des maisons amies. Après la tourmente, les survivantes se réunirent successivement, pour reprendre la vie commune et l'observance de la règle tracée par St-François de Sales, leur fondateur. Le 5 janvier 1797, le premier noyau fut formé de huit dames de chœur et d'une sœur converse ; au mois d'avril, une autre sœur professe et une converse se joignirent aux premières. D'autres vinrent ensuite et elles se retrouvaient en 1804 au nombre de 23, y compris la sœur Ridoux du monastère d'Abbeville, et deux autres du monastère de Compiègne. Henriette de Sales de Renty et Victoire de Chantal de Lafons. Elles habitèrent tout d'abord une maison située dans le cloître St-Nicolas. Nous avons marqué d'un astérique les religieuses qui étaient réunies de nouveau à cette époque.

Ajoutons ici, comme étude comparative, les renseignements suivants. En 1679 la communauté se composait de 60 professes du voile noir et 7 du voile blanc. En 1682 on comptait 55 professes du voile noir, 6 du voile blanc, 4 novices, une postulante, 14 demoiselles du petit habit, 3 sœurs tourières et 2 filles de service. En 1694 le nombre des professes était réduit à 47. Dans les trois années suivantes dix religieuses moururent.

En 1727 la communauté n'était plus composée que de 37 professes, 2 novices, une postulante, 5 sœurs converses et 4 tourières agrégées, plus 15 petites pensionnaires qui payaient ensemble 2,660 livres de pension. En 1736 on comptait 35 professes du voile noir, 4 du voile blanc, une novice pour le chœur, 3 tourières, une fille de service et 9 pensionnaires ; en 1754 il y avait 43 professes du voile noir, 6 du voile blanc, une novice pour le chœur, 2 tourières, 2 filles de service et 30 pensionnaires. En 1783 la communauté était composée de 29 professes du voile noir, 9 du voile blanc, 2 tourières ; plus 24 pensionnaires portant le petit habit.

Les vases sacrés et ustensiles du culte trouvés au monastère se composaient de : deux calices d'argent doré, deux autres d'argent, un ostensoir d'argent doré, avec couronne ornée de quelques diamants fins et d'une pierre du temple ; un ciboire d'argent doré et un autre fort petit, aussi d'argent, une boite pour les pains d'autel, trois paires de burettes et cinq plateaux, une boite aux saintes huiles, une petite croix, un encensoir, un bénitier, une cassolette et son réchaud, une petite tasse : le tout en argent ; trois petites châsses de bois, garnies d'un peu d'argent.

La bibliothèque était assez fournie. Lors de l'inventaire de 1790, on y compta 1,280 volumes, savoir : 50 volumes in-folio, 180 in-4°, 350 in-8°, 700 in-12 ; le tout relié tant en veau qu'en parchemin, ou en brochures. (Registre aux délibérations du département, 4° bureau, 15 janvier 1792. — Documents particuliers du monastère.)

130. p. 53. — La R. mère Belguise avait été élue supérieure le 5 juin 1783. Elle avait cessé ses fonctions depuis cinq mois lorsqu'elle mourut le 2 novembre 1789. Déjà elle avait été supérieure du monastère pendant deux triennaux, de 1770 à 1776, jour de l'Ascension.

131. p. 53. — La sœur Elisabeth Dufresne était fille d'Alexandre Dufresne, conseiller vétéran et secrétaire du Roi, et de Françoise Thérèse Morel, son épouse. Lorsque la Révolution eut fermé son couvent, en 1792, elle se retira chez son frère, lieutenant général de la ville d'Amiens, et y mourut le 5 janvier 1794, « de douleur de se voir séparée de sa chère communauté. »

132. p. 53. — La sœur Françoise Angélique Ignace de Lannoy était issue de l'une des plus illustres familles de l'Artois. Son père était dit : très haut et très puissant seigneur messire Charles-François de Lannoy, comte du St-Empire et de Beaurepaire, baron d'Honnecourt, seigneur de Caucourt, Bétensart, Hermine et autres lieux, et sa mère haute et puissante dame Madame Alix-Françoise-Barbe Guy de Saint-Vaast, son épouse. Pendant la Terreur, le 1ᵉʳ décembre 1793, elle fut arrêtée et enfermée dans les prisons d'Arras, avec sa sœur cadette et la sœur de Couronnel, nommées ci-après. Elle mourut à Amiens le 24 mars 1810.

Son frère, le chevalier de Lannoy, était lieutenant dans les troupes Walonnes du roi d'Espagne.

133. p. 53. — La sœur Hublé était fille de Pierre-Firmin Hublé et de Marie-Françoise Lucas, son épouse, demeurant à Amiens. Elle mourut le 1ᵉʳ mai 1808.

134. p. 53. — La sœur Lucas était née à Amiens de Jacques Lucas et de Marie-Jeanne Demailly, son épouse. Elle mourut dans le nouveau monastère le 2 avril 1822, après avoir été privée de la vue pendant les dernières années de sa vie.

135. p. 53. — La sœur Dewailly, fille de Pierre Dewailly et de Catherine Fresnelet, naquit à Amiens. Elle y mourut pendant la Révolution, le 1ᵉʳ avril 1793.

136. p. 53. — La sœur Bérard mourut pendant la tourmente révolutionnaire, le 20 juin 1793.

137. p. 53. — La sœur de Bermont était fille de Jean l'Elu, seigneur de Bermont, capitaine d'infanterie au régiment d'Agenois, et de Françoise Catelet, son épouse. Elle mourut au cours de la Révolution, le 31 janvier 1797.

138. p. 53. — La sœur Trespagne était fille de M. Trespagne, procureur au bailliage et siège présidial d'Amiens, et de Madame Catherine Dauvergne, son épouse. Elle mourut le 21 mars 1795.

139. p. 53. — La sœur M. F. A. de Lannoy, était fille de Charles-François de Lannoy et de Alix-Françoise-Barbe Guy de Saint-Vaast, nommés plus haut. Elle subit, avec sa sœur aînée, les rigueurs des prisons d'Arras, et mourut à Amiens le 26 avril 1802. Elle fut inhumée à Renancourt, dans la sépulture des religieuses mortes pendant la Révolution.

140. p. 53. — La sœur Pincepré était fille de Etienne Pincepré et de Jeanne Dachery. Elle était âgée de 21 ans lorsqu'elle fit profession le 10 octobre 1728, entre les mains de Mgr Sabatier, évêque d'Amiens. Sa mort arriva le 2 mars 1789.

141. p. 53. — La sœur de Haugwitz, née en Allemagne, au Petit Haybas, était fille de messire Charles-Louis, baron de Haugwitz, et de madame Marie-Louise de Trèves, son épouse. Elle mourut le 5 juin 1802 et fut inhumée dans le cimetière de Renancourt.

142. p. 53. — La sœur Witasse de Vermandovillers naquit à Vermandovillers, diocèse de Noyon. Elle était fille de messire Jean-Jacques de Witasse, chevalier, seigneur de Vermandovillers, Omissy, Villecourt, Gaucourt et autres lieux, et de madame Marie-Jeanne de Fontaine, son épouse. Elle mourut le 11 février 1803 et fut inhumée à Renancourt.

143. p. 53. — La sœur de Court était fille de Claude Adrien de Court, secrétaire du Roi et de Marie-Louise Favier, son épouse. Elle mourut le 4 mars 1808, à la campagne chez sa sœur, où elle avait été envoyée pour sa santé.

144. p. 53. — La sœur Merlin était fille de Jean-Baptiste Merlin et de Anne David, son épouse. Elle mourut le 25 décembre 1792 à Amiens, chez son frère.

145. p. 53. — La sœur Forcedebras était fille de Claude Forcedebras et de Marie Macquet, son épouse. Elle fit profession, après avoir été religieuse de la Providence (filles de Ste-Geneviève) d'Amiens et mourut le 30 janvier 1794. Sa sœur aînée Jeanne-Cécile l'avait précédée au monastère de la Visitation, avait fait ses vœux le 29 décembre 1738 et y mourut le 16 septembre 1788, à l'âge de 70 ans.

146. p. 53. — La sœur Dufresne de Fontaine était fille d'Antoine Dufresne, écuyer, seigneur de Fontaine et de Marie-Jeanne Pincepré, son épouse. Elle mourut le 13 décembre 1821.

147. p. 54. — La sœur Baillet était fille de Claude-Alexis Baillet, lieutenant à la maîtrise des eaux et forêts d'Amiens, et de Marie-Rose Le Roy, son épouse. Elle mourut le 7 mars 1826.

148. p. 54. — La sœur de Massouverain naquit en la ville de Belfort en Alsace, au diocèse de Strasbourg. Elle était fille de Etienne Gabriel de Massouverain et de Marguerite Camus, son épouse. Elle mourut le 13 février 1794.

149. p. 54. — La sœur Wigner était fille de Joseph Wigner et de Marie-Catherine Alavoine, son épouse. Elle mourut à Amiens, chez son frère, le 23 décembre 1793. Par délibération du directoire du département, du 10 novembre 1792, il lui avait été accordé 100 livres de supplément pour sa pension, en considération de la maladie de poitrine dont elle était atteinte depuis trois ans.

150. p. 54. — La sœur Marie-Rose Suzanne Mille était fille de Mathieu Mille, commerçant, et de Marie-Madeleine Dufaï, son épouse. Elle mourut le 7 novembre 1822. Pendant la Terreur elle avait été détenue dans les prisons d'Amiens, du 19 mars au 30 août 1794.

151. p. 54. — La sœur Marie-Gabrielle Mille, fille des mêmes père et mère que la précédente, mourut le 24 avril 1800. Pendant la Terreur, elle avait aussi été enfermée dans les prisons d'Amiens, avec ses deux sœurs, la visitandine et la carmélite.

Trois autres filles de Mathieu Mille étaient entrées en religion : Madeleine-Angélique, qui fit profession à la Visitation, le 5 novembre 1765 et mourut en 1777, à l'âge de 31 ans ; Marie-Claire-Joséphine, en religion Victoire-Joseph, qui fit profession dans le même couvent à l'âge de 21 ans et mourut le 31 mars 1778 ; et Marie-Rose-Anne, qui en 1789 était Carmélite au couvent d'Abbeville.

152. p. 54. — La sœur Bernault était fille de Jean-Baptiste Bernault et de Marie-Madeleine Saladin, son épouse. Elle prononça ses vœux en présence de son frère, chanoine de St-Nicolas (depuis St-Martin). Elle mourut le 24 janvier 1810, dans le couvent rétabli. Pendant la Terreur, elle avait été emprisonnée à Amiens.

153. p. 54. — La sœur Hazin était fille de Joseph Hazin, marchand, et de Marie-Antoinette Sueur, son épouse. Elle mourut le 27 octobre 1804 et fut inhumée dans le cimetière de Renancourt.

154. p. 54. — La sœur Villin était fille de Jean Villin et de Marie-Françoise Dufey, son épouse. Retirée à la Révolution dans sa famille, elle resta chez sa sœur atteinte de surdité, à laquelle ses soins étaient nécessaires, et y mourut le 20 juin 1834.

155. p. 54. — La sœur Monvoisin naquit au diocèse d'Arras, de Denis-Joseph

Monvoisin et de Marie-Françoise Lefebvre, son épouse. Elle avait essayé d'abord de la vie religieuse chez les dames Carmélites d'Amiens, puis elle entra au monastère de la Visitation, où elle prononça ses vœux. Elle mourut le 4 juin 1813 et fut enterrée dans le cimetière du Blamont.

156. p. 54. — La sœur de Couronnel était issue de l'une des plus nobles et plus anciennes familles de l'Artois. Elle était fille de haut et puissant seigneur Charles Oudart Joseph, marquis de Mailly-Couronnel de Baratre, comte de Willerval, chevalier, seigneur de Vellu, Bertincourt et autres lieux, ancien député général et ordinaire du corps de la Noblesse des Etats-d'Artois, et de très haute et puissante dame madame Marie-Louise d'Amerval, son épouse. Retirée dans sa famille, elle fut, pendant la Terreur, enfermée dans les prisons d'Arras, avec les sœurs de Lannoy, nommées ci-devant. Elles y restèrent deux ans. A leur sortie, elles furent accueillies chez le comte de Lannoy, frère des religieuses, jusqu'au jour où elles purent revenir ensemble rétablir la communauté à Amiens en 1797. La sœur de Couronnel y mourut le 18 février 1828 et fut inhumée à Monsures, dans le caveau de sa famille.

Au point de vue historique, il n'est pas hors de propos de rappeler ici un arrêt rendu au Conseil provincial d'Artois, le 10 mai 1782, contradictoirement entre le dit messire Mailly-Couronnel d'une part, messire Alexandre-Louis de Mailly, d'autre part, et autres parties ; par lequel il fut fait défense au sieur de Mailly-Couronnel et à ses descendants, de prendre ou porter le nom de Mailly seul ou conjointement avec celui de Couronnel.

157. p. 54. — La sœur Mollet était fille de Pierre Mollet et de Thérèse Cagnard, son épouse, d'Harbonnières. En 1792 elle se retira dans sa famille, puis elle entra au Monastère de la Visitation de Mons, et lorsqu'il fut interdit aux religieuses françaises, elle s'adonna à l'instruction des jeunes filles. Plus tard, en 1801, elle s'unit aux religieuses trappistines et mourut le 19 février 1802, après avoir obtenu la grâce de faire ses vœux sur son lit de mort.

158. p. 54. — La sœur D'Hangest naquit à Heudicourt, diocèse de Noyon, d'Antoine-François D'Hangest et de N. Plomion, son épouse. Elle mourut le 14 septembre 1791.

159. p. 54. — La sœur Tavernier était fille d'Antoine Tavernier et de Angélique

Sert, son épouse. Elle mourut le 10 février 1825 dans sa famille, où elle avait dû, comme plusieurs autres sœurs, se retirer pendant des travaux exécutés au couvent.

160. p. 54. — La sœur Dupont était fille de Louis Dupont et de Marie-Anne Duflot, son épouse. Elle mourut le 28 mai 1832.

161. p. 54. — La sœur Van Noeteren naquit à Bruxelles, diocèse de Malines. Elle était fille de Jean-Baptiste Van Noeteren et de Thérèse-Joséphine de Vaddere, son épouse. Entrée d'abord dans une maison de l'ordre du Carmel, elle fut obligée d'y renoncer à cause de sa faible santé. Elle entra alors au monastère de la Visitation d'Amiens. A la Révolution elle se retira au monastère de la Visitation de Bruxelles et ensuite dans sa famille. En 1804 elle revint au milieu de ses sœurs d'Amiens et y mourut le 10 mars 1838.

162. p. 54. — La sœur Platel des Isles (aliàs : Yles) naquit en Amérique, à Plaisance, quartier de Pilatre, diocèse de Paris. Elle était fille de Jean-Baptiste Platel des Isles et de Cécile Duboile de Mirandeule, son épouse, qui habitèrent ensuite le Cap français. A la Révolution elle passa huit années au monastère de la Visitation de Mons, et en 1803 elle revint au milieu de ses sœurs d'Amiens reconstituant la maison. Elle mourut le 20 janvier 1810.

163. p. 54. — La sœur Pillon était fille de Jean-François-Nicolas Pillon et de Marie-Anne-Thérèse Poullet, son épouse. En 1792 elle se retira dans sa famille à Compiègne, où elle mourut le 7 avril 1799.

164. p. 54. — La sœur Delattre était fille de Jean-Baptiste Delattre et de Marie-Monique Delannoy, son épouse. Elle fut si sensible à la mort de son père qu'elle perdit l'esprit, à l'âge de 50 ans. Elle mourut le 16 avril 1817.

165. p. 55. — La sœur Bettenbot était fille de François Bettenbot, laboureur à la Maronde, et d'Elisabeth Cauchy, son épouse. Elle mourut le 6 avril 1797.

166. p. 55. — La sœur Gravet était fille de Jean Gravet, maréchal ferrant à Esquenne, et de Françoise Touvillon, son épouse. Elle mourut le 31 mars 1797.

167. p. 55. — La sœur Vacquet était fille de Jean Vacquet et de Marguerite Grugeon, son épouse. Elle mourut le 25 juin 1791.

168. p. 55. — La sœur Favry était fille d'Alexis Favry et de Catherine Bélanger, son épouse. Elle mourut le 20 février 1796.

169. p. 55. — La sœur Mourier était fille de Barnabé Mourier et d'Angélique Thieular, son épouse. Gravement malade au moment de l'expulsion, elle fut enlevée de l'infirmerie par des compagnes qui la soignèrent dans leur domicile, où elle mourut trois mois après, c'est-à-dire le 18 décembre 1792.

170. p. 55. — La sœur Deflandre était fille de Firmin Deflandre et de Marie-Madeleine Bras, son épouse. Elle mourut le 8 mai 1802.

171. p. 55. — La sœur Canis était fille de Mathieu Canis et de Marie-Françoise Paillart, son épouse. Elle mourut le 19 mai 1816 à Ailly-sur-Noye, lieu de sa naissance, chez sa sœur dont la santé et les intérêts l'avaient appelée et retenue.

172. p. 55. — La sœur Dubois naquit à Happencourt, diocèse de Noyon, doyenné de Vendeuil, d'Antoine Dubois et de Marie-Marguerite-Antoinette Mozerette, son épouse. Elle mourut le 5 janvier 1794.

173. p. 55. — La communauté des filles de Ste-Geneviève n'était pas riche en vases sacrés ; l'inventaire de 1792 constata seulement : un calice, sa patène, deux burettes en argent et un ciboire en argent doré.

Il nous paraît curieux de rapporter ici par détail les chiffres des pensions allouées par arrêté du directoire du département, en date du 8 juin 1793, aux religieuses de Ste Geneviève chassées de leur couvent et privées de leurs biens, dont le produit était de 3,410 livres.

A chacune des cinq premières	700 livres.
— des dix suivantes	600 —
— des cinq suivantes	500 —
A Madeleine Macron	466 —
Aux deux suivantes, chacune	400 —
A Geneviève Darras	333 —
et à Madeleine Billot	311 —

Ces deux dernières, parce qu'elles n'ont pas justifié de l'apport d'une dot lors de leur admission.

174. p. 56. — Toutes les religieuses de l'Hôtel-Dieu d'Amiens, à l'exception des sœurs Ladent, Quignon et Marie-Adrienne Leroy, c'est-à-dire au nombre de 29, furent conduites dans la prison de Bicêtre par le maire d'Amiens, Lescouvé, le 15 mars 1794. Les sœurs Boutillier et Gérard y moururent, celle-ci le 4 juillet suivant ; les autres furent libérées successivement dans le cours de l'année.

175. p. 57. — Six des religieuses de St-Charles, les sœurs de Creux, Dallez, Jeannin, Pateau, Raymond et Marquis, furent enfermées à la Providence le 7 décembre 1793, puis aux Grands chapeaux, conduites au temple de la Raison le 24 avril 1794, pour y prêter serment, et libérées le 8 mai suivant, après avoir prêté serment à la constitution devant la municipalité.

176. p. 57. — La religieuse Deforges était née à Avesnes le 29 mai 1736. Elle entra le 27 avril 1759 dans la Congrégation des Filles de la Charité, et exerça pendant vingt deux ans à St-Charles, dont elle sortit seulement le 8 octobre 1793.

177. p. 57. — La religieuse Jeannin née et baptisée le 28 février 1769 à Moyrans, comté de Bourgogne, fut admise dans la congrégation de Saint-Lazare à Paris, le 14 avril 1784, et le 28 novembre suivant elle vint à St-Charles, d'où elle sortit le 4 octobre 1793. Le 7 décembre suivant elle fut emprisonnée, avec ses sœurs, comme nous venons de le dire.

178. p. 60. — Dans l'église de la paroisse St-Georges d'Abbeville, se trouvait une statue en argent, figurant le saint patron à cheval, armé de toutes pièces et terrassant un dragon. Toutes les parties de ce groupe se démontaient à volonté. Quoique cette statue, de même que le groupe du St-Sépulcre dont il va être parlé, aient été reconnus des objets d'art par les experts Choquet, peintre, et Depoilly, orfèvre, ils furent fondus à la Monnaie, au mépris de l'instruction donnée le 20 mars 1791, par les Comités réunis d'administration ecclésiastique et d'aliénation des biens nationaux, qui défendait de fondre les objets dont le prix de façon surpassait ou égalait la matière.

179. p. 60. — Dans la liste des objets précieux provenant du dépouillement des églises à la Révolution, figure un livre des évangiles provenant de la paroisse St-Gilles d'Abbeville, dont les plats de la couverture étaient en argent et représentaient d'un côté St-Gilles, et dans le tout la vie pittoresque du Saint.

180. p. 60. — Dans l'église paroissiale de St-Jacques d'Abbeville se trouvait, entre autres objets précieux, une statue de la Ste-Vierge, du poids de neuf marcs 5 onces. Elle fut envoyée à la Monnaie le 31 octobre 1791, avec d'autres objets d'argent provenus de l'abbaye de St-Riquier et d'ailleurs.

181. p. 60. — Dans l'église paroissiale du St-Sépulcre d'Abbeville, se trouvait un groupe de neuf figures, d'argent en grande partie. Le Christ y était représenté sortant du tombeau, ainsi que les soldats qui le gardaient. Cet objet d'art fut envoyé à la Monnaie, comme nous venons de le dire.

182. p. 60. — Le curé Traullé avait pris possession en 1765. Il fut arrêté et conduit à Amiens dans la maison d'arrêt de la Conciergerie, le 2 octobre 1794 ; le 5 du même mois il passa à la maison de justice et le 21 novembre aux Carmélites, où il mourut dans la nuit du 20 au 21 février 1795.

183. p. 61. — Le curé Dupuis avait été nommé député aux Etats généraux, pour le Clergé de la Sénéchaussée de Ponthieu. En 1791 un curé constitutionnel, Lemot, fut installé à Ailly ; il célébrait la messe alternativement avec M. Dupuis, curé orthodoxe. Mais il ne se passait pas de dimanche qu'il ne survînt des scènes de pugilat jusque dans l'église, entre les partisans des deux cultes ; ce qui donna lieu à la fermeture de l'église, pendant trois mois. M. Lemot s'étant adressé au district d'Abbeville pour solliciter une indemnité, l'avis fut favorable ; mais le directoire du département arrêta qu'il n'y avait pas lieu à statuer. — (Registres aux délibérations du département, 2ᵉ bureau, séance du 3 décembre 1791 ; 4ᵉ bureau, séance du 8 mai 1792.)

184. p. 61. — M. Delamarre avait succédé à Jean-Florimond Rohart, lequel avait résigné sa cure vers l'année 1778, sous réserve d'une pension de 500 livres ; ce qui fut homologué par le parlement. (Reg. délibérat. départ., 4ᵉ Bureau, séance du 29 mars 1792.)

185. p. 62. — Le curé Cauchy fut arrêté pendant la Terreur et emprisonné à la Conciergerie d'Amiens, depuis le 6 octobre jusqu'au 2 novembre 1793.

186. p. 62. — On sait que le village d'Ansenne sur la Bresle fut le lieu d'exil de St-Leu, qui y fut relégué par le roi Clotaire II, vers l'an 620.

187. p. 63. — Le curé Domont était né le 23 avril 1735. Il abdiqua ses fonctions le 1ᵉʳ ventose an II (19 février 1794), renouvela cette abdication et remit ses lettres de prêtrise au district, le 17 ventose (7 mars) suivant. (Etats nominatifs des Ecclésiastiques qui ont abdiqué. Archives départementales, pièces non classées.)

188. p. 64. — M. Wable était encore titulaire : 1° de la chapellenie de Notre-Dame de Grâce du Luc, au diocèse de Fréjus, du produit de 300 livres, à la nomination de M. de Vintimille, à cause de sa terre du Luc ; 2° et de la chapelle de St-Aubin, fondée en l'église de Sens et produisant 38 livres.

189. p. 64. — Le curé d'Avesnes ne croyant pas pouvoir se rendre à l'Assemblée du Clergé, pour la rédaction du cahier des doléances, donnait le 28 mars 1789 sa procuration à l'un de ses confrères, en ces termes, qui méritent d'être rappelés : « Il n'est pas douteux que je serois bien flatté de me trouver dans si belle compagnie, mais voyage-t-on aisément à 76 ans : je ne pense pas ; je n'ai pas de vicaire. C'est pourquoi j'ai prié M. Francois Suart, curé d'Estrejus, de me représenter à cette assemblée et d'y faire valoir, autant qu'il sera en lui, nos plaintes et nos condoléances : *les miennes* au sujet d'une cure dont j'ai été pourvu il y a environ 35 ans,... ayant un secours éloigné de trois quarts de lieue, et dans laquelle je n'ai, pour vivre et donner, que la dépouille d'un tiers de la dîme, quelques novales et six mauvais journaux de terre, le tout estimé à 500 livres, tandis que les religieux du Gard, qui jouissent des deux autres tiers, en retirent plus de 800 livres et à rien faire. N'est-ce pas une espèce d'injustice que le cheval qui gagne l'avoine n'en ait qu'à lèche-doigts ?

« *Celles de mes paroissiens* : Ah ! c'est ici que je redouble mes prières à mon procureur de faire les hauts cris, au sujet de la misère qui règne parmi eux, misère causée par l'excessive cherté des denrées, par la cessation du commerce et par une infinité d'impôts, pour le paiement desquels ils sont toujours aux expédients et au péril de manquer des choses les plus nécessaires à la vie et de la perdre. Quelle douleur, pour un pasteur qui les aime, de les voir dans un si triste état et de ne pouvoir y remédier ! »

Le bon curé continue en recommandant qu'on choisisse pour députés aux Etats généraux d'honnêtes gens, justes et désintéressés. « Ce sont gens qu'on peut trouver et qu'on trouve à la campagne, au moins aussy aisément que dans les cités..... » (Arch. départem. Fonds du bailliage d'Amiens. B, 254.)

190. p. 65. — Le curé Letaille dut se retirer à Tournay, d'après sa déclaration faite au district de Péronne le 7 septembre 1792. Il était alors âgé de 37 ans. (Registre des prêtres déportés du district de Péronne. Archives départementales.)

191. p. 65. — Le curé Fréville mourut le 28 juin 1790. Il fut remplacé par Grisepoire, qui avait exercé pendant 14 ans les fonctions de vicaire à Escarbotin.

192. p. 67. — Le curé Fayez fut un de ceux qui eurent la faiblesse d'abdiquer leurs fonctions : ce qu'il fit le 20 pluviose an II (8 février 1794).

193. p. 69. — Le curé Simon prêta en 1791 un serment conditionnel en ce qui concernait la constitution civile du Clergé, c'est-à-dire qu'il promettait de la maintenir « en tout ce qui sera approuvé ou ne sera pas désapprouvé par l'église catholique, apostolique et romaine..... ». Registre aux délibérations de la municipalité pour 1790 et 1791, p. 19.)

194. p. 70. — Le prieur-curé du Bosquel, L. Revoir, était chanoine régulier de St-Acheul et, en cette qualité, pourvu de l'une des prébendes du Chapitre de la Cathédrale depuis 27 ans. Il se démit de sa cure et se retira à Amiens en 1790. Pendant la Terreur il fut arrêté et emprisonné à Bicêtre le 6 octobre 1793, puis dans d'autres maisons. Il était le 1er mai 1794 aux Capettes, où il mourut le 24 septembre suivant. (Registre aux délibérations, du 4e bureau, séance du 16 juillet 1791.)

195. p. 71. — Le curé Artus, Jean-Antoine-Nicolas, était né à Doullens le 12 février 1734. « Atteint d'une maladie grave depuis 1779, il dut établir un desservant dans sa paroisse et se retirer dans la maison des religieux Cordeliers de Bouttencourt près de Blangy. Il s'en échappa plusieurs fois furtivement pour rentrer dans sa famille, où il vivait encore au mois d'août 1791. » La maison dont il s'agit recevait des personnes de bonne famille qui avaient perdu la raison, pour lesquelles on payait de fortes pensions. (Registre aux délibérations du département, 4e bureau, séances des 31 mai et 23 août 1791, et du 3 avril 1792.)

196. p. 71. — M. Lefebvre de Milly, seigneur du dit lieu, était aussi titulaire du prieuré de Notre-Dame de Durinque, situé dans le diocèse de Rodez, non loin de Sauveterre-d'Aveyron, dont il avait pris possession le 13 août 1770, étant déjà curé de Boussicourt, et qui lui produisait un revenu de 624 livres.

197. p. 71. — Le curé Tinancourt déclara abdiquer ses fonctions le 23 ventose an II (13 mars 1794).

198. p. 72. — Le curé Laurent fut emprisonné à Amiens, comme suspect, pendant la Terreur. On le trouve aux Carmélites au mois de mai 1794, puis à Bicêtre et de nouveau aux Carmélites le 15 octobre de la même année.

199. p. 72. — Le curé Dupré s'était tellement attaché ses paroissiens qu'ils le mirent à la tête de la municipalité le 31 janvier 1790. Il y fut conservé, même après son remplacement à la cure pour n'avoir fait qu'un serment restrictif. Cependant le 5 septembre 1792 il fut suspendu de ses fonctions municipales, et quelques jours après il prenait le chemin de l'exil, en compagnie des deux frères Chopart, l'un curé de Morcourt et l'autre curé et chanoine de Longpré-les-Corps-Saints. Après un court séjour à Dusseldorff, il se retira à Liège où il périt en 1793, écrasé sous les matériaux d'une maison en construction. (*Histoire de la Ville de Bray-sur-Somme*, par M. Hector Josse, p. 258.)

200. p. 75. — Le curé Pierre Barbier avait succédé en 1750 à son frère Charles Barbier, mort le 17 juillet de la dite année. Ce dernier avait succédé lui-même à Nicolas Barbier, mort au commencement de l'année 1728 et qui était en exercice dès l'année 1680. Cela forme une suite de curés de même nom et peut-être parents, pendant plus d'un siècle. (Registres de chrétienté de Canchy.)

201. p. 75. — Cantepie, qui fait partie du village actuel de Bouvincourt, était un fief possédé anciennement par des seigneurs de ce nom. L'église est bâtie sur ce fief.

Le soi-disant paysan Catepie ou Cantepie, organisateur de l'insurrection populaire contre les Anglais dans le Bressin, en 1433, n'était-il pas de cette famille, qui est citée dès l'année 1310 ? Ce qui tendrait à le faire croire, c'est que les autres chefs de l'insurrection portaient des noms de fiefs voisins de celui de Cantepie. Ainsi, le sire de Merreville : telle est la forme vulgaire aujourd'hui encore du nom du village de Melleville ; messire Th. du Boys : la Cour du Bois est une ferme, ancien fief, auprès de Melleville, et nous signalerons précisément un sieur de la Cour du Boys et de Bouvincourt, épousant en 1588 Claude de Maricourt, veuve de Nicolas Rouault, seigneur de Gamaches. (Rôles Normands et

Français, publiés dans le tome XXIII des Mém. Soc. Antiq. de Normandie, p. 56 ; tome XVI, p. 83, etc. — *Gamaches et ses Seigneurs*, p. 158. — *Olim*, publié par Beugnot, p. 618 et 669.)

202. p. 76. — Le curé Chefdeville, né le 21 février 1751, était religieux prémontré de l'abbaye de Bellozanne. Il apostasia le 21 ventose an II (11 mars 1794), suivant l'état nominatif conservé aux Archives du département.

203. p. 76. — On a de l'abbé Poiré un *Essai sur les longitudes*, publié en l'an V. Il a laissé un manuscrit sur les moyens de simplifier la langue écrite et parlée. (M. Prarond, *Les hommes utiles de l'arrondissement d'Abbeville*, p. 178.)

204. p. 77. — Le curé Moindreaux était aussi titulaire d'une chapelle dans l'église collégiale de St-Pierre d'Angers, du revenu de 172 livres, et d'une chapelle à Pont-Vallain, au diocèse du Mans, du revenu de 234 livres. Il était encore pourvu d'une rente de 700 livres sur l'abbaye de St-Riquier, par brevet du Roi en date du 7 juin 1789. (Registre aux délibérations du département, 4ᵉ bureau, séance du 16 juillet 1791.)

205. p. 77. — Le curé de Citerne venait de célébrer la messe dans sa maison, le 25 mars 1792, lorsqu'un grand nombre d'habitants réunis au son du tocsin, armés de bâtons, de couteaux à pressoir, d'épées et de fusils, attaquent et blessent plusieurs personnes qui y avaient assisté. Le juge de paix de Hallencourt, venu pour s'enquérir des faits, est poursuivi à coups de pierres, et son greffier est blessé. La foule enfonce les portes de la maison et met tout au pillage ; heureusement le curé avait pu fuir. (Registre aux écrous de la maison de justice en la Conciergerie, 1792-1794, folio 6 v°. Archives du département.)

206. p. 78. — Le curé de Collines, expulsé de sa cure pour refus de serment, fut arrêté plus tard, enfermé dans les prisons d'Arras, jugé et condamné à mort comme réfractaire et fanatique, par le tribunal révolutionnaire du Pas-de-Calais, le 2 germinal an II (22 mars 1794). Il était né à Péronne et âgé de 54 ans. (*Les Martyrs de la Foi*, tome II, p. 373.)

207. p. 78. — Le curé Avenel était âgé de 68 ans lorsqu'il apostasia le 29 floréal an II (18 mai 1794), déclarant renoncer à toutes fonctions du culte catholique. Il remit ses lettres de prêtrise au greffe le quatre prairial suivant (23 mai).

208. p. 80. — Nicolas-Claude Dargnies, né à Abbeville paroisse de St-André, le 29 août 1761, était fils de Jacques-Claude Dargnies de Fresne et de Henriette Victoire Bouteiller, son épouse.

C'est après trois années de vicariat dans une des paroisses d'Abbeville qu'il fut nommé, en 1789, curé de Courcelles-sous-Moyencourt. En 1793, il dut émigrer et se retira en Suisse, d'après le conseil de son père. Arrivé à Fribourg le 5 avril, il en sortit le 10 mai pour se rendre à pied, à huit lieues de là, au couvent des trappistes de la Valsainte, où il se fit religieux sous le nom de François de Paule. Appelé à desservir la paroisse de Charmey, dans le canton de Fribourg, celle-ci demanda sa sécularisation en Cour de Rome, afin de l'avoir pour curé. Cette sécularisation accordée, il fut pourvu de la cure le 29 avril 1808. Il résigna ce bénéfice au mois de juin 1816 et mourut, avec le titre de chapelain, à Riaz, dans le même canton, le 3 mai 1824, en instituant cette commune son héritière.

L'abbé Dargnies avait des connaissances en médecine et en chirurgie, arts qu'il pratiqua tant à la Valsainte qu'après sa sortie. Il a publié un opuscule qui n'est pas sans mérite, intitulé *Dialogue sur la santé pour le peuple, surtout pour la campagne,* par un médecin (Fribourg 1821, 24 pages in-12). Il a aussi laissé des Mémoires manuscrits très intéressants sur les trappistes de la Valsainte. M. Gremaud les a publiés en partie dans la Revue historique que nous allons citer.

La présente note biographique est tirée presque textuellement du *Mémorial de Fribourg,* année 1856, p. 208, dont nous devons la communication à M. Pingaud, professeur d'histoire à Besançon.

209. p. 80. — Le curé Poullet fut arrêté le 3 avril 1793 et emprisonné à Bicêtre le 7 septembre. On le trouve encore aux Carmélites le 15 octobre 1794.

210. p. 80. — M. Devismes, curé de Cramont, était né le 27 mars 1756. Au temps de la Révolution, il se vit refuser avec obstination l'entrée de son église pendant plus de six mois. Il était forcé de dire sa messe dans sa maison, où il admettait les citoyens qui voulaient l'entendre, ce qui lui valut des insultes et des menaces faites publiquement. Le directoire du département dut faire intervenir son autorité : le 28 février 1792 il prit un arrêté portant qu'il serait fait une information sur les insultes et menaces, et que le district aurait à veiller sur la tranquillité publique et la liberté des opinions religieuses dans la commune de Cramont. (Registre aux délibérations du 2ᵉ bureau.)

211. p. 80. — Le vicaire en chef de Croixrault, Sauval, déclare au district, le 13 pluviose an II (1ᵉʳ février 1794), qu'il abdique et remet les clefs de l'église.

212. p. 81. — Le curé Decaix fut arrêté, par ordre du comité de surveillance de Picquigny, et écroué à Bicêtre le 18 septembre 1793, puis successivement dans d'autres prisons d'Amiens. Il fut libéré le 26 août 1794.

213. p. 81. — En 1789 il y avait environ 18 ans que M. Marquis était éloigné de sa cure et enfermé dans la maison de St-Venant, par ordre supérieur, probablement pour cause de démence. Il reparut dans sa paroisse en 1791. Pendant son absence, la cure fut desservie par le vicaire Boudinel, qui devint curé après la Révolution. (*Description du canton de Gamaches*, p. 81. — Arch. départem. Lv., pièces à classer.)

214. p. 82. — Le curé de Domart sur la Luce fut assailli dans son presbytère le 26 mars 1792 par une troupe d'individus réunis au bruit du tocsin. Ils lui intimèrent l'ordre, avec menaces, de déguerpir dans les 24 heures. Le directoire du département, instruit de ces faits, enjoignit aux officiers municipaux et à la garde nationale de protéger la personne et les meubles du curé. (Registre aux délibérations du 2ᵉ bureau, séance du 26 mars 1792.)

215. p. 82. — Le 13 avril 1792 le curé de Dompierre-sur-Authie, est sommé par le maire, accompagné d'un huissier de Cressy et suivi d'une horde d'individus de la localité réunis au son du tocsin, de remettre les clefs de l'église et de sortir du presbytère, s'il ne veut pas être expulsé de force. Une partie de ses meubles est jetée dans la rue. Mais, sur sa plainte, le directoire du département ordonne que ses meubles lui soient rendus et l'autorise à rester dans la paroisse. (Registre du 2ᵉ bureau, séance du 28 juin 1792.)

216. p. 83. — Le curé de Dourier-lès-Airaines fut emprisonné à Amiens depuis le 18 janvier jusqu'au 26 juillet 1794.

217. p. 83. — Le curé de Dreuil-lès-Amiens, fut arrêté le 28 février 1793 et enfermé dans les prisons d'Amiens, où il se trouvait encore au mois d'octobre 1794.

218. p. 83. — M. Carpentier avait été pourvu de la cure de Dreuil, qui dépendait de l'abbaye de Ste-Larme, en l'année 1786, sur la résignation de M. Morgan, prieur de Blanche lande, ordre de Prémontré. Celui-ci avait retenu une pension de 300 livres, ce qui fut homologué au parlement de Paris le 17 mai de la dite année. (Registre aux délibérations du 4ᵉ bureau, séance du 8 février 1791. — Registre aux avis sur les pensions, feuille détachée, n° 301.)

219. p. 84. — Le curé d'Eplessier, Fondeur, apostasie le 20 pluviose an II (8 février 1794) et remet ses lettres de prêtrise au district.

220. p. 84. — Il n'existait jadis à Escarbotin qu'une simple chapelle. Elle avait été fondée par Etienne de Roussé, chevalier, seigneur de St-Cler et Françoise d'Ailly, son épouse, dame d'Escarbotin et de Friville en partie, et par d'autres personnes en 1637. Les habitants d'Escarbotin se reconnurent obligés à l'entretien total de cette chapelle, sans être déchargés de celui de l'église de Friville, et ils accordèrent que le curé de Friville eût la même juridiction sur les habitants d'Escarbotin et sur leur chapelle, que sur l'église et les habitants de Friville ; le tout par acte du 31 juillet 1639. (*Notice sur l'abbaye de Sery*, p. 27.)

221. p. 86. — Le vicaire de Fay-lès-Hornoy recevait une rente annuelle de 450 livres sur l'Hôtel-de-Ville de Paris, « à la charge d'instruire journellement et gratis les jeunes enfants du lieu, de leur apprendre à lire, écrire, leur religion, les premiers principes du latin et le calcul. » (Déclaration du vicaire Martin, du 25 décembre 1790. Archives du département ; pièces non classées.)

222. p. 88. — Le curé Dubourguer était né à Gorenflos. Il fut arrêté comme suspect et enfermé à Bicêtre le 7 septembre 1793. On le trouve dans la maison des Carmélites au mois d'octobre 1794.

223. p. 88. — Le vicaire Dutilloy ayant prêté serment était resté en place, ce qui ne lui épargna point les fureurs de la populace. Le 27 janvier 1792 à huit heures du matin, au son du tocsin qui se fait entendre à Framerville et à Renneville, un attroupement se forme devant sa demeure. Deux individus armés de coignées ayant enfoncé les portes, hommes et femmes se précipitent dans la maison, jettent dans la rue une partie des meubles et pillent le reste. La municipalité, évidemment complice, laisse faire et n'intervient que pour la forme, à 4 heures après midi. (Registre aux délibérations du 2° bureau du département, séance du 25 février 1792.)

224. p. 89. — Le curé de Franvillers, Merchier, âgé de 63 ans, ayant été arrêté comme réfractaire et soumis à la déportation, fut conduit dans la prison de St-Pol ; puis, à la sollicitation du maire du village et sur la réclamation du directoire du département de la Somme du 5 février 1793, renvoyé à Amiens dans la maison affectée aux prêtres sexagénaires. Il avait sollicité, mais en vain, du département l'autorisation de résider provisoirement à Auxy-le-Château. Transféré dans diverses autres maisons, on le trouve aux Carmélites le 15 octobre 1794. (Registre du 2° bureau, et Registre du 4° bureau, séance du 18 mars 1793.)

225. p. 89. — Le curé de Fréchencourt, Caudellier, âgé de 51 ans, apostasie le 6 ventose an II (24 février 1794) et déclare au district que ses lettres de prêtrise sont égarées.

226. p. 89. — Le curé de Fresneville, Ledieu, âgé de 59 ans, apostasie le 2 ventose an II (20 février 1794) et remet ses lettres de prêtrise au district.

227. p. 89. — La cure de Fressenneville était régulière et dépendait de l'abbaye de Sery. Elle avait été acquise par l'abbé Raoul, le 24 février 1203, avec toutes ses dépendances, des mains d'un clerc qui en jouissait héréditairement à titre laïque. L'évêque Thibault en donna saisine à l'abbaye ; le seigneur du lieu, ses deux frères et leur mère renoncèrent à tous les droits qu'ils pouvaient avoir sur ce personnat et en aumonèrent l'abbaye. (Cartulaire de l'abbaye de Notre-Dame de Sery, page 36. Bibliothèque de Ste Geneviève à Paris, Manuscrit portant le n° 962.)

228. p. 90. — La cure de Friville était autrefois régulière. Elle avait été donnée à l'abbaye de Sery par les premiers fondateurs, qui étaient seigneurs du lieu. Les religieux la desservirent jusqu'en l'année 1552. Depuis lors, elle fut possédée par des séculiers. (Catalogue des abbés et pouillé des bénéfices de Notre-Dame de Sery, ms. cité, p. 25.)

229. p. 90. — M. Grisepoire, après avoir été vicaire de Friville pendant 14 ans, devint curé de Beauchamp en 1790. Il émigra en 1792 : le 6 septembre il prenait son passeport pour l'Angleterre, déclarant qu'il s'embarquerait à Cayeux. (Registre aux délibérations du 4° bureau, séance du 9 juillet 1791.)

230. p. 90. — M. Herbet devint, après la Révolution, curé de Gamaches, succédant le 16 octobre 1810 à M. Laurendeau. Il cessa ses fonctions en 1825 et mourut à Amiens en 1829.

231. p. 92. — Le curé Havet avait fait don à l'hôpital général de Montdidier de six mille livres, à la charge de lui fournir les choses nécessaires à la vie dans l'hôpital ou de lui assurer, en cas de sortie, 400 livres en viager. Dans l'espoir d'échapper à la prison, il rappela ce bienfait aux administrateurs du département. Mais ceux-ci restèrent sourds et, par un arrêté du 20 novembre 1792, lui enjoignirent de se rendre dans la maison destinée aux sexagénaires. Il s'y transporta immédiatement.

232. p. 93. — En 1784 M. Martin avait résigné la cure de Guyencourt au profit de M. Liquois, qui résigna plus tard en faveur de M. Nollant. (Registre aux avis sur pensions, p. 164. Arch. départem.)

233. p. 94. — Le curé d'Harcelaine, Deguerville, était très original et quelque peu facétieux. Il avait fait écrire sur la porte de son presbytère cette fière devise des sires de Coucy : *Nul s'y frotte* ! Or, il advint qu'au cours des opérations de la vente du mobilier confisqué par la nation sur le marquis de Rouault, au château de Beauchamp, le bruit s'était répandu qu'une partie de ce mobilier avait été soustraite et cachée dans la maison du curé d'Harcelaine, déporté. Les commissaires opérateurs s'y rendirent nuitamment, accompagnés de la force armée. C'était le 6 juillet 1793. Arrivés devant la maison et à la vue de la menaçante devise, ils hésitent un instant et portent instinctivement la main sur leurs armes. Cependant, ils sonnent et, au nom de la loi, la porte s'ouvre. Le domestique du curé absent, les conduit dans tous les bâtiments qu'ils fouillent et qu'ils sondent de toute part. Mais, à leur grand désapointement, ils ne trouvent rien, rien que le chétif mobilier du pauvre curé.

Nous avons encore lu, bien longtemps après, dans notre jeunesse, la menaçante inscription sur la porte du vieux presbytère.

234. p. 95. — Le curé Fournier avait été pendant vingt ans professeur de théologie au collège d'Amiens, puis admis en 1788 au titre et à la pension d'émérite. Devenu alors curé d'Heilly, il fut élu député aux Etats généraux, avec Mgr de Machault, évêque d'Amiens, par l'ordre du clergé. Arrêté comme suspect en 1793, il réussit à s'évader le 12 mai de la prison de la Providence où il était enfermé.

— 251 —

Nous avons trouvé, dans le dépôt des Archives de la Somme, deux lettres écrites par cet éminent professeur sur le serment imposé aux ecclésiastiques par le décret de constitution civile du Clergé. Elles sont adressées à son confrère le curé de Vaux-sous-Corbie, chez lequel elles ont été saisies, avec d'autres papiers, lors de son arrestation en 1794. Il nous parait intéressant de les rapporter ici. La première, du 12 janvier 1791, est ainsi conçue :

Monsieur et cher Confrère,

Vous me faites une question qui m'embarrasse comme les autres, et peut être plus, par la connoissance que j'ai de bien des gens qui dominent dans l'Assemblée et qui étant égarés du côté de la Religion ne peuvent que chercher à lui nuire. Vous connaissez sans doute et vous avés reçu la Déclaration de Mgr l'Evèque d'Amiens, au sujet du serment civique. En général elle me paroit bien motivée pour ce qui est surtout des maux qu'il appréhende pour la Religion, ensuite de la nouvelle Constitution. Cependant je ne la crois pas contenir l'hérésie ni le schisme. C'est pourquoi, dans la nécessité présente, je crois que Dieu excusera ceux qui prêteront le serment en question. Je viens de voir une brochure en manière de Journal de Paris et de Versailles ; elle est du trente décembre dernier. Et il y est dit, dans un article particulier, sous le titre Paris, qu'on donne comme certain que le courrier dépêché par le Roi est arrivé le 28 précédent au soir, et que la réponse du Pape est une *acceptation provisoire* de la Constitution civile du Clergé de France décrétée par l'Assemblée nationale, *jusqu'à la convocation d'un Concile Gallican.* C'est tout ce que je peux vous répondre. Je suis avec autant d'amitié que de respect,

Monsieur et cher Confrère,

Votre très humble et très obéissant serviteur,

Fournier, curé d'Heilly.

Je n'ai rien appris touchant la réunion de Vaux à Heilly.
Bonne année de tout mon cœur. Mais, si Dieu ne nous protège, nous ne manquerons pas de ruines.

A Monsieur Leuilly, curé de Vaux.

La seconde ne porte point de date, en voici le texte :

Monsieur et cher Confrère,

C'est avec amitié et non avec ressentiment que je me plaindrai de vous. J'ai répondu comme j'ai pu dans le moment à l'inquiétude que vous me témoigniez par lettre au sujet du serment qu'on exige des Ecclésiastiques, que je ne voiois pas l'hérésie ou le schisme contenu, comme plusieurs le pensent, dans les articles du décret de la Constitution civile du Clergé, et j'ai été jusqu'à dire que je croiois que Dieu excuseroit ceux qui, dans la nécessité présente, prêtoient de bonne foi ce serment; et je me portois d'autant plus aisément à cette pensée que je recevois dans ce moment un Journal où il étoit dit qu'on donnoit pour nouvelle certaine que le Pape venoit de donner une réponse, par laquelle il acceptoit provisoirement cette constitution jusqu'à la convocation d'un Concile Gallican. Cette nouvelle étoit fausse. Le Pape n'avoit pas répondu. Du reste, je laissois à votre jugement la décision pour le parti que vous voudriez prendre, vous aiant témoigné que je n'étois pas moins embarrassé qu'un autre sur la question si l'on pouvoit absolument prêter ce serment, ou si on devoit le refuser, et même que j'y étois plus embarrassé que bien d'autres, par la connoissance que j'avois des intentions de ceux qui en étoient les inventeurs. Mais j'apprens qu'en conséquence de cette réponse vous avés répandu dans tout Amiens, et cela se communique partout ailleurs, que je ne trouvois aucune difficulté à la prestation de ce serment; et qu'une infinité de personnes qui ont conçu mal à propos une grande confiance en mes lumières, s'appuient sur ma décision prétendue à prêter ce serment, qu'ils n'auroient pas prêté. Vous auriez dû, ce me semble, garder pour vous ce que je vous avois écrit et surtout n'y pas donner plus de force de décision qu'il ne portoit. Cela me fait une vraie peine, et je ne peux voir avec plaisir qu'on puisse rejetter sur moi le blâme que plusieurs feront de la prestation de serment, que d'autres feront surtout maintenant, que le plus grand nombre des ecclésiastiques de l'Assemblée nationale l'ont refusé avec une résolution et un courage qui édifie et qui me confirme moi-même dans la résolution de le refuser. Je vous prie donc du moins de ne pas étendre maintenant plus loin l'opinion que vous avés répandue, que je ne trouvois point de difficulté à la prestation du serment en question, et je demeure cependant toujours avec un sincère attachement,

Monsieur,

Votre très humble et très obéissant serviteur,

Fournier, curé d'Heilly.

Malgré les doutes émis par son confrère et ami, le curé de Vaux, de bonne foi sans doute, comme tant d'autres, mais plus imprudent, obéit à l'injonction de la loi. Malheureusement il ne s'arrêta point là et bientôt, hélas ! il descendit jusqu'à l'apostasie, comme nous le dirons. (Les Ecoles et les collèges du diocèse d'Amiens, dans le *Répertoire et Appendice des histoires locales de la Picardie*, II, 350. — Archives départementales, liasse de pièces non classées.)

235. p. 96. — M. Douillet, curé d'Hocquincourt, mourut le 22 avril 1791, nous dit le Registre aux avis sur pensions ecclésiastiques, p. 256.

236. p. 96. — Le curé Hallot avait sollicité du département l'autorisation de rester chez lui, empêché qu'il était de voyager, à cause de son grand âge et de ses infirmités. Elle lui fut refusée par un arrêté du département en date du 20 novembre 1792, qui lui ordonna de se rendre dans la maison destinée aux déportables sexagénaires. En conséquence, le vieillard entra aux Clarisses immédiatement. (Registre aux délibérations du 4e bureau.)

237. p. 96. — Le curé Ledien fut arrêté comme suspect et conduit à Amiens dans la maison de la Providence le 3 octobre 1793. Nous n'avons pas trouvé la date de sa mise en liberté.

238. p. 98. — M. Boucher, curé de Lamaronde, abdiqua sa qualité de prêtre et remit ses lettres au district le 21 pluviose an II (9 février 1794).

239. p. 98. — Le curé Quignon, âgé de 48 ans, apostasia et remit ses lettres de prêtrise au district le 23 pluviose an II (11 février 1794).

240. p. 98. — Le curé Béguin était chanoine de l'abbaye de Notre-Dame d'Eu, dont l'abbé présentait à la cure de Lanchères. Il avait été pourvu de cette cure en 1775. (*Bénéfices de l'Eglise d'Amiens*, tome II, page 291, note 5.)

241. p. 99. — Le curé de Laucourt, Bernard, expulsé de sa cure pour refus de serment, s'était retiré à Harbonnières. Il dut, en 1792, quitter la France. Mais, au commencement de l'année 1794, il y revint clandestinement. Reconnu et arrêté dans le Laonnois, il fut traduit devant le tribunal criminel de Laon et condamné comme émigré rentré, à la peine de mort, le 11 thermidor an II (29 juillet 1794), deux jours après la chûte de Robespierre. (*Les Martyrs de la Foi*, par l'abbé Guillon, II, p. 191.)

242. p. 99. — Le curé Carpentier était né à Amiens, paroisse St-Jacques. Il prêta serment à la Constitution et fut nommé vicaire épiscopal du département par l'évêque constitutionnel Desbois, le 1er juillet 1791.

243. p. 99. — Le curé du Mazy, Bulot, apostasie le 15 ventose an II (5 mars 1794) et remet ses lettres de prêtrise au district.

244. p. 100. — Le curé du Quesne, Henry, apostasie le 20 germinal an II (9 avril 1794) et remet ses lettres de prêtrise au district.

245. p. 100. — Dans sa séance du 18 avril 1789 l'Assemblée de l'ordre du Clergé du bailliage d'Amiens, élut M. Lefebvre député suppléant aux Etats généraux, par 174 voix sur 340 suffrages. (*Documents sur la Révolution Française dans la ville d'Amiens*, I, 377.)

246. p. 100. — Le curé de Lignières-Chatelain, Magnier, abdique ses fonctions et remet au district ses lettres de prêtrise le 17 thermidor an II (4 août 1794).

247. p. 101. — A la mort de M. Desmarquez, titulaire du prieuré-cure de Longpré-lès-Amiens, M. Tavernier, greffier des insinuations ecclésiastiques du diocèse, fut pourvu de ce bénéfice en cour de Rome, à la sollicitation de M. Paradis, religieux de l'abbaye de St-Fuscien. (Registre aux délibérations du département, 4e bureau, séance du 24 septembre 1791.)

248. p. 101. — L'oncle du curé Brice, aussi nommé Jacques Brice ou Brisse, avait résigné son bénéfice en sa faveur en 1788, moyennant une pension de six cents livres. (Même registre, séance du 24 janvier 1792.)

249. p. 102. — Ce lieu était connu sous le nom de Mailly-le-Franc, parce qu'il relevait directement du Roi et de la tour du Louvre. (M. De Cagny, *Histoire de l'arrondissement de Péronne*, I, 439.)

250. p. 102. — L'abbé Gorin avait pris possession de cette cure le 1er octobre 1772. Prêtre réfractaire, il cessa ses fonctions le 7 juin 1791, suivit son frère Louis-Charles en exil au mois d'août 1792 et revint avec lui en France après le concordat. Il rentra dans sa cure et mourut à Maison Rolland le 25 mars 1820.

251. p. 103. — Le curé de Maucourt, Lefebvre, mourut le 8 octobre 1790. Depuis ce jour la paroisse fut desservie par le vicaire Lesueur.

252. p. 103. — Le curé Delaporte fut arrêté pendant la Terreur et emprisonné à Péronne le 29 décembre 1793. Il fut transféré le lendemain à Amiens et ballotté de prison en prison jusqu'au jour de sa sortie, le 26 janvier 1795.

253. p. 104. — Le curé Tilloloy fut obligé d'abandonner sa cure le 4 octobre 1792, à cause de son grand âge et de ses infirmités.

254. p. 105. — Le curé Deschamps, natif de Bellancourt, était âgé de 69 ans lorsqu'il fut arrêté le 9 mars 1793 et enfermé dans les prisons d'Amiens. On l'y trouve encore au mois d'octobre 1794. Il avait sollicité, mais en vain, du département l'autorisation de résider provisoirement à Fluy chez M. Jumel. (Registre aux délibérations du 4ᵉ bureau, séance du 18 mars 1793.)

255. p. 106. — Le curé Simon qui, à raison de son âge, devait se rendre dans la maison destinée aux sexagénaires, obtint du département, à la date du 20 novembre 1792, un sursis. Nous ne l'avons pas trouvé dans la suite sur les livres d'écrous.

256. p. 106. — Le curé de Monsures, Novian, a labouré et ensemencé la terre de la cure, mais son évasion fait supposer qu'il a renoncé à la récolte, lit-on dans une délibération du département du 16 juillet 1791. Il s'agit sans doute de son émigration. (Registre du 4ᵉ bureau.)

257. p. 106. — La constitution de Montagne en paroisse date de l'année 1740 environ. A la place de l'ancienne chapelle, les habitants firent bâtir, à leurs frais et sans aucun secours des gros décimateurs, une église qui fut entreprise en 1759 et coûta 1,650 livres, indépendamment de l'abandon des matériaux de la chapelle. — Le village composé de 90 feux avait été atteint en 1784 d'une épidémie qui enleva quarante habitants, parmi lesquels dix ménages, laissant des enfants en bas âge. (Cahier de doléances de Montagne, du 22 mars 1789. Archives départementales ; fonds du bailliage d'Amiens, B. 322.)

258. p. 106. — Le curé Cocquerel dépose ses lettres de prêtrise et abdique le 21 ventose an II (11 mars 1794).

259. p. 106. — Le curé Turbert était aussi titulaire de la chapelle de St-Vincent située à Puisserguier, diocèse de Narbonne, produisant 790 livres de revenu.

260. p. 106. — Le vicaire Gamard a exercé jusqu'au 15 février 1791, selon qu'il est dit au registre aux délibérations du département, 5° bureau, séance du 24 mars 1792.

261. p. 107. — Le vicaire Chanteloux figure sur la liste des déportables de première classe, dressée par le district de Montdidier le premier septembre 1793, en exécution de la loi du 26 août 1792. (Archives du département, pièces non classées.)

262. p. 107. — La ville de Montreuil n'avait que sept paroisses. Piganiol de la Force, dans sa *Description de la Picardie*, p. 386, lui en donne huit, parce qu'il compte comme distincte celle de St-Vulphy qui, n'ayant plus de titulaire depuis 1596, avait été unie à la paroisse de St-Valois.

263. p. 108. — Le curé Chopart était né à Bray-sur-Somme. Il fut nommé curé de Morcourt en 1767 et il y mourut le 20 janvier 1801. Forcé de s'exiler pour refus de serment à la constitution civile du Clergé, il était parti le 8 septembre 1792 pour la Belgique, d'où il passa en Angleterre, puis en Allemagne. Il rentra dans sa paroisse en 1798. Sa mort fut la suite d'un acte de foi héroïque. Il venait de donner la sainte communion à une femme atteinte d'un mal contagieux, lorsqu'elle expira sans avoir pu consommer l'hostie. Aussitôt il retire celle-ci de la bouche de la morte et la consomme courageusement lui-même. Quelques jours après il meurt frappé de la même maladie, à l'âge de 69 ans. (*Notice historique sur la paroisse de Morcourt*, par M. l'abbé Haclin, curé du lieu, p. 57.)

264. p. 108. — Le curé Crépin abdiqua ses fonctions le 9 ventose an II (27 février 1794) et remit ses lettres de prêtrise au district.

265. p. 109. — Le curé de Nampty eut à subir, le dimanche 26 juin 1791, les plus grands outrages. Un grand nombre d'habitants des villages voisins se portèrent au presbytère de ce respectable vieillard et l'entraînèrent jusqu'au village de Bacouël, dont le curé constitutionnel, Taffin, le prit sous sa protection et le reconduisit jusqu'à Plachy. (Registre aux délibérations du Conseil général du département, p. 528.)

266. p. 109. — La cure de Neslette avait été donnée à l'abbaye de Sery, par l'abbé et les religieux de St-Lucien de Beauvais, vers l'année 1150. Cette donation est rappelée et confirmée dans une charte non datée, mais signée par Pierre, abbé de St-Lucien, Raoul, abbé de Sery, le prieur et trois de ses religieux, etc. (Catalogue, pouillé et catulaire de l'abbaye, Manuscrit cité, p. 26 et 35.)

267. p. 109. — Le prieur-curé Hugot, âgé de 64 ans, abdiqua ses fonctions et fit déposer ses lettres de prêtrise au district, le 24 ventose an II (14 mars 1794).

268. p. 109. — Le curé de Neuville-Coppegueule, Saulmon, déclara abdiquer ses fonctions le 13 pluviose an II (1er février 1794).

269. p. 110. — Le curé Piquendaire était né à Boulogne-sur-Mer en 1747. Il reçut l'ordre de la prêtrise en 1774, fut vicaire à Marquise, puis devint curé de Nœux. Il se retira en Allemagne en 1792. Après le concordat il revint dans sa paroisse de Nœux.

270. p. 111. — Le prieur-curé d'Olincourt, Leroux, avait été consacré en 1744 par l'évêque, duc de Laon. Il prêta le serment constitutionnel, puis abdiqua ses fonctions et remit ses lettres de prêtrise à la municipalité de Flesselles, le 2 thermidor an II (20 juillet 1794).

271. p. 111. — La seigneurie d'Outrebois appartenait au Chapitre de l'église cathédrale de Paris. A ce titre, les chanoines se firent représenter à l'Assemblée générale du bailliage d'Amiens, pour l'ordre du clergé, par M. Eugène O'Mellane, chanoine de la cathédrale d'Amiens. Nous ne croyons pas hors de propos de rappeler ici les noms des chanoines, qu'il serait peut être difficile de trouver ailleurs. Les voici, pris sur la procuration notariée qu'ils ont donnée le 11 mars 1789 : MM. Flotard de Montagu, doyen ; Jean-Baptiste Robinault du Boisbasset, chantre ; Jean-Baptiste-Gabriel Le Corgue de Launay, archidiacre de Paris ; Jean-Antoine-Benoit-Bruno de Malaret, archidiacre de Josas ; François-Charles Chevreuil, chancelier ; Pierre-François Papin, pénitencier ; Charles-Guillaume Cardin Morin du Marais ; Jean-Lucien Lucas ; Louis-François Rivierre ; Jacques-Etienne de Méromont ; Etienne Brémont ; Sébastien-Michel Camiaille, chambrier ; Emmanuel-René-François d'Eu de Mondenoix ; Xiste-Louis-Constantin de Roux de Bonneval, Jacques

Le Blanc, Jean-Pierre de la Fage, Jean Chevalier, Mathieu de Recléme, Paul-Louis de Mondran, Pierre-Bernard Viel, Charles-Marie Latert, Claude-Marie Gatignon, Pierre-Jean Sincholle d'Espinasse, Jean-Baptiste Marie de la Bintinaye, Jean-Mathurin Mazeas, Joseph-Jean-François Delagrange Gourdon de Floirac, Jean-Michel de Neuchése, Louis-Augustin Viel de Villers, Louis de Cours, Jacques-Nicolas Duchesne, Pierre Delon, Jean-Bernard de Vienne, Joseph Riballier et François-Marie Melon de Pradon. — M. de Floirac figure, sous le titre de vicaire général, dans la liste des ecclésiastiques réfugiés à Dusseldorff en 1793-1794, dressée par l'abbé Chopart et publiée par notre collègue M. Hector Josse, dans sa notice sur ce chanoine-curé de Longpré. (Archives du département, Fonds du bailliage d'Amiens, B. 252. — *Le Dimanche, semaine religieuse du diocèse d'Amiens*, 1878.)

272. p. 111. — Le prieuré de Pas, situé sur un point élevé, était autrefois conventuel. Il avait été fondé en l'année 1112 et dépendait de l'abbaye de St-Martin d'Amiens.

Le prieur-curé Demeigneux, dans sa déclaration faite en 1790 des biens et revenus du prieuré, explique qu'il a fait reconstruire entièrement à ses frais la Maison prieurale, bâtir un colombier et une écurie. Il ajoute qu'il est né le 23 juin 1725. (Archives départementales. Pièces pour la fixation des pensions.)

273. p. 113. — Le curé Lescureux abdiqua ses fonctions le 26 ventose an II (16 mars 1794) et remit ses lettres de prêtrise au district.

274. p. 113. — Le curé Caron, âgé de 46 ans, abdiqua ses fonctions le 26 ventose an II (16 mars 1794) et remit ses lettres de prêtrise au district, mais il les reprit le 19 fructidor an V (5 septembre 1797).

275. p. 114. — Le curé Drocourt, âgé de 64 ans, abdiqua ses fonctions le 6 ventose an II (25 février 1794) et déclara ne pouvoir remettre ses lettres de prêtrise, parce qu'elles avaient été brûlées dix ans auparavant.

276. p. 114. — Le curé Decarsin était aussi titulaire d'une chapelle fondée dans l'église paroissiale de St-Jacques de la ville de St-Quentin, dont il avait pris possession le 18 février 1781 ; ce bénéfice produisait 1,030 livres.

277. p. 114. — Le curé de Puchevillers fut assailli par des habitants du village de Rincheval, le 27 juin 1791, dans une maison où il s'était retiré en

quittant le presbytère. Armés de fusils et d'épées, ils enfoncèrent la porte, pillèrent et volèrent tout : argent, assignats, linge et comestibles. La troupe de ces forcenés se porta à de tels excès que la mère et la sœur du curé, ainsi qu'une domestique, furent obligées de se prosterner à genoux pour obtenir la vie sauve. Le malheureux curé et sa famille furent contraints, sous le coup des plus violentes menaces, de s'engager par écrit à sortir de la maison, avec leurs meubles, dans les 24 heures. (Registre aux délibérations du Conseil général du département, séance du 2 juillet 1791, tome 1er p. 523 ; Archives départementales.)

278. p. 114. — Quend etait le chef lieu du Marquenterre, petit pays du Ponthieu, conquis sur la mer par l'activité persévérante des habitants et dont la fertilité était bien connue. Il fut érigé en commune à la fin du XIVe siècle. Celle-ci se composait, chose rare, de plusieurs villages et hameaux : Quend, St-Quentin en Tourmont, tous deux paroisses, Monchaux, Routeauville et Froize. Les deux paroisses sont citées dans des actes des XIIe et XIIIe siècles. On peut voir les détails que nous avons donnés à ce sujet dans notre *Répertoire et Appendice des Histoires locales de la Picardie*, tome II, p. 86 et suivantes.

La paroisse de Quend était l'une des plus productives du diocèse. Le curé Dohen avait pris possession de ce bénéfice en 1776. Il cessa les fonctions de son ministère au mois de septembre 1792 et les reprit le 12 nivose an IX (2 janvier 1801), après avoir prêté serment à la constitution, selon qu'il est écrit dans le registre aux délibérations de la municipalité, sous cette date. On y lit aussi que M. Dohen avait été déporté. Nous n'en avons pas trouvé d'autre trace. Peut-être a-t-on voulu dire émigré.

279. p. 114. — Le curé Delaire, âgé de 76 ans, sollicitait du département, le 18 mars 1793, l'autorisation de résider provisoirement à Avesne. Dix jours après il fut arrêté et passa successivement dans plusieurs prisons d'Amiens. On le trouve encore dans la maison des filles repenties le 22 juillet 1794. (Registre aux délibérations du département, 4e bureau, séance du 28 mars 1793.)

280. p. 115. — Le service religieux était fait dans la paroisse du Quesnoy en Sangterre par un desservant, parce que le curé Leclercq était enfermé, pour cause de démence, dans la maison de St-Venant près de Béthune.

Les officiers municipaux du Quesnoy constatèrent dans leur inventaire qu'ils avaient trouvé dans l'église : un calice, un ciboire et un soleil, en argent ; deux croix, quatre chandeliers, une lampe, deux plateaux, un bénitier et son aspersoir, un encensoir et sa navette, en cuivre.

281. p. 115. — Le curé Niquet fut emprisonné le 16 novembre 1794 à Amiens, dans la maison des Grands chapeaux, « pour y rester jusqu'à la paix. » Il fut libéré le 2 février 1795.

282. p. 116. — Les vases sacrés et ustensiles à l'usage du culte, trouvés dans l'église de Remaugies et déposés au district de Montdidier consistaient en : un soleil et un ciboire en argent ; une croix et deux chandeliers en argent soufflé ; six chandeliers à trois pattes, deux petits chandeliers, une lampe, un encensoir avec sa navette, une vieille croix, un petit crucifix, un bénitier avec son aspersoir : le tout en cuivre.

283. p. 116. — L'assignation à comparaître à l'assemblée générale du clergé avait été donnée au curé Allou. Ce fut son successeur Canaples qui comparut, par suite soit de décès, soit de mutation.

Le curé de Renneville fut insulté grossièrement et blessé d'un coup de couteau à la tête, sur un chemin public, au milieu des enfants de la première communion le 1er août 1791. Les officiers municipaux demandèrent la punition des coupables. Le directoire du département, informé des faits, renvoya la plainte à l'accusateur public près le tribunal du district. (Registre aux délibérations du département, 2e bureau, séance du 1er septembre 1791.)

284. p. 116. — Le curé Lancéa, âgé de 69 ans, apostasia le 3 ventose an II (21 février 1794) et déposa ses lettres de prêtrise au district.

285. p. 116. — Le curé Maisan fut arrêté le 29 nivose an II (18 janvier 1794), entra le même jour à Bicêtre, fut traîné de prison en prison et enfin libéré le 24 juillet suivant. Quelques jours après, le 11 thermidor (29 juillet) il déclara abdiquer ses fonctions sacerdotales. Il était âgé de 35 ans.

286. p. 117. — Les vases sacrés et ustensiles, à l'usage du culte, trouvés dans l'église de Rouvroy en Sangterre et déposés au district de Montdidier consistaient en : un ciboire en vermeil, un autre ciboire, un soleil, un encensoir et sa navette, une petite custode et trois petites boîtes, le tout en argent ; deux croix, huit chandeliers, une lampe, un bénitier et son goupillon, en cuivre argenté ; une croix, deux chandeliers, un encensoir et sa navette, en cuivre jaune.

287. p. 118. — Le curé Lecul mourut le 20 mars 1790. — Son prédécesseur immédiat parait avoir été N. Gauguer qui, en 1791, à l'âge de 90 ans, exposait au directoire du département qu'il avait précédemment résigné ses fonctions de curé de Rubempré. (Registre aux délibérations, 4° bureau, 22 mars 1791.)

288. p. 118. — Le vicaire Routier abdiqua ses fonctions sacerdotales le 20 germinal an II (9 avril 1794).

289. p. 118. — M. Andrieux, curé de Sains, abdiqua ses fonctions sacerdotales le 17 pluviose an II (5 février 1794).

290. p. 120. — Le curé de St-Léger-lès-Domart, Delayen, se faisait aider ou remplacer par un desservant, pour cause d'infirmités, sans doute. Il mourut le 14 mai 1789, suivant le registre aux décès de la paroisse. Le service religieux parait avoir été continué par le desservant.

291. p. 120. — Dans l'église de St-Mard se trouvaient les vases et ustensiles ci-après servant au culte : un calice et sa patène, un soleil et une boîte aux saintes huiles, en argent ; une croix et une lampe de cuivre argenté ; deux autres croix, huit chandeliers, un encensoir et sa navette, un bénitier et deux clochettes, en cuivre. Tous ces objets ont été déposés au district de Montdidier.

292. p. 120. — Le curé Bullot fut arrêté pendant la Terreur, le 11 octobre 1793, et enfermé successivement dans cinq des prisons d'Amiens. Il fut mis en liberté le 3 novembre 1794.

293. p. 121. — Parmi les vases sacrés et autres objets précieux transportés d'Abbeville à la Monnaie de Paris le 17 floréal an II (6 mai 1794), se trouvaient : un calice, sa patène et un ciboire en argent, plus un grand soleil en argent doré : le tout du poids de 19 marcs, provenant de la paroisse de St-Riquier. (Etat n° 1 de l'argenterie déposée au district d'Abbeville. Archives départementales.)

294. p. 121. — Le curé Lejoindre abdiqua ses fonctions sacerdotales le 22 pluviose an II (10 février 1794).

295. p. 121. — Le curé Sorel, âgé de 53 ans, abdiqua ses fonctions sacerdotales le 17 ventose an II (7 mars 1794).

296. p. 121. — M. Paulinier parait être le même qui desservait aussi le prieuré-cure de St-Mard-lès-Roye. Il avait été nommé à la cure de St-Thaurin en 1777. Mais « l'air aquatique de ce lieu » ayant ruiné sa santé, au mois d'octobre 1789 il dut prendre un desservant. Vers la fin du mois d'avril 1790, il alla demeurer à Roye, dans l'espoir de se rétablir. Voyant que ses infirmités ne diminuaient pas, il s'achemina vers le lieu de sa naissance, mais il fut obligé de rester à Blois. Désespérant alors de pouvoir jamais reprendre ses fonctions curiales, il demanda sa retraite en 1792. (Registre aux délibérations du département, 4° bureau, séance du 4 février 1792.)

297. p. 121. — M. Caux, curé de Saisseval, âgé de 55 ans, abdiqua ses fonctions sacerdotales le 2 ventose an II (20 février 1794).

298. p. 122. — M. Damey, curé de Saveuse, abdiqua ses fonctions sacerdotales le 12 pluviose an II (31 janvier 1794).

299. p. 122. — M. Crépin fut représenté à l'Assemblée générale du clergé par son frère Nicolas Crépin, curé de Moyencourt, porteur de sa procuration donnée pardevant Scellier, notaire à Amiens, le 25 mars 1789. En marge de celle-ci on lit cette mention : « Suivant décision du Conseil du 20 février 1789, les curés éloignés de plus de deux lieues, qui se font représenter par des fondés de procurations, suivant l'article 24 du règlement, peuvent donner des procurations sur papier non timbré, et ces procurations sont dispensées de controle. (Signé) Jalley ».

Le curé de Selincourt apostasia le 9 ventose an II (27 février 1794) et remit ses lettres de prêtrise au district. (Archives départementales, fonds du bailliage d'Amiens.)

300. p. 123. — Le curé de Seux recevait sa portion congrue tant des chanoines de St-Nicolas, que de l'abbé de St-Fuscien, des dames religieuses de Moreaucourt et des chapelains de la Cathédrale. — M. Montigny fut arrêté le 26 octobre 1793, et enfermé à la Conciergerie d'Amiens le lendemain, puis dans diverses prisons et enfin aux Carmélites le 15 octobre 1794. (Registre aux délibérations du 4° bureau, séance du 27 mars 1792. — Registres aux écrous.)

301. p. 123. — Le curé de Soues, Thuillier, âgé de 60 ans, avait sollicité, mais en vain, du département, l'autorisation de résider provisoirement à Fay-lès-Hornoy, lieu de sa naissance. Il fut arrêté le 27 mars 1793, entra à Bicêtre le 8 septembre et fut transféré successivement dans d'autres prisons d'Amiens. Au mois d'octobre 1794 on le trouve encore dans la maison des Carmélites. (Registre aux délibérations du 4º bureau, séance du 18 mars 1793.)

302. p. 123. — Par suite d'infirmités, le curé de Souplicourt, Bigorne, dut cesser l'exercice du culte. Un desservant, Louis-Antoine Decaix, le suppléa à partir de la Toussaint 1790. M. Bigorne agit-il par découragement ou sous quelque autre influence ? Toujours est-il que le 20 messidor an II (8 juillet 1794) il abdiqua son état de prêtre et renonça à toutes fonctions du culte catholique

303. p. 123. — Parmi les objets à l'usage du culte déposés au district de Montdidier, voici ceux en cuivre provenant de l'église de Sourdon : une croix et six chandeliers d'autel, une croix et deux chandeliers de procession, une lampe, un bénitier, un aspersoir, un encensoir et sa navette, le tout argenté, et une autre croix de procession.

304. p. 124. — L'abbé Hareux avait prêté serment le 20 janvier 1791 et l'avait rétracté le 31 du même mois. Par décision du 7 février 1792, le directoire du département reconnut que cette apparente rétraction n'était qu'une interprétation de son serment, et déclara que le curé n'était point passible de la peine portée contre les rétractants. M. Hareux figure sur là liste des ecclésiastiques réfugiés à Dusseldorff, dressée par l'abbé Chopart, déjà rappelée.

305. p. 124. — Le curé Demonchy fut arrêté le 21 mai 1793 et resta dans les prisons d'Amiens, où il était encore le 15 octobre 1794.

306. p. 124. — Parmi les objets à l'usage du culte déposés au district de Montdidier, voici ceux provenant de l'église de Thennes : un soleil et un ciboire en argent, dix chandeliers de cuivre, dont deux argentés, deux croix en cuivre, dont une argentée, un encensoir et sa navette en cuivre argenté, un bénitier en cuivre.

307. p. 124. — Le curé Forceville, âgé de 31 ans, s'était fait représenter par procureur à l'Assemblée générale du clergé. Il abdiqua ses fonctions sacerdotales le 20 floréal an II (9 mai 1794), remit ses lettres de prêtrise au district et se maria.

308. p. 124. — Les officiers municipaux de Tilloloy constatèrent dans leur inventaire qu'ils avaient trouvé dans l'église : un calice, un ciboire et un soleil en argent ; deux petits chandeliers, deux croix, un encensoir, sa navette et un bénitier, en cuivre. Tous ces objets furent envoyés au district de Montdidier.

309. p. 125. — Le curé Billet mourut à Herleville, canton de Chaulnes, le 5 thermidor an IX (24 juillet 1801). C'est très probablement à cause de son grand âge qu'il avait été pourvu d'un desservant, lequel résidait à Méricourt-l'Abbé, secours de Treux.

310. p. 126. — La cure de Vaudricourt avait été donnée à l'abbaye de Sery dans les premiers temps de sa fondation. Elle fut possédée successivement par des réguliers et des séculiers, et rentra définitivement en règle en 1721. (Catalogue des abbés, etc. p. 37, manuscrit cité.)

311. p. 126. — Le curé Leully était né le 27 Juillet 1729. Il fut emprisonné à la conciergerie d'Amiens le 2 décembre 1793. Désireux, selon son dire, « de donner de nouvelles preuves de son civisme », mais assurément et surtout de recouvrer sa liberté, il déclara le 27 février 1794 renoncer à exercer aucune espèce de fonction relative au ministère ecclésiastique. Pour prix de sa lâcheté, il fut libéré le 15 mars. Mais, un mois après, c'est-à-dire le 14 avril, il était écroué de nouveau à la conciergerie. Il en sortit le 12 mai 1794.

Parmi les papiers saisis chez lui, lors de son arrestation, on trouva les deux lettres de l'abbé Fournier que nous avons rapportées plus haut, et aussi les imitations travesties des prières *Pater*, *Ave Maria*, *Credo* et *Confiteor,* qui avaient cours alors et qui valurent la mort à un ancien capitaine retiré à Biaches. Ces sortes de prières travesties n'étaient pas nouvelles ; elles avaient eu une certaine vogue pendant la Ligue. On trouve dans les recueils de l'époque : 1° le *Pater* des Jésuites, dédié à Philippe III, roi des Espagnols, pour ses « estreines » de la présente année 1611 ; 2° la patenostre des Jésuites, Loyalistes, Marianistes, Bellarministes ; 3° le *Pater noster*, l'*Ave Maria* et le *Confiteor* des catholiques ; 4° le *Credo* des Jésuites, dédié aux François ; toutes prières qui furent publiées en 1611.

312. p. 127. — Le curé de Colliveau avait exercé le saint ministère depuis 40 ans, lorsqu'il donna sa démission, à compter du 27 mai 1792, à cause de sa mauvaise santé. L'administration départementale lui accorda une pension de retraite de 700 livres, par arrêté du 10 du même mois.

313. p. 127. — Le curé Rollin fut député du bailliage de Montreuil-sur-Mer, aux Etats généraux, pour l'ordre du clergé. On a de lui une Lettre de protestation contre la *Constitution civile du Clergé*, qu'il dit absurde en ce que aucune puissance civile n'a le droit de changer la discipline de l'Eglise, ni de régler l'exercice de ses pouvoirs, puisqu'elle n'a pas qualité de les conférer. Nous avons donné le texte complet de cette lettre dans *Amiens et le département de la Somme pendant la Révolution*, tome 1er page 227.

314. p. 128. — La nef de l'église de Villers-aux-Erables avait été incendiée le 1er novembre 1788. Les travaux de reconstruction furent adjugés le 20 avril 1790, moyennant la somme de 10,400 livres. (Registre 5e aux délibérations de la Commission intermédiaire provinciale, p. 33.)

315. p. 128. — Les vases sacrés et ustensiles à l'usage du culte trouvés dans l'église de Villers les Tournelles et déposés au district de Montdidier consistaient en: un calice et sa patène, un ciboire, un soleil, deux burettes et leur plateau, une boîte aux saintes huiles: le tout en argent, à l'exception du pied du soleil fait en cuivre; une croix, quatre chandeliers, une lampe, deux encensoirs et deux navettes, un grand vase et deux clochettes, en cuivre.

316. p. 128. — La cure de Villers-sous-Campsart dépendait de l'abbaye de Sery. On croit qu'elle lui fut donnée par l'évêque d'Amiens, à la charge d'une rente de 20 sols envers le chantre de sa cathédrale. (Catalogue et pouillé de l'abbaye, p. 26, manuscrit cité.)

317. p. 128. — Le curé Ducrotoy resta caché, pendant la Terreur, dans sa paroisse, chez la famille Fromont, dont les descendants possèdent encore la pierre d'autel sur laquelle il célébrait la messe dans sa cachette. (Renseignements particuliers.)

318. p. 128. — Le curé Simon était en exercice depuis l'année 1746. On le voit remplacé en 1790 par Charlemagne Wallet. Etait-il mort ? (*Description archéologique et historique du canton de Gamaches*, p. 152.)

319. p. 129. — Les vases sacrés et ustensiles trouvés dans l'église de Vrély et déposés au district de Montdidier consistaient en : un ciboire, un soleil et deux boîtes aux saintes huiles, en argent ; deux croix, douze chandeliers, une lampe garnie de chaînes, un encensoir et sa navette, en cuivre.

320. p. 129. — Le curé Deroussen fut remplacé par un curé constitutionnel et émigra. Plus tard, rentré en France, il reprit sa cure. Mais on l'arrêta et il fut emprisonné à Bicêtre le 19 fructidor an VII (5 septembre 1799). Il fut libéré le 29 décembre suivant.

321. p. 129. — Le curé de Warlus, Debonnaire, abdiqua ses fonctions sacerdotales le 13 floréal an II (2 mai 1794).

322. p. 129. — Le curé Demont fut arrêté comme suspect et enfermé le 1er décembre 1794 dans la maison des Grands chapeaux à Amiens. Il fut libéré le 25 mars 1795.

323. p. 130. — M. Bourgois, prêtre habitué, diacre d'office de la paroisse St-Georges d'Abbeville, où il était né, fut l'une des victimes de l'explosion du magasin aux poudres du Roi, arrivée le 2 novembre 1773 à Abbeville. Il eut un bras et une jambe cassés, plus des contusions sur d'autres parties du corps, et fut estropié pour le temps de sa vie. Son peu de fortune fut dépensé pour le traitement de ses blessures et il resta sans ressources. Mgr de Machault obtint pour lui une pension annuelle de 150 livres sur le Clergé, et M. le commandeur d'Abbeville y joignit 50 livres. Le 7 février 1783 le Maire, les échevins et officiers municipaux attestaient l'exactitude des faits. Sur une pétition présentée par M. Bourgois, le district d'Abbeville, par délibération du 13 janvier 1791, estima qu'il y avait lieu de lui accorder la continuation de la pension de 150 livres, à prendre sur la caisse du district. Tout estropié qu'il était, M. Bourgois fut arrêté comme prêtre insermenté le 16 avril 1793, enfermé dans la maison d'arrêt d'Abbeville, puis transféré dans les prisons d'Amiens, où on le trouve encore au mois d'octobre 1794. Il y est qualifié diacre d'office de St-Jacques : sans doute il avait changé de paroisse, ou bien il y a ici erreur. (Archives départementales. Pièces non classées, Lv. 3.)

324. p. 130. — Joseph Ringard était natif d'Agenvillers ; il avait été curé de Vironchaux. Pendant la Terreur il resta caché à Abbeville, portant le secours de son ministère aux âmes pieuses. Dénoncé en 1794, il prit le parti de passer à l'étranger sous le déguisement d'un porte-balle. Reconnu pour un prêtre, au moment de passer la frontière, il fut arrêté à St-Claude en Franche Comté et conduit à Amiens. Ecroué d'abord à la Conciergerie, il passa à la maison de justice. Condamné à la peine capitale par le tribunal révolutionnaire d'Amiens le 19 juillet, il fut guillotiné le lendemain sur la place du Grand marché. Son corps fut inhumé dans les terrains de St-Roch.

325. p. 131. — L'abbé Guidé, principal du collège de Montdidier, fut arrêté comme suspect pendant la Terreur. On le trouve, sous le nom de Guédé, dans les prisons d'Amiens, transféré de l'une à l'autre depuis le 16 février jusqu'au 26 août 1794, jour où il fut libéré.

326. p. 131. — M. Vaudé, âgé de 49 ans, était né à Moreuil. Il était directeur de religieuses à Montdidier. Arrêté comme suspect le 3 avril 1793, il fut enfermé dans les prisons d'Amiens depuis le 13 mai de la dite année jusqu'au 14 janvier 1795, jour où il fut libéré.

327. p. 131. — Ce titulaire est-il le chanoine de St-Fursy de Péronne (Aubrelique), qui sera nommé plus loin ? Ne serait-ce pas plutôt Louis-Marie-Martin Aubrelique, prêtre, natif de Noyon, âgé de 27 ans qui, soumis à la déportation pour défaut de serment, déclarait au district de Péronne, le 27 mars 1793, qu'il entendait se rendre à Copenhague, en Danemarck ? Il est à remarquer que le bénéfice dont il s'agit était, en 1730, possédé par Florimond Aubrelique. Le revenu dudit personnat résulte d'un bail passé devant Lebrun, notaire à Amiens, le 28 mai 1787.

328. p. 132. — Le chapelain Dorémus était chargé depuis longtemps d'administrer le sacrement de l'extrême-onction dans huit des paroisses de la ville d'Abbeville. (Registre aux délibérations du 4e bureau, séances des 21 juin et 13 août 1791.)

329. p. 132. — Le chapelain Desmarest, né à Lamotte en Ponthieu, entra volontairement dans la maison des prêtres infirmes, la Providence, au mois d'avril 1793. Transféré de prison en prison pendant 18 mois, il était aux Carmélites le 15 octobre 1794.

330. p. 132. — Le chapelain Deslier fut arrêté comme suspect le 6 mai 1793. On le trouve dans les prisons d'Amiens depuis le 16 février 1794 jusqu'au mois d'octobre suivant.

331. p. 132. — Le chapelain Carpentier fut arrêté le 17 avril 1793 et enfermé successivement dans diverses prisons d'Amiens, et enfin dans la maison des Carmélites le 15 octobre 1794.

332. p. 135. — La déclaration faite, pour fixation de sa pension, par de Ryan, l'un des quatre chapelains de Cambron, établit ainsi les biens de sa chapellenie : 1° 39 journaux de terre à labour, et 2° 4 journaux de pré, situés à Cambron, affermés. . . . . 700 livres.

3° le quart de 170 journaux de bois taillis, probablement de 17 à coupe de dix ans, produisant . . . . 150 livres.

4° le quart d'une rente de 300 livres sur les aydes et gabelles. . . . . 75 livres.

Total . . . . 935 livres.

Les charges de fondations et les gages du garde s'élevaient à . . . . 108 livres.

En sorte que le produit net était de. . . . . . . 827 livres.

Cette déclaration diffère de celle faite en 1728, pour la première chapelle surtout, par son article 4. (Cf. *Bénéfices de l'Eglise d'Amiens*, tome II, page 177.)

333. p. 137. — Dupont de Compiègne, abbé commendataire de l'abbaye d'Aubignac, âgé de 64 ans, était prêtre du diocèse de Sens, ancien chapelain du Roi, ci-devant prévôt chanoine de l'église royale et collégiale de Notre-Dame du Val de Provins. Il demeurait à Paris, dans la communauté des prêtres de St-Paul. Il était aussi pourvu : 1° d'une pension de 200 livres sur ladite prévôté du Val ; 2° d'une pension de 300 livres sur un canonicat de la même église du Val ; 3° d'une pension de 4,200 livres sur l'abbaye de St-Jean d'Amiens, accordée par le Roi suivant brevet du 2 avril 1780, lorsque l'abbaye fut conférée à l'évêque de Noyon ; 4° et d'une pension de 800 livres sur l'évêché de Viviers en Languedoc, par brevet du 6 septembre 1744.

L'abbaye d'Aubignac, de l'ordre de Cîteaux, sise en Haute Marche au diocèse de Bourges, produisait 1,440 livres. (Registre aux avis sur les pensions ecclésiastiques, p. 11 et 34. — Avis sur pensions, Lv. 3° paq. n° 87, pièces non classées.)

— 269 —

334. p. 137. — Les revenus de ces six chapelles de Domart sont les mêmes qu'en 1728, plus 30 livres, prix du loyer d'une maison située à Domart, selon qu'il résulte de la déclaration faite par l'un des titulaires, pour la fixation de la pension ecclésiastique. Quatre de ces chapelles étaient pour des Picards, et les deux autres pour des Normands, mais sous condition de résidence pour ceux-ci. Leurs noms ne sont pas donnés ; le partage du revenu se faisait par quart en 1789. Peut-être ne présentait-on plus de titulaires. Voir, pour l'intelligence de cette situation particulière, *Bénéfices de l'Eglise d'Amiens*, tome II, p. 275, notes 2 et 3.

335. p. 138. — Le curé de la paroisse de Verneuil, cité à comparaître comme chapelain à l'Assemblée générale du bailliage d'Amiens pour l'élection des députés aux Etats généraux, donna pouvoir à M. Etienne Duneufgermain, pardevant Lefebvre, « notaire royal, tabellion et garde-notes des lieux, villages, hameaux et paroisses de Vernouillet, Martinval, Bures, Bressolles et Chapet, sous la date du 17 mars 1789. — La présente note est donnée comme renseignement topographique. (Archives du département de la Somme, Fonds du bailliage, B. 258.)

336. p. 138. — La chapelle de Fontaine-sur-Somme fut fondée par M. Adrien Moitié, prêtre habitué de l'église St-Gilles d'Abbeville, suivant son testament reçu par Lefebure, notaire en cette ville, le 24 décembre 1631. (Voy. déclaration des biens de la fabrique de St-Gilles, du 25 juillet 1756, aux titres de ladite fabrique.)

337. p. 139. — La chapelle de Ste-Barbe à Fressenneville était unie à la manse conventuelle de l'abbaye de Sery. Elle lui appartenait avant la cure du même lieu, puisqu'il en est parlé dans la charte confirmative de l'abbaye de l'an 1185. Peut-être toutefois la cure avait-elle été usurpée depuis sur les religieux. (Catalogue des Abbés et pouillé des bénéfices de l'abbaye, Manuscrit cité, p. 26.)

338. p. 139. — Le revenu de la chapelle de St-Urbain au Hamel consistait dans le produit de 30 journaux 50 verges de terre, sis au Hamel. (Certificat des officiers municipaux du Hamel. Archives du département.)

339. p. 141. — M. Mercher, né à Lamotte-en-Ponthieu, avait été curé de La Chaussée, de 1756 à 1780. Arrivé alors à l'âge de 75 ans, il résigna sa cure en faveur de M. Demachy, à la charge d'une pension de huit cents livres. Il devint encore titulaire de la chapelle du tabellion en l'église d'Albert le 4 octobre 1789, après la mort de M. Lefebvre. (Registre aux avis sur les pensions, p. 78 et 105. — Notes et Mémoires, Lv. Archives départementales.)

340. p. 141. — M. de Saint-Riquier avait pris possession de la chapelle de Méricourt-l'Abbé, le 31 octobre 1782.

341. p. 144. — Les chapelains de Roye devaient être prêtres et résider, pour jouir des fruits de leurs bénéfices. (Registre aux avis sur les pensions, p. 29. Archives départementales.)

342. p. 144. — La collégiale de Roye avait une musique composée d'un maître de musique, une basse-taille, un basson, quatre basses-contre, et un organiste. D'autre part, il y avait six enfants de chœur, un suisse et trois sonneurs.

343. p. 144. — Le chapelain Fabignon fut enfermé dans la prison de Bicêtre à Amiens le 30 décembre 1793, transféré successivement dans d'autres prisons de la ville, et enfin conduit à Rochefort le 3 juin 1794, après avoir été déclaré déportable par l'arrêté du 21 mai précédent. Embarqué sur le navire *Les Deux Associés*, il y mourut le 17 août de ladite année et fut enterré dans l'île d'Aix. Il était né à Roye le 8 décembre 1756 de Jacques Fabignon et de son épouse Jeanne Camye. (M. Cauët, *Histoire de Roye*, p. 471. — Etat des déportés. Arch. départem.)

344. p. 144. — Le chapelain Gaffet fut arrêté comme suspect le 24 février 1793 et transféré dans les prisons d'Amiens. On le trouve encore au mois d'octobre 1794 dans celle dite des Carmélites.

345. p. 144. — Le chapelain Grégoire était fils de Jean-Antoine Grégoire, notaire royal et procureur à Roye, et d'Angélique Chivot. Il naquit en cette ville le 7 décembre 1753. En exécution du décret du 21 octobre 1793, il se rendit volontairement sous les verrous et fut enfermé le 30 novembre dans la prison de Bicêtre à Amiens, d'où il passa aux Capettes et aux Carmélites, puis retourna à Bicêtre. Déclaré déportable immédiatement, par l'arrêté du département du 21 mai 1794, il fut transféré à Rochefort le 3 juin suivant et embarqué à bord des *Deux Associés*. Son père étant parvenu à obtenir son retour, il fut débarqué à Rochefort, mais il y mourut à l'hôpital au mois de février 1795. Ses cendres reposent en cette ville. (*Histoire de Roye*, page 473. — Registre aux délibérations du département, 2° bureau, f° 90. v°. — *Les Martyrs de la Foi*, III, 231.)

346. p. 144. — Le chapelain Heuduin était né à St-Aurin (St-Thaurin) le 14 juin 1745, de François Heuduin et Marguerite Gruet, son épouse. Arrêté comme suspect, il fut enfermé à Bicêtre le 30 décembre 1793, passa dans d'autres prisons d'Amiens, où il resta jusqu'à son transfèrement à Rochefort qui eut lieu le 3 juin 1794. Il avait été déclaré déportable par l'arrêté du 21 mai précédent. (Archives départementales. Registre aux délibérations du 4° bureau, f° 146.)

347. p. 144. — M. Pauquet figure parmi les aliénés détenus à St-Venant, nommés ci-dessus, note 87.

348. p. 145. — La chapelle de St-Valery était située un peu au dessus de l'abbaye, au lieu même où le Saint fut enterré. De nombreux pèlerins venaient de loin l'invoquer, surtout contre la folie. (Piganiol de la Force, *Description de la France*, Picardie, tome II, p. 393. — L'abbé Corblet, *Hagiographie du diocèse d'Amiens*, IV, 87.)

349. p. 145. — Le chapelain Macquet fut arrêté pendant la Terreur et enfermé dans les prisons d'Amiens le 7 septembre 1793. On le trouve encore aux Carmélites le 15 octobre 1794.

350. p. 145. — Dans la déclaration par lui produite, le chapelain de Tamfol s'exprime ainsi : « Les biens de cet hôpital ont été réunis à l'hôtel Dieu de Picquigny à la fin du dernier siècle. L'acte de réunion peut se trouver audit hôtel Dieu, au greffe du bailliage d'Amiens ou au château de Picquigny. » En effet, l'union des biens et revenus de la maladrerie ou léproserie de Tamfol fut prononcée par un arrêt du Conseil privé du Roi à la date du 13 juillet 1695, en même temps que ceux de plusieurs autres maladreries voisines. Copie de cet arrêt est conservée dans les papiers et titres de l'hôtel Dieu, série B. 1. (Voy. *Picquigny et ses seigneurs*, page 114.)

351. p. 147. — Le sous-prieur Ricquier desservait le prieuré d'Airaines depuis neuf ans et recevait du prieur 300 livres annuellement.

352. p. 147. — Le prieuré d'Albert était tenu en commende. Le titulaire

Cousin de la Ferrière était aussi pourvu d'un canonicat en l'église cathédrale de Soissons, où il demeurait; lequel produisait un revenu de 2,932 livres. (Reg. aux avis sur les pensions, p. 264.)

353. p. 147. — Dans l'église du prieuré d'Authie se trouvaient : un ostensoir, un ciboire, deux calices et leurs patènes, deux boites pour les onctions : le tout en argent et pesant 7 marcs 6 onces 4 gros.

354. p. 147. — Le prieur Dutilloy fut pourvu en Cour de Rome, le 3 des kalendes de janvier 1785 (30 décembre 1784), de la chapelle et du prieuré de Courcelles, par suite de la résignation faite en sa faveur par M. Jacques Macqueron de Belleval, prêtre, bachelier en Théologie de la Faculté de Paris, curé de Saint-Jean de Breteuil, au diocèse de Beauvais. M. Dutilloy prit possession de ce bénéfice le 28 juin 1785, ce qui fut constaté par acte de Lefebure, notaire royal et apostolique à Amiens, dont nous rapportons le passage le plus important, à titre de renseignement : « N'ayant trouvé que les débris d'icelle chapelle de la ditte prieuré, où elle étoit cydevant batye et construite proche de la ferme dudit Courcelles, Moi notaire susdit...... en présence de....., j'ai mis le dit sieur Dutilloy, pour ce présent, acceptant et requérant, en la possession corporelle, réelle et actuelle de la ditte prieuré de Notre-Dame de Courcelles-sous-Chirmont..... » (Extrait de l'expédition sur parchemin, déposé aux archives du départem. Lv. pièces à classer.)

355. p. 147. — Les vases sacrés et ustensiles du culte provenant du prieuré de Davenescourt et déposés au district de Montdidier consistaient en : un calice et sa patène, un ciboire, deux burettes, deux chandeliers d'acolytes, un bassin et deux coquilles, un encensoir et sa navette, une couronne : le tout d'argent massif ; une croix, six chandeliers et une lampe, en cuivre argenté.

356. p. 148. — M. Bosquillon était aussi titulaire de la chapelle de Tricot, produisant 36 livres. Il était encore pourvu d'une pension de résignation sur la cure de Marquivillers.

357. p. 149. — M. l'abbé Bourgeois était âgé de 63 ans. Il recevait du prieur un traitement de 365 livres ; de plus il était titulaire de la chapelle de St-Nicolas de Bernaville. (Reg. aux délibérat. du départem. 4ᵉ bureau, séances des 1ᵉʳ et 3 septembre 1791. — Arch. départem. pièces à classer, série Q.)

358. p. 150. — M. Dubattier était aussi titulaire de la chapelle de Saint-Nicolas au château de Mantes, du revenu de 95 livres.

359. p. 150. — Le prieur Pennelier fit comme il suit la déclaration de son bénéfice de St-Albin. Les revenus du prieuré consistaient en : 1° 573 septiers 11 boisseaux et demi de blé, mesure de Montdidier ; 2° 47 septiers 4 boisseaux d'avoine, même mesure ; 3° et 1365 livres 8 sols 8 deniers en argent ; le tout évalué 3,205 liv. 11 sols 2 deniers.

Nous la rapportons ici pour qu'elle puisse être comparée à celle donnée en 1730, laquelle spécifie la source des revenus. (*Bénéfices de l'Église d'Amiens*, I, 376. — Reg. délibér. du départem. 4ᵉ bureau, 9 mai 1792.)

360. p. 150. — Le prévôt Salo du Peyroux demeurait au château de St-Lazare. Il était aussi titulaire : 1° de la chapelle de St-Pierre de la Houssoye ; 2° de la chapelle de Notre-Dame du palais, en l'abbaye de Corbie ; 3° de la chapelle de Ste-Croix Henriette, en l'église abbatiale de Corbie ; 4° de la chapelle de St-Nicolas, en l'église St-Etienne de Corbie ; 5° de la chapelle de Notre-Dame Tinturier, en l'église St-Thomas de Corbie ; 6° de la vicairie appelée Forestat, fondée en l'église de St-Daumolet, produisant 84 livres. Il était en outre pourvu d'une pension de 2,000 liv. sur le prieuré de St-Pierre de Chamillé ou Chemillé. (Registre aux avis sur les pensions p. 47 et 279.)

361. p. 150. — Le Chapitre de St-Vulfran comptait 21 prébendes, dont 15 prévôtables ou de première fondation, et 6 quotidiennes ou de seconde fondation. Deux des prévôtales étaient attribuées au décanat, et une autre avait été amortie en l'année 1560, pour l'entretien d'un maître d'école à Abbeville. Le produit des prébendes prévôtales était de 19,540 livres, et celui des quotidiennes de 6,084 livres. Les titulaires de celles-ci étaient MM. Meurice, F. Vasseur, J. Vasseur, Siffait, Cocquerel et Aubry. — La musique de la collégiale se composait de trois musiciens et un organiste, indépendamment des chantres ; le chef de musique était Pierre-Louis Mauvoisin, en exercice depuis 50 ans.

Parmi les objets précieux, transportés à la Monnaie de Paris le 31 octobre 1791, se trouvaient le buste de St-Vilbrode et une figure de St-Jean-Baptiste, en argent, selon que le constate le récépissé daté dudit jour.

Le Chapitre de St-Vulfran d'Abbeville fut représenté à l'Assemblée générale du Clergé de la Sénéchaussée de Ponthieu par MM. Champion et Meurice, deux de ses membres. (Registre aux avis sur les pensions, p. 155, 159, 163.)

362. p. 150. — Le chanoine prévôtal Danzel jouissait aussi du prieuré simple de St-Jean-Baptiste de la Cébrandière, au diocèse de Luçon.

363. p. 150. — M. Bertin était né à Amiens, le 25 février 1748. Il fut reçu principal du collège d'Abbeville le 9 novembre 1778. Destitué en 1791 pour refus de serment, il quitta la France le 20 septembre de l'année suivante, pour obéir au décret de déportation du 26 août, et passa en Angleterre. Il vécut à Oxford en donnant des leçons de langue française. Il rentra dans sa patrie, non pas en 1802, comme on pourrait le croire, en se basant sur une déclaration qu'il envoya à cette époque, mais seulement à la chûte de l'empire après Waterloo. M. Bertin se démit alors de la chaire de langue française qu'il occupait à l'Université d'Oxford. Celle-ci lui conféra le titre de Docteur. Il avait publié à Londres des *Tableaux historiques* qui eurent un grand succès. A son retour en France, M. Bertin fut nommé chanoine d'Amiens. Il mourut le 28 avril 1830. Ses œuvres ont été publiées peu de temps après. On y lit la *Déclaration* du Chapitre de la collégiale de St-Vulfran d'Abbeville, que nous avons rapportée plus haut. (*Œuvres de l'abbé Bertin*, Notice, p. iv. — *Les grandes Ecoles et le Collège d'Abbeville*, par M. Prarond, pages 304 et 337.)

364. p. 151. — Le chanoine Siffait, alors âgé de 70 ans, s'était rendu dans la maison des Clarisses affectée aux prêtres sexagénaires. Il demanda bientôt à en sortir, parce qu'il ne pouvait y recevoir les secours que réclamaient ses infirmités. Il sollicitait l'autorisation de prendre un logement dans la ville, en donnant caution. Le directoire du département, ne voulant pas trangresser la loi, le refusa, mais en invitant la municipalité à donner au malade un logement commode dans ladite maison, pour qu'il pût prendre un domestique à ses gages. Un an après, M. Siffait se trouvait dans la maison des filles repenties. (Registre aux délibérations du 2ᵉ bureau, séance du 11 juin 1793.)

365. p. 151. — Les revenus du Chapitre de Fouilloy se partageaient entre sept prébendes. Tous les chanoines étaient, en même temps, caritables de Corbie.

366. p. 151. — Le doyen du Chapitre de Fouilloy jouissait de deux prébendes et en outre du revenu d'une chapelle fondée dans le beffroi de la ville de Noyon, laquelle produisait 25 livres.

367. p. 151. — Le chanoine Roger fut emprisonné pendant la Terreur ; on le trouve à la Providence au mois d'octobre 1793.

368. p. 151. — Le chanoine Wattebled était né à Houden. Il fut mis en arrestation le 19 mai 1793, conduit à Bicêtre le 7 septembre et ensuite ballotté de prison en prison, pour revenir enfin à Bicêtre, où il mourut le 23 septembre 1794.

369. p. 151. — Le chanoine Bayard était aussi pourvu d'une pension émérite de 800 liv. sur le collège d'Amiens, dont 500 liv. pour y avoir professé pendant vingt années, en conformité des lettres patentes du roi du 28 novembre 1767, portant réglement définitif pour le collège ; et 300 liv. de supplément accordées par les administrateurs du collège, à raison des infirmités du titulaire, ce qui fut homologué par arrêt du parlement. (*Les Ecoles et les Collèges du diocèse d'Amiens*, p. 118, art. IX du règlement. — Arch. départem. série Q, déclaration du 8 janv. 1791.)

370. p. 151. — Le chanoine Clément était né à Amiens le 11 septembre 1756, de Joseph Clément et Marie-Madeleine-Catherine Dignocourt. Il fut arrêté le 3 avril 1793 et resta dans les prisons d'Amiens jusqu'à son départ pour Rochefort, qui eut lieu le 3 juin 1794. Il avait été déclaré déportable par l'arrêté du département du 21 mai précédent.

371. p. 151. — Le chanoine Chopart, né en 1740, était frère du curé de Morcourt, tous deux fils de Jean-François Chopart, maître chirurgien à Bray-sur-Somme, et de Colombe Turquet, son épouse. Pourvu tout jeune d'un canonicat à Saint-Etienne des Grés à Paris, il devint plus tard chanoine de Longpré. Comme lui, il s'exila en 1792 et passa d'Angleterre en Allemagne. Il a écrit la relation de son voyage d'émigration, dans lequel notre laborieux collègue, M. Josse, a puisé les matériaux d'une intéressante biographie de ce chanoine et la liste des prêtres réfugiés à Dusseldorff. Rentré en France, il fut pourvu, après la mort de son frère, de la cure de Morcourt, où il mourut en 1820. Les cendres des deux frères reposent ensemble dans le cimetière de cette paroisse. (Cf. *Le Dimanche*, semaine religieuse du diocèse d'Amiens, 1878.)

372. p. 151. — Les noms des chanoines du Chapitre de Montreuil, sont tirés du Registre aux actes capitulaires de la Collégiale de 1651 à 1789, folio 136, conservé aux archives du département du Pas-de-Calais. Nous en devons la connaissance à M. l'archiviste et lui en sommes reconnaissant. Dans le registre de chrétienté de Terramesnil pour 1789, on lit la signature de « Delachambre, chanoine. » On ne le voit pas figurer dans la liste ici donnée. Serait-ce celui qui remplaça le curé de Cavillon (Voy. p. 76) ?

373. p. 152. — D'après l'inventaire dressé le 12 mai 1790, les vases sacrés et ustensiles à l'usage du culte dans la collégiale de Picquigny, consistaient en : un ciboire et un ostensoir en argent massif ; un petit reliquaire en argent; deux bâtons de chantre et une châsse, revêtus de feuilles d'argent; sur le maître-autel six flambeaux et une croix en cuivre argenté, quatre chandeliers en cuivre ; aux petits autels, douze petits chandeliers en cuivre ; dans le chœur un pupitre en cuivre. Le tout indépendamment des objets suivants, qui ont été volés le 8 décembre 1789 dans l'église, savoir : quatre calices et leurs patènes, une croix, un encensoir et cinq ou six reliquaires en argent. Ce vol a été constaté par des actes de procédure. (Arch. dép. Etats de l'argenterie déposée dans les districts.)

374. p. 152. — Le chanoine Hiel fut arrêté le 6 juin 1793 comme suspect et enfermé dans la prison de Bicêtre le 7 septembre. Il y mourut le 2 septembre de l'année suivante.

375. p. 152. — Le chanoine Vion mourut le 14 mai 1791. (Liasse de feuilles de délibér. du départem. 4ᵉ bureau, séance du 24 juill. 1792.)

376. p. 152. — Le chanoine Sangnier était frère du curé de Cavillon. Il était aussi titulaire de la chapelle de Notre-Dame de Pitié, érigée en la Collégiale de St-Martin de Troo, diocèse du Mans. Après la dissolution du Chapitre il se fit cultivateur, et le 4 ventose an II (22 février 1794) il déclara abdiquer et renoncer à l'exercice de toutes fonctions du culte catholique. (Reg. aux avis sur les pens. eccl. p. 192. — Arch. départem. L v. a.)

377. p. 152. — Le chanoine Dubois, né à Amiens, fût arrêté le 18 mai 1793, conduit le 7 septembre dans la prison de Bicêtre, puis successivement dans d'autres, et enfin dans la maison des Carmélites, où il mourut le 18 février 1795.

378. p. 152. — Dans la collégiale de Rollot se trouvaient : un soleil, un ciboire, un calice et sa patène, en argent, pesant 4 marcs 6 onces.

379. p. 152. — Dans l'église collégiale de Roye, il existait un soleil, six calices, un ciboire, sept patènes, quatre burettes et leur plateau, une écafette, quatre paix, deux encensoirs, une navette, un bénitier et son goupillon, une lampe, deux chandeliers, une croix, le tout en argent ; les bâtons de la croix garnis d'argent ; la couverture en argent, pesant environ deux marcs, d'un livre des évangiles. Le chapitre de Roye avait une musique composée d'un maître, une basse-taille, un basson, quatre contre-basses et un organiste.

380. p. 152. — Le chanoine Pépin était aussi titulaire d'une chapelle dans l'église collégiale de St Pierre à Tours, produisant 277 livres. Un fief attaché au doyenné de la collégiale de Roye lui produisait 139 livres 10 sols.

381. p. 152. — Le chanoine de la Merrye était encore titulaire d'une demi-chapellenie de St-Martin, en la collégiale de Nesle et jouissait d'une pension de mille livres sur l'abbaye de Vallemagne, au diocèse d'Agde, en vertu d'un brevet du Roi.

382. p. 152. — Le chanoine Noël était titulaire de trois chapelles sises à Beaulieu-sur-Oise, à Bar-sur-Seine et à Auxerre : celle-ci sous l'invocation de St-Nicolas des grottes.

383. p. 152. — Le chanoine Delacloche était aussi titulaire de la chapelle d'Eaucourt-sur-Somme et Chessoy.

384. p. 152. — Le chanoine Beltremieux fut arrêté au mois d'août 1793 et enfermé dans les prisons d'Amiens, d'où il partit pour Rochefort le 3 juin 1794, après avoir été déclaré déportable par l'arrêté du département du 21 mai précédent.

Embarqué d'abord sur le navire *Le Bonhomme Richard*, il passa ensuite sur le navire *Les deux Associés* ; il y mourut et fut enterré dans l'île d'Aix. Il était né le 2 mai 1746 à la Rochelle, de Laurent Robert Beltremieux et de Marie Madeleine Denis, son épouse. (M. Cauët, *Histoire de Roye*, p. 471. — Registre aux déportés. — *Les Martyrs de la Foi*, tome II. p. 175.)

385. p. 152. — Le chanoine Caron était natif de Bouchoir-en-Sangterre. Arrêté à Démuin dans la nuit du 15 au 16 juin 1793, il fut transféré dans la conciergerie d'Amiens, puis traîné de prison en prison jusqu'au 10 février 1795, jour où il fut enfin mis en liberté.

386. p. 152. — La chanoine Duprez fut arrêté le 28 septembre 1793, emprisonné à Bicêtre le 21 novembre, puis dans plusieurs autres maisons d'Amiens. Il fut libéré le 10 février 1795.

387. p. 153. — Le chanoine Boulenger était natif d'Amiens. Il fut arrêté le 4 juin 1793 et enfermé dans les prisons d'Amiens, en dernier lieu à Bicêtre, où il mourut le 29 septembre 1794.

388. p. 153. — Le chanoine Guillaume fut arrêté comme suspect et enfermé dans les prisons d'Amiens depuis le 7 septembre 1793 jusqu'au 14 janvier 1795, jour où il fut libéré.

389. p. 153. — Le chanoine Dupont était né au Crotoy. Il fut arrêté le 19 avril 1793, conduit dans la prison de Bicêtre le 7 septembre suivant et successivement dans d'autres prisons d'Amiens. On le trouve aux Carmélites au mois d'octobre 1794.

390. p. 153. — La communauté des Caritables de Corbie était fondée dans l'église de St-Etienne. Ils étaient ordinairement au nombre de 20. Nous n'en avons nommé que 17. Il faut y ajouter : de Ricquebourg, Louis-Fidèle-Charles, né le 8 février 1764, qui figure parmi les pensionnaires ecclésiastiques. Nous avons le regret de dire qu'il figure aussi sur la liste des ecclésiastiques mariés, dressée le 5 vendémiaire an III (26 septembre 1794).

Les Caritables furent représentés à l'Assemblée générale du bailliage par MM. Noël-Antoine de Ricquebourg et Médard Daroux, deux d'entre eux.

391. p. 153. — L'abbé Rifflet était aussi curé de St-Thomas de Corbie. — Les revenus du collège de Corbie, dont il était principal, consistaient en deux rentes, dont l'une sur le clergé de France, au principal de 450 livres, et l'autre de 143 livres sur la Maison de ville de Corbie ; plus en 51 livres de fermage de 4 journaux 16 verges de terre et d'un demi journal de pré. Le principal du collège était chargé de l'éducation de la jeunesse du lieu, de l'acquit de cent deux messes par an, etc. (Déclarat. du 20 octob. 1790. Archives du Département.)

392. p. 153. — A la nomenclature des religieux de Corbie que nous avons donnée, il faut ajouter : Aubin, Antoine, convers, né le 28 décembre 1732, lequel figure sur l'état des pensionnaires ecclésiastiques. Le prieur représenta les religieux à l'Assemblée générale du bailliage. — Cette abbaye était riche en vases sacrés et ustensiles à l'usage du culte. En voici le détail : Un soleil orné de figures et de dessins en bas relief, deux calices, deux ciboires, une coupe, deux chandeliers d'acolytes, deux encensoirs, deux navettes, une aiguière, trois plats et quatre burettes, une croix de procession, le tout en vermeil. Une paix en vermeil, en forme d'écusson renversé, un cristal fermé d'un couvercle d'argent, avec des fleurs de lis aux extrémités, une croix d'argent en filigrane, une crosse, avec son bâton couvert d'une lame d'argent, une croix « processionale » en argent, avec son bâton et deux bâtons de chantres, deux paix, deux petits chandeliers, une croix, un petit tuyau, cinq calices, une masse de bedeau et un goupillon, le tout en argent. Une médaille de Charlemagne. Un ancien texte des évangiles, avec couverture en vermeil. Un autre texte des évangiles, aussi avec couverture en vermeil, figurant un crucifix d'un côté et de l'autre l'image de la Sainte-Vierge. Un autre texte des évangiles avec couverture en argent représentant d'un côté Jésus-Christ et de l'autre le Christ portant sa croix. Il y avait aussi à Corbie un maître-autel en marbre, sur lequel était un tabernacle en bois enrichi d'écailles et garni en cuivre ; une grande croix en cuivre ornée d'un crucifix surmontait le tabernacle, de chaque côte duquel étaient trois chandeliers en cuivre.

La bibliothèque se composait de 9,108 volumes, dont : 1561 in-folio, 1211 in-4°, les autres de divers formats ; plus 328 manuscrits tant en latin qu'en autres langues.

L'abbaye était chargée : 1° d'une pension de 2,000 livres, au profit de M. Jean-Louis de Lévis, prêtre de la communauté de St-Sulpice de Paris, par brevet du Roi du 23 janvier 1782 ; 2° d'une autre de 3,000 livres, au profit de M. Germain Dubois de Crancé, prêtre, vicaire général du diocèse de Châlons-sur-Marne, par brevet du Roi du 23 janvier 1788 ; 3° d'une autre de 1200 livres au profit de M. Copeau, prêtre de St Roch, demeurant à Paris, par brevet de la même date ; 4° d'une autre de 1800 livres, au profit de M. Surugue, demeurant à Toulouse, par brevet du même jour; 5° d'une autre de 500 livres, au profit de

M. Henry Lelice, religieux minime, demeurant maintenant à Laon, par brevet encore du même jour; 6° d'une autre de 4,200 livres. au profit de M. Dupont de Compiègne, abbé d'Aubignac ; 7° et d'une autre de 1200 livres, au profit de M. Charles d'Aiguebelle, prêtre du diocèse de Gap. (Registre aux avis sur les pensions, p. 8, 9, 11, 12, 37, 69.)

393. p. 154. — On lit dans l'*Almanach historique de la Picardie*, pour 1790, page 181 : « Dom Regnaud a occupé, à différentes reprises, pendant 24 ans, la place de grand prieur de l'abbaye, et fut singulièrement précieux à l'abbaye de Corbie et à la ville, par sa bonne administration et ses nombreux bienfaits. » — Ce prieur était fils de N. Regnaud, originaire du Languedoc, et de Françoise Poujol, née à Clermont de Lodève en 1699. Cette dame était sœur de Jean Poujol, qui vint s'établir à Amiens en 1710. (Communication de M. Poujol de Fréchencourt, l'honorable secrétaire perpétuel de notre Société.)

394. p. 154. — Dom Dautremepuis mourut en l'abbaye de Corbie le 17 mars 1791. Il était oncle de l'abbé Cavrois, curé de Notre-Dame, en l'église St-Etienne de Corbie. (Reg. délibér. du dépt. 4° bureau, séances des 31 mars et 1ᵉʳ décembre 1791.)

395. p. 154. — Déjà en 1730 le nombre des religieux de l'abbaye de Forestmontier se trouvait réduit à cinq. La communauté fut supprimée par décision épiscopale et lettres du Roi en 1767, et les biens de la manse conventuelle furent unis au collège d'Abbeville.

Nous avons trouvé deux des anciens religieux parmi les pensionnaires de l'Etat en 1791 : Carette, Antoine et Wazelier. L'abbé de Forestmontier fut représenté aux Assemblées générales du clergé du bailliage d'Amiens et de la Sénéchaussée de Ponthieu par M. Mellier, doyen du chapitre de St-Vulfran d'Abbeville. (Liasses des pensions ecclésiastiques. Archives de la Somme. — *Les grandes Ecoles et le Collège d'Abbeville*, par M. Prarond, p. 287 et 290.)

396. p. 154. — M. d'Inguimbert avait été nommé abbé de St-Vast de Moreuil en 1759. Il était continuellement en procès avec les moines, et il leur avait appliqué ce verset des psaumes, qu'il avait pris pour exergue de ses Mémoires justificatifs : *supra dorsum meum fabricaverunt peccatores !* (Note communiquée par notre vénéré collègue, Mgr de Ragnau.) — Les vases sacrés et autres objets servant au culte, trouvés dans l'abbaye de Moreuil, sont : deux calices et leurs patènes, un ciboire, une croix, un encensoir et sa navette : le tout en argent et pesant 16 marcs 5 onces 6 gros.

397. p. 154. — Dom Pluchart était natif de Valenciennes. Il avait fait profession à Moreuil le 23 novembre 1764, à l'âge de 19 ans. Après la Révolution il revint à Moreuil, dont il fut le premier curé concordataire. Il y est mort vénéré de tous ses paroissiens, dans un âge très avancé. (Note de Mgr de Ragnau.)

398. p. 154. — La bibliothèque de l'abbaye de St-Fuscien se composait de 759 volumes, selon l'inventaire de 1792.

399. p. 154. — M. d'Aligre avait été nommé abbé de St-Fuscien en 1769. Il jouissait d'une pension de 800 livres sur l'abbaye de St-Lucien de Beauvais. Il fut représenté à l'Assemblée générale du bailliage par M. de Lestocq, doyen du Chapitre de la cathédrale, en vertu d'une procuration passée devant notaires, et les religieux furent représentés par le prieur de la communauté.

400. p. 155. — Dom Dubreuil, âgé de 71 ans, était accablé d'infirmités. Il s'adonnait depuis 28 ans à l'éducation de la jeunesse et fournissait gratuitement des secours aux pauvres atteints de maux d'yeux. Le directoire du département de la Somme comprenant que sa pension de douze cents livres ne lui permettrait pas de continuer ces secours, et considérant que leur cessation subite « servirait de nouveau prétexte aux ennemis de la Constitution pour en blâmer les effets », arrêta le 26 février 1791 qu'un supplément de six cents livres serait proposé en faveur de M. Dubreuil. Hélas ! il n'en put guère profiter, et non plus les pauvres malades, car il mourut le 27 juin de cette même année. Il fut inhumé dans l'église de l'abbaye, par autorisation du directoire du département, donnée le lendemain. (Reg. délib. du 4ᵉ bureau. — *Amiens et le département de la Somme pendant la Révolution*, II, 168.)

401. p. 155. — L'abbé de St-Riquier fut représenté aux Assemblées générales du clergé du bailliage d'Amiens et de la Sénéchaussée de Ponthieu, par M. Mellier, doyen du chapitre de St-Vulfran, fondé de ses pouvoirs. Les religieux furent représentés dans l'Assemblée du bailliage par leur prieur, et dans celle de la Sénéchaussée par D. Boubaix, cellerier.

Parmi les richesses de l'église de l'Abbaye de St-Riquier, se trouvait l'Evangéliaire que lui avait donné l'empereur Charlemagne. Sa couverture était garnie de plaques d'argent ciselé, qu'ornaient des pierres précieuses. Dans un récépissé donné en l'hôtel de la Monnaie de Paris, le 31 octobre 1791, on voit figurer : les statues de la Vierge et de St-Bruno, une autre figure et le chef de St-Vigor, le tout en argent. (Archives du départem. — *Histoire de l'abbaye et de la ville de St-Riquier*, par M. l'abbé Hénocque, t. 1er, p. 175.)

402. p. 156. — Les biens et produits de la manse abbatiale de St-Valery étaient affermés moyennant 30,100 livres, aux termes d'un bail passé devant Me Bonnomel et son confrère, notaires à Paris, le 18 avril 1787. Cela résulte d'un compte rendu à la régie des domaines nationaux, le 23 germinal an II (12 avril 1794), pour les années 1788, 89 et 90, par Pierre-François Goulet.

Les religieux de l'abbaye furent représentés à l'Assemblée générale du bailliage d'Amiens par D. Laly, leur prieur, et à celle de la Sénéchaussée de Ponthieu, par leur cellerier D. Perduset. (Archives départem., série Q.)

403. p. 157. — L'abbé du Gard, Mgr de Co*n*zié (non de Co*u*zie), était né en 1732; il mourut en 1804 à Londres, où il s'était réfugié en 1792.

L'abbé et la communauté furent représentés à l'Assemblée du bailliage, par le prieur Dom Broyart. — L'inventaire de l'abbaye, dressé le 14 mai 1790 par les officiers municipaux de la ville d'Amiens, constate le revenu net de charges ici porté de la manse conventuelle, et donne le détail suivant des vases sacrés et ustensiles trouvés dans la sacristie : quatre calices, un ciboire, un ostensoir, une boîte aux saintes huiles, un encensoir et sa navette, une paire de burettes et leur plateau, le tout en argent ; une croix vieille en bois, recouverte d'une mince feuille d'argent doré ; un petit reliquaire en bois, aussi couvert d'une feuille d'argent ; une croix processionnelle, deux chandeliers d'acolytes et un bénitier, en cuivre argenté ; une autre croix processionnelle et deux lampes en cuivre ; une paire de burettes en cristal, une autre en étain et deux plateaux aussi en étain. — Le buffet d'orgues dans l'église était neuf.

Enfin, la bibliothèque de l'abbaye se composait de 1972 volumes. L'inventaire sommaire des titres et papiers du couvent eut lieu le 17 du dit mois de mai. A la suite de cette opération on lit : « Par mesdits sieurs prieur et religieux tous réunis, nous avons été requis d'insérer au présent procès-verbal l'observation suivante : que l'Assemblée nationale, en les séparant et rompant leurs vœux et les liens qui les enchaînoient à la vie monastique, ce qu'ils n'ont jamais regretté, n'a point eu et n'a pu avoir intention de les condamner à une existence malheureuse ; qu'elle le seroit cependant si elle étoit inférieure à leurs besoins ; que la somme de neuf cents livres qui leur est assignée. même avec la proportion que l'âge peut seul assurer, est à tous égards insuffisante, soit qu'ils restent dans les maisons de leur ordre, soit qu'ils en sortent ; qu'elle ne peut même, au prix où sont les vivres actuels, surtout dans la province, satisfaire aux besoins de première nécessité, et à plus forte raison fournir à ceux qu'exigent leurs infirmités ; que l'importance des revenus de leur ordre devoit leur faire espérer, à titre de justice, ce qu'on les réduit aujourd'hui à demander comme une grâce ; que leur existence est pour eux un bien sans lequel la liberté n'auroit aucun prix, que ce bien est un de ceux que l'Assemblée nationale s'est engagée à respecter, et pour caution duquel la nation elle même a offert l'honneur et la loyauté françoise ; qu'à des titres aussi respectables il doit leur être permis de réclamer non seulement une pension qui, pour les plus jeunes doit être au moins de douze cents livres, avec gradation à raison de l'âge et des infirmités, mais encore les meubles et linges qui leur sont nécessaires et dont la dépense absorberoit infailliblement les deux ou trois premières années de leur pension ».

404. p. 157. — Dans la nuit du 19 au 20 juin 1791, six hommes masqués s'introduisirent dans la chambre du religieux Hiecq, emportèrent tout ce qu'ils trouvèrent, après l'avoir laissé pour mort et violé sa servante âgée de 47 ans. Il mourut seulement le 26 février 1792 des suites des coups et blessures qu'il avait reçus. (Mémoire présenté à l'Assemblée du département, 4° bureau, dans sa séance du 9 février 1792.)

405. p. 157. — L'abbaye du Lieu-Dieu avait été chargée par brevet du Roi du 19 octobre 1788, d'une pension de 1720 livres au profit de M. Jean-Baptiste-Marie-Anne-Antoine Delatil, prêtre, vicaire général du diocèse de Vence. Ce prêtre était, d'autre part, titulaire de la chapelle de Ste-Anne en la paroisse d'Aubigny, au diocèse du Mans, produisant 48 livres. — L'inventaire dressé en 1790 par les officiers municipaux du bourg de

Gamaches, que nous avons sous les yeux, donne à la manse conventuelle un revenu de 9,736 livres, tant pour fermage des immeubles qu'en rentes foncières, etc. ; il ajoute certains détails qu'il nous semble intéressant de consigner ici. Il y avait quinze chambres garnies, dont quatre pour les hôtes. — Les vases sacrés et autres objets servant au culte, consistaient en : un ciboire, trois calices, dont un en vermeil, avec leurs patènes, deux burettes et leur plateau, un encensoir et sa navette, une boîte aux saintes huiles, une croix et sept reliquaires, le tout en argent ; un soleil, un bénitier et deux chandeliers pour les choristes, en argent haché ; une croix de bois garnie de lames d'argent ; deux croix, six chandeliers et une piscine en cuivre. Une bonne partie de ces objets a été transportée à la monnaie de Paris, le 11 mai 1791, comme le constate un récépissé dudit jour. Dans le clocher il y avait une horloge et quatre cloches, et dans le dortoir une petite cloche.

La bibliothèque était composée de 1452 volumes, dont : 212 in-folio, 137 in-4°, 578 in-8° et 64 in-12, reliés en veau ; 17 in-folio, 48 in-4°, 211 in-8° et 131 in-12, reliés en parchemin ; enfin 54 in-8° brochés. Tous ces livres étaient enfermés dans une armoire grillée. Les titres, chartes et papiers de l'abbaye étaient classés dans une armoire incrustée dans la muraille de la bibliothèque. (Archives communales du bourg de Gamaches, cote 50°.)

406. p. 157. — L'abbé du Lieu-Dieu fut représenté aux Assemblées générales du bailliage d'Amiens et de la Sénéchaussée de Ponthieu, par M. Bertin, chanoine de St-Vulfran d'Abbeville, muni de son pouvoir notarié. Le prieur et les religieux furent représentés à celle du bailliage par Mercier, leur procureur. M. de Dombideau était aussi titulaire : 1° de l'un des canonicats de la métropole d'Aix, produisant 2,300 livres ; 2° du prieuré de Cambon, au diocèse de Rhodez, produisant 2,200 livres ; 3° de bénéfices à patronage laïc, situés dans les diocèses de Lescars et d'Oléron, prébende de Marca, produisant 1100 livres. De plus, il jouissait d'une pension de 1750 livres sur l'abbaye du Mont St-Eloy, au diocèse d'Arras. (Reg. aux avis sur les pensions ecclésiastiques, p. 252 et 253.)

407. p. 157. — Un certificat de civisme délivré au prieur Rocquelin, le 31 août 1793, par le conseil général de la commune de Gousseauville (Seine-Inférieure), nous fait connaître que ce religieux était né le 11 avril 1721, et qu'après la fermeture de son couvent il devint desservant de la paroisse dudit lieu. (Pièces particulières.)

408. p. 157. — Dom Sauvage avait été envoyé le 2 mai 1789 à l'abbaye de Willencourt, en qualité de confesseur des religieuses : aussi ne figure-t-il pas dans l'inventaire dressé le 11 mai 1790 par les officiers municipaux de Gamaches. (Archives communales, cote 50°. — Reg. aux délibérations du département, 4° bureau, 13 décembre 1791.)

409. p. 159. — Voici la description des vases sacrés et autres objets à l'usage du culte, qui se trouvaient dans l'église de l'abbaye de Selincourt : deux calices, l'un de 10 pouces de haut et l'autre de 9, avec leurs patènes, en vermeil ; un soléil de 22 pouces de haut, un ciboire haut d'un pied, une boîte aux saintes huiles, une paix sur laquelle un Christ, deux burettes, avec leur plat long d'un pied et large de 8 pouces, un bénitier haut de 10 pouces 4 lignes et son goupillon, deux encensoirs hauts de 9 pouces environ, avec leurs chaînes et une navette, deux chandeliers d'acolytes, hauts de deux pieds, deux petits chandeliers hauts de 8 pouces environ, le tout en argent. Une croix d'argent avec le crucifix, haute de 2 pieds 10 pouces ; son bâton haut de 5 pieds 3 pouces, couvert d'une feuille d'argent ; deux bâtons de chantres, hauts de 6 pieds, couverts d'une feuille d'argent et surmontés d'une pomme en forme de fleur de lys, en argent ; quatre reliquaires les uns tout en argent, les autres pour partie seulement en argent ; enfin le célèbre reliquaire de la Sainte-Larme : la relique enfermée entre deux morceaux de cristal, enchâssés dans un médaillon en argent, haut de trois pouces et demi, sur trois pouces de largeur, garni de chaque côté de huit pierres fausses et de deux petites chaînes en argent, longues de six pouces chacune ; à l'ostensoir, haut de deux pieds, deux figures d'anges hautes de 15 pouces et demi, en argent, et 5 médaillons d'argent doré. La relique et le reliquaire sont décrits non seulement dans les articles 15 et 16 de l'inventaire fait en 1790, mais aussi dans une délibération de la commune de Selincourt du 7 frimaire an II (27 novembre 1793) donnant décharge à l'abbé Tascher et au curé de Selincourt du reliquaire et de la relique qui, à la demande du premier, étaient restés dans l'église et confiés à sa garde, suivant délibération du directoire du département en date du 10 février 1791. (Reg. aux délibér. du 4° bureau, copie n° 4560. — Arch. départem. Liasse concernant le mobilier des églises.)

410. p. 159. — L'abbé Tascher était né le 8 août 1734 ; il fut pourvu de l'abbaye en 1764. Il assista en personne à l'Assemblée générale du bailliage d'Amiens. Les religieux de l'abbaye y furent représentés par leur prieur.

En 1790 l'abbé Tascher adressa au Comité ecclésiastique de l'Assemblée nationale une demande à l'effet d'être autorisé à continuer d'habiter l'abbatiale, sa vie durant, en considération des dépenses considérables qu'il avait faites pour le rétablissement et l'entretien des bâtiments. Cette demande fut renvoyée au directoire du département de la Somme, pour qu'il formulât son avis. Celui-ci, dans une délibération du 2 septembre, ajoutant à la première considération le témoignage rendu par les habitants des paroisses circonvoisines, des bienfaits qu'ils ont reçus de l'abbé Tascher et l'espérance qu'il continuera ses œuvres de bienfaisance envers les pauvres du canton, déclara et estima que l'Assemblée nationale exercerait un véritable acte de justice en accordant à sa demande, en restreignant d'ailleurs cette habitation à l'usage personnel du sieur Tascher et en le chargeant de l'entretien. Le comité ecclésiastique ayant renvoyé à statuer au directoire du département, un arrêté du 14 septembre 1790 concéda le droit d'habitation à vie, tant du bâtiment de l'abbatiale que de tout ce qui faisait partie de son enclos. — Menacé de la déportation, l'abbé Tascher expose au directoire du département qu'il a été grand vicaire de l'évêché de Macon depuis l'année 1763 jusqu'en 1769 ; que retiré alors et fixé en l'abbaye de Ste-Larme, il n'est jamais retourné dans cette ville et n'a plus fait aucun acte comme grand vicaire; qu'il n'est pas fonctionnaire public et obligé de prêter serment. L'assemblée, dans sa séance du 13° jour du deuxième mois (brumaire) an II (3 novembre 1793), arrête que l'abbé Tascher n'est point dans le cas de la déportation. (Registres aux délibérat. du 1er bureau, pages 123, 124, et 185 ; du 2° bureau, folio 62 v°.)

411. p. 159. — Le religieux Duchaussoy était né à Albert. Arrêté à Démuin dans la nuit du 15 au 16 juin 1793, il fut de suite conduit à Amiens et enfermé à la Conciergerie. Après avoir été transféré de prison en prison, il se trouvait aux Carmélites au mois d'octobre 1794.

412. p. 159. — Les religieux de l'abbaye de Sery furent représentés à l'Assemblée générale du bailliage d'Amiens par leur prieur. Parmi les objets précieux qui furent transportés du district d'Abbeville à la Monnaie de Paris le 11 mai 1791, figurent les suivants, provenant de l'abbaye de Sery:

un soleil, un calice et sa patène, quatre coupes de calices, leurs patènes et deux coupes de ciboires, d'argent doré ; un petit soleil, quatre pieds de calices, deux pieds de ciboires, un encensoir, sa navette et sa cuillère, deux burettes et leur plateau, quatre boîtes aux saintes huiles, une croix de procession, deux cages (chapiteaux) de bâtons de chantres, les garnitures d'un bras-reliquaire et d'un missel, enfin différents débris, le tout en argent, du poids de 58 marcs 2 onces et 4 gros.

413. p. 159. — Mgr Charles de la Cropte de Chanterac était né en 1723. Il avait été pourvu de la commende de l'abbaye de Sery dès l'année 1750. Il fut sacré évêque-comte d'Aleth le 19 juin 1763. A la révolution, il émigra en Espagne, où il mourut en odeur de sainteté. Il était de cette pieuse famille dont l'un des membres, Jean de la Cropte, avait mérité l'estime et l'affection de saint Vincent de Paul. La mère de Fénelon, l'illustre archevêque de Cambrai, était aussi de la même famille. (*Notice sur l'abbaye de Sery*, p. 103. — *Almanach royal de 1785.*)

414. p. 159. — Le prieuré de St-Pierre et St-Paul d'Abbeville, de l'ancienne observance de Cluny, avait été sécularisé, en vertu d'un bref du pape Pie VI, donné à Rome le 4 juillet 1788, confirmé par lettres patentes du Roi Louis XVI, du 19 mars 1789, enregistrées au parlement de Paris le 14 août suivant. — Tous les biens et revenus du prieuré avaient été affermés à un sieur Pillon, au prix de 12,000 liv., le 25 novembre 1787.

Le prieuré servait une pension à Antoine Marchand, ancien titulaire, à raison de la résignation que celui-ci avait faite au profit du sieur Tourne, par acte du 19 août 1764. — Mgr de Grimaldi, prieur commendataire, se fit représenter à l'Assemblée générale de la Sénéchaussée de Ponthieu par M. Pecquet, supérieur de l'hôtel Dieu d'Abbeville. (Registre aux pensions ecclésiastiques, p. 115 et 267. Arch. Départem.)

415. p. 160. — L'abbé Maury jouissait de ce bénéfice depuis 1786. L'abbé Nicolas Thirel de Beaumont l'avait résigné en sa faveur, en mourant. Il était aussi commendataire de l'abbaye de la Frenade, au diocèse de Saintes. Dans l'Assemblée générale des bailliages réunis de Péronne, Montdidier et Roye il prit la parole, en faveur du clergé, mais il eut de la peine à se faire écouter et « son discours académique ne plut point au Tiers et ne fut que faiblement agréable à la Noblesse. » L'abbé Maury fut l'un des députés nommés ensuite pour représenter lesdits bailliages aux Etats généraux. Son éloquence, son talent d'improvisation, sa forte voix et son geste en firent un orateur remarquable et écouté. Il acquit toute la confiance du pape Pie VI, dont il fut le nonce officieux à Paris et qui le créa cardinal *in petto*, dans le consistoire secret du 26 septembre 1791, et archevêque de Nicée *in partibus* par bref du 24 avril 1792. Le 21 février 1794, Maury recevait le chapeau de cardinal, avec le titre d'évêque de Montéfiascone, dans les Etats pontificaux. Ce prince de l'Eglise était fils d'un cordonnier de Valréas, dans le comtat Venaissin, où il naquit le 26 juin 1746 ; il mourut à Rome, le 11 mai 1817. (Reg. aux pensions, p. 100. — *Nouvelle Biographie générale*, tome 34. — *Correspondance diplomatique et Mémoires inédits du cardinal Maury*, publiés par Mgr Ricard, professeur honoraire des facultés d'Aix et de Marseille, 1891. — *La Révolution à Péronne*, par M. Ramon, 2ᵉ série, p. 177. — *Histoire de Boulogne la Grasse*, par M. l'abbé Martinval, p. 149.)

416. p. 160. — L'inventaire du prieuré de Montdidier fut dressé par les officiers municipaux le 29 avril 1790. Voici la liste des vases sacrés et autres objets précieux servant au culte dans l'église du couvent : un soleil en vermeil, deux calices, un ciboire, une boite aux saintes huiles, une navette, une croix processionnelle, un encensoir et deux chandeliers : le tout en argent, et un bâton de chantre ; — un petit calice et sa patène, un petit ciboire et un soleil en argent : ces quatre derniers objets appartenant à la paroisse de Notre-Dame, dont la chapelle était dans la dite église. Le tout pesait 46 mars 4 onces 4 gros.

Le prieur commendataire, Mgr de Barral, était fils d'un président au parlement de Grenoble. Il naquit en cette ville le 6 septembre 1714 et mourut à Meaux le 1ᵉʳ février 1803. Il avait été sacré évêque de Troyes le 29 mars 1761. — Le prieur claustral D. Bertrand avait été nommé le 12 mars 1784 ; il mourut à Cluny le 20 juin 1826. (Etats d'argenterie déposée aux districts. Arch. départem. — Almanach royal.)

417. p. 160. — Les vases sacrés trouvés dans la chapelle des Capucins de Montdidier sont : trois calices avec les patènes, un ciboire, un soleil et une boite aux saintes huiles, le tout en argent et du poids de 11 marcs 4 onces 6 gros.

418. p. 161. — Nous avons dit ailleurs (*Bénéfices de l'Eglise d'Amiens*, II, 10) que le couvent de la Chartreuse de St-Honoré avait été fondé en 1301, pour 14 religieux de chœur et 4 frères donnés, par Guillaume de Macon, évêque d'Amiens, qui avait à cet effet, acheté la maison des Templiers, située à Thuison, dans la banlieue d'Abbeville. La charte d'achat, datée du dimanche après la purification de la Ste Vierge (2 février) 1300, vieux style, est rapportée par M. l'abbé Lefèvre (*La Chartreuse de St-Honoré de Thuison*, p. 381). La tête de St-Honoré était conservée précieusement dans l'église du couvent. Elle était enfermée dans un buste à son image, en argent doré, du poids de 18 à 20 marcs, garni au col de 57 pierres et 17 perles fines ; à la mitre, de 48 pierres et 51 perles fines, et sur le devant d'une agate représentant une tête antique. Relique et reliquaire avaient été confisqués. Mais, sur la demande des habitants de Port, ils leur furent remis par ordre du directoire du district d'Abbeville, à la charge d'en payer la valeur, suivant délibération du 3 mai 1791. Un récépissé délivré le 11 du même mois par la Monnaie de Paris, constate qu'il y a été déposé ledit jour : un soleil, un ciboire, trois coupes de calices avec leurs patènes et une paix, en argent doré ; deux pieds de calices, un encensoir, sa navette, une croix de procession et une boîte aux saintes huiles, en argent. Le tout provenait de la Chartreuse d'Abbeville et pesait 27 marcs et une once.

Les religieux du couvent de la Chartreuse de St-Honoré furent représentés à l'Assemblée générale du clergé de la Sénéchaussée de Ponthieu, par leur prieur, en vertu d'un acte capitulaire.

419. p. 161. — D. Benoit Haimey (*aliàs* Hémay), né le 3 novembre 1737 à Châlons-sur-Marne, était profès de la Chartreuse du Mont-Dieu, entre Mouzon et Sedan, lorsqu'il fut nommé prieur de St-Honoré, en 1782. Chassé du couvent, ainsi que ses religieux, il se réfugia dans sa famille à Châlons, à la fin du mois de mai 1791, resta caché et mourut pendant la Terreur. (*La Chartreuse de Thuison*, p. 369.)

420. p. 161. — D. Claude-Hubert Louis, né à Pont-à-Mousson en 1751, avait été envoyé de la Chartreuse du Val St-Pierre en Thiérache, au monastère de Thuison, en 1780. Il en sortit le 2 mai 1791 sous un déguisement, se rendit à Pont-à-Mousson, d'où il passa bientôt la frontière. (*La Chartreuse de Thuison*, p. 369.)

421. p. 161. — D. Alexis Souclay (*aliàs* Soucley), né à Dijon en 1747, avait aussi été envoyé du Val St-Pierre à Thuison, en 1781. Sorti de ce couvent le 24 mai 1791, il se rendit à Paris où il parvint à se cacher, tout en remplissant secrètement les devoirs du saint ministère. Dénoncé en 1795, il s'enfuit au village de Villeteneuse, où il fut arrêté, jeté en prison et condamné comme prêtre réfractaire à la déportation dans l'île de Rhé, au mois de septembre 1798. Les évènements politiques lui firent recouvrer sa liberté l'année suivante. En 1804, il était attaché à la paroisse de St-Germain l'Auxerrois à Paris. (*La Chartreuse de Thuison*, p. 371 et 513.)

422. p. 161. — Nous avons dit (note 195) que la maison des Cordeliers de Bouttencourt recevait, comme pensionnaires, des personnes ayant perdu la raison. En 1789, s'y trouvait depuis quatre ans un M. Pierre-Adrien Caruette, âgé de 68 ans. Il avait versé une somme de 1200 livres, pour y finir ses jours. Mais les bâtiments du couvent ayant été vendus et les religieux obligés d'en sortir, il réclama une pension viagère de 120 livres. Elle lui fut accordée par arrêté du département du 3 mai 1791. (Registre aux délibérations du 4ᵉ bureau. — Mémoires manuscrits sur le comté d'Eu, tome III, p. 20. — *Description du canton de Gamaches*, p. 223.)

423. p. 161. — L'inventaire du couvent des Cordeliers de Doullens, dressé le 8 septembre 1790, constate dans la sacristie : un soleil, un ciboire, un calice et une boîte aux saintes huiles, en argent ; dans le clocher, trois cloches. (Arch. départ., série Q.)

C'est par erreur que les revenus de ce couvent ont été ici portés à 710 livres ; ce chiffre appartient au couvent de Mailly, qui suit immédiatement.

424. p. 162. — On pourrait croire à une confusion de nom entre le religieux Antoine Picard et un autre du même couvent Antoine Haccart. Il n'en est rien ; ce dernier avait quitté le couvent, pour devenir confesseur des religieuses du tiers-ordre de St-François à Grandvilliers, depuis le mois de novembre 1788. (Reg. aux délibérat. du départem., 4ᵉ bureau, séance du 31 janvier 1792.)

425. p. 162. — Le revenu du couvent des Cordeliers de Mailly, constaté en l'inventaire dressé par les officiers municipaux le 7 mai 1790, s'élevait à 710 livres. Ils ont trouvé dans la sacristie : un soleil, deux calices, un ciboire, une boîte aux saintes huiles : le tout en argent ; une croix, six chandeliers et une lampe, en cuivre. — Dans le procès-verbal, quatre religieux déclarent vouloir continuer la vie commune ; les quatre autres expriment l'intention de sortir. D'un autre côté, Théodore Joseph de Carondelet, religieux cordelier, aumônier de la citadelle de Valenciennes, âgé de 45 ans, fait consigner qu'il « désire quitter les maisons de son ordre et jouir du traitement. » La bibliothèque se trouvait composée de 110 vol., tant reliés que brochés. (Arch. départem. Liasses des pièces pour les pensions ecclésiastiques et de Procès-verbaux d'inventaires.)

426. p. 162. — Le religieux cordelier Leprêtre et le frère quêteur Barbaut, furent arrêtés pendant la Terreur et enfermés dans les prisons d'Amiens. Ils étaient dans la maison des Carmélites lorsqu'ils furent rendus à la liberté le 25 octobre 1794.

427. p. 162. — Les objets suivants, provenant de l'église des Cordeliers de Pierrepont, dédiée à Saint-Riquier, ont été envoyés à la Monnaie de Paris, savoir : un calice, sa patène et un ciboire, le tout en argent.

428. p. 162. — Dans la chapelle des Cordeliers de Roye, se trouvaient : un ciboire, un calice et sa patène, une boîte aux saintes huiles : le tout en argent, du poids de 6 marcs 5 onces 7 gros.

429. p. 162. — Le religieux Thuillier avait été envoyé aux îles (à Port-aux-Princes) par ses supérieurs, pour remplir les fonctions du saint ministère en qualité de vicaire. L'altération de sa santé le força à rentrer en France, dans les premiers jours de juin 1791, après sept mois d'absence. On le voit, à la date du 13 septembre de cette année, réclamer du département sa chambre garnie, et à la date du 17 avril 1792 demander le paiement de sa pension pour l'année 1790. (Reg. aux délibérat. du départem. 4ᵉ bureau.)

430. p. 163. — Le religieux minime Savary était né à Daugy, diocèse de Coutances. Arrêté le 22 avril 1793, il fut incarcéré à Bicêtre le 7 septembre, puis successivement dans plusieurs autres prisons d'Amiens. On le trouve encore dans la maison des Carmélites au mois d'octobre 1794.

431. p. 163. — Dans la chapelle des Minimes de Roye se trouvaient : un soleil, un ciboire, trois calices et les patènes, une paire de burettes, un vase pour les saintes huiles et une petite croix : le tout en argent, du poids de 29 marcs 5 onces.

432. p. 163. — Les dames abbesse, prieure et religieuses de l'abbaye de Notre-Dame de Bertaucourt furent représentées à l'Assemblée générale du bailliage d'Amiens, par M. Jean-Louis Bataille, prêtre, confesseur de la communauté, muni de leurs pouvoirs. — L'inventaire dressé le 12 février 1790 constate ce qui suit : la Maison des religieuses de Bertaucourt contient, outre l'appartement modeste de l'abbesse, 25 chambres pour les religieuses, deux chambres occupées par une demoiselle pensionnaire et une fille agrégée, quatre chambres d'hôtes au dehors, avec deux cabinets, et dans chacune desquelles se trouvent un lit garni, une fontaine, une table et un miroir. L'argenterie de la sacristie est composée des objets suivants : la crosse dorée de l'abbesse, deux calices et leurs patènes, une autre patène plus grande dont l'intérieur est en vermeil, un ciboire, un ostensoir, un encensoir et sa navette, deux paires de burettes avec leur plateau, une boîte aux saintes huiles, un gobelet, deux petites croix, deux petits chandeliers et une lampe. Il s'y trouve aussi six grands chandeliers d'autel, un petit flambeau et deux fonts (?) en cuivre argenté, six grands chandeliers et six autres moyens, en cuivre. Enfin, dans l'infirmerie il y a un bougeoir en argent. (Arch. dép. série Q.)

Un arrêté du département daté du 3 novembre 1792 autorisa le district à délivrer à chacune des religieuses de Bertaucourt et à leur directeur : trois paires de draps, douze serviettes, trois nappes et un couvert d'argent, « au pardessus du mobilier existant dans les chambres ou cellules à leur usage personnel. »

433. p. 164. — Les dames abbesse, prieure et religieuses de l'abbaye royale de St-Michel de Doullens furent représentées à l'Assemblée générale du bailliage d'Amiens, par M. Courtois, curé de Ransart, leur procureur fondé. Toutes les religieuses, à l'exception de l'abbesse, avaient par deux fois déclaré à la municipalité leur intention de renoncer à la vie commune, et plusieurs s'étaient retirées. Cependant quatre religieuses et une sœur converse avaient continué d'habiter les bâtiments de la communauté. Le comité ecclésiastique informé se plaignit de cet acte de tolérance du district et conclut « à ce qu'il fût conservé un logement à l'abbesse, qui seule a persisté dans l'intention de vivre et de mourir dans son monastère. » Le directoire du département, par arrêté du 28 mai 1791, enjoint aux religieuses de sortir dans le plus bref délai.

434. p. 164. — M. Braquehay, a publié l'histoire de l'abbaye de Ste-Austreberte de Montreuil au XVIII° siècle, dans la Revue *La Picardie*, en 1878 et 1879. Nous y avons puisé la liste des religieuses et quelques notes biographiques les concernant. La supérieure de l'abbaye de Ste-Austreberte était fille de Joseph Lamoureulx de la Javelière, lieutenant-général des armées du Roi, commandeur de l'ordre de St-Louis, ancien gouverneur de la ville et du château de Philipsbourg, et de Marguerite de Trudaine. Elle fut nommée abbesse le 22 avril 1760, dans sa quarante-deuxième année.

435. p. 164. — La religieuse de Jouanne d'Esgrigny était fille de Jean-René de Jouanne, capitaine de cavalerie, et d'Anne Lefebvre, son épouse. Elle était née à Montreuil en 1717 et avait fait profession à 16 ans. Elle mourut le 23 avril 1790. La religieuse du même nom que nous avons vue dans l'abbaye de Bertaucourt n'était-elle pas sa nièce ?

436. p. 165. — La sœur converse dite de Ste-Julienne mourut le 27 novembre 1791, à l'âge de 103 ans. — Une sœur tourière, Françoise Paulet, était morte le 23 mars 1789 : elle ne figure pas dans notre liste.

437. p. 165. — L'abbaye d'Epagne, fut unie à celle de Villancourt en 1747. L'abbesse et les religieuses furent représentées à l'Assemblée générale de la Sénéchaussée de Ponthieu, par M. Bertin, chanoine de St-Vulfran, fondé de leur pouvoir par acte capitulaire. — Dans le compte moral de sa conduite pendant la Révolution, qu'a publié le député d'Abbeville Dévérité, on lit : « Dirai-je que dans une abbaye ci-devant royale, où je fus chargé de faire un inventaire, je parlai tellement le langage de la révolution, que j'engageai la ci-devant abbesse (tante de l'infortuné Labarre) et ses religieuses à quitter en grande partie la psalmodie fatigante de St-Bernard le croiseur, à manger à la table de l'égalité..... On me nommait plaisamment le nouveau réformateur de la règle des Bernardines. » Cette assertion est une forfanterie qui n'eut d'ailleurs aucune portée. Les religieuses de Villancourt, pas plus que les autres, n'ont transgressé la règle ni quitté le monastère qu'à l'heure de la violence.

438. p. 165. — Madame de Feydeau fut nommée abbesse en 1761. Emprisonnée à Abbeville pendant la Terreur, elle se hâta de profiter d'un arrêté pris par André Dumont le 12 ventose an II (3 mars 1794), portant que « les administrateurs des districts du département, pourront faire élargir les personnes arrêtées comme ci-devant nobles, qui prouveront ne pas l'être. » Elle réclama son élargissement, en disant qu'elle n'était pas noble. Dans sa séance du 17 ventose, le district arrêta : « il n'y a pas lieu à contredire les faits exposés. » Elle fut probablement mise en liberté immédiatement. (IX° Registre aux délibérat. du district d'Abbeville, folio 133 et 136 v°.)

439. p. 166. — La supérieure des Carmélites et les sœurs Bachelier, Cayet, Tillette d'Acheux, Monflières et Pezé furent incarcérées à Amiens, dans la maison de la Providence le 25 novembre 1793.

440. p. 167. — Les deux sœurs ursulines Paule-Catherine et Marie-Françoise Poultier, furent mises en arrestation et transférées le 28 septembre 1793 à Amiens, enfermées d'abord dans la maison de la Providence, ensuite aux Grands-Chapeaux, d'où on les conduisit au *Temple de la Raison* le 28 février 1794, dans le but de leur faire prêter serment.

441. p. 168. — Notre liste des religieuses ursulines de Montdidier est fort incomplète. En effet, en 1791 elles étaient au nombre de 26, dont 18 dames de chœur et 8 converses, lesquelles sollicitaient une augmentation de pension. — Nous lisons dans l'*Histoire de Montdidier*, par M. de Beauvillé, tome III, page 97, 2° édition, que les « ursulines de Montdidier furent des premières à profiter de la loi qui leur permettait de sortir » de leur couvent. Assurément l'auteur s'est trompé. Ce que nous venons de dire le prouve. Et quelle étrange exception ce serait, la seule peut-être dans le diocèse d'Amiens, même dans les autres diocèses. Voir, sur ce sujet, ce que nous avons dit, d'après les procès-verbaux officiels, dans *Amiens et le département de la Somme*, tome 1er, p. 194 et 195. « On n'eut pas de peine, ajoute l'auteur, à leur faire prêter serment. » Nous en doutons, mais cette assertion fut-elle vraie, la première n'en serait pas plus exacte.

442. p. 168. — Les religieuses professes Fouques (Charlotte), Fouques (Marie-Jeanne), Couvreur, Bachellier, et la sœur converse Ducrocq (Geneviève-Rose) furent enfermées dans les prisons d'Amiens le 25 octobre 1793; elles y étaient encore au mois de février suivant.

443. p. 169. — L'inventaire dressé le 31 janvier 1791, constate qu'il a été trouvé dans l'église et la sacristie des Sœurs grises ou cordelières de Doullens :

444. p. 169. — Le couvent des Sœurs-Grises de Montreuil, autrefois très peuplé, ne contenait plus que quatre religieuses en 1784, et semble avoir été réduit à une seule en 1789, celle nommée ici. (Archives du Pas-de-Calais, Fonds de la Révolution ; L. District de Montreuil, liasse 69.)

445. p. 170. — Le monastère de la Visitation de Ste-Marie d'Abbeville fut fondé en 1650, du consentement de Mgr l'évêque François de Caumartin, du corps de ville et du Roi, par six religieuses envoyées d'Amiens. Elles s'établirent d'abord dans une maison de la rue des Meules, depuis nommée petite rue de Notre-Dame du Châtel, qu'elles avaient louée pour six ans. Plus tard elles achetèrent un terrain situé dans la rue des Rapporteurs. sur lequel elles bâtirent une maison spacieuse. (Documents particuliers du couvent d'Amiens.)

446. p. 171. — En 1793 on mit en arrestation les religieuses de l'Hôtel-Dieu d'Abbeville, pour cause de refus de serment. Elles furent menées en prison, bayonnette aux fusils, dans une maison située sur la place St-Pierre, où on les laissa deux jours sans pain. De là elles furent transférées dans les prisons d'Amiens, au nombre de 27, selon les registres de l'Hôtel-Dieu, mais de 29, selon les livres d'écrous, savoir : dix à la Providence le 25 octobre, et dix-neuf aux Grands-Chapeaux le 25 novembre. Les premières furent libérées le 13 décembre suivant, les autres seulement le 17 janvier 1794; de ce nombre était la supérieure. Il faut noter que les sœurs Beauvarlet et Lottin persistèrent courageusement, comme tant d'autres de leurs sœurs en religion, dans le refus de serment, malgré la plus vive pression exercée sur elles par leur famille. — L'oratoire de l'Hôtel-Dieu et celui des sœurs Claude furent fermés par arrêté du département du 10 octobre 1792. Ce fut la sœur dite de St-Basile qui rétablit la communauté d'Abbeville après la Révolution. (Reg. délib. 4ᵉ bureau. — Registre de l'Hôtel-Dieu d'Abbeville, commençant le 1ᵉʳ juin 1654. — Livres d'écrous.)

447. p. 172. — M. Pecquet, supérieur de l'Hôtel-Dieu d'Abbeville, sous la pression des évènements, partit le 3 novembre 1792 en émigration, pour l'Angleterre. Il y mourut 8 jours après son arrivée. (Registre de l'Hôtel-Dieu cité.)

448. p. 172. — Cet hôpital a été fondé pour des orphelins en 1645. Il est dû à la charité d'une vertueuse fille d'Abbeville, Claude Foulon, qui recueillait dans sa maison de pauvres orphelines et pourvoyait à leurs besoins. Le nom de cette bienfaitrice est resté aux religieuses qui continuèrent son œuvre. Les trois sœurs dernières nommées par nous furent arrêtées et emprisonnées à Amiens, dans la maison de la Providence, le 4 octobre 1793. (M. Prarond, *Notice sur les rues d'Abbeville*, p. 155. — *Almanach de Picardie*, pour 1790. — Livres d'écrous.)

449. p. 173. — Deux des religieuses de l'Hôtel-Dieu de Corbie, Marie-Catherine Duflos, professe, et Marie-Barbe Cuvillier, converse, devenues infirmes et dans l'impossibilité de remplir leur service, désirant sortir du cloître, demandèrent que les meubles et effets à leur usage leur fussent remis ; ce qui fut accordé par arrêté du département du 31 mars 1791. — Dans la suite, la position devint critique pour les religieuses. Elles furent mises en état d'arrestation dans l'Hôtel-Dieu, leur domicile, et le 30 septembre 1793, un notaire s'y transporta pour recevoir le serment prescrit par le décret du 15 août 1792. Elles refusèrent d'abord ; mais plus tard sans doute elles y consentirent, car le 8 frimaire an II (28 novembre 1793) le département fixait leur pension et arrêtait qu'à chacune d'elles serait remis le mobilier de sa chambre.

450. p. 173. — Les religieuses desservant l'Hôtel-Dieu de Doullens n'avaient pas dépouillé le costume de leur ordre, contrairement à la loi du 18 août 1792. La commission révolutionnaire du département en ayant été informée, arrêta le 27 brumaire an II (17 novembre 1793) : « le directoire du district de Doullens fera mettre en arrestation et conduire à Amiens, au lieu des séances de l'Administration, le procureur de la commune, ainsi que les supérieure et dépositaire de l'hôpital, lesquelles seront amenées avec le costume dans lequel elles auront été trouvées au moment de leur arrestation. » Quelques mois après, les administrateurs de l'hôpital ayant demandé la réduction du nombre des religieuses, l'Administration départementale, par arrêté du 15 floréal (4 mai 1794) arrêta que seules les citoyennes (lisez : sœurs) Protin, Morel et Blin seraient conservées pour le service auprès des malades, et que la sœur Robiquet, âgée de 80 ans, resterait dans l'hospice, à la charge de payer pension.

451. p. 174. — Les religieuses de l'Hôtel-Dieu de Montdidier paraissent avoir été au nombre de quatorze, quoique nous n'ayons trouvé que onze noms. Sept d'entre elles refusèrent de prêter le serment requis ; les autres, et parmi elles la supérieure, le prêtèrent. Cette situation engendra des troubles dans la maison. Une malade ayant été, sur sa demande, assistée d'un prêtre non assermenté qui lui administra les derniers sacrements, les officiers municipaux le trouvèrent mauvais et s'en plaignirent. Les administrateurs du directoire du département répondirent en ces termes, bientôt démentis par leurs successeurs :

« à Amiens, le 30 octobre 1891.

« Messieurs, nous avons reçu la lettre que vous nous avez fait l'honneur de nous écrire le 28 de ce mois et l'expédition de votre procès-verbal du 26.

« Nos principes politiques relativement à la religion ne s'accordent point avec les vôtres. Nous croyons qu'on peut aimer sa patrie, quoi qu'on aille à la messe d'un prêtre non assermenté ; qu'on peut être très zélé pour le maintien de la constitution de l'Etat, quoiqu'on n'approuve pas quelques articles de la constitution civile du Clergé et quoique, par cette raison, on se persuade très mal à propos que la religion du clergé constitutionnel et celle des prêtres non assermentés forment deux religions différentes.

« Nous ne voulons point persécuter ceux qui pensent autrement que nous. Nous ne voulons ni les forcer à se conformer à nos opinions religieuses, ni les gêner dans l'exercice du culte qu'ils préfèrent. Nous les regardons toujours comme nos frères et nos amis. Ils doivent jouir comme nous de tous les droits que la constitution garantit à tous les Français.

« Nous ne croyons donc pas, Messieurs, qu'il ait été commis aucun délit, ni même aucune faute, soit par les malades qui ont voulu se confesser à un prêtre non assermenté, soit par la religieuse qui a été chercher le prêtre, soit enfin par le prêtre même qui les a confessés et communiés. Chacun de nous seroit dès à présent frappé de terreur s'il savoit que dans son dernier jour il dût être réduit à la cruelle alternative de mourir sans absolution ou de la recevoir d'un prêtre au ministère duquel il n'auroit point de confiance.

« Les malades ne perdent point la liberté de conscience au moment où ils entrent à l'Hôtel-Dieu. C'est même en ce moment que leurs opinions religieuses doivent être respectées avec plus de soin que jamais, car ils ont besoin de tous les secours et de toutes les consolations. Vous observez, Messieurs, dans votre lettre, « qu'un prêtre non assermenté a été « administrer des sacrements à des malades ; que d'autres malades et « particulièrement des soldats s'étant aperçus de ce manège ont beau- « coup murmuré ; que de là est résulté un grand tumulte, que les reli- « gieuses non conformistes ont invoqué la liberté de conscience. » Il nous paroît évident que ces religieuses ont eu raison ; elles ont dû vous parler avec respect, mais elles ont dû vous dire qu'il n'y avoit point de délit. Nous croyons aussi que les murmures des autres malades et ceux des soldats auroient cessé à l'instant même, si quelque patriote éclairé leur eût parlé le langage de la constitution et de la raison, s'il leur eût fait connoître que chacun d'eux voulant être libre devoit permettre aux autres de l'être aussi ; qu'un malade qui veut se confesser a le plus grand intérêt d'appeler un prêtre dans lequel il ait confiance, mais que sa confession n'est importante que pour lui seul.....

« Il est triste que les religieuses de l'Hôtel-Dieu soient divisées en deux partis. Cette division n'existeroit pas si aucune d'elles ne vouloit dominer les consciences des autres ; elles continueroient à se regarder comme sœurs, elles resteroient unies par les liens de la charité, quoique les unes aient mis leur confiance dans le clergé constitutionnel et les autres dans les prêtres non assermentés. Qu'importe aux unes et aux autres la messe que leurs sœurs entendent, ou le prêtre qui dit cette messe....?

« Au reste, Messieurs, le moment approche où les doutes, s'il en existe, seront entièrement dissipés. L'Assemblée nationale délibère sur le sort des prêtres non assermentés, sur le plus ou moins de liberté qui doit être laissé à l'exercice de leur culte..... »

Deux ans plus tard, les sept religieuses insermentées furent arrêtées et conduites à Amiens dans la prison de Bicêtre, le 14 novembre 1793, avec les seuls vêtements qui les couvraient lors de leur arrestation. Elles n'avaient pu emporter aucun linge pour se changer. Cependant le froid se faisait sentir. Elles demandèrent à la Commission révolutionnaire, qui administrait alors le département, qu'on levât les scellés apposés sur leurs habits et linge, afin qu'elles pussent se procurer des vêtements d'hiver. Par délibération du 5 frimaire an II (25 novembre 1793), M.

Laurent, membre de la Commission révolutionnaire, fut chargé d'extraire la quantité nécessaire d'habits d'hiver et de linge, et de l'apporter à Amiens. (Reg. aux délibérations du 2ᵉ bureau, fol. 84 v°. — Liasse de pièces non classées. Arch. départem.)

452. p. 174. — La déclaration des biens de l'Hôtel-Dieu de Montreuil, faite le 5 mars 1790, constate que les revenus s'élevaient à 17,391 livres et les charges à 2,348 livres, en sorte qu'il restait une somme de 15,043 livres pour le service de la Maison. Le 3 février précédent les commissaires de la municipalité avaient trouvé la communauté composée de vingt-et-une religieuses, dont l'une, la sœur Vincent, était « en état d'aliénation d'esprit. » Elle mourut le 26 mars 1795, à l'âge de 78 ans. La sœur dite de Ste-Cécile était morte le 30 avril 1790, âgée de 85 ans. (Histoire des Etablissements hospitaliers de Montreuil-sur-Mer par M. Braquehay, dans la Revue *La Picardie*, 1881, p. 474.)

453. p. 175. — Nous devons la connaissance de cet établissement et la liste des religieuses de l'orphelinat à M. Braquehay. Il a bien voulu extraire ce renseignement d'un nouveau travail qu'il doit faire paraître prochainement.

454. p. 176. — L'hôpital de Rue fut fondé en l'année 1186, par vingt-quatre habitants de la ville, et confirmé par bulle du pape Urbain III de la même année. Indépendamment des dons et legs qui furent faits en sa faveur pendant le cours des siècles, la fortune de cet hôpital s'accrut encore par l'union des biens et revenus de plusieurs hospices et maladreries. Notamment ceux de l'Hôtel-Dieu et de la maladrerie de Cressy y furent unis, en vertu d'un arrêt du Conseil du Roi du 13 juillet 1695. La prise de possession eut lieu le 22 novembre 1696. Ajoutons que la commune de Cressy est rentrée en possession desdits biens, en conséquence d'un décret impérial du 18 juin 1850. — En 1789, d'après les écritures et les inventaires du temps, la communauté se composait de onze religieuses, qui paraissent être celles qui sont dans notre liste les premières nommées. Cependant, en un compte de recettes et dépenses rendu en 1792 par les sept religieuses restées, on lit les noms des sœurs Camus, dite de Ste-Victoire, Boiet, dite de Ste-Scolastique, et Descelers, dite de St-Ambroise, nommées ici en dernier lieu. On y lit aussi que les revenus de l'Hôtel-Dieu étaient de 8,466 livres, que les charges fon-

cières et l'entretien des onze lits causaient une dépense de 5,406 livres.

Les vases et ustensiles à l'usage du culte se trouvant dans la chapelle de l'hôpital de Rue, à l'époque de la Révolution, consistaient en : un ciboire, un autre petit ciboire, la clef du tabernacle, une boîte aux saintes huiles, deux burettes et leur plateau, en argent; un calice et sa patène en argent doré ; un encensoir et une cuvette de cuivre argenté ; deux croix, quatre chandeliers et un bénitier en cuivre. (Arch. départem. pièces non classées, 4ᵉ bureau, séance du 24 mars 1792.)

455. p. 176. — La religieuse Marie-Jeanne Vainet et sa sœur Marie-Françoise étaient filles de André Vainet et de Marie-Anne Dubois, son épouse. Elles étaient nées à Aix-en-Issart, au diocèse de Boulogne. Dans l'inventaire du mobilier dressé par la municipalité le 14 octobre 1791, on désigne Marie-Françoise Vainet comme supérieure ; elle avait probablement succédé à sa sœur, qui y est dite assistante.

456. p. 176. — La religieuse M. R. Peigné était née à Abbeville paroisse du Saint-Sépulcre, de Louis Peigné et de Marie-Françoise Beauvarlet.

457. p. 176. — La Religieuse J. Brailly était née à Ailly-le-Haut-Clocher, de Jean Brailly et de Charlotte Dumont, son épouse. Elle avait été supérieure de la communauté.

458. p. 176. — La religieuse M. A. Brasseur était fille de Pierre Brasseur, fermier et de Madeleine Tavernier, demeurant au village du Meillard.

459. p. 176. — La religieuse E. F. Noé était née à Hesdin, de Philippe Noé et d'Elisabeth-Anne-Augustine Dauvin.

460. p. 176. — La religieuse Sellier était fille de François Sellier et de Marie-Marguerite Colpart.

461. p. 176. — La religieuse M. J. A. Valois était née à Huquelier, diocèse de Boulogne, de Jean-Baptiste Valois et de Marie-Antoinette Gillacq.

462. p. 176. — La religieuse M. A. D. Mabille était née à St-Martin-Cavron, au diocèse de Boulogne, de Jean Mabille et de Marie-Joseph Willery.

463. p. 176. — La religieuse M. C. A. Savary était née à Abbeville, paroisse de St-Vulfran-en-Chaussée, de Claude-Aimé Savary et de Marie-Marguerite Le Neutre.

464. p. 176. — Nous avons puisé la liste des religieuses hospitalières de St-Riquier dans le tome III de l'*Histoire de l'Abbaye et de la ville de St-*

Riquier, par M. l'abbé Hénocque, qui a reproduit celle du procès-verbal d'inventaire dressé le 28 octobre 1790 par les officiers municipaux du lieu. Toutefois nous y avons corrigé, d'après les écritures de cet établissement, l'orthographe de plusieurs noms et ajouté quelques détails.

465. p. 176. — La sœur supérieure de l'Hôtel-Dieu de St-Riquier était fille de Firmin Bourgeois, chirurgien à Amiens.

466. p. 176. — La sœur assistante était fille de messire Louis de Mortagne et de damoiselle Louise de Cambois, son épouse.

467. p. 176. — La sœur de St-Paul était fille de François Clabaut, d'Arras. Elle avait fait profession à l'âge de 23 ans.

468. p. 177. — La sœur de Ste-Angélique fut l'une des religieuses qui formèrent la nouvelle communauté après la Révolution. Elle en était supérieure lorsqu'elle mourut en 1825. (Renseig. donné, avec d'autres, par M. l'abbé Bouthors, aujourd'hui aumônier de l'Hôtel-Dieu.)

469. p. 177. — La sœur de Ste-Julie mourut à l'Hôtel-Dieu de St-Riquier en 1833. Y était-elle restée pendant toute la durée de la Révolution, comme le dit la tradition locale ?

470. p. 177. — L'Hôtel-Dieu de St-Valery avait été desservi par des sœurs blanches (dominicaines) jusqu'en 1665. Sur leur demande, elles furent remplacées par des religieuses Augustines venues de l'Hôtel-Dieu d'Abbeville. (M. Prarond, *St-Valery et les cantons voisins*, tome 1er, p. 162.) Une délibération du directoire du département, datée du 6 octobre 1791, nous donne les renseignements suivants : L'Hôtel-Dieu de St-Valery avait onze lits affectés aux pauvres malades tant de St-Valery que de Gamaches, nombre vraiment insuffisant pour la population de ces deux localités. Les religieuses attachées à ce service étaient au nombre de seize. Il y avait un chapelain. Les revenus de la maison étaient de 7,900 livres environ, avec lesquels il fallait pourvoir à la nourriture de quarante personnes, tant malades que religieuses et domestiques. La suppression des octrois, dîmes, etc. vint réduire considérablement ces revenus qui, en 1791, n'étaient plus que de 4,120 livres, tandis que la dépense annuelle s'élevait, d'après les évaluations du district d'Abbeville, à 7,800 livres. (Registre aux délibérat. du 3e bureau du directoire du départem. page 247.) Il n'est pas inutile de faire remarquer ici que les malades du bourg de Gamaches étaient soignés à l'hospice de St-

Valery, en conséquence de l'union qui y avait été faite en 1695 des biens provenant de la maladrerie du lieu. (*Gamaches et ses Seigneurs*, p. 215.) Le nombre des religieuses hospitalières était de 19 en 1789. On vient de voir qu'il était réduit à 16 en 1791.

471. p. 179. — Le curé Demain fut arrêté le 5 nivose an III (25 décembre 1793), par ordre du district, pour avoir dit dans sa commune et celles voisines qu'il y aurait du danger pour les habitants à abandonner une religion qui faisait leur bonheur. Conduit d'abord à Péronne et ensuite transféré à Amiens, il fut enfermé tour à tour dans cinq ou six prisons de cette ville. Il en sortit le 8 août 1794.

472. p. 180. — Les vases sacrés et ustensiles à l'usage du culte provenant de l'église de Beuvraignes et déposés au district de Montdidier consistaient en : un calice et un petit ciboire en argent; huit chandeliers, sept autres petits et une lampe, en cuivre argenté ; six autres chandeliers en cuivre jaune.

473. p. 180. — Les vases sacrés et ustensiles à l'usage du culte, provenant de l'église de Biarre et déposés au district de Montdidier, consistaient en : un ciboire d'argent ; une croix de cuivre soufflée d'argent ; une autre petite croix, une paix, une lampe et un petit seau, en cuivre.

474. p. 181. — Le curé Lenoir dut se retirer dans les Pays-Bas autrichiens, selon la déclaration qu'il fit au district de Péronne le 7 septembre 1792. Il était alors âgé de 48 ans. (Registre des déportés du district. — Archives départementales.)

475. p. 182. — Les vases sacrés et ustensiles à l'usage du culte, provenant de l'église de Carrépuis et transportés au district de Montdidier, consistaient en : un soleil, un ciboire, une custode, trois boîtes aux saintes huiles, en argent, du poids total de deux marcs cinq onces trois quarts; un bénitier et son goupillon, une croix de procession, six petits chandeliers, un encensoir et une lampe, en cuivre ; une croix, quatre chandeliers et une lampe, en cuivre argenté ; le tout pesant 42 livres environ.

476. p. 182. — Le curé de Champien remit ses lettres de prêtrise et les vases sacrés à la municipalité du lieu, en déclarant, s'il faut en croire le greffier, « qu'une ci-devant loi l'a prêtré et qu'une nouvelle loi ayant supprimé cette loi, il se soumet volontiers. » (Etat des ecclésiastiques qui ont abdiqué leurs fonctions. Archives du département.)

477. p. 182. — Le curé Gréhen, tout constitutionnel qu'il était devenu, fut arrêté le 5 nivose an II (25 décembre 1793) comme suspect, pour avoir déclaré aux habitants assemblés qu'il n'abandonnerait pas sa religion et ne remettrait pas ses lettres de prêtrise. On le conduisit à Péronne et le 3 janvier 1794 à Amiens dans la prison de Bicêtre. Transféré de prison en prison pendant huit mois, il fut enfin libéré le 20 septembre de la dite année. — Quatre jours après l'arrestation du curé Gréhen, il y eut à Chaulnes un rassemblement populaire, pour protester. Le tocsin sonne depuis 4 heures du soir jusqu'à huit heures, afin d'exciter un pareil soulèvement dans les communes voisines. La force armée, composée du dépôt du 1er bataillon des volontaires de la Manche, se transporte de Lihons à Chaulnes. A sa vue, une troupe d'hommes et de femmes se réfugie dans l'église, s'y enferme et sonne de nouveau le tocsin. Elle ne se décide à évacuer que sur la menace qui est faite d'ouvrir la porte à coups de canon. (*La Révolution à Péronne*, V^e série, p. 108.)

478. p. 183. — Les vases sacrés et ustensiles du culte provenant de l'église de Cressy-Omencourt et déposés au district de Montdidier, consistaient en : un ciboire, un soleil, une boîte aux saintes huiles double, une autre simple, en argent ; une croix, six chandeliers, une lampe, un encensoir, sa navette et un bassin, en cuivre.

479. p. 183. — Le curé Gadiffet dut se retirer en Angleterre, en passant par Amiens, Abbeville et St-Valery, où il avait l'intention de s'embarquer, suivant sa déclaration faite au district de Péronne le 7 septembre 1792. Il était alors âgé de 59 ans.

480. p. 183. — Les vases sacrés et ustensiles à l'usage du culte provenant de l'église de Curchy et déposés au district de Montdidier consistaient en : un calice et sa patène, un ciboire, deux autres plus petits, un soleil, deux burettes, deux boîtes aux saintes huiles, le tout en argent ; trois patelets, deux paix, trois bénitiers, un encensoir et sa navette, dix chandeliers et une lampe, en cuivre.

481. p. 183. — Le prieuré fondé à Doingt (*Douen*) avait été incorporé à la cure du lieu. — Le curé Gamelon avait entrepris en 1785 la reconstruction de l'église de Doingt. A la Révolution, il dut se retirer à Ypres, d'après sa déclaration faite au district de Péronne le 7 septembre 1792. Il était alors âgé de 54 ans et portait perruque, y est-il dit. (Reg. des déportés du district. — Registre aux délibérat. du départem., 4ᵉ bureau, séance du 24 mai 1791. — Pouillé du diocèse de Noyon, p. 165.)

482. p. 183. — M. Courtin était curé de Dompierre depuis 1783. Il est présumable qu'il quitta la paroisse au mois de septembre 1792, car après cette date sa signature ne paraît plus sur les registres de catholicité. Il y revint au mois de mai 1797 ; mais le 18 novembre 1798, il fut arrêté par des gendarmes, au sortir de l'église où il venait de faire un baptême. On l'emprisonna à Péronne et quatre jours après à Amiens. Il y séjourna quatre mois et fut ensuite déporté à l'île de Rhé, où il resta trois ans et quatre mois. Il rentra à Dompierre le 24 août 1802 et reprit l'administration de cette paroisse. C'est lui qui a laissé ces détails, écrits de sa main au pied de l'acte du baptême que nous venons de citer. (Renseignem. de M. l'abbé Daullé, curé actuel de la paroisse.)

483. p. 183. — Le curé Cavrel dut se retirer à Tournay, d'après sa déclaration faite au district de Péronne le 10 septembre 1792. Il était alors âgé de 47 ans.

484. p. 184. — Le curé d'Estrées-Deniécourt était en outre pourvu de la chapelle du Quenelin (*aliàs* Queslin), fondée en l'église paroissiale de Thoury, au diocèse de Rennes, produisant 172 livres. — Le 9 juin 1708 avait été fait le partage des terres appartenant à la fabrique et à la cure. La part attribuée à celle-ci se composait de 66 journaux de terre, dont 36 étaient chargés de fondations. (Registre aux délibér. du départem., 4ᵉ bureau, séance du 27 septembre 1791.)

485. p. 184. — Le hameau d'Estrées-en-Chaussée comptait en 1744 treize familles, tandis que Santin, siège de l'église paroissiale, était pour ainsi dire sans habitants. (Renseignement de M. l'abbé Martinval, notre collègue.)

486. p. 184. — Le vicaire Divry dut se retirer à Tournay, d'après sa déclaration faite au district de Péronne, le 10 septembre 1792. Il était âgé alors de 34 ans.

487. p. 185. — L'église de Flers avait dépendu anciennement du doyenné de Bapaume. Parmi les vases sacrés déposés au district de Montdidier, pour être envoyés à la Monnaie, se trouvaient : un calice, un ciboire et un soleil, en argent, provenant de l'église de Flers.

488. p. 185. — Les vases sacrés et les ustensiles à l'usage de l'église de Fonches et transportés au district de Montdidier consistaient en : un ciboire, un soleil, une boîte aux saintes huiles, en argent ; une croix, six chandeliers et une lampe, en cuivre argenté ; une grande et une petite croix, quatre chandeliers à deux branches, un chandelier à pied, deux paix, deux bénitiers, un aspersoir et deux encensoirs, en cuivre.

489. p. 185. — Les vases sacrés et ustensiles provenant de l'église de Fonchette et transportés au district de Montdidier consistaient en : un calice et un petit ciboire, en argent ; deux croix, six chandeliers, un bénitier, un aspersoir et une lampe, en cuivre.

490. p. 185. — Le curé Billet était curateur d'Alexandre Billet, son oncle, curé de Treux et Méricourt, âgé de 75 ans et tombé en démence depuis 40 ans. (Reg. délib., 4° bureau, séance du 26 mars 1791.)

491. p. 185. — M. Rasse devint en 1791 curé de Ville-Dieu, au diocèse de Coutances. Le commandeur du lieu avait la présentation à cinq cures. (Piganiol, *Description de la Normandie*, p. 517.)

492. p. 186. — Les vases sacrés et ustensiles provenant de l'église de Gruny et déposés au district de Montdidier consistaient en : un ciboire et un soleil en argent ; deux croix, six chandeliers, une lampe et quatre autres petits chandeliers, en cuivre argenté ; deux autres croix, deux encensoirs, une navette et une lampe, en cuivre.

493. p. 186. — Les trois paroisses de Ham dépendaient de l'abbaye de Notre-Dame du dit lieu. Chacune d'elles recevait de l'abbé une portion congrue. La déclaration faite par le curé Bédos pour fixation de sa pension, nous fait connaître qu'il touchait comme titulaire : 1° sa portion congrue, 2° des paroissiens, cinq sacs de blé, 3° et de casuel, cent vingt livres. (Arch. départ. série Q, notes non classées.)

494. p. 186. — Les officiers municipaux de St-Sulpice prétendaient que le décret de réunion pour la ville de Ham ne concernait pas leur paroisse et que, par conséquent, St-Sulpice n'était pas un faubourg de la ville. Le district pense que la municipalité se trompe. Mais, dans sa délibération du 17 novembre 1791, le département reconnaît que St-Sulpice n'a jamais fait partie de la ville et que, même avant la nouvelle division du royaume, il était de la généralité d'Amiens, tandis que la ville de Ham était de celle de Soissons. (Reg. délib. du 4° bureau.)

495. p. 188. — Le curé Douay dut se retirer à Warenton, en passant par Bapaume, Arras, La Bassée et Armentières, suivant sa déclaration faite au district de Péronne le 7 septembre 1792. Il était alors âgé de 60 ans. Lors du rétablissement du culte, il reprit ses fonctions curiales dans sa paroisse, où il était né ; il y mourut le 28 septembre 1806. (Registre des déportés du district et renseignement de M. le curé actuel de Liéramont.)

496. p. 188. — Un sieur Charles Copréau était occupeur de l'une des fermes de Lœuilly, qui se composait de 282 journaux de terre labourable et d'un droit de dîme sur le terroir de la paroisse de Villers-Faucon. Elle lui avait été louée pour neuf années par le Chapitre de St-Quentin, le 6 novembre 1786, moyennant 374 setiers de blé, mesure du Chapitre et quelques charges. Ce bail porte stipulation d'un pot de vin de 14,000 livres, formant le chiffre du droit de rétrocession connu sous le nom d'*intrade* ; la rétrocession interdite d'ailleurs, sinon avec l'autorisation du Chapitre. Cela donna lieu à de sérieuses difficultés, le chiffre du droit d'intrade étant trop élevé à raison de la durée du bail. (Délibér. du 4ᵉ bureau, du 6 octobre 1791.)

497. p. 188. — Le curé Ricard dut se rendre à Tournay, en passant par Lille, selon la déclaration par lui faite au district de Péronne le 10 septembre 1792. Il était âgé alors de 48 ans.

498. p. 188. — Les ustensiles à l'usage du culte dans l'église de Marché-Allouarde et transportés au district de Montdidier consistaient en : trois croix, six grands et deux petits chandeliers, une lampe, un bénitier, un encensoir et sa navette, un manche d'aspersoir et une paix : le tout en cuivre.

499. p. 189. — Le curé Havet, se retira dans les Pays-Bas Autrichiens, en passant par Arras, Lille et Ménin, d'après sa déclaration faite au district de Péronne le 6 septembre 1792. Il était alors âgé de 65 ans.

500. p. 190. — Le curé Herbé avait pris possession de la cure de St-Pierre de Nesle en 1783. Il émigra en Angleterre, où il mourut. (M. l'abbé De Cagny, *Complément à l'histoire de Péronne*, p. 138.)

501. p. 190. — Le curé Cuvillier avait prêté serment et se croyait en sécurité, lorsqu'au mois d'octobre 1792, il fut inscrit sur la liste des prêtres à déporter. Sa réclamation auprès du directoire du département eut un plein succès : un arrêté de 13 octobre 1792 l'autorisa à rester en France sans plus être inquiété. (Reg. aux délib. du 2ᵉ bureau.)

502. p. 190. — Le curé Chazé fut arrêté comme suspect le 5 nivose an II (25 décembre 1793), conduit à Péronne, puis à Amiens, où il fut enfermé successivement dans cinq prisons. Il fut libéré le 7 octobre 1794.

503. p. 190. — Le curé Cottret abdiqua ses fonctions le 19 prairial an II (7 juin 1794).

504. p. 191. — M. Lallouette était aussi titulaire de la seconde portion de la chapelle de St-Etienne dans l'église de Noyon, du produit de 141 livres.

505. p. 191. — M. l'abbé De Cagny a fait erreur, selon nous, dans son *Complément de l'histoire de Péronne,* en qualifiant le curé Croizet d'*intrus*. Il est vrai qu'il avait, comme les autres curés de la ville de Péronne, prêté serment et ne s'était pas rétracté. Mais le prêtre jureur n'était intrus que s'il avait été consacré et nommé en dehors de l'autorité ecclésiastique orthodoxe. Il n'avait, dans ce cas, aucun caractère légitime et par conséquent nulle juridiction, nul pouvoir ecclésiastique. Cette distinction est clairement montrée dans un *Mémoire* présenté au pape Pie VI, le 13 janvier 1792, par l'abbé Maury. (Cf. *Le cardinal Maury, d'après sa correspondance*, par le P. Chérot, dans les Études religieuses, mars 1891, p. 398.)

506. p. 191. — La déclaration fournie par le curé de Pertain, pour fixation de sa pension, porte que les biens de la cure se composaient : 1° de 63 journaux 86 verges de terre à labour, affermés moyennant 95 setiers 7 boisseaux de blé muiage, mesure de Nesle, donnant année commune, y compris pot de vin et droit d'intrade, 609 livres. — 2° d'une partie de dîme sur 618 journaux 88 verges de terre, mesure du Mesge, produisant tant en blé qu'en avoine et fourrage, 3,274 liv. — 3° d'une menue dîme sur 29 journaux d'héritage, se percevant tant en verdure qu'en chanvre et charnage, évaluée produire 300 liv. — 4° d'une autre menue dîme inféodée, consistant en blé de surcens et en argent, donnant 31 liv. — 5° d'une censive en grain et argent, rapportant 51 liv. — 6° d'une rétribution annuelle de 22 liv. due par différents particuliers, pour desserte et obits. — 7° et d'une autre rétribution de 85 liv. payée par la fabrique au curé, pour desserte de l'octave du St-Sacrement et quelques prières ; au total 4,372 livres. Sur lesquelles déduisant, pour gages et nourriture des dîmeurs et frais de battage, 300 liv. le produit net restait de 4,072 liv. La municipalité du lieu et le district de Péronne approuvent la dite déclaration. Mais le directoire du département, dans sa séance du 13 avril 1792, trouve ces évaluations trop élevées, tout en avouant « que l'administration n'a point de renseignements précis et exacts. » Et elle s'appuie principalement sur ce fait que le journal de terre, à la mesure du Mesge, n'est composée que de 64 verges environ, mesure royale. Elle réduit donc le produit à 2,915 liv. On nous permettra de préférer la compétence des hommes de la localité. Nous avons apprécié plus haut (p. 18) l'arbitraire du procédé.

507. p. 191. — Les vases sacrés et ustensiles du culte provenant de l'église de Punchy et déposés au district de Montdidier consistaient en : un ciboire, un soleil, une custode, une boîte aux saintes huiles, une autre pour les baptêmes, en argent ; un calice et sa patène, en argent doré.

508. p. 191. — Le curé Ottizier dut se retirer dans les Pays-Bas Autrichiens, d'après sa déclaration faite au district de Péronne le 12 septembre 1792. Il était âgé alors de 36 ans.

509. p. 192. — Les vases sacrés et ustensiles du culte, provenant de l'église paroissiale de Roiglise et déposés au district de Montdidier, consistaient en : un calice et sa patène, un ciboire et un soleil, en argent ; deux grandes croix, neuf chandeliers dont un petit, une paix, un encensoir, sa navette, une lampe et un bénitier, en cuivre jaune.

510. p. 192. — Le curé Corbeaux était aussi titulaire de la chapelle de St-Main et St-Nicolas de Mortagne, du revenu de 600 livres.

511. p. 193. — Le village de Santin était de la chrétienté d'Athies. Il fut ruiné et à peu près détruit par les guerres du Moyen-Age. En 1744 il ne s'y trouvait plus que deux familles, lors de la visite de Mgr de Bourzac, évêque de Noyon. (Renseignem. de M. l'abbé Martinval, curé de Boulogne-la-Grasse.)

512. p. 193. — Le curé Brasle jouissait d'une pension de 4,300 livres sur l'évêché de Boulogne. Il était aussi titulaire de la chapelle de Bléquin dite en Herly, au diocèse de Boulogne. (Registre aux délibér. départem. 4° bureau, séances des 17 et 26 septembre 1791.)

513. p. 193. — Le curé Collache dut se retirer à Warwick, en passant par Lille, selon les termes de la déclaration qu'il fit au district de Péronne le 10 septembre 1792. Il était âgé alors de 37 ans.

514. p. 194. — Le curé Boullenois, dénoncé pour ses sentiments opposés aux principes révolutionnaires, fut arrêté, par ordre du district, au mois de décembre 1793, conduit à Péronne et de là à Amiens. Il fut emprisonné le 3 janvier à Bicêtre, le 16 février aux Capettes, le 17 mars aux Carmélites et le 1er mai de nouveau aux Capettes. Nous n'avons pas trouvé la date de sa libération.

515. p. 194. — M. Cardon tenait le bénéfice de Vraignes depuis l'année 1780 Arrêté à Péronne chez un ourdisseur du faubourg de Bretagne le 5 octobre 1793, il fut transféré dans les prisons d'Amiens. Le comité de surveillance de Péronne l'accusait de correspondance avec les prêtres émigrés, en cachant ses démarches sous le prétexte d'un commerce de lin qu'il faisait avec sa cuisinière ; il ajoutait que ses paroissiens l'avaient chassé pour cause d'incivisme. (*La Révolution à Péronne*, V^e série, p. 23 et 29.)

516. p. 194. — Le 18 mars 1793, M. Vinchon déclara au district de Péronne qu'il allait se retirer à Stockolm en Suède, en passant par Ostende.

517. p. 194. — Les revenus de la chapelle d'Athies provenaient du produit de ses biens consistant en trente et un journaux de terre à labour, en plusieurs pièces, sises au terroir de Mesnil-Bruntel, Devise, Mons-en-Chaussée et environs. Ils furent affermés par devant Massey, notaire à Péronne, le 6 février 1789. Ce bénéfice ne requérait pas résidence et n'avait d'autre charge que l'acquit de douze messes par an et des décimes. D'après une note de la liasse Lv. 3, aux Archives du département, il semblerait que cette chapelle était celle d'un prieuré simple en l'église.

518. p. 195. — Le chapelain Le Charly mourut le 1er décembre 1790, et fut remplacé dans ce bénéfice par M. Dumée, chanoine de St Fursy. (Registre aux avis sur les pensions, p. 2.)

519. p. 195. — Le chapelain Rouillon était aussi titulaire d'une chapelle en l'église de Ste-Bérime, au diocèse de Noyon, qui produisait 178 livres 15 sols. (Reg. aux avis sur les pensions, p. 271.) Ne faut-il pas lire : Ste-Pécinne à St-Quentin ?

520. p. 196. — M. de Beaussart avait pris possession de sa chapelle le 10 juin 1774. Le revenu en était fondé sur 36 mencaudées de terre labourable.

521. p. 196. — Le chapelain Hermand avait pris possession de la chapelle de Miraumont le 28 octobre 1783.

522. p. 196. — M. Darcourt était titulaire d'une portion de la chapelle de St-Thomas, et en outre pourvu d'une pension de 300 livres sur la cure de Briost.

523. p. 196. — Le chapelain Henry était âgé de 58 ans, « infirme des yeux et des oreilles. » Il fut arrêté pendant la Terreur et enfermé dans les prisons d'Amiens, au mois de septembre 1793. Il était encore dans la maison des Carmélites le 15 du mois d'octobre 1794.

524. p. 196. — Le chapelain Bagaris était aussi pourvu d'un canonicat du Chapitre d'Aups, au diocèse de Fréjus, plus tard du district de Baijols, département du Var ; ce canonicat produisait 395 livres.

525. p. 197. — Le chapelain Cornet était aussi aumônier-chapelain de l'hôpital de Joinville, y demeurant, semi-prébendé de la collégiale de St-Laurent du château de Joinville et chapelain de Notre-Dame dans l'église de Thionville. Le revenu de ce dernier bénéfice était de 99 livres 15 sols. Une déclaration faite par M. Cornet, pour la fixation de sa pension ecclésiastique, porte que les biens affectés à la chapellenie dont il était titulaire consistaient en : 1° dix setiers de blé, mesure de Nesle, à 28 livres l'un, à prendre sur des terres affermées devant Mercier, notaire à Nesle, le 4 octobre 1783 ; 2° un droit de dîme sur le fief de Craon, paroisse d'Ercheu, affermé 180 livres, devant le même notaire le 2 mai 1789 ; 3° et un droit de vingt-cinquième dans les biens, blés, rentes, pains et chapons appartenant à la communauté des chapelains de Nesle ; ce vingt-cinquième évalué à 28 setiers de blé, mais payable seulement au chapelain résidant. (Arch. départ. Reg. aux avis sur les pensions, p. 230. — Titres relatifs aux pensions ecclésiastiques. — Liasse de délibérat. du Directoire, 4° Bureau, 14 janv. 1792.)

526. p. 197. — Le chapelain Bacouel l'aîné était encore titulaire de la chapelle de St-Thomas, érigée en l'abbaye royale de Morienval, au diocèse de Soissons, dont le revenu était de 160 livres.

527. p. 197. — Le chapelain de Beyne était aussi titulaire d'une autre chapelle de Notre-Dame, produisant un revenu de 150 livres, fondée en l'église de Notre-Dame des Vignes, au diocèse de Soissons, d'après un état se trouvant aux archives départementales, liasse Lv. 5 intitulée : pensions et frais de culte. Nous croyons qu'il s'agit de l'église collégiale de ce nom, existant dans la ville même.

528. p. 198. — Le chapelain de Montigny était né à Péronne et y demeurait. N'ayant pas voulu prêter serment, il se vit obligé d'émigrer. Le 26 mars 1793 il déclara au district qu'il entendait se rendre à Copenhague en Danemarck, en passant par Cambray, Douai, Lille et Ypres.

529. p. 198. — Les biens de la chapelle d'Esme étaient situés à Mesnil Bruntel. (*Pouillé du diocèse de Noyon*, p. 172.)

530. p. 198. — M. Charlard avait pris possession de la chapelle de Villers-Carbonnel le 14 février 1771.

531. p. 198. — Les biens de la chapelle d'Ytres consistaient en 300 journaux de terre affermés 300 livres. (Délibér. du dép. 4ᵉ bur., 12 mai 1792.)

532. p. 198. — Le prieur de St-Nicolas au bois était aussi titulaire de la quatorzième portion des dix sept d'une chapelle fondée au maître autel de la collégiale de Notre-Dame du Val de Provins, dont le revenu total net était de 1940 livres, ce qui donnait pour la dite portion 11 livres 8 sols. M. de Longuavesne avait fait, de ses propres deniers, la dépense de 3,150 livres pour la construction, dans l'enceinte du prieuré, d'un pavillon qui, commencé dès 1784, ne fut terminé qu'en 1789. (Arch. départ. Lv. 5, pièces non classées.)

533. p. 198. — La prévôté de St-Vaast avait été fondée près de Moislains. Elle fut transférée à Mesnil en Arrouaise. Ses biens étaient considérables. (*Pouillé du diocèse de Noyon*, p. 165.)

534. p. 198. — Le Chapitre de Nesle se composait de 22 prébendes, y compris celle préceptoriale, et de deux demi prébendes. Le chanoine Remi Bacouel était titulaire de la prébende préceptoriale, et le doyen avait une seconde prébende à raison de sa dignité. Le 12 novembre 1790 les officiers municipaux de Nesle dressent le tableau des chanoines qu'ils font suivre de la mention suivante : « Le marquis de Nesle payait au Chapitre 38 muids de blé ; il y a arrêt du parlement de Paris de 1605. »

Les revenus déclarés du Chapitre se composaient :

Premièrement, du produit en argent des rentes, surcens et fermages, s'élevant à . . . . 9.128 liv. 4 s. 6 d.

Deuxièmement, des produits en nature, savoir : 1° 63 setiers 1 boisseau 1|3 de blé des cens, évalués à raison de 5 livres 18 sols 6 deniers le setier 374 2

2° 7,090 setiers 6 boisseaux de blé des fermages, évalués à 5 l. 16 s. 6 d. le setier . . . 41.273 4 5

3° 2,719 setiers 5 boiss. 1|3 de blé des dîmes, évalués à 5 l. 13 s. 5 d. le setier. 15.422 8

4° et 63 setiers d'avoine, à 2 liv. 10 sols le setier 157 10

TOTAL 66.355 8 11

Les charges du Chapitre montaient à . . . 5.669 5 4

Il restait net . . . . 60.686 liv. 3 s. 7 d.

Plusieurs plans des propriétés du Chapitre de Nesle se trouvent aux Archives du département. Il avait une musique composée de deux bassons, une contre, une basse-taille, deux basses-contre et un organiste. — Il avait aussi un souffleur d'orgue, deux massiers, un suisse et six enfants de chœur. (Délib. du district de Péronne des 10 janvier et 3 juin 91.)

535. p. 198. — Le doyen Dhangest était âgé de 50 ans. Après la dissolution des Chapitres, il s'était retiré à Vauvillers, où il possédait une maison et des terres à labour. Les habitants le prièrent de desservir leur paroisse : ce à quoi il consentit. Cependant il fut dénoncé comme étant susceptible d'être déporté. Mais, sur les instances de la municipalité et d'après des considérations particulières, le directoire du département, dans sa séance du 9 avril 1793 (4° bureau), l'autorisa à remplir à Vauvillers les fonctions de desservant. Quelques mois après, le 5 nivose an II (25 décembre), il fut arrêté et emprisonné à Péronne. Transféré dans les prisons d'Amiens le 3 janvier 1794, il en sortit le 29 juillet suivant, en qualité laboureur.

536. p. 198.— Le chanoine Huet effrayé des évènements qui se passaient à Paris

et des menaces qui lui avaient été faites personnellement, s'était décidé à se cacher. Il partit de Nesle le 5 septembre 1792, muni d'un passeport délivré par la municipalité, erra quelque temps dans les environs, puis alla à Bruxelles, pour se rendre de là à Stenay chez son frère. Mais cette ville ayant été prise par l'armée républicaine, il resta caché dans divers villages jusqu'au 10 octobre, vint à St-Quentin le 27 de ce mois et se hâta d'y prêter serment. Cependant la municipalité le fit arrêter le 14 novembre, comme prévenu d'émigration. Sur la plainte de M. Huet qui se disait détenu à tort, le directoire du département de la Somme le renvoya à se pourvoir devant les tribunaux, à l'effet de faire juger la question de savoir si la loi du 27 août 1792 sur les émigrés lui était applicable. Mais, sur l'ordre du Ministre, l'affaire fut soumise à un nouvel examen des administrateurs du département. Ils déclarèrent M. Huet émigré et lui enjoignirent de sortir de France sous quinze jours. (Arrêtés du 4° bureau, des 30 octobre, 19 novembre 1792 et 28 janvier 1793.)

537. p. 199. — Le chanoine Lamy remet au district ses lettres de prêtrise le 27 pluviose an II (15 février 1794).

538. p. 199. — M. Maillet était encore titulaire de la chapelle de St-Cassien, dans la paroisse de Vergies, comme on l'a vu.

539. p. 199. — M. Le Roy était aussi titulaire de la moitié de la chapelle Notre-Dame, fondée en l'église paroissiale de St-Gobain, d'un revenu de 205 livres pour la dite part. (Registre aux pensions ecclésiast. p. 102. Arch. départ.)

540. p. 199. — Au bas du tableau des biens et revenus du Chapitre de Nesle, présenté au directoire du département le 5 novembre 1790, on lit : « Visé par les officiers municipaux de Neelle, qui le certifient exact et sollicitent la conservation des honoraires ou appointements de la place de précepteur-régent dans tous ses attributs. Cette grâce sera pour cette ville un bien faible dédommagement des pertes immenses qu'elle éprouve par l'anéantissement d'un Chapitre composé de 24 prébendes et de 27 chapelles, et une ressource intéressante pour l'éducation des enfants de cette ville ». (Lv. carton de pièces non classées. Arch. départementales.)

541. p. 199. — Le Chapitre royal de St-Fursy comptait originairement trente-six prébendes. L'une d'elles était possédée par l'évêque de Noyon, une autre devint préceptoriale, par suite de l'édit de 1560 : elle était possédée par le supérieur du collège de Péronne. Cinq autres furent amorties pour subvenir aux charges de l'église et de la fabrique. Il en restait donc 29, dont deux étaient possédées par le doyen. Le Chapitre entretenait une musique comprenant deux bassons, une haute-contre, une basse-taille, quatre basses-contre. La maîtrise des enfants de chœur avait un maître d'écriture et une basse-contre. Les officiers municipaux trouvèrent dans la collégiale et firent transporter à l'hôtel de ville : six grands chandeliers et la croix du grand autel, deux chandeliers d'acolytes, douze calices, une custode, deux paix, deux burettes, deux plats, deux encensoirs et leurs navettes, un bénitier et son goupillon, un réchaud, un bougeoir, une grande et une petite lampe, une coquille, une boîte aux saintes huiles et cinq petits cœurs, le tout en argent ; deux petits chandeliers, une petite croix, un soleil, douze patènes, deux burettes et deux plats, un calice et sa patène, un ciboire et une petite custode, le tout en vermeil ; un tabernacle, deux croix de procession, deux masses, deux bâtons de chantres, deux bâtons de dais, deux missels, le tout couvert d'une feuille d'argent. (*La Révolution à Péronne*, IIe série, p. 153 ; IIIe série, p. 126. — M. De Cagny, *Hist. de Péronne*, tome Ier page 21. — Registre aux pensions ecclésiastiques. — Lv. 3.)

542. p. 199. — Le chanoine Nobécourt était aussi pourvu de la chapelle de St-Thomas le martyr, fondée en l'église collégiale de Nesle. Il fut arrêté à Péronne et conduit dans les prisons d'Amiens le 13 octobre 1793. Sa libération eut lieu le 21 novembre suivant.

543. p. 199. — Chanoine depuis plus de 50 ans, M. Sabinet était encore titulaire de la chapelle de St-Barthélemy, érigée dans l'église collégiale de Nesle, du revenu de 120 livres. On le trouve enfermé successivement dans les prisons des Filles repenties et des Carmélites d'Amiens, en 1794 et 1795.

544. p. 199. — Le chanoine Trumeau de la Forest fut arrêté à Péronne le 21 septembre 1793, transféré à Amiens dans la maison de la Providence le 13 octobre, puis aux Capettes, aux Carmélites et à Bicêtre, où il se trouvait au mois de mai 1794. (*Les Doléances et les victimes*, p. 309 et 319. On y a, par erreur, fait de lui deux personnes distinctes.)

545. p. 199. — Le chanoine Astoing, prêtre du diocèse de Paris, était en outre pourvu de trois pensions : l'une de 560 livres sur l'abbaye de Signy, au diocèse de Reims, une autre de 2,100 livres sur l'abbaye de la Grasse, au diocèse de Carcassonne, et la troisième de 1,400 livres sur l'abbaye de Beaulieu, au diocèse du Mans. (Reg. pens. p. 4. — Lv. 5. Arch. dép.)

546. p. 199. — M. de Solignac fut arrêté une première fois à Péronne le 6 octobre 1793, enfermé successivement dans diverses prisons d'Amiens, et libéré vers la fin de l'année 1794. Il fut emprisonné de nouveau en 1796; on le trouve dans la maison de Bicêtre à Amiens au mois de mai. M. l'abbé De Cagny donne, par erreur, à ce chanoine le nom de Polignac, dans son *Complément à l'histoire de l'arrondissement de Péronne*, page 14.

547. p. 199. — Arrêté à Péronne le 8 septembre 1793, le chanoine Bréval fut conduit dans les prisons d'Amiens, où il resta jusqu'au 8 octobre 1794. Il mourut à Péronne au mois de décembre de la même année. C'était un musicien des plus distingués ; on le qualifiait maître de la Ste-Chapelle à Paris. Il composa la musique pour les services funèbres du Dauphin et de la Reine de France, célébrés dans la collégiale de St Fursy en 1766 et 1768. (*La Révolution à Péronne*, V⁰ série, p. 331. — Registre aux résolutions de l'échevinage de Péronne, BB. 31. Arch. municipales.)

548. p. 199. — Le chanoine de Montault fut arrêté à Péronne le 8 octobre 1793 et conduit dans les prisons d'Amiens, où on le voit encore au mois d'octobre 1794.

549. p. 199. — Ici devait se trouver une note relative au chanoine Dumée, dont le nom a été omis, par erreur typographique, dans la liste du Chapitre de St-Fursy ; elle sera reportée, avec ce nom, aux notes supplémentaires qui n'ont pas été marquées dans le texte.

550. p. 199. — Le chanoine de Hennault fut arrêté à Péronne le 8 octobre 1793, transféré à Amiens dans la maison de la Providence et successivement dans plusieurs autres prisons. Il ne fut libéré que le 2 novembre 1794.

551. p. 199. — M. de Guillebon avait succédé à M. Boutin et pris possession de la prébende le 30 décembre 1764.

552. p. 199. — Le chanoine Fatras, prêtre du diocèse de Rouen, avait pris possession de la prébende le 10 avril 1772. Il était en outre titulaire de la chapelle de St-Fiacre en la paroisse de Thuissignol, au diocèse d'Evreux, doyenné de Neufbourg, bailliage de Beaumont le Roger en

Normandie, dont il avait pris possession le 16 mars 1780 ; elle produisait un revenu de 629 livres. (Déclaration du titulaire, transcrite en la délibération du 4° bureau, à la date du 14 janvier 1791.)

553. p. 200. — Le chanoine Devin, prêtre du diocèse de Paris, était aussi titulaire de deux chapelles sous l'invocation de St-Jacques, dites du Préperdreau et de Mégretières, desservies dans l'église du Mans, lesquelles donnaient un revenu net de 1168 livres. Les biens de fondation de la première consistaient en : 1° une maison située dans la paroisse du crucifix de la ville du Mans ; 2° le bordage des heuseries, composé de deux hommées de jardin, d'environ douze journaux de terre labourable et d'une hommée de pré, situé à Yvrés-l'Evêque ; 3° une hommée et demie de pré ou environ, auprès du lieu de Perdreau, et une pièce de terre nommée le champ St-Jacques, le tout situé paroisse de St-Vincent dans la ville du Mans ; 4° et deux pièces de terre près le lieu dit Ardillets, paroisse de St-Jean de la Chévrie de la ville du Mans.

Les biens de fondation de la chapelle de Mégretières se composaient de : 1° une maison, cour et jardin, avec treize journaux de terre labourable et trois hommées de pré ; 2° sept journaux de terre labourable et quatre journaux de bois taillis, situés paroisse de Nonans et d'Angeul ; 3° deux journaux et demi de terre labourable et une hommée et demi de pré, situés au grand Courtois, paroisse de Nonans ; 4° et une rente foncière de cent sols affectée sur le moulin de M. le comte de Faudoas. (Délibérat. du 4° bureau, du 26 janvier 1791.)

554. p. 200. — Le chanoine Paticier était aussi titulaire de la prévôté de Ville-Demange, au diocèse de Reims, d'un revenu qui, évalué d'abord à 2,010 livres, mais soumis à une expertise, à la demande du titulaire, fut reconnu être de 3,155 livres, déduction faite des charges. — Le 26 mars 1793, M. Paticier déclara au district de Péronne qu'il voulait se retirer à Copenhague, en passant par Lille et Ypres. Ce chanoine était né à Hangest-en-Sangterre et âgé alors de 41 ans. (Reg. aux avis sur les pensions, p. 5 et 48. — Registre aux déportés du district.)

555. p. 200. — Le chanoine de Pluviers, prêtre du diocèse de Lyon, licencié en théologie de la faculté de Paris, avait succédé à M. Plunket et avait pris possession de la prébende au mois de décembre 1784. Il était aussi pourvu du prieuré de Ste-Catherine de Médagues, paroisse de Cuthot, au diocèse de Clermont en Auvergne, dont le revenu était de 1606 livres. (Registre aux avis sur les pensions, p. 4. — Délibérat. du 4ᵉ bureau, 29 janvier 1791. — Lv. Déclarat. série Q.)

556. p. 200. — Le chanoine Berthelot était encore titulaire du prieuré de Notre-Dame de Passavant, au diocèse de Poitiers en Anjou. lequel produisait 1425 livres de revenu. (Registre aux avis sur les pensions, p. 4.)

557. p. 200. — Le chanoine du Royer avait succédé à M. Le Vasseur, mort le 16 juillet 1787, et avait pris possession le 13 octobre de la même année. Il nous paraît intéressant de reproduire ici le texte d'une lettre écrite le 31 janvier 1791 par l'un des membres du district de Péronne à M. (innommé), à l'occasion de la réclamation très vive du chanoine du Royer, pour raison de sa pension. L'éloge du patriotisme du chanoine est-il sincère ou bien ironique, comme le ferait penser l'anathème qu'il lance plus loin contre *tous* les prêtres ? Le lecteur appréciera.

Monsieur,

Le ci-devant chanoine, le meilleur patriote et même le seul patriote du Chapitre, l'abbé du Royer enfin, fort des décrets auxquels il croit un peu plus qu'à l'évangile des aristocrates, vient de faire une sommation au receveur du district de lui payer son *minimum* et son quartier de 1791. Il doit vous envoyer copie, par le même courrier que ma lettre. Vous sentez combien il est important de faire cesser les clabauderies, en nous faisant fournir les fonds nécessaires au payement des prêtres. Nos religieux meurent de faim. Le prix du bled a été cause que jusqu'au 1ᵉʳ janvier les fermiers ne payoient pas, et à cette époque la caisse a été fermée par un ordre du Roi qui veut, comme vous le savez, que les fonds soient versés dans la caisse de l'extraordinaire. Vous nous direz peut-être que nous ne finissons pas de nos traitements. Je sais que nous ne sommes pas avancés, mais vous devez juger par ceux que nous vous adressons journellement que nous avons autant de fripons que de prêtres. Tout ce qu'il y a de certain c'est que Gonnet (a) et moi sommes au directoire depuis neuf heures jusqu'à deux, et depuis trois heures jusqu'à huit tous les jours. Jugez si ce métier est doux. L'administration du district

---

(a) M. Auguste Gonnet, procureur syndic. Le signataire de la lettre était M. Goguet, cultivateur à Longuavesne, membre du Directoire du district.

n'est pas secondée comme le vôtre, nous ne pouvons rien obtenir des municipalités. Faites-nous donc le plaisir de nous débarrasser des criailleries, en procurant promptement les fonds.

Je suis avec la plus parfaite amitié, Monsieur, votre très humble et très obéissant serviteur, GOGUET.

(Lv. 4ᵉ bureau, n° 4441. — Délibér. du direct. du district de Péronne, du 1ᵉʳ février 1791.)

558. p. 200. — Le chanoine Bosquillon a succédé à M. Frazier et pris possession de la prébende le 4 mai 1788. Il était aussi titulaire de la chapelle St-Sauveur du Frestoy, au bailliage de Montdidier, dont il avait pris possession le 18 février 1789, succédant à M. Duguet. (Registre aux avis sur les pensions, p. 23.)

559. p. 200. — Le chanoine de Frolich était aussi pourvu de l'une des deux chapelles du Roi, dites de St-Blaise, érigées à Provins, lui produisant 74 livres.

560. p. 200. — Le chanoine René-Pierre Hadengue, né le 20 janvier 1736, avait été curé de la paroisse de Notre-Dame du faubourg de Bretagne à Péronne. (*Essais*, p. 369, cités à la note suivante.)

561. p. 200. — M. Eustache de Sachy né à Péronne, est l'auteur des *Essais sur la Ville de Péronne*, qu'il a laissés manuscrits et que M. Ch.-Ed. C*** a publiés en 1866. Il était en 1769 curé de la paroisse de Notre-Dame du faubourg de Bretagne à Péronne. Selon sa déclaration faite le 26 mars 1793 au district de ladite ville, il dut se retirer, à cette époque, à Copenhague en Danemark. Il était alors âgé de 63 ans. (Voy. l'ouvrage cité, p. 458. — Registre des déportés dudit district. Arch. départem.)

562. p. 200. — L'abbé Curaté, principal du collège de Péronne, remit sa démission aux mains de la municipalité le 28 mars 1791. (*La Révolution à Péronne*, IIIᵉ série, p. 185.)

563. p. 201. — La religieuse Scolastique Francière fut arrêtée à Péronne et conduite à Amiens. Enfermée à la Providence le 10 octobre 1793, elle en sortit libre le 14 décembre suivant.

564. p. 202. — La religieuse ursuline Béhal fut arrêtée à Péronne. Transférée à Amiens dans la maison de la Providence le 10 octobre 1793, elle en sortit libre le 2 décembre suivant.

565. p. 202. — Les filles de la Croix, établies à Nesle en 1695, s'adonnaient à l'instruction des jeunes filles. On lit le prospectus du pensionnat qu'elles tenaient, dans les *Affiches de Picardie et de Soissons*, année 1780, p. 119. A titre de renseignement sur leur origine et leur petite fortune, nous citons deux ou trois titres passés devant notaire à Nesle. Par le premier, demoiselle Anne Driencourt, veuve d'Antoine Aubrelicque, écuyer, vétéran des gardes du corps du Roi ; M. Antoine Aubrelicque, prêtre, chanoine de la collégiale de Notre-Dame de Neele, et M⁶ Pierre Aubrelicque, avocat en parlement, demeurant à Neele, vendent à sœurs Barbe Cathoire, de la société des filles de la Croix, première des filles de la Croix établies en cette ville, et à sœurs Marie Lepreux, Jeanne Varnier et Elisabeth Metelet, associées avec la dite sœur Barbe, ce acceptant pour elles et la dite société des filles de la croix de Neele, une maison en briques, avec jardin, sise rue du Tripot (le marché), moyennant 500 livres qu'elles conservent et créent en rente perpétuelle de 25 livres, et en outre à diverses charges. — Le second acte est un traité passé le 28 avril 1711, entre ladite Barbe Cathoire et autres filles de la Croix de Neelle, de l'autorité de M. Thomas Durieux, prêtre, docteur de la maison et société de Sorbonne, principal du collège du Plessis et supérieur général des filles de la Croix, d'une part, et d'autre part Marie-Françoise Peltier, veuve de Nicolas de Caisne, archer, demeurant à Noyon. Celle-ci, pour l'admission et l'entretien de sa fille Marie-Louise de Caisne, donne à la Société des filles de la Croix : trois journaux de terre à Fonches, une portion de pré à Crapeaumesnil, le tout légué à la dite demoiselle par Julienne Havard, son aïeule. — Enfin, le 23 juillet de la même année, les susdits veuve Aubrelicque et Antoine Aubrelicque vendent aux filles de la Croix : un grand bâtiment à usage de grange et une portion de terrain contre la première acquisition. (Arch. du départ. de la Somme. Titres au carton de l'abbaye d'Epagne.)

566. p. 202. — Les religieuses de Ste-Agnès, dites vulgairement Agnétines, établies sur la paroisse de St-Sauveur, étaient chargées du soin et de l'instruction de vingt-quatre orphelines de Péronne. Bien des années avant la Révolution, elles s'étaient aussi adonnées à l'instruction des jeunes filles de la ville et des campagnes voisines. (Délibération du district de Péronne du 8 février 1793. Arch. du départem. Lv. 6.)

— 320 —

567. p. 203. — Le couvent des religieuses de Ste-Agnès avait été établi à Ham, le 7 juillet 1753. C'était une filiation de celui de Péronne; les religieuses s'adonnaient aussi à l'instruction des jeunes filles. Dans leur déclaration faite le 27 février 1790 des revenus de la maison, on lit: « Cette communauté ne pourroit subsister si elle n'avoit reçu quelques bienfaits passagers des évêques de Noyon et de Boulogne, (celui-ci) comme abbé de Ham, et des chanoines réguliers de l'abbaye de cette ville, et les petits secours de leurs pensionnaires, écoles et travail. » On y parle aussi d'une religieuse tombée en démence, mais sans en dire le nom. (Délibérat. du départem. 4° bureau, f° 171 v°.)

568. p. 204. — La religieuse Mombrun était fille de Pierre-François Mombrun, professeur d'humanités au collège de Villers-Cotterets.

569. p. 204. — Les quelques noms de religieuses de l'Hôtel-Dieu de Péronne, que nous avons cités sont tirés tant de l'ouvrage de M. Ramon intitulé : *La Révolution à Péronne*, V° série, que des Etats nominatifs des pensions ecclésiastiques, conservés aux archives du département. Les noms des sept autres religieuses nous ont échappé.

NOTES qui ne sont pas marquées dans le texte.

Page 6. — L'abbé Barruel (*Histoire du Clergé pendant la Révolution*, p. 154 et 165) affirme qu'en Angleterre on vit jusqu'à huit mille prêtres, déportés volontaires, ou mieux réfugiés ; en Suisse, dans le canton de Fribourg, quatre mille, et dans les autres cantons, aussi un très grand nombre. Parmi ceux réfugiés en Angleterre, nous signalerons un picard, l'abbé Claude Masse, qui avait été le collaborateur de l'abbé de l'Epée dans l'œuvre de l'instruction des sourds-muets. Il était né à Maison-Rolland et avait été procureur de la *Nation picarde* à l'Université de Paris. Il vécut, longtemps encore après le Concordat, à Cambridge, où il enseignait le français aux jeunes lords. Il mourut dans son pays natal en 1820. Le chanoine Chopart, dans ses Mémoires inédits, nous apprend qu'en 1792, la ville de Dusseldorff, au diocèse de Cologne, sur la rive droite du Rhin, où il s'était réfugié, donnait asile à plus de quatre mille ecclésiastiques français. Quant aux prêtres officiellement et violemment déportés, ils furent traités indignement. L'abbé Guillon (*Les Martyrs de la foi*, tome 1er, p. 359) s'exprime ainsi :

Les prêtres arrivés à Rochefort pour la déportation furent portés par des goëlettes sur la flûte dite *Les deux Associés*. Plus de quatre cents furent d'abord amoncelés, au mois de mars 1794. Le 15 avril on en fit monter presque autant sur une autre flûte appelée *Le Washington*. Le nombre s'accrut dans la suite, parce qu'il en arrivait tous les jours. On les dépouillait de leur argent, de leurs meilleurs habits et de leurs livres de piété. Le soir on les enfermait dans un entrepont ténébreux, où l'air n'entrait que par l'écoutille et se viciait promptement. Aussi mourait-il trois ou quatre de ces malheureux par jour. Leurs corps étaient portés à terre par quatre de leurs confrères pour les inhumer. Il en a été inhumé dans l'île d'Aix 253 et 209 dans l'île Madame, et les autres sur les côtes de la Charente. Parmi les morts on en comptait cinq de la Somme, 71 de la Seine-Inférieure. Il ne survécut qu'environ 230 déportés, oubliés sur les deux navires. (Cf. *Mémoires sur les prisons*, tome II, p. 387 et suiv. — M. Hector Josse, *Notice sur l'abbé Chopart*, § III.)

Page **29**. — Le chapelain Jean-Baptiste Bordeaux figure sur la liste des ecclésiastiques mariés, dressée le 5 vendémiaire an III (26 septembre 1794). Il est vrai qu'il n'était que clerc tonsuré.

Page **30**. — Le chapelain Visière, qui n'était aussi que clerc tonsuré, figure également sur la liste des ecclésiastiques mariés. Il y est dit âgé de 33 ans.

Page **35**. — Derivery, Jean-François, né le 7 février 1766, porté comme diacre d'office habitué de la paroisse St-Firmin à la porte en 1789, est dit vicaire de St-Jacques dans la liste des prêtres apostats, sous la date du 10 pluviose an II (29 janvier 1794). Il avait déclaré au greffe de la municipalité que ses lettres étaient égarées, et avait pris l'engagement de les anéantir, s'il les retrouvait. Cependant le district, à défaut de représentation des dites lettres, lui refusait le paiement de la pension à laquelle il avait droit. Mais les administrateurs du département, dans la séance du 3 thermidor (21 juillet) suivant, « considérant que la difficulté faite par le district est ridicule...., que le *mariage* dudit Derivery ne laisse d'ailleurs aucun doute sur ses intentions, » arrêtent qu'il sera payé. (Dernier registre aux délibérations du 4ᵉ bureau, folio 105.)

Page **41**. — Le cordelier Jean-Martin Tribou, qui était alors âgé de 30 ans, figure sur la même liste des ecclésiastiques mariés.

Page **41**. — Le religieux Rustaing de Saint-Jory déclare au district qu'il est né à Paris, paroisse de St-Sulpice; qu'il est entré, à l'âge de dix-sept ans, dans la congrégation des Feuillants, a prononcé ses vœux au mois de septembre 1758 et a vécu 32 ans dans le cloître. Il est devenu curé de Puchevillers, puis de Forceville, où il est arrivé le 16 décembre 1792. Depuis ce jour, sa sœur Marie-Anne-Paule Rustaing, religieuse de la Miséricorde, rue du Vieux-Colombier à Paris, habitait avec lui. Elle était née le 16 avril 1730 à Bayeux, paroisse de St-Malo ; son parrain fut Paul d'Albert de Luynes, et sa marraine Marie-Anne Scaglia de Verni. Le père se nommait Louis Rustaing de Saint-Jory, et la mère Frédéric-Armande Moreau. (Registre des pensionnaires ecclésiastiques.)

Page **43**. — Les dames abbesse, prieure et religieuses de l'abbaye royale du Paraclet furent représentées à l'Assemblée générale du bailliage par D. Legros de Conflans, prieur de l'abbaye de Valloires, leur procureur fondé. L'abbesse, Madame d'Inval de Saint-Martin, quitta la ville d'Amiens dans le courant du mois de janvier 1791 et se réfugia dans l'abbaye de Saulchois auprès de Tournay. Mise en rapport avec M. Fléchin, homme de loi dans cette ville, elle eut l'imprudence de lui confier que de l'argenterie, des titres et papiers appartenant à des émigrés, notamment à la princesse d'Elbeuf, avaient été cachés chez des personnes de sa famille. La chose fut dénoncée au procureur syndic du district de Lille, commissaire délégué dans les Pays-Bas, qui en donna connaissance au procureur syndic du district d'Amiens. Et le 29 novembre 1792, le directoire du département de la Somme arrêta que perquisition serait faite : à Montdidier au domicile de M. le chevalier d'Ainval (*sic*), émigré; au château du Crocq près Breteuil appartenant à Madame veuve de Rumigny, sœur de l'abbesse, et ailleurs ; enfin que des poursuites seraient faites contre le domestique de Madame de Rumigny, qui avait été « le négociateur et le machinateur de tous les recels d'argenterie de tous les émigrés coalisés avec la famille de la dite de Rumigny. » (Registre aux délibérations du 2ᵉ bureau.) (*a*)

Page **63**. — Les objets à l'usage du culte, provenant de l'église d'Aubercourt et déposés au district de Montdidier, consistaient en : un ciboire, deux burettes et leur plateau, une boîte aux saintes huiles, le tout en argent.

(*a*) — Le nom de l'abbesse et de sa famille doit-il être écrit d'Inval ou d'Ainval ? Les documents consultés sont divergents à ce sujet. Nous avons reproduit la forme adoptée par chacun.

Page **64**. — Le curé M. de la Paix de Cizancourt était né le 2 décembre 1737. Les abbé et religieux de Selincourt étaient curés primitifs de la paroisse d'Aumont, et la cure était desservie par un chanoine régulier de leur ordre. (Reg. aux pensions, n° 540. — Reg. 3° aux délib. de la Commission intermédiaire, p. 229.)

Page **66**. — Les vases sacrés, objets et ustensiles à l'usage du culte, provenant de l'église de Beaufort et déposés au district de Montdidier, consistaient en : un ciboire, un soleil de 12 pouces (33 centimètres) de haut et deux boîtes aux saintes huiles en argent ; une croix avec crucifix, six grands chandeliers. deux autres petits, une lampe, un encensoir et sa navette, en cuivre argenté ; une croix, quatre chandeliers, un bénitier et son aspersoir, en cuivre.

Page **70**. — Le curé de Bonnay se fit représenter à l'Assemblée générale du bailliage par M. Charles Roullé, curé de Pont-Noyelle, qu'il chargea de produire son cahier de doléances. Nous en donnerons copie aux *Pièces justificatives*. M. Lefebvre fut remplacé par M. Patte, lequel, étant absent pour une cause inconnue, faisait desservir la paroisse par François-Guillaume-Auguste Darsy. Par délibération du 8 janvier 1791, le directoire du département fixa le traitement de ce desservant à 700 livres, jusqu'au retour du curé. (Registre aux délibérations du 1er bureau.)

Page **70**. — M. Poulain avait été nommé à la cure de Bonnières en 1759. Au mois de mai 1792 il se retira à Marquaix, son pays natal. Il était emprisonné aux Capucins d'Arras au mois de novembre 1793. Après cette époque, on ne trouve plus sa trace. M. Lecocq, qui était vicaire de la paroisse depuis 1778, prêta serment et se fit installer comme curé constitutionnel, au lieu et place de M. Poulain, malgré la vive opposition des habitants. Il était membre du Conseil général de la commune au mois de janvier 1793. (Renseignement de M. Caron, curé actuel de Bonnières.)

Page **70**. — M. Philippot, précédemment vicaire de St-Pol, avait succédé le 25 février 1761 à M. Liévin Tanchon, dans la cure de Boubers, sur la présentation de l'abbé d'Auchy-les-Moines. (Renseignement de M. Tramecourt, curé actuel de Boubers.)

Page **71**. — L'inventaire fait le 1er janvier 1790 des vases sacrés et ustensiles servant au culte dans l'église de Boulogne-la-Grasse, constate : un calice ciselé en dehors, doré en dedans, un soleil, un ciboire, une petite custode, une croix de procession, une petite croix sur l'autel, un encensoir, deux burettes et leur plateau, trois petites boîtes aux saintes huiles, le tout en argent ; un vieux calice, deux burettes et leur plateau, en étain ; une croix de procession, deux burettes et leur plateau, argentés; une croix sur l'autel, un vieux soleil, six grands chandeliers, huit autres petits, un encensoir, deux croix de procession, deux bénitiers et deux lampes, le tout en cuivre. Le 21 brumaire an II (11 novembre 1793) les objets en cuivre furent pesés et envoyés au district de Noyon. (*Histoire de Boulogne-la-Grasse,* par M. l'abbé Martinval, p. 151 et 156.)

Page **71.** — Dans l'ouvrage que nous venons de citer, publié récemment, M. l'abbé Martinval, donne les renseignements suivants sur M. Bayart, curé de la paroisse de Boulogne-la-Grasse. Il était fils de François Bayart, huissier royal à Reuil-sur-Brêche et de son épouse Marie-Claude Cotelle. D'abord vicaire et chapelain de l'hôpital de Beauvais, il fut pourvu de la dite cure en 1757 et en prit possession le 18 juillet. Après une longue suite d'années paisibles, vint la tourmente révolutionnaire, et le 9 ventose an II (27 février 1794), sous la pression de la société populaire de Noyon, il eut la faiblesse de déposer ses lettres de prêtrise et de déclarer qu'il renonçait à l'exercice du ministère sacerdotal. Cela n'empêcha point qu'il fût arrêté comme suspect le 1er germinal an II (21 mars 1794) et emprisonné à Noyon, puis à Chantilly. Il ne fut rendu à la liberté que le lendemain de la chûte de Robespierre, c'est-à-dire le 28 juillet 1794. Retiré alors à Dompierre, il y mourut six mois après.

Page **71.** — M. Turpin, natif d'Amiens, était âgé de 24 ans et demi lorsqu'il fut nommé vicaire de la paroisse de Boulogne-la-Grasse, le 15 juin 1784. C'était une fondation récente, faite en exécution du testament de Me François Lachaise, avocat au Parlement, ancien conseiller du Roi, notaire au châtelet de Paris, fait sous la forme olographe le 6 juillet 1782, par lequel il avait légué à la fabrique de Boulogne-la-Grasse, lieu de sa naissance, une somme de vingt mille francs, dont le revenu servirait à l'entretien d'un vicaire. M. Turpin se retira dans la ville d'Amiens vers l'année 1791. (Ouvrage cité, p. 141.)

Page **73.** — Les vases sacrés et ustensiles du culte, à l'usage de l'église de Bus et déposés au district de Montdidier, consistaient en : un ciboire et un ostensoir d'argent ; quatre grands chandeliers à pieds de biche, en cuivre doré ;

un encensoir et sa navette, trois croix, un bénitier et son aspersoir, une lampe, quatre petits chandeliers et deux paix, en cuivre.

Le curé de Bus, M. Longuet, avait pour prénoms: Louis-Léonard. Il exerçait depuis l'année 1772 et mourut le 12 décembre 1789. Son successeur fut M. Péchin.

Page 74. — Les vases sacrés et autres objets à l'usage du culte, provenant de l'Eglise de Caix et déposés au district de Montdidier, consistaient en : un calice et sa patène d'argent, plus deux chandeliers de cuivre.

Page 75. — Les vases sacrés et ustensiles à l'usage du culte, provenant de l'église de Cantigny et déposés au district de Montdidier, consistaient en : un calice et sa patène, un ciboire et un soleil en argent ; une croix, quatre chandeliers, deux lampes avec leurs garnitures, un encensoir et sa navette, un petit bénitier, un plus grand argenté, le tout en cuivre.

Page 75. — Les vases sacrés et ustensiles du culte, provenant de l'église de Castel et déposés au district de Montdidier, consistaient en : un ciboire, un encensoir, etc. en argent ; une croix, six chandeliers, une lampe, un encensoir et sa navette, une paix, un petit bassin et un seau à l'eau bénite, en cuivre.

Page 77. — Les vases sacrés, objets et ustensiles à l'usage du culte, provenant de l'église de Chaussoy-Epagny déposés au district de Montdidier, consistaient en : un grand et un petit ciboire, un soleil, en argent ; une croix, neuf chandeliers, une lampe, un bénitier, un encensoir et sa navette, en cuivre.

Page 77. — M. Hénaux, curé de Chipilly, eut pour successeur M. Deflandre, lequel dut se retirer à Bruxelles, en passant par Arras et Lille. selon sa déclaration faite au district de Péronne le 9 septembre 1792. Il était alors âgé de 40 ans. (Reg. des déportés du district de Péronne. Arch. départem.)

Page 81. — Parmi les vases sacrés déposés au district de Montdidier, pour être envoyés à la Monnaie, se trouvaient un calice et sa patène, provenant de l'église paroissiale de Damery.

Page 81. — Les vases sacrés, objets et ustensiles servant au culte, provenant de l'église de Dancourt et déposés au district de Montdidier, consistaient en : un calice et sa patène, un ciboire et un soleil, en argent ; une grande et une petite croix, six chandeliers, une lampe, un encensoir et sa navette, en cuivre.

Page **81**. — Les vases sacrés et ustensiles du culte provenant de l'église paroissiale de Davenescourt et déposés au district de Montdidier se composaient de : un calice et sa patène, un soleil, un ciboire, une croix de procession, une boîte aux saintes huiles et deux burettes, en argent ; un encensoir et sa navette, un bénitier et son goupillon, deux flambeaux d'acolytes, une croix et six flambeaux d'autel, en cuivre argenté, et un candélabre en cuivre jaune.

Page **84**. — Parmi les vases sacrés déposés au district de Montdidier, pour être envoyés à la Monnaie, se trouvaient : un calice avec sa patène, un ciboire et un soleil, en argent, provenant de l'église d'Erches.

Page **84**. — Les vases sacrés et ustensiles du culte, provenant de l'église d'Esclainvillers et déposés au district de Montdidier, consistaient en : un ciboire, un soleil, deux burettes et leur plateau, en argent ; huit chandeliers de cuivre, pesant huit livres ; une croix, un porte-chandelier, une lampe, un bassin, un bénitier, un encensoir, une paix, une clochette, aussi en cuivre, du poids de 62 livres.

Page **84**. — M. Dubus, Jean-François, était né le 16 novembre 1753. Il fut nommé à la cure d'Esclainvillers en 1788. On ne voit pas où il se retira pendant la tourmente révolutionnaire. Mais de 1801 à 1806 il dessert Chirmont et son ancienne paroisse, devient ensuite curé de Rocquencourt, d'où il retourne finir ses jours à Esclainvillers ; il y meurt le 13 septembre 1829. (Renseignem. dus à M. l'abbé Harlaux, curé de Sourdon. — Reg. aux liquidations de pensions, p. 159.)

Page **86**. — Le 27 mai 1792 M. Tronet, curé de Fieffes, est maltraité indignement par un groupe d'habitants, à la tête desquels se trouve le maire. Plainte est portée au district de Doullens, qui requiert l'assistance de la gendarmerie, pour protéger le curé et lui faire remettre les clefs de son église. Refus du maire. Il est assigné à se transporter en la salle des séances du département. Nouveau refus. Sur quoi, le directoire, par arrêté du 25 juin, suspend le maire de ses fonctions et commet le procureur syndic de Doullens à l'effet de se rendre sur les lieux, accompagné de la force armée, de faire ouvrir les portes de l'église et de la sacristie, en remplacer les serrures et remettre les clefs au curé, après avoir fait dresser un inventaire sommaire. (Registre aux délibér. du 2° bureau.)

Page **88**. — Les vases sacrés et ustensiles à l'usage du culte provenant de l'église de Fransart et déposés au district de Montdidier consistaient en : un ciboire, un ostensoir et une boîte aux saintes huiles, en argent ; une croix, six chandeliers et un encensoir, en cuivre argenté ; six chandeliers, un encensoir avec sa navette, un bénitier avec son goupillon, en cuivre.

Page **89**. — Les vases sacrés et ustensiles à l'usage du culte, provenant de l'église de Fransures et déposés au district de Montdidier, consistaient en : un ciboire et un soleil en argent ; une grande croix de procession, un bénitier, son goupillon, un encensoir. sa navette et une lampe, en cuivre argenté; une croix de procession, une paix, un bénitier, un encensoir et sa navette, six grands chandeliers, deux chandeliers d'acolytes, un bassinet, un réchaud et le coq du clocher, le tout en cuivre.

Page **90**. — Le 9 octobre 1793 le greffier de la municipalité de Gamaches déposait au district d'Abbeville : « trois cloches en vingt-huit morceaux, provenant de l'église Saint-Pierre. » Et le 23 germinal an II (12 avril 1794) il était encore déposé au district : un calice, un ciboire, une boîte aux saintes huiles, un plateau, un encensoir, un soleil et une croix, en argent, du poids de 23 marcs, y compris le bois de la croix, le tout provenant de la même église. (Arch. communales de Gamaches, cote 44e de l'inventaire de 1842.)

Page **92**. — Parmi les objets déposés au district de Montdidier pour être envoyés à la Monnaie, on trouve ceux ci-après provenant de l'église de Grivenne : un calice et sa patène, un ciboire et son couvercle, un soleil, une boîte aux saintes huiles (la commission municipale a écrit : « une boîte à graisse »), le tout en argent, du poids de 2 livres 3 onces ; des chandeliers et encensoirs en cuivre jaune, pesant 10 livres. Le procès-verbal ajoute que deux missels ont été brûlés.

Page **96**. — Les vases sacrés et ustensiles du culte, provenant de l'église de Hourges et déposés au district de Montdidier, consistaient en : un calice, sa patène et un ciboire, en argent ; une croix, un bénitier, un seau à l'eau bénite, quatre chandeliers, un encensoir et sa navette, en cuivre jaune.

Page **97**. — Les vases sacrés, objets et ustensiles à l'usage du culte, provenant de l'église de Lachavatte et déposés au district de Montdidier, consistaient en : un ciboire et un soleil, en argent; une croix, une autre petite pour les processions, en cuivre argenté ; une croix et six chandeliers d'autel, deux petits chandeliers, deux lampes, un bénitier et son aspersoir, un encensoir et sa navette, en cuivre.

Page **99**. — Les vases sacrés, objets et ustensiles à l'usage du culte, provenant de l'église de La Warde Mauger et déposés au district de Montdidier, consistaient en : un calice et sa patène, un grand ciboire et un petit, un ostensoir, dans lequel un croissant d'or, tout le reste en argent, du poids de deux livres et deux onces ; une croix, dix chandeliers, deux autres dont un grand et un petit, une lampe, un bénitier, en cuivre et pesant ensemble 52 livres 15 onces.

Page **99**. — Les vases sacrés, objets et ustensiles à l'usage du culte dans l'église de Léchelle et déposés au district de Montdidier, consistaient en : un ciboire, un soleil, une boîte aux saintes huiles, en argent ; une croix, neuf chandeliers, une lampe, un bénitier, un encensoir et sa navette, en cuivre.

Page **100**. — Parmi les objets servant au culte, déposés au district de Montdidier, pour être envoyés à la Monnaie, se trouvaient : un petit calice avec sa patène en argent, et deux chandeliers en cuivre, le tout provenant de l'église succursale de Lhortoy.

Page **107**. — Le curé Bultel, infirme, fut arrêté pendant la Terreur et enfermé dans les prisons d'Arras, où il mourut âgé de 71 ans. (M. Braquehay, *Histoire des Etablissements hospitaliers de Montreuil-sur-Mer*.)

Page **117**. — Parmi les objets en argent provenant des églises et déposés au district de Montdidier, il s'en trouvait un poids de vingt marcs deux onces et quatre gros, apportés des églises paroissiales de Roye (Avre libre). Le reste avait été envoyé à la Convention nationale.

Page **120**. — Le village de St-Marc, au doyenné de Fouilloy, avait été ruiné par les Espagnols, en 1636. Il ne put se relever et finit par disparaître entièrement. Sa dernière maison a cessé d'être habitée récemment. Dès longtemps déjà, mais après 1728, les biens de la cure avaient été unis à ceux de la cure du Quesnel. Nous avons dit ailleurs qu'en 1721 le Chapitre d'Amiens, gros décimateur de la paroisse, voulait discontinuer de payer au curé le supplément de portion congrue, parce qu'il n'y avait plus d'église ni de paroissiens. Cette prétention fut repoussée, attendu que la paroisse subsistait *habitu non actu* et que le Chapitre y nommait. (*Bénéfices de l'église d'Amiens*, I, 277. — Titres du Chapitre y cités. — Note de M. l'abbé Dessaint, curé du Quesnel.)

Page **123**. — C'est sur un renseignement fautif (du greffe) que le curé de Sourdon a été nommé Dubus. Il faut lire Leullier, Charles, lequel exerça de 1782 à 1791. A cette époque, remplacé, pour défaut de serment, il se retira d'abord à Amiens, puis émigra en Allemagne, à Dusseldorff, d'après la liste dressée par le chanoine Chopart. Le curé Leullier était aussi pourvu de la chapelle de Saint-Pierre de Louvignies, autrefois réputée castrale et depuis desservie dans l'église paroissiale dudit lieu, produisant 279 livres. (Registre aux délibérations du département, 4ᵉ bureau, séances des 4 février et 29 mars 1792.)

Page **126**. — Le curé de Vaux en Amiénois, Lortie, déclara abdiquer ses fonctions sacerdotales le 23 pluviose an II (11 février 1794).

Page **132**. — La Communauté des chapelains de la collégiale de St Vulfran d'Abbeville fut représentée à l'Assemblée générale de la Sénéchaussée de Ponthieu par M. Dangreville, l'un de ses membres, fondé de pouvoir spécial par acte capitulaire.

Page **132**. — La Communauté des chapelains de St Jean des prés fut représentée à la même Assemblée par M. Leleu, l'un de ses membres, en vertu des pouvoirs qu'il avait reçus par acte capitulaire.

Page **137**. — Le décret de l'Assemblée nationale du 5 novembre 1790, relatif à la vente de tous les biens *déclarés nationaux*, en avait excepté « les biens servant de dotation aux chapelles desservies dans l'enceinte des maisons particulières, par un chapelain ou desservant à la seule disposition du propriétaire. » Se fondant sur cette loi, M. Descaules, seigneur de Drucat, et M. Descaules, prêtre desservant la chapelle de St Louis, firent opposition à la vente projetée des 83 journaux de terre formant sa dotation, disant que la chapelle était castrale. Le directoire du département, par arrêté du 4 janvier 1791, renvoya à un commissaire pour constater sur les lieux si cette chapelle était ou non dans l'enceinte du château. Il n'apparait pas que les biens de cette chapelle aient été vendus. (Reg. délib. du 1ᵉʳ bureau. Arch. départem.)

Page **149**. — Le prieuré simple de Maresmontiers avait été réuni au prieuré conventuel de Montdidier en 1739. Le dernier titulaire en 1789 était Dom Roger, religieux de Cluny. (M. de Beauvillé, *Histoire de Montdidier*, 2ᵉ édition, tome II, p. 20.)

Page **152**. — Le chapitre de Vinacourt était, selon le titre de sa fondation, composé de 12 chanoines, y compris le doyen et le curé du lieu. En l'année 1738, Mgr de Lamotte réduisit le nombre de moitié. Tous étaient à la nomination de l'évêque, mais le doyen était élu par le Chapitre et confirmé par l'Evêque. Notre liste comprend huit noms, parce que deux titulaires étant morts pendant l'année 1789, les noms de leurs successeurs figurent sur cette liste. (Voy. le procès verbal de visite des paroisses, dressé par l'archidiacre d'Amiens en 1782. Arch. du départ.)

Page 153. — L'abbé de Notre-Dame de Clerfay fut présent en personne à l'Assemblée générale du clergé du bailliage d'Amiens.

Page 156. Le prieur et les religieux de l'abbaye de Cercamps avaient été appelés spécialement à l'Assemblée générale du clergé du bailliage d'Amiens, en qualité de seigneurs de la terre de Bouquemaison. Ils y furent représentés par Dom Antoine Legros de Conflans, prieur de l'abbaye de Valloires, fondé de leur procuration.

Page 157. — Le religieux du Gard, Beaussart, fût arrêté par ordre du comité de surveillance de Picquigny et conduit à la prison des Capettes, le 16 février 1794. Il avait pris la qualité de cultivateur. (Reg. délibérat. du départ. 2ᵉ bureau.)

Page 157. — Le prieur de l'abbaye de Valloires, Dom Legros de Conflans, représenta sa communauté à l'Assemblée générale du clergé du bailliage d'Amiens, en vertu des pouvoirs qui lui avaient été donnés.

Page 158. — Notre collègue M. de Calonne, dans son *Histoire de l'abbaye de Dommartin*, p. 86, nomme plusieurs religieux de Dommartin qui ne figurent pas sur les listes que nous avons consultées. Nous croyons devoir les rappeler ici : MM. Wichery, Lejosne, Vanechout, Roussel, Viez et Evrard. — Après l'expulsion des religieux, l'abbé Oblin continua d'habiter le monastère, au vu et au su des autorités. Mais bientôt il courut les plus grands dangers. Certains bruits répandus à dessein ayant jeté l'alarme dans la contrée, la municipalité de Tortefontaine se transporta au monastère le dimanche 13 octobre 1792, avec la garde nationale, et en reconnut la fausseté. Mais une foule énorme accourue des villages voisins força les portes et se répandit partout, proférant des menaces contre l'abbé. Sa maison fut saccagée et mise au pillage ; commencé dans la soirée, il ne finit que le mardi dans l'après midi, à l'arrivée de la force armée. Celle-ci, venue de Montreuil et de Hesdin, ne pouvant pénétrer dans la cour où la multitude s'était retranchée et faisait résistance, dut faire usage de ses armes : un homme fut tué, beaucoup furent blessés, et un grand nombre d'individus furent arrêtés et conduits dans la prison de Hesdin. Malgré de vives sollicitations et de puissantes démarches, l'action de la justice suivit son cours et les coupables furent condamnés au carcan et à huit années de fers, au mois de février 1793. De nombreux détails sur ce triste évènement se trouvent dans le 4° registre aux délibérations du Conseil général d'administration du département de la Somme, séances des 5 novembre 1792 et 25 février 1793; dans *Amiens et le département de la Somme pendant la Révolution*, II, 267 ; et dans l'ouvrage cité plus haut. Mais ici l'auteur a fait erreur, comme on vient de le voir, en disant que les coupables avaient été acquittés. L'abbé Oblin devint, après la Révolution, chanoine et vicaire général de l'évêque d'Arras. Il mourut le 4 mars 1824.

Page **158**. — L'inventaire des biens et revenus de l'abbaye de St-André au bois, dressé le 7 juin 1790 par le maire et les officiers municipaux de la paroisse, constate que l'argenterie existant dans la chapelle consistait en : quatre calices, deux ciboires, dont l'un surmonté d'un ostensoir, une crosse d'abbé, une croix de procession, deux encensoirs et deux bâtons de chantre ; le tout pesant 62 marcs six onces quatre gros. (M. de Calonne, loc. cit., p. 317. — *La Picardie*, 1871-72 p. 429, 499, et 1873 p. 265.)

Page **173**. — L'ancien hôtel Dieu de Bray, dont la fondation est attribuée aux moines de St Riquier, avait été détruit et par les guerres et par des vicissitudes diverses. Le comte de Toulouse, seigneur du lieu, le rétablit en 1698 et le fit desservir par les Filles de la charité du couvent de St Lazare de Paris. Il contenait huit lits, dont quatre pour chaque sexe. Le nombre des religieuses paraît n'avoir été que de trois, en 1789 : l'*Almanach de Picardie* le dit positivement, et les procès-verbaux relatant les faits ci-après rapportés donnent les trois noms ici transcrits. Les religieuses avaient prêté le serment à la constitution civile du clergé. Mais deux d'entre elles le rétractèrent, ce qui causa des troubles dans la commune. Le 9 juin 1793 un coup de fusil fut tiré, pendant la nuit sur le maire et sa femme, qui furent blessés. Le lendemain le directoire du district de Péronne envoya à Bray le citoyen Collache, administrateur du conseil général de la Somme, pour en informer et désarmer toute personne suspecte. Il fit mettre en arrestation un individu qui, par ses discours incendiaires, n'avait pas peu contribué aux troubles. Les trois religieuses furent aussi arrêtées et conduites dans la prison de Péronne. La sœur Bourgeois, si non les autres, fut transférée dans les prisons d'Amiens. Elle entra le 6 octobre à Bicêtre et passa dans la maison des Grands chapeaux le 16 février 1794. (Registres aux délibérations du district de Péronne, séance du 10 juin, et du directoire du département, 2ᵉ bureau, séance du 17 juin 1793. — *Histoire de la ville de Bray-sur-Somme*, par M. Josse, p. 212.)

Page **179**. — Le curé Roussel, était âgé de 30 ans. Devenu curé constitutionnel de Fay, il fut arrêté par ordre du district le 25 décembre 1793, comme s'étant toujours déclaré l'ennemi de la Révolution, ayant prêté à regret le serment ordonné par la loi, et troublé les consciences. Transféré dans les prisons d'Amiens le 3 janvier 1794, il ne fut libéré que le 9 août suivant.

Page **187**. — M. Calixte Delaplace, curé de Languevoisin fut, avec l'abbé Maury, élu député du clergé des bailliages de Péronne, Montdidier et Roye, dans l'Assemblée du 3 avril 1789.

Page **193**. — M. Froissart était curé de Soyecourt depuis plus de 50 ans lorsqu'il fut dénoncé comme perturbateur de l'ordre établi, et arrêté le 7 nivose an II (27 décembre 1793). Est-ce lui qui figure sur le livre d'écrou de la conciergerie d'Amiens sous le prénom de Antoine Henri, venu de Hazebrouck ? (*La Révolution à Péronne*, Vᵉ série, p. 104. — *Les doléances du peuple et les victimes*, p. 305.)

Page **199**. — Par suite d'une faute typographique, l'un des chanoines de St Fursy, Dumée, Pierre-Clément, qui avait fait profession en 1759, a été omis sur la liste. Il était aussi pourvu de trois pensions sur les bénéfices suivants : 1° l'une de 800 livres, par brevet du Roi du 2 mars 1775, sur l'abbaye de Liessyes, au diocèse de Cambray ; 2° une autre de 800 livres, homologuée au parlement de Paris le 17 mars 1789, sur le prieuré simple de St Clair, au diocèse de Paris ; et la troisième de 100 livres, aussi homologuée au même parlement le 23 novembre 1778, sur le prieuré de St Pallais, au diocèse de Bourges. (Reg. pens. p. 3. — Lv. 5. Arch. départ.)

Page **201**. — Nous trouvons dans un Etat de pensionnaires ecclésiastiques qui avaient changé de domicile, les noms de trois religieux de l'abbaye de Ham, qui ne figurent pas dans notre liste. Les voici : Grille, Toussaint, né à Angers le 28 mars 1766, profès depuis le 7 mai 1787 ; Le Couturier, François-Gervais-Edouard ; Faux, David-Antoine, diacre.

PIÈCES JUSTIFICATIVES

A
(Voyez page 3.)

CAHIER DES DOLÉANCES DU CLERGÉ DU BAILLIAGE D'AMIENS.

PARAGRAPHE PREMIER.

Religion.

Ministres de Jésus-Christ et de son Eglise, nous trahirions en même temps et notre Ministère et la sublimité de notre vocation, si, avant de porter aux pieds du trône nos doléances et les appréhensions des peuples confiés à notre sollicitude, nous ne réclamions puissamment en faveur de cette religion divine, fondement et force des empires, appui et source du bonheur public, seule base des bonnes mœurs : *Quid leges sine moribus ? vane proficiunt!* Que l'incrédule se livre aux vains égarements de ses passions, que le libertin se laisse entraîner par les penchants déplorables d'une nature corrompue, que l'égoïste ne considère que son intérêt personnel et immole à son ambition l'intérêt de la société générale ; la Religion, s'il veut en écouter la voix, lui rappelle impérieusement ses devoirs et sa fin. Elle viendra ramener l'ordre dans la société troublée par les passions des hommes, elle mérite donc le respect le plus profond et l'attachement le plus intime.

Presse. — La liberté effrénée de la presse, qui ne respecte plus rien, nécessite de sages réglements, pour opposer une digue puissante devenue nécessaire contre une licence qui ne connait plus de bornes. Le clergé d'Amiens demande avec instance que la librairie soit désormais soumise à une inspection aussi sévère qu'éclairée, et qu'il soit établi une Chambre composée d'un magistrat intègre, d'un homme de lettres incorruptible et d'un théologien exact, qui motiveront leur jugement.

Lois de l'Eglise. — Par une suite nécessaire du respect dû à la religion, le clergé réclame le maintien et l'exécution de ses lois et notamment de celles relatives à la sanctification des fêtes et dimanches, si scandaleusement et si impunément violées ; que les travaux publics et particuliers soient suspendus pendant ces jours consacrés au culte divin ; que la loi de l'abstinence soit maintenue, en ne laissant point exposer en vente publique les viandes défendues en certain temps ; et enfin que les voyageurs puissent au moins satisfaire au précepte d'entendre la messe, lorsqu'ils se servent de voitures publiques.

Non-catholiques. — Le clergé d'Amiens, en adhérant aux remontrances de la dernière Assemblée générale du clergé de France au sujet de l'édit concernant les non-catholiques, attend avec confiance la réponse favorable qu'elle espère de la religion de Sa Majesté.

Mœurs publiques. — Les pasteurs sont souvent réduits à gémir dans le secret sur les énormes scandales des adultères et des concubinages publics, par l'inutilité de leurs démarches et de leurs exhortations pour les empêcher. Le clergé fait les plus vives instances pour que les dépositaires de l'autorité, obligés de réprimer ces crimes aussi contraires à la religion qu'au bien de la Société, y tiennent sérieusement la main.

Soins religieux à l'égard du militaire. — Des aumôniers vertueux et éclairés remédieraient, plus efficacement qu'aucun autre moyen, à l'ignorance et à la corruption des mœurs qui font tant de ravages dans les troupes, et dont la religion gémit.

Education publique et particulière. — Le clergé, sans entrer dans aucune des discussions nouvelles à ce sujet, désire, comme tous les gens de bien, que les instituteurs publics et particuliers, ne soient admis que d'après le témoignage le mieux mérité de science, de religion et d'une conduite régulière, et qu'en jouissant de l'estime à laquelle ils ont droit par leurs travaux, ils aient encore la perspective consolante d'une retraite honorable, lorsqu'après des succès, ils seront hors d'état de continuer leurs utiles fonctions.

Ordres religieux et vœux. — Le clergé réclame la protection de Sa Majesté pour ceux de ses sujets de l'un et l'autre sexe qui, animés d'un désir sincère de la perfection évangélique, se consacrent à Dieu par des vœux solennels, et qui, en renonçant aux occupations de la Société civile, ne cessent cependant pas de lui rendre de vrais services, par la ferveur de leurs prières, par l'exemple de leurs vertus, et par les emplois et les travaux du ministère auxquels l'Eglise les associe. Le feu Roi, par son édit de Mars 1768, avait porté l'époque de la profession religieuse à dix-huit et vingt-et-un ans, mais il ne l'avait fait que par forme d'épreuve, *se réservant*, dit-il, *après le terme de dix années, d'expliquer de nouveau ses intentions à ce sujet.* Aujourd'hui donc qu'une épreuve de vingt années ne montre que trop que le retard des vœux n'a point augmenté la ferveur des cloîtres, en a même altéré la régularité en diminuant le nombre des sujets, et pourrait à la fin les dépeupler entièrement : le clergé demande le rappel de la profession religieuse à l'époque indiquée par le St-Concile de Trente (a), demande en même temps la réforme canonique pour ceux desdits ordres religieux qui en auraient besoin.

Conciles provinciaux. — Telle est la malignité du monde qu'il ne cesse de relever, même avec exagération, les vices du clergé, et de travailler en même temps à lui faire ôter les moyens de se réformer ; le clergé renouvelle à ce sujet les prières qu'il a déjà adressées au Roi, d'accorder la tenue des conciles provinciaux pour le maintien de la discipline de l'Eglise, rappelant sur cet article le vœu exprimé dans la déclaration du 16 avril 1646.

Rétablissement de la juridiction ecclesiastique. — La juridiction ecclésiastique, moyen si nécessaire de conserver la discipline et les bonnes mœurs, est presque réduite à rien par les entreprises des Tribunaux laïques, contre lesquels le clergé n'a cessé de réclamer. On demande que les appels comme d'abus soient restreints dans les bornes où les lois du Royaume les ont établis ; qu'en laissant aux accusés les moyens d'une légitime défense, on n'introduise pas l'impunité et même le triomphe des coupables.

Nomination aux bénéfices. — Rien n'intéresse plus essentiellement la religion que la nomination aux bénéfices et surtout le choix des premiers pasteurs de l'Eglise. Le salut des âmes et même le soulagement des peuples y sont attachés.

(a) Le Concile avait fixé cette epoque, pour l'un ou l'autre sexe, à l'âge de seize ans accomplis : « in quacumque religione, tam virorum quam mulierum, professio non fiat ante decimum sextum annum expletum. » (*Sessio XXV, caput xv, sub Pio IV, pont. max. M. D LXIII.*)

C'est un grand poids, dit le ministre actuel des finances, *c'est un grand poids pour la conscience que l'obligation de guider seul le choix du Souverain, quand le nombre de ses choix est si multiplié, et la matière si délicate.* Le clergé demande l'établissement d'un Conseil composé d'ecclésiastiques vertueux et éclairés qui, par des représentations sages, impartiales, désintéressées, rappellent au ministre de la feuille les sujets auxquels les grâces de l'Eglise, le patrimoine des pauvres et de la religion doivent être confiés par la volonté du monarque.

Toutes les dignités ecclésiastiques ouvertes au mérite, sans exclusion à raison de la naissance. — Que toutes les dignités ecclésiastiques soient ouvertes au talent et à la vertu, sans exclusion fondée sur la naissance ; que les pasteurs des âmes résidant à la ville ou à la campagne et leurs coopérateurs soient encouragés dans leur zèle, par la perspective d'une récompense qui leur donne tout à la fois et une subsistance honnête et une considération honorable.

Usure. — Il demande aussi qu'on proscrive l'usure qui s'exerce dans les Monts de piété, et celle qui n'a que trop souvent lieu dans le commerce.

PARAGRAPHE DEUXIÈME.

Temporel de l'Eglise.

Dotation des Curés et autres Ministres de l'Eglise. — Les dispositions favorables du Gouvernement à l'égard des curés, seront pour eux un nouveau motif de redoubler leur zèle et leur fidélité à remplir leurs saintes fonctions. Ils supplient Sa Majesté de vouloir bien pourvoir à l'amélioration de leurs cures, dont il en est de véritablement indigentes. Ils estiment que leur sort devrait être porté :

1° Dans les villes : pour les Curés à 1500 livres, pour les vicaires à 800 liv., et à 500 liv. pour les prêtres exerçant le saint Ministère et qui, dans notre province, n'excèderont pas le nombre de quatre par paroisse, et ne seront envoyés qu'avec la clause de *Consensu Rectorum*.

2° Dans les campagnes : pour les curés à 1500 liv. dans les paroisses de 100 feux et au-dessous; 1800 liv. pour ceux dont les paroisses sont de 200 feux et au-dessous; enfin 2,000 liv. pour ceux dont les paroisses excèdent ce nombre.

La portion des vicaires de la campagne est estimée devoir être comme celle des vicaires des villes, c'est-à-dire de 800 livres.

Quant aux moyens de parvenir à cette augmentation, les curés sont bien éloignés d'en demander aucun qui puisse blesser la piété, la justice, la charité.

En cas d'insuffisance de la branche de dîme actuellement possédée par le curé, il demande que ce qui manquera à la susdite amélioration soit pris sur l'intégralité de la dîme territoriale ; et au cas que cette intégralité de dîme ne suffise encore et ne puisse, au dire d'expert, s'évaluer au taux desdites améliorations, alors le supplément des portions congrues, en proportion susdite, serait proclamé par application des biens de Monastères abandonnés et canoniquement évacués, ou par réunion proportionnelle de bénéfices simples, séculiers ou réguliers, même à nomination royale; pour laquelle réunion de bénéfices à leurs cures, les Pasteurs osent supplier Sa Majesté de diminuer ou de simplifier en leur faveur les formalités toujours exigées en pareil cas par les Cours souveraines et presque toujours, aussi en pareil cas, obstacle réel aux bontés du Souverain : lesquelles applications de biens de Monastères, comme dit est, canoniquement évacués, ou réunion de bénéfices simples de la qualité susdite, seront opérées en faveur desdites cures et en la proportion ci-dessus voulue, limitativement et par préférence à toute autre destination.

La déclaration du 2 septembre 1786 oblige les curés de continuer à fournir la pension du vicaire, s'ils sont dans l'usage de l'acquitter. Dans le nouveau régime cet article serait évidemment à supprimer, puisqu'on ne réclame pour les curés 1500 liv., 1800 liv. ou 2,000 liv. que comme chose nécessaire à leur subsistance, et alors la pension des vicaires doit être nécessairement prise sur les dîmes ou sur réunion de bénéfices simples, séculiers et réguliers.

Dotation des Cures de l'ordre de Malte et Vicariats d'icelles. — Les Cures de Commanderies et les Vicariats de l'ordre de Malte, doivent jouir, selon le vœu uniforme, de tous et des mêmes avantages qui seraient aux autres Cures ou Vicariats, et on demande qu'elles soient gouvernées comme celles-ci par le même régime, sans reconnaître d'autre autorité au spirituel que l'épiscopale, et au Civil que celle des Tribunaux ordinaires.

Retraite pour les anciens ecclésiastiques qui auront travaillé dans le Saint Ministère. — Un des plus utiles établissements serait une retraite honorable pour les anciens Curés et ecclésiastiques qui, après avoir consacré leur jeunesse, leur santé et leurs forces au Saint Ministère, se trouveraient hors d'état de continuer leurs fonctions, et mériteraient ainsi une pension honnête, ou qu'on leur ouvrît un asile assuré contre les besoins. Cet asile serait encore nécessaire pour des ecclésiastiques auxquels il serait arrivé des malheurs, et qui déshonoreraient leur état par une inconduite caractérisée et scandaleuse.

Erection de Vicariats. — La distance et la population des lieux réclame en faveur de l'érection des Cures ou Vicariats. Une demi-lieue milite pour cette érection.

Bis Cantat. — Les *bis Cantat* entraînent trop d'inconvénients pour ne pas faire désirer une prompte réforme. Les biens de l'Eglise sagement répartis, suffiraient largement pour fournir à la desserte des Eglises et au culte divin.

On désire aussi, dans les villes épiscopales au moins, un établissement pour former les maîtres et maîtresses d'école, sous l'inspection immédiate de Monseigneur l'Evêque ou de celui qu'il voudrait bien commettre, à fin qu'étant à sa nomination seule dans les campagnes, ils fussent ainsi beaucoup mieux instruits et astreints à une plus grande régularité ; leur traitement devrait être aussi plus avantageux.

Ecoles distinctes pour les deux sexes. — La séparation des deux sexes dans les Ecoles se trouvant généralement réclamée, on demande encore un établissement pour un objet d'une si grande importance pour les mœurs.

Ordres religieux non rentés. — La pauvreté évangélique étant devenue très difficile à observer, on demande, pour suppléer à la charité qui s'éteint, qu'il soit pourvu à la subsistance des ordres mendiants.

Séminaires. Etudes gratuites. — La vertu indigente languit sans espérance de secours, et ne peut quelquefois suivre de vocation, faute de moyens. On désirerait les trouver dans les unions de bénéfices dont on vient de parler, qui fourniraient aux pensions des jeunes élèves trop peu fortunés pour entrer dans une carrière qu'ils ne peuvent courir sans être aidés dans les séminaires et encouragés dans leurs premières études.

Arrondissements des bureaux de Charité. — Il serait à souhaiter qu'on formât des arrondissements composés d'un certain nombres de paroisses, à fin que la richesse des unes suppléant à l'indigence des autres, on y pût établir une caisse de Charité pour assister les pauvres et empêcher les abus de la Mendicité, tels que la fainéantise, les rapines, les violences qu'elle exerce quelquefois et la frayeur que sa rencontre cause aux voyageurs.

Economats. — Les Economats n'ont point atteint leur but. Leur administration fait naître des inquiétudes. Ils privent d'ailleurs les bénéfices de leurs titutaires, le pays de leurs aumônes, et ils se consomment en frais inutiles. Ne serait-il pas juste de les supprimer ?

Biens ecclésiastiques. — Les baux emphitéotiques, les échanges, les accensements sont des voies d'aliéner les biens ecclésiastiques, dont le Clergé demande la proscription.

Baux ecclésiastiques. — Des suggestions toutes humaines, des morts prévues à raison de l'âge ou des infirmités, ont fait quelquefois passer des baux anticipés ; on demande pour cet objet une sage législation devenue trop nécessaire.

Baux à résilier. — En admettant la nouvelle forme d'un impôt unique, d'une plus juste répartition des revenus ecclésiastiques, les anciens baux ne sauraient subsister. Cet objet épineux demanderait un examen aussi réfléchi qu'impartial.

Franc-fief. — Ces droits de franc-fief qui s'étendent quelquefois sur les biens de l'Eglise, semblent en général incompatibles avec les encouragements qu'on veut donner à l'agriculture que ces droits féodaux oppriment.

Fabriques pauvres. — Que les fabriques pauvres soient dotées par union de bénéfices ou autrement.

PARAGRAPHE TROISIÈME.

Discipline de l'Église.

Curés primitifs. — C'est parce que l'origine des curés primitifs est parfaitement connue, qu'on réclame avec justice contre leurs prétentions, sans même l'apparence d'une utilité quelconque. Elles gênent les Curés actuels dans l'exercice de leur Ministère, en les privant dans leurs Eglises d'une juridiction qui leur est intrinsèque, de célébrer l'office solennel, d'avoir la chaire, l'autel même à sa disposition, les saintes huiles, fonts baptismaux, cimetière, etc. On les requiert avec d'autant plus de confiance que ces exceptions sont exercées par des corps ou des particuliers étrangers souvent au ministère.

Ecclésiastiques attachés à la Cour. — Il en est dont les fonctions paraissent peu utiles, quelques-unes même qui à peine ont un objet. La multitude de leurs places prive les églises où ils seraient obligés de résider des services qu'ils y doivent et nuit au service divin. Il serait digne de la Religion de Sa Majesté de faire les réformes nécessaires dans ces places. Il paraît qu'elle pourrait trouver dans les saintes Chapelles et dans les Chapitres royaux les sujets nécessaires pour desservir sa Chapelle, en appellant par quartier ou par semestre le nombre d'ecclésiastiques qui lui serait nécessaire, sans nuire à l'office divin dans ces Eglises.

Préventions. — La prévention qui favorise souvent la cupidité et introduit une précipitation nécessitée dans le choix, parait devoir être restreinte. On demande donc que le laps d'un mois, à compter du décès du titulaire, soit au moins requis avant toute expédition.

Patronage des Non-Catholiques. — L'édit concernant les Non-Catholiques, passe absolument sous silence leur droit éventuel de Patronage. Le Parlement de Paris en avait fait l'observation. On demande un examen réfléchi sur un article d'une si grande importance pour le Clergé et les Peuples.

Jugements des Ecclésiastiques entre eux. — La faiblesse humaine fait germer des zizanies et naître des difficultés dans tous les états, mais si ces difficultés pouvaient se juger par des Pairs, les Tribunaux laïques ne retentiraient pas quelquefois de la honte du Clergé.

Grades et Degrés. — Sans vouloir porter atteinte aux privilèges des Universités, on demande qu'on ne prodigue pas si facilement le titre de gradué, pour les bénéfices à charge d'âme. Ne pourrait-on pas les obliger d'exercer le Saint Ministère pendant trois ans dans une paroisse, avant qu'ils pussent en être pourvus ?

Concours. — L'extrême importance de la charge des âmes, d'où résulte l'obligation de ne la confier qu'aux Ministres les plus dignes, nous fait désirer et demander que la nomination des Curés soit soumise au concours et que, dans ce concours, non seulement la science et les talents, mais la piété et les bonnes qualités du cœur et de l'esprit soient examinées, constatées et pesées au poids du sanctuaire par l'Evêque assisté d'un certain nombre d'examinateurs.

QUATRIÈME PARAGRAPHE.

Objets Civils.

Tenue périodique des Etats-Genéraux. — Toutes les institutions humaines portent avec elles un caractère de faiblesse, tout ne peut se prévoir ni se corriger. Les abus naissent des avantages, et les désordres de l'ordre même. Le clergé demande donc que les Etats-Généraux deviennent périodiques, et fixent leur tenue à la révolution de cinq années.

Opinion par têtes. — L'opinion publique est le concours de toutes les lumières, le produit de toutes les réflexions, le résultat de tous les suffrages. Ce sont les individus qui opinent ; leur nombre individuel doit donc être consulté et leur opinion par tête doit donc prévaloir.

Etats provinciaux. — Afin de simplifier la recette et remettre un ordre plus fixe, plus connu, plus facile à saisir dans la dépense, on demande des Etats provinciaux qui asseyent le tribut, qui fassent la recette, qui versent en droiture dans le Trésor royal ou une caisse nationale l'excédant des dépenses pour la confection des routes et leur entretien, pour le militaire cantonné dans la province, etc. L'organisation des Etats du Dauphiné semble offrir plus d'harmonie dans les délibérations, plus d'équilibre dans le pouvoir des trois ordres ; et elle est réclamée, s'il n'en parait pas de meilleure et de plus salutaire.

Assemblées Municipales. — On demande que les Curés, dans les Assemblées Municipales, ne soient pas précédés par les syndics, sur lesquels leur état réclame la prééminence.

Impôt unique et Universel. — Ce n'est qu'avec douleur qu'on se rappelle la rigueur des lois fiscales et les malheurs qui en sont les suites ; on demande donc, pour y obvier, un seul et unique impôt à répartir avec équité sur tout le royaume, sans aucun égard d'ordre et d'état, sans aucun privilège, et que cet impôt soit consenti par les trois ordres.

Impôt territorial pour les campagnes. — En attendant le concert et l'adhésion des trois ordres à cet égard, on propose l'impôt territorial pour les campagnes, comme moins onéreux à la classe indigente du peuple, et atteignant sans connivence les gros propriétaires et les seigneurs.

Pour les villes, à la décision des Etats-Généraux. — Quant aux Villes, on s'en rapporte entièrement aux lumières et aux décisions des Etats-Généraux ; la théorie se trouverait peut-être trop éloignée de la pratique pour consigner ici de simples projets.

Aides et Gabelles. — Comme l'impôt unique et universel doit suffire aux charges de l'Etat, on réclame avec la plus vive instance la suppression des aides et gabelles, cet impôt qui a toujours été si onéreux aux citoyens de tous les ordres et surtout au peuple, à raison d'une plus grande consommation. Pourrait-il subsister plus longtemps cet impôt appelé désastreux par le Roi lui-même ?

Barrières à reculer aux frontières. — Les barrières reculées aux frontières du Royaume paraissent être un moyen de rendre la circulation et de donner beaucoup plus de facilité au commerce.

Capitalistes. Commerce. — On demande que le commerçant supporte les charges de l'Etat, comme le cultivateur, dans une juste proportion, et que les capitalistes dont l'opulence est resserrée dans l'obscurité d'un portefeuille supportent également l'impôt. Le timbre semblerait atteindre ce but désirable, si ses dangers, son extension ne jetaient d'avance l'alarme, et ne faisaient redouter cet impôt, quoiqu'admis chez nos voisins.

Luxe. — Le luxe n'est point la preuve des richesses et de la prospérité publique, il en est au contraire un des plus grands fléaux ; il entraîne nécessairement la perte des mœurs générales et particulières. L'assujettir à un impôt, ce serait soulager les besoins de l'Etat et mettre l'opulence à une juste contribution. Des lois somptuaires sur le nombre excessif des domestiques, des équipages, des chevaux, des feux, exciteraient sans doute de vives et de puissantes réclamations ; mais elles n'en seraient pas moins admissibles et avantageuses.

Poids et Mesures. — Cette multiplicité de poids et de mesures n'a point jusqu'ici manqué de partisans; mais, par l'abus fréquent qu'on en fait, on sollicite une réforme après laquelle on soupire vainement depuis Philippe Le Long, qui l'a si sérieusement entreprise.

Vénalité des offices et Cours souveraines. — La vénalité des charges, l'éloignement des Tribunaux et des lieux dans lesquels s'élèvent les procès, nuisent à la bonne administration de la justice ; les délais ne sont pas moins dangereux pour le bon droit et la pauvreté. On demande une prompte réforme dans ces objets importants qui ont si grand rapport avec la félicité publique. Des Cours souveraines prudemment réparties sont le vœu général du Clergé d'Amiens.

Droits d'amortissement. — Il demande aussi de n'être plus assujetti à la loi d'amortissement, dont les effets sont infiniment gênants pour toute espèce d'amélioration.

Notaires. — La fortune et la tranquillité des citoyens repose sur les contrats. Il importe donc essentiellement que les Ministres publics chargés de leur rédaction et de leur dépôt soient examinés sur leur religion et leur capacité.

Contrôle et Insinuation. — Sagement établies pour la conservation des actes, ces formalités leur sont devenues dangereuses. L'arbitraire, qu'une cupidité encouragée par des récompenses y a introduit, fait gémir sous un régime qui, en effrayant les parties contractantes, les expose à des réticences dangereuses et ensuite à des procès ruineux.

Chasse. — Que le droit de chasse soit contenu dans de justes bornes par l'exécution des lois faites à ce sujet, à fin que l'excessive multiplication du gibier ne nuise point aux récoltes.

Milice. — En attentant à la liberté individuelle des citoyens, en désolant les habitants des campagnes, en les ruinant par les dépenses qu'elle entraîne, la Milice par le sort arrache encore sans pitié au sein d'une mère et d'une famille consternées, un fils nécessaire à leur subsistance et à la culture de leur petit domaine. On demande donc avec instance que tous les enrôlements soient volontaires et que, pour les encourager, le soldat ne soit point humilié par des punitions flétrissantes, ni porté à la désertion par un châtiment indigne d'un militaire français.

Maréchaussée. — On désire l'augmentation de cette troupe reconnue infiniment utile et nécessaire pour la sûreté publique.

Grands chemins et routes de traverse. — L'impôt unique réparti avec équité et sans aucun égard aux ordres, aux privilèges, semble nous assurer contre la crainte qu'inspirait l'ancien régime des ponts et chaussées. On demande que les routes soient faites et entretenues par le concours des trois ordres ; que les traverses soient rendues praticables par des travaux qui puissent occuper les indigents.

Chirurgiens et sages-femmes. — Cet objet est des plus intéressants pour la religion et l'humanité. Il est important que les chirurgiens et les sages-femmes soient instruits et placés à des distances convenables selon la population et le besoin des cantons. Dans plusieurs endroits, il leur faudrait assigner des émoluments et donner des encouragements pécuniaires, à raison de la pauvreté des habitants et de l'étendue des lieux qu'ils auraient à soigner ou à secourir.

Lettres de cachet. — On ne peut disconvenir de leur utilité dans certains cas. Il serait à souhaiter que leur dispensation fût assujettie à l'examen d'un Conseil, pour empêcher les surprises qui peuvent avoir lieu dans les demandes qu'on en fait.

Sûreté des Lettres missives confiées à la Poste. — Un secret confié oblige en honneur et en conscience celui qui en est dépositaire. Les lettres jetées dans la boîte commune pour parvenir à leur destination, doivent être regardées comme un dépôt sacré, mis sous la sauvegarde publique et trop intéressant pour les familles et même pour la religion pour n'être pas souverainement respectées. Aucune autorisation ne saurait autoriser à en violer le sceau.

Signé :

† L. C., Evêque d'Amiens ; DE DOUAY DE BAINES, archidiacre, avec réserve et protestations ; DESJOBERT, préchantre et chanoine d'Amiens, avec réserve; DARGNIES, archidiacre, avec protestation et réserve; TOUCHY, prieur commendataire de Saint Denis de Poix, avec réserve; PECQUET, curé doyen de Grandvilliers ; LEFEBVRE, curé de Leuilly; DEMACHY, curé de la Chaussée et doyen de Vinacourt ; BÉDOS, prieur-curé de St Pierre de Ham ; DEGOVES, curé de Sessaulieu et doyen de Conty ; MARDUEL, curé de St Denis d'Airaines ; DUMINY, curé de St Michel de la ville d'Amiens; BRANDICOURT, curé de St Firmin-le-Confesseur, sans aucune réserve; QUENTIN, curé de Saleux et Salouël, absolument sans réserve ; VASSEUR, curé de Picquigny ; CORNU, curé d'Yvren ; CAUCHY, curé de Bernaville, sans réserve ; DESSOMMES, curé de Chepy ; CORDIER, curé de Cagny ; F. MESUROLLE, R. † cordelier ; CALLÉ, curé de N. D. de St Riquier ; F. GERMAIN, R. carme ; D. MATHIEU, sous toutes réserves de droit et sans préjudicier aux adhésions et justes réclamations du clergé régulier ; FERTEL, curé de St Sulpice, secrétaire ; DUPRÉ, curé de Villers-Bretonneux ; Sans préjudicier aux droits, privilèges des ordres religieux, F. MARESCHAL, prieur de St Jean, ordre de Prémontré.

PROTESTATIONS DIVERSES.

De Monseigneur l'Evêque. — D'après la forme actuelle de convocation des Etats Généraux ; il pourrait arriver que, vu le petit nombre d'évêques qui s'y trouveraient, le Corps épiscopal n'y fût pas suffisamment représenté; les évêques sont cependant les seuls juges de la foi, matière que l'on a quelquefois traitée dans les Etats Généraux, les administrateurs-nés de leur diocèse, les principaux juges de leurs besoins, des abus qui règnent et des moyens d'y remédier ; eux seuls en embrassent l'ensemble, et rien de ce qui peut concerner l'état de leur diocèse, les titres, les biens, la discipline ne leur est étranger. En eux réside la juridiction ecclésiastique, et rien ne s'y peut faire sous leur influence, n'étant pas suffisamment représentés. Pourront-ils, sans manquer à leur Ministère, accéder à des opérations faites sans eux, qui demanderaient le concours de leur autorité ? Serait-il permis au clergé même, dans ce cas, d'après les canons de l'Église, de consentir à aucun don et à des sacrifices dans les Etats Généraux ? Ne serait-il pas inouï et affligeant pour lui de s'y trouver presque dépourvu de ceux que Dieu même a établi ses chefs, en qualité de premiers pasteurs de l'Eglise ? On croit donc qu'il est de l'honneur du caractère épiscopal et du bien du Clergé que les Evêques paraissent en grand nombre aux Etats Généraux, sans préjudice aux droits du clergé du second Ordre et des religieux qui, formant un corps considérable dans l'Eglise, sont en danger de n'avoir aucun représentant à l'Assemblée nationale.

Des dignitaires. — Les dignitaires de l'église cathédrale, non admis par le réglement à l'Assemblée des trois Ordres de leur province, y ont cependant un droit incontestable. Chaque dignité, par le titre, les droits et les revenus, est un bénéfice distinct, tant des prébendes que des autres dignités ; on peut posséder une dignité sans prébende, ce qui arrive assez fréquemment ; les dignitaires ne sont point alors appelés à la discussion des intérêts des chanoines, comme ceux-ci ne se mêlent point de la gestion des revenus attachés aux dignités. On peut se démettre de la dignité en conservant la prébende, et *vice versa* : pour être chanoine et dignitaire en même temps, il faut double provision et double prise de possession.

Les dignités sont sujettes à la résignation ; en un mot, elles ont tous les caractères des vrais bénéfices séparés ; la possession d'une prébende avec une dignité est accidentelle à celle-ci, n'en change point la nature, n'en altère point les droits, et un dignitaire qui est chanoine n'en a pas moins le pouvoir de se trouver à l'Assemblée des trois Ordres, qu'un abbé et prieur qui le seraient ; il paraît donc qu'en qualité de premiers titulaires du Diocèse, ils ne peuvent être exclus de l'Assemblée des trois Ordres de la province.

Du Chapitre et des ecclésiastiques des Villes. — Les Chapitres ont lieu de se plaindre de ce que les réglements de convocation les restreignent à n'envoyer qu'un député sur dix chanoines à l'Assemblée des trois Ordres de la province, tandis que tous les autres bénéficiers et ecclésiastiques, jusqu'aux simples sous-diacres domiciliés dans les campagnes, sont appelés à la dite assemblée et peuvent constituer procureur en leur nom ; cependant chaque prébende est un bénéfice, un véritable titre distinct, d'un revenu séparé dans plusieurs Chapitres de ceux des autres prébendes, et chaque chanoine, surtout ceux des églises cathédrales, a plus d'intérêt que les susdits ecclésiastiques, soit par la contribution aux charges communes, soit par le rang que lui donne son titre, aux délibérations des Etats Généraux ; les ecclésiastiques des villes ont les mêmes réclamations à faire sur la distinction que les réglements mettent entre eux et les ecclésiastiques des campagnes. Leurs titres pour paraître à l'Assemblée des trois Ordres sont parfaitement égaux et leur y donnent les mêmes droits.

Signé :

† Louis-Charles, évêque d'Amiens.

On y a soutenu protestation contre le vœu de l'opinion par tête dans les Etats Généraux et demandant qu'elle soit par Ordre.

Du Chapitre et des autres bénéfices. — Nous soussignés, Charles-Philippe Desjobert, préchantre; Pierre-Jacques Du Gard ; Jean-Baptiste Rose, tous trois chanoines députés du Chapitre de l'Eglise cathédrale, en adhérant aux cahiers de doléances et des pétitions de Messieurs de l'Ordre du clergé du ressort du Bailliage d'Amiens, pour tout ce qui intéresse la gloire de la religion, l'honneur du trône, la satisfaction du Roi, le bien général de l'Etat, la félicité publique, et partageant à cet égard les vœux des deux Ordres et les sentiments patriotiques qui les animent. nous soumettant à toutes impositions pécuniaires relatives aux circonstances présentes, conformément à notre revenu fixe et aux charges non arbitraires à imposer aux citoyens des différentes classes, nous croyons tant en notre nom qu'en celui de notre Chapitre dont nous sommes les députés, nous réserver dans les privilèges et propriétés qu'attaquent les articles des portions congrues, en tant qu'elles sont demandées à un prix exhorbitant, et des curés primitifs, contre lesquels nous réclamons et protestons, disant que nous ne voulons et ne pouvons acquiescer à leur exécution, déclarant qu'on ne peut en approuver les motifs sans en attaquer les lois primitives et constantes de la nation, sans anéantir les lois de la jurisprudence qui a toujours maintenu et protégé tous les genres de propriété. A Amiens le 16 avril 1789.

Signé : Desjobert. Du Gard, Rose, chanoines.

L'Université des chapelains de l'Eglise cathédrale d'Amiens adhère à la présente réclamation et protestation, ainsi qu'à la réclamation insérée dans les cahiers du dit Chapitre, tendant à être appelés comme les autres ecclésiastiques constitués dans les ordres sacrés non résidents dans les villes, comme tous les curés et autres bénéficiers. A Amiens, le 16 avril 1789.

Signé : Lucas, chapelain de Pullé.

Nous adhérons à la présente réclamation.

Signé :

De la Rouzée, doyen du Chapitre de Fouilloy ; Mareschal, prieur de l'Abbaye de St Jean, ordre de Prémontré ; Legros de Conflans, prieur de Valloires ; D. Mathieu, prieur de St Nicolas ; D. Loudier, prieur de St Fuscien ; F. Leger, chanoine prémontré ; D. Senez, R. B. Grand-prieur de Corbie ; Dauphin ; D. Enocq. prieur de St Riquier ; Faisan, prieur de Sery; De Bonnaire ; D. Laly, prieur de St Valery; D. Mepuis ; D. Fourmau, prieur des Feuillants ; L. N. Blondelle ; Beusnier ; Joly, prieur de Selincourt ; Delaire, pour la Visitation ; Decoisy, député du chapitre de St Martin ; Demanché, député des chapelains ; Beauger, député du chapitre de Picquigny ; Revoir, pour l'abbaye de St Acheul ; Hecquet, trésorier du chapitre de Picquigny ; Dom Sauvage, député de l'abbaye de Beaupré ; Touchy, prieur de St Denis, de Poix ; Asselin, chapelain de Fricamps ; Voclin, titulaire du personnat de Bézieux ; Leclercq, prieur député des Augustins ; Thuillier, supérieur et député des Minimes ; Dargnies, titulaire du personnat de Treux; Petit, prémontré ; Dargnies, au nom de Monseigneur l'Evêque de Noyon, abbé de St Jean, et des Ursulines ; Tondu, prieur de Bacouel ; l'abbé Tascher, abbé de St Pierre de Selincourt ; Champion, pour l'abbaye de Ham et le prieur de St Martin de la dite ville ; Dom Broyard, prieur de l'abbaye du Gard ; Bertin, au nom de l'abbé du Lieu-Dieu ; Caron, personne de St Aubin ; Beguin, prieur de Lanchères : Brunel, chapelain d'Acheux ; D. Paul Mercier, procureur de l'abbaye du Lieu-Dieu ; Deslaviers, doyen du chapitre de Vinacourt : Mellier, doyen de St Vulfran, au nom de Monseigneur l'abbé de St Riquier ; Dericquebourg, caritable de Corbie.

Collégiale de Saint-Martin ; *Chapelains de la cathédrale*. — D'après la lecture qui nous a été faite, nous croyons nous rappeler que le vœu des rédacteurs est que l'amélioration du sort des curés se fasse sans blesser la piété, la justice et la charité. Cependant on indique le principal moyen de cette amélioration dans l'intégralité des dîmes, ce qui ne peut se faire sans réduire au néant plusieurs collégiales et chapelles. Or, comment concilier cela avec les premières règles de la piété et de la justice et de la charité ? N'était-il pas plus naturel de demander l'établissement d'une caisse diocésaine formée du produit de tous les bénéfices simples et où l'opulence serait forcée de verser son superflu ? Nous réclamons donc contre cet article, et comme propriétaires et comme frères, et qu'on laisse aux possesseurs des dîmes au moins l'équivalent de la portion congrue des curés.

Signé : De Coisy, chanoine, député de St-Martin ; De la Rouzé, doyen du Chapitre de Fouilloy ; Deslaviers, doyen du Chapitre de Vinacourt ; Fertel, prévôt de l'Université des Chapelains.

Contre l'omission de l'article titre clérical, demander que la somme exigée pour ledit titre soit doublée, triplée, et en proportion rigoureuse de l'augmentation exhorbitante demandée par Messieurs les curés à portion congrue.

Signé :
Blondel ; Le Prieur de Saint-Fuscien, F. Thuillier,
avec paraphes.

De Messieurs les Réguliers. — Les religieux soussignés, réitérant l'expression des sentiments patriotiques, contenue au cahier de Doléances du clergé du bailliage d'Amiens, déclarent qu'ils adhèrent audit cahier pour tout ce qui concerne la gloire de la religion et la restauration de la félicité publique, mais ils croient devoir, tant en leur nom que pour leurs commettants, protester contre tous les articles dudit cahier qui tendent à détruire les privilèges. droits, exemptions, et surtout les propriétés dont ils jouissent depuis un temps immémorial, sous la sauvegarde des lois du Royaume.

L'amélioration des cures de villes et de campagnes, ainsi que des pensions de vicariats fixées par Messieurs les curés et portées à des taux qui ne pourraient être remplis que par des réunions invoquées plusieurs fois dans le cahier de doléances, exigerait que les religieux soussignés fissent l'abandon de leurs propriétés décimales ; mais ceux-ci représentent à cet égard qu'ils seraient dans l'impossibilité de faire tous les sacrifices, parce que les dotations fixées par le cahier absorberaient les revenus de beaucoup de leurs maisons, qui ne consistent qu'en dîmes ; le consentement des soussignés devient donc impossible et l'assignat forcé de ces dotations de cures et vicariats, sur les dîmes des religieux serait une attaque de leurs propriétés, dont ils espèrent n'avoir pas à redouter les effets sous le règne d'un Roi aussi juste que bienfaisant.

Les religieux demandent qu'il leur soit permis de manifester le désir ardent qu'ils ont d'être employés aux exercices du saint Ministère, et pour ce de rentrer dans la desserte des cures, dont la nomination leur appartient en qualité de gros décimateurs. Ils offrent même de desservir toutes les cures à portion congrue que Messieurs les Ecclésiastiques séculiers trouveraient d'un revenu trop modique.

Comme aussi les Religieux soussignés font toutes protestations contre les motions insérées au cahier de doléances tendant à la suppression des droits des curés primitifs, qui sont de vraies propriétés. Ils protestent pareillement contre l'opinion par tête demandée par la pluralité, estimant à cet égard que l'opinion par Ordre ait lieu dans les Etats Généraux ou du moins, en cas que l'opinion par tête prévale, que cette opinion par tête se prenne dans les chambres séparées de chaque Ordre et non pas dans une assemblée générale des trois Ordres réunis ; et que l'opinion par tête ne puisse jamais avoir lieu lorsqu'il s'agira de délibérer sur un objet qui intéresserait particulièrement un seul des trois Ordres contradictoirement avec les deux autres.

Concourant aux vœux manifestés dans le cahier de doléances touchant les études publiques, les religieux soussignés font à cet égard toute soumission d'établir autant qu'il leur sera possible, dans les campagnes surtout, des écoles gratuites, où ils recevront en égal nombre les enfants de l'Ordre de la noblesse et ceux du Tiers-Etat.

Enfin tous ceux des religieux soussignés, de tous ordres indistinctement, qui épousent les maisons pour lesquelles ils font profession, réitèrent en tant que besoin sera leurs protestations, spécialement contre les réunions qui pourraient être entreprises, sous tel prétexte que ce fût, d'aucunes des maisons, communautés et monastères de leur Ordre, attendu que ces réunions seraient absolument destructives du vœu de stabilité que font les religieux de ces ordres.

Telles sont les réclamations et protestations des religieux soussignés, qui croient ne pouvoir trop renouveler et manifester leurs vœux ardents et sincères pour le soutien et l'avantage de la religion et pour la prospérité du Royaume.

Signé :

D. P.-J. Senez, prieur de Corbie ; François Mareschal, prieur de l'abbaye de St-Jean d'Amiens ; Dom G. Enocq, prieur de l'abbaye de St-Riquier ; Le Gros de Conflans, prieur de Valloires, ordre de Citeaux, vicaire général ; Dom Michel ; L. J. Laly, prieur de l'abbaye de St-Valery ; F. Broyard, prieur de l'abbaye du Gard, ordre de Citeaux ;

F. Joly, prieur de l'abbaye de St-Pierre de Selincourt ; D. J.-C. Loudier, prieur de l'abbaye de St-Fuscien ; Faisan, prieur de l'abbaye de Sery ; D. Fourmau, prieur des Feuillants ; Carbon, prieur de Marcelcave ; D. A.-L. Mathieu, prieur de St-Nicolas de Regny; D. P.-L. Paradis, procureur de l'abbaye de St-Fuscien ; Couillard, Prémontré ; Lévêque, Prémontré ; Dom Sauvage, de l'ordre de Cîteaux ; Falempin, Prémontré ; D. L.-N. Blondelus, prieur de St-Valery ; Béguin, prieur de Lanchères ; F. Mercier, prieur de l'abbaye du Lieu-Dieu, ordre de Cîteaux; De Bonnaire, Prémontré ; Léger, procureur de l'abbaye de St-Jean, ordre de Prémontré ; Dom Mepuis.

Réclamations des Religieux Augustins. — Monseigneur et Messieurs, Les Religieux Augustins d'Amiens ne peuvent souscrire à l'article du cahier de doléances du Clergé du Bailliage d'Amiens au sujet des petites maisons, dont le modique patrimoine serait destiné à l'augmentation des cures en cas de suppression ; lesdits religieux ne verraient qu'à regret sortir de leurs mains, pour passer dans celles de Messieurs les curés, ce qu'ils auraient pu gagner en qualité de troupes auxiliaires au service des mêmes curés.

Ces petites épargnes n'appartiennent pas seulement à ceux qui habitent maintenant lesdites maisons, mais encore à ceux qui y ont demeuré. Ils ont donc droit de réclamer pour leurs confrères et pour eux, en cas de suppression, ce qu'ils n'osent croire, et de demander que le revenu en soit transporté à d'autres maisons de leur ordre, puisque les biens sont communs entre eux, et le fruit commun de leur sueur, et que c'est avec le produit de ces mêmes sueurs qu'ils ont acquis le peu qu'ils possèdent.

Signé : F. Leclercq. prieur et député des Augustins.

Pour la même réclamation,

Signé : De Croix, gardien des religieux Cordeliers du couvent de Doullens.

Les religieux Dominicains vulgairement appelés Jacobins souscrivent à la juste réclamation des religieux Augustins. Frère J.-B. Bazin, prieur et député.

Les religieux Minimes souscrivent à la même réclamation. F. Thuillier, supérieur et député des Minimes.

Les religieux Carmes Déchaussés souscrivent à la même réclamation.

Signé : F. Germain, prieur et député des Carmes.

Les religieux Cordeliers souscrivent à la même réclamation,

Signé : F. Mesurolle, député.

Et cejourd'hui 18 avril quatre heures de relevée, Messire Pierre Tascher, abbé commendataire de l'abbaye de St-Pierre-lès-Selincourt dite de Ste-Larme, ordre de Prémontré, a dit que s'il avait souffert que le jour d'hier et jours précédents M. de Lestocq, abbé commendataire de Clerfay, ait présidé l'Assemblée dans les intervalles pendant lesquels Mgr l'Évêque est sorti à plusieurs reprises de l'Assemblée, et aujourd'hui matin avant l'arrivée de mondit seigneur l'Evêque, sans qu'il fût statué sur la réclamation par lui faite hier et réitérée cejourd'hui, ça été uniquement dans la vue de ne point retarder les opérations de l'élection à commencer, et afin que Messieurs les curés pussent retourner dans leurs paroisses, ainsi qu'ils en ont manifesté le plus vif désir ; mais que, dans la crainte qu'on ne tirât avantage de sa condescendance pour prétendre qu'il aurait consenti à accorder la Présidence à M. l'abbé de Clerfay sur lui, il requérait l'Assemblée de recevoir et d'insérer au procès-verbal ses réclamations et protestations contre ce qui s'est passé.

Qu'il serait fondé à soutenir que la Présidence de l'Assemblée lui était dévolue, en l'absence de Mgr l'Évêque, en sa qualité d'abbé commendataire.

Que cette qualité lui donne, suivant tous les canonistes, rang de prélat ; qu'il est aujourd'hui reçu que les abbés commendataires ont droit de jouir des mêmes droits honorifiques que les abbés titulaires ; qu'ils sont admis comme prélats dans les Assemblées des Etats ; qu'il est même de fait qu'ils se présentent aux Etats de Bretagne en camail et rochet et prennent rang immédiatement après les évêques.

Que M. de Lestocq n'étant à la présente Assemblée qu'en qualité d'abbé de Clerfay, et non comme député du Chapitre, il ne pouvait pas prendre la préséance sur lui abbé de St-Pierre-lès-Selincourt ; qu'il est moins ancien que lui en titre ; et qu'il est de règle entre les prélats, Évêques ou abbés, que chacun prenne son rang suivant l'ancienneté de son titre d'Évêque ou d'abbé ; que quand M. l'abbé de Clerfay aurait pu se prévaloir de sa qualité de Doyen de la cathédrale dans une Assemblée où il ne paraît pas en cette qualité, elle n'aurait pu lui obtenir la préséance sur lui abbé de St-Pierre-lès-Selincourt, parce que les députés des Chapitres, même de cathédrale, ne marchent dans l'ordre hiérarchique de l'Église qu'après les abbés comme prélats.

Que le contraire a pu d'autant moins être soutenu dans cette assemblée que le réglement de Sa Majesté du 24 février dernier appelle les abbés immédiatement après les Évêques et avant les Chapitres.

Que l'article neuf de ce réglement porte que les baillis et sénéchaux principaux feront assigner les évêques et les abbés, tous les chapitres, corps et communautés ecclésiastiques, etc.

Que la même chose est répétée dans l'article 37 pour les bailliages secondaires.

Qu'enfin par l'article 39 Sa Majesté, en statuant que la place que chacun prendrait dans l'Assemblée ne pourrait tirer à conséquence dans aucun cas, a néanmoins suffisamment manifesté son intention que chacun eût la préséance due à son rang et à sa dignité, en annonçant qu'elle ne doutait plus que tous ceux qui composaient les Assemblées n'aient ces égards et les déférences que l'usage a consacrés pour les rangs, les dignités et l'âge.

Que par toutes ces raisons ledit abbé de St-Pierre-lès-Selincourt soutenait que la préséance indûment prise sur lui par M. l'abbé de Clerfay, ne pourra nuire ni préjudicier à sa place et à lui. Et a signé, ce dix-huit avril 1789, et demandé à M. le Secrétaire de l'Assemblée de l'inscrire dans le cahier de doléances.

Signé : l'Abbé Tascher, abbé commendataire de Saint-Pierre-lès-Selincourt.

Je certifie que toutes les protestations ci-dessus insérées sont conformes aux originaux déposés au greffe. A Amiens ce 18 avril 1789.

Fertel, curé de St-Sulpice d'Amiens, secrétaire.

† Louis Ch., Évêque d'Amiens.

(Archives Nationales. B^a 12)

B
(Voyez page 5.)

CAHIER DES DOLÉANCES DU CLERGÉ DE LA SÉNÉCHAUSSÉE DE PONTHIEU.

Le Clergé des comtés de Ponthieu et d'Eu (a), profitant de l'heureuse liberté que le Roi veut bien lui accorder, bienfait inespéré qu'il ne doit qu'à la bonté et

---

(a) Le comté d'Eu faisait partie de la province de Normandie. Il en fut distrait pour sa juridic-

à l'affection de son auguste Monarque et aux sages avis du vertueux Ministre qu'il a rappelé dans son conseil, dépose humblement aux pieds du trône ses demandes et doléances.

Citoyens de l'Etat et ministres de la Religion, nous exposerons avec confiance, nos vœux pour le bonheur des peuples et l'avantage de cette même religion, exprimés dans les articles suivants.

Article premier. — Le retour périodique des Etats Généraux, et que les voix y soient comptées par tête et non par Ordre.

Art. II. — L'établissement des Etats provinciaux annuels, dans la même forme que les généraux, qui soient saisis de la portion d'autorité attribuée aux Intendants, soit au civil, soit en matière d'impôts, auxquels en appartiennent la perception et la répartition, qui versent directement les fonds dans le trésor royal, et qui soient aussi seuls chargés de la confection et de l'entretien des chemins et autres travaux publics.

Art. III. — Abrogation de tous privilèges pécuniaires.

Art. IV. — Le reculement des barrières aux frontières du royaume, pour l'avantage du commerce et la tranquilité du citoyen.

Art. V. — Abolir la milice de terre, proscrire la levée des matelots parmi les laboureurs, et employer la forme usitée dans les états d'Artois.

Art. VI. — Supprimer les aides, gabelles, fermes générales, corvées, tailles et accessoires, vingtièmes, franc-fiefs, centième denier, loteries, qui pèsent sur le peuple, et autres impôts désastreux.

Art. VII. — Les remplacer par un impôt général sur tous les biens et propriétés foncières, sans distinction d'ordre, de rang, ni de personne, et uniforme dans sa perception par une contribution personnelle, proportionnée aux fortunes pécuniaires, et par une taxe sur les objets de luxe, en sorte que l'impôt tombe le moins possible sur la classe indigente.

Art. VIII. — La modération des impôts combinés avec l'avantage de la société tels que le Contrôle, la Poste aux lettres, les Messageries, etc..... Publier à

---

tion, par l'effet de son érection en pairie et ne resta plus attaché à cette province que pour les impositions. Le privilège de la pairie le plaça dans le ressort du Parlement de Paris et, pour la juridiction royale, dans l'enclave de la Sénéchaussée de Ponthieu. Les lettres qui ajoutèrent la dignité de la pairie au comté d'Eu furent données par le roi Charles VII, en faveur de Charles d'Artois, comte d'Eu, au mois d'août 1458. Elles furent confirmées par Henri II le 19 mars 1551. (Cf. le Cahier de plaintes et remontrances du Tiers-État de la Sénéchaussée de Ponthieu, du 26 avril 1789. Arch. Nation. B^A 12. — *La ville d'Eu*, par Désiré LeBœuf, p. 217 et 283.)

l'égard du contrôle un tarif qui en fixe les droits d'une manière claire, sans aucune extension.

Art. IX. — La réforme du code civil et criminel, etc., principalement de la coutume de Ponthieu.

Art. X. — La suppression des tribunaux d'exemption, des justices patrimoniales et seigneuriales, du privilège de *committimus*, et de rapporteurs affidés.

Art. XI. — Détruire la vénalité des charges de magistrature.

Art. XII. — Etablir une cour souveraine dans chaque province; accorder aux sénéchaussées, présidiaux et bailliages, le droit de juger en dernier ressort, jusqu'à la concurrence de quatre mille livres, et former les arrondissements aux dites juridictions.

Art. XIII. — Attribuer aux dites cours souveraines, l'entière connaissance des droits domaniaux.

Art. XIV. — Que les municipalités des campagnes connaissent des plaintes formées pour querelles, injures et légers dommages, avant qu'elles puissent être portées à un autre tribunal, et que les curés y occupent le rang que leur état leur assigne.

Art. XV. — La suppression des jurandes, au moins pour les comestibles; celle des banalités, du droit odieux de quint et requint dans les mutations par succession, par le pouvoir de s'en rédimer.

Art. XVI. — Un nouveau code de pêche et de chasse, l'exécution des ordonnances relatives aux colombiers et volières; un règlement pour les eaux et forêts; que la déposition d'un seul garde soit insuffisante dans les procès-verbaux.

Art. XVII. — Encourager la plantation des bois, en régler les coupes et les ventes.

Art. XVIII. — Déclare en outre le dit Clergé consentir et adhérer aux autres demandes qui seront formées par l'Ordre de la Noblesse et celui du Tiers-Etat, en tant qu'elles concourront au bonheur de la Nation, à la prospérité du Royaume et à la conservation des propriétés des trois Ordres.

Art. XIX. — Remettre en vigueur les lois et ordonnances du Royaume qui ont pour objet les bonnes mœurs et la religion; enjoindre aux magistrats de veiller à leur exécution, de réprimer le libertinage public et scandaleux, sur la réclamation des curés, et de les appuyer de toute leur autorité dans l'exercice de leur ministère.

Art. XX. — Proscrire la libertée illimitée de la presse, soigner l'exécution des lois concernant les livres contre les mœurs et la religion, et surtout en empêcher la distribution.

Art. XXI. — S'occuper spécialement de l'éducation de la jeunesse, tant des villes que des campagnes ; revivifier les études publiques ; établir des écoles pour les deux sexes dans les paroisses considérables, sous l'inspection des curés, et pourvoir à la subsistance de ceux qui rempliront ces utiles fonctions.

Art. XXII. — Empêcher la mendicité, établir dans les paroisses des bureaux de charité, pour subvenir aux besoins des pauvres et, en cas d'insuffisance, y pourvoir par une caisse régie et administrée par les Etats de la Province.

Art. XXIII. — Remédier à l'ignorance et l'impéritie des sages-femmes et des chirurgiens répandus dans les campagnes.

Art. XXIV. — Etablir des curés dans les églises succursales.

Art. XXV. — Qu'il soit représenté que les cures à portion congrue et celles des villes dont le revenu consiste en un casuel modique et incertain, ne sont pas suffisantes pour la subsistance des curés, et que la déclaration de sa Majesté, de 1786, relativement à l'union des bénéfices n'a point encore eu d'effet dans ces deux comtés.

Qu'il serait à propos d'assigner aux dits curés une pension honnête et relative au nombre de leurs paroissiens, qui les mît à portée d'exercer gratuitement les fonctions de leur ministère et que le gouvernement fixera selon sa sagesse : leur laisser néanmoins l'option entre ladite pension et leur dîme.

Art. XXVI. — Faire à tous vicaires et prêtres, dans l'exercice de leurs fonctions, un sort proportionné à celui des curés, et leur donner un logement.

Que, dans le cas où les vicaires jugés nécessaires ne seraient pas pensionnés, la portion vicariale soit supportée par les décimateurs sans fonctions.

Art. XXVII. — Pourvoir à ce que les églises aient un revenu suffisant pour leur entretien et la décence du culte, ainsi que pour les constructions et réparations des chœurs, presbytères et écoles.

Art. XXVIII. — Pour remplir ces divers objets, Sa Majesté est suppliée d'employer les bénéfices simples et en commende, les biens des maisons religieuses supprimées ou à réunir, conformément à l'ordonnance, et autres moyens que lui dicteront sa sagesse et sa religion, et de suivre dans le partage des dits biens, les règles de l'ancienne discipline, qui en assignaient un tiers au soulagement des pauvres, un tiers à la subsistance des ministres actifs de la religion, et l'autre à l'entretien des églises, pauvres, écoles.

Art. XXIX. — Réunir les Chapitres des campagnes aux Chapitres des villes voisines, pour jouir par chacun des titulaires de leur prébende particulière ; et après le décès des paisibles possesseurs, en diminuer le nombre ou les amortir suivant le besoin des chapitres auxquels ils seraient unis, sauf les droits honorifiques des seigneurs et leur consentement.

Art. XXX. — Accorder pour retraite et récompense aux curés et généralement à tous les ministres qui auront travaillé au moins pendant vingt ans dans le ministère, les canonicats des cathédrales et collégiales des villes, et aux vieillards et aux infirmes, des pensions sur les gros bénéfices sans fonctions.

Art. XXXI. — Qu'on ne puisse être pourvu de bénéfice à charge d'âmes qu'après avoir passé dans le ministère un certain temps, qui sera fixé par une loi générale.

Art. XXXII. — Laisser aux curés seuls des paroisses le choix des prêtres qui travaillent conjointement avec eux dans le ministère.

Art. XXXIII. — Anéantir les privilèges et exemptions des religieux, par rapport à leurs commensaux, comme contraires aux droits des curés et de l'Ordinaire.

Art. XXXIV. — Se conformer rigoureusement aux décrets du Concile de Trente, tant pour la pluralité des bénéfices que pour la résidence des bénéficiers.

Art. XXXV. — Réformer les abus qui naissent des droits d'annates, préventions, dévolutions, dispenses, conformément à l'article V de la Pragmatique sanction de Saint-Louis.

Art. XXXVI. — Détruire et abolir le déport des bénéfices, si odieux à la Normandie et autres provinces, comme contraire aux droits des curés et au salut des peuples.

Art. XXXVII. — Rappeler les officialités aux vrais principes du droit canonique et les laisser seules juges de la nécessité des monitoires.

Art. XXXVIII. — Que les curés soient appelés en nombre suffisant, par députés pris et choisis par eux dans leur corps, à toute assemblée générale et particulière du clergé, et notamment aux conciles nationaux, dont nous désirons avec ardeur le rétablissement.

Art. XXXIX. — Que, dans le cas où les décimes seraient continuées (ce qui serait contre le vœu unanime), la répartition en soit faite par les contribuables admis aux chambres ecclésiastiques ; par députés en nombre proportionnel, et que le tableau en soit rendu public chaque année, par la voie de l'impression.

Art. XL. — Parer aux inconvénients de la mendicité religieuse.

Art. XLII. — Enfin demande ledit clergé que, vû les sacrifices qu'il fait et qu'il est disposé à faire, sa dette devienne la dette nationale, comme la dette nationale deviendra la sienne.

Telles sont les demandes et doléances que l'ordre du Clergé de la Sénéchaussée de Ponthieu a cru devoir exprimer, moins pour son propre avantage, que pour l'intérêt des peuples dont il connait les maux et les besoins ; tels sont les redressements qui lui ont paru les plus propres à soulager la classe très nombreuse des pauvres. C'est enfin des moyens qu'il vient d'indiquer, qu'il espère et attend le bonheur de la nation et le bien particulier de cette Sénéchaussée.

Fait et arrêté en l'église prieurale de Saint-Pierre d'Abbeville, sous la présidence de messire de Laurencin, abbé de Foucarmont, assisté de Mᵉ Bellart, sécrétaire, par nous commissaires dudit ordre du Clergé, soussignés, pour être présenté et définitivement arrêté en l'Assemblée générale d'icelui, le vendredi vingt sept du présent mois, auquel elle a été indiquée.

A Abbeville, ce 24 mars 1789.

Ont signé : Messieurs Maguin, curé de Saint-Pierre-en-Val ; Lechevalier, curé de Grény ; Chaland, prieur curé de la Motte-Croix-au-Bailly ; dé Roussen, curé de St-Jacques ; Blondin, curé de Rue ; Dumont, curé de St-Gilles ; Cozette, curé d'Agenvillers ; Dupuis, curé d'Ailly-Haut-Clocher ; Aubert, principal du collège d'Eu ; le Comte, vicaire.

Nous soussigné Joseph-François-Marc de Laurencin, docteur de Sorbonne, abbé de l'abbaye royale de Notre-Dame, St-Jean-l'Evangéliste de Foucarmont, ordre de Cîteaux, en adhérant au cahier des doléances de l'Ordre du Clergé pour tout ce qui concerne le bien général de l'Etat et le soulagement de la classe indigente, le sacrifice de leurs exemptions et de leurs privilèges pécuniaires, et partageant à cet égard les sentiments patriotiques exprimés dans le cahier ci-dessus, il a cru devoir, tant en son nom qu'au nom de la communauté, se réserver dans les droits, privilèges et possessions qu'attaquent divers articles dudit cahier, et notamment les articles VII, X, XXVI, XXVIII, XXXIII ; déclarant qu'il ne peut en consentir l'exécution, ni en adopter le vœu qui n'est pas le sien, ni celui de la communauté, ni des différents ordres réguliers.

Signé : François de Laurencin, abbé de Foucarmont, président de l'ordre du clergé de Ponthieu ; et Bellart, curé de St-Eloy, secrétaire.

Arrêté définitivement par le dit Ordre du Clergé, dans l'Assemblée générale tenue ce jour d'hui à cet effet, sous la présidence de messire de Laurencin, abbé de Foucarmont, assisté de M° Bellart, secrétaire, par les membres de ladite assemblée soussignés.

Fait à Abbeville, en l'église prieurale de St-Pierre, le 27 mars 1789.

Ont signé :

Cozette, curé d'Agenvillers ; Clémence, curé de Penly ; Blondin, curé de Rue ; Leullier, curé de Cambron ; Blondin, prieur de Saint-Jean-des-Viviers ; Lapostolle, curé de Fallencourt ; Hennissart, vicaire de Saint-Georges ; de Fayet de Chabannes, curé du Menil-Réaume ; Deunet, curé du Saint-Sépulcre ; Bellegueule, curé de Fontaine ; Ternisien, curé ; Facquet, vicaire de St-Paul ; Leleu ; Bulard, curé de Richemont ; Verdun, curé de St-André ; Prévost, curé de Saint-Martin-au-Bosc ; Froidure, vicaire ; Nion, curé de Noyelle ; Palastre, curé de Bosgeffroy ; Bazin ; Briet, curé de Cressy ; Vimeux ; Vuillemin, curé de Cocquerel ; Riquier, curé d'Epagne ; Regnier, curé de Bailleul ; Tellier, curé du Mesnil-St-Sulpice ; Heudre, curé de Long-sur-Somme ; Forestier, doyen du chapitre de Longpré ; Augé, curé de Saint-Ricquier ; Dequen, curé ; Boinet, curé de Domvast ; Duputel, curé de Noyelles ; Paillard, curé de Mareuil ; Plé, diacre d'office ; Hecquet, curé de St-Nicolas ; Buiret, curé de la Trinité d'Eu ; Pion, curé de Grébault-Mesnil ; Lebel ; de Maupas ? Caron, vicaire de St-Jacques ; Rolland, curé de Guerville ; Traullé, curé de Notre-Dame ; Dufestel, curé de Brailly-Cornehotte ; Dorémus, curé d'Airon-St-Vast ; Dupuis, curé de Feuquières ; Denis, curé de Villy ; Lemaire, curé de St-Wulfran-de-la-Chaussée ; de Saint-Germain, curé d'Andainville ; Leblond, curé de Pont-de-Remy ; Macquet, curé de Saint-Jean-des-prés ; Cordier, curé d'Hallencourt ; Roussel. curé de Rambures ; de Poilly, curé du Translay ; Grisel, curé de Maisnières ; Debrye, curé de Saint-Paul ; Noblesse, curé de Dreuil ; Libaude, curé de Liercourt ; Madou, curé de Bussu ; Vitasse, curé d'Allery ; Bergerat, prieur-curé de Criel ; Donen, curé de Quend ; Leroy, curé de Lheure ; Caumartin, curé de Sailly-le-Sec ; Deroussen, curé de St-Jacques ; Lecomte, vicaire ; Chaland, prieur-curé de la Motte-Croix-au-Bailly ; Robute, directeur des Ursulines ; D. Revard, prieur du Tréport, sous le vœu et réclamation de M. l'abbé de Foucarmont, président ; D. Perdruset, cellerier de l'abbaye de St-Valery, sous les vœux et protestations de M. l'abbé de Foucarmont ; F. Lambin, minime, supérieur, sous les vœux et protestations de M. l'abbé de Foucarmont ; D. Durand, sous-prieur et maître des novices de l'abbaye de Foucarmont, sous les vœux et réclamations de M. l'abbé de ladite abbaye ; Pecquet, curé de Franleu, avec la restriction de mettre des vicaires et non des curés dans les succursales ; Campion, chanoine régulier, prieur et député de l'abbaye de Notre-Dame d'Eu, sous les réserves et réclamations de M. l'abbé de Foucarmont ; D. Boubaix, cellerier de l'abbaye de Saint-Ricquier, sous les vœux et réserves de M. l'abbé de Foucarmont ; Desnos, chanoine de Notre-Dame de Noyelles-sur-Mer, sous les vœux et réserves de M. l'abbé de Foucarmont ; j'adhère aux vœux et réclamations de M. l'abbé de Foucarmont, président de cette assemblée, F. Philippe Caron, prieur des Dominicains ; avec les réserves ci-dessus énoncées, arrêtées et signées de ma main, et auxquelles ont adhéré les représentans des corps réguliers : de Laurencin, abbé de l'abbaye de Foucarmont, président de l'Assemblée de l'Ordre du Clergé ; Bellart, curé de St-Eloy, secrétaire.

A la suite se trouve le texte des pouvoirs donnés le même jour à M. Antoine Dupuis, curé de la paroisse d'Ailly-le-haut-Clocher, dont l'élection pour député de son Ordre est reconnue bonne et valable.

(Archives Nationales, carton AD. I^B I. N° 10.)

C
(Voyez page 5.)

CAHIER DES DOLÉANCES DU CLERGÉ DE PÉRONNE, MONTDIDIER ET ROYE.

Très-humbles et très-respectueuses *représentations et doléances du Clergé séculier et régulier des trois Bailliages de Péronne, Montdidier et Roye, assemblé à Péronne, par ordre de Sa Majesté, le lundi 30 mars 1789 et jours suivants, pour procéder à la rédaction de ses Cahiers et à l'élection des Députés qui doivent le représenter aux Etats Généraux du Royaume, dont l'ouverture doit se faire à Versailles le 27 avril prochain.*

L'Eglise.

La Religion sainte que la France a le bonheur de professer depuis l'origine de la Monarchie, étant le plus ferme appui du trône, le bouclier des Peuples, et le frein des Rois, nous demandons pour elle la protection la plus déclarée du Souverain et de la Nation. Nous réclamons l'exécution des lois du Royaume, relativement à la sanctification des fêtes et des dimanches ; nous sollicitons la suspension la plus rigoureuse de toute espèce de travail, dans ces jours spécialement consacrés au culte divin. Nous conjurons l'Assemblée nationale d'obtenir de Sa Majesté les ordres les plus formels pour arrêter l'impression et la circulation des mauvais livres, également contraires aux principes du Christianisme, à l'honnêteté des mœurs publiques et aux droits sacrés de l'autorité souveraine. L'impunité avec laquelle se propagent dans le Royaume ces scandaleuses productions de l'impiété, sape les fondements du trône et de l'autel, et le délire des principes dominants atteste assez combien les intérêts de la Religion et de la société sont indivisibles.

Après cette profession authentique du zèle dont nous sommes animés pour la pureté et l'intégrité de la foi, le sentiment que nous sommes les plus impatients de manifester, attire nos cœurs vers le Prince chéri que Dieu nous a donné pour Roi ; et nous regardons l'inviolable fidélité que nous lui avons tous jurée, comme une portion essentielle des devoirs que notre Religion nous prescrit.

Pénétrés de respect et d'amour pour la personne sacrée de Sa Majesté, dont l'auguste famille occupe, avec tant de gloire, le trône des Français depuis huit cents ans ; inébranlablement affermis dans les principes de la constitution monarchique, nous voulons et entendons conserver, avec la plus religieuse persévérance, cette forme de notre ancien gouvernement ; et nous nous opposerons à jamais à toutes les dangereuses innovations qui pourraient y porter atteinte.

Notre intention unanime est que nos représentants à l'Assemblée nationale proposent, avec sagesse et mesure, la réforme des abus de tout genre, auxquels la bonté et la justice du Roi veulent remédier.

« *Dans un temps d'ignorance*, disait le célèbre auteur de l'Esprit des Lois, on n'a aucun doute, même lorsqu'on fait les plus grands maux. *Dans un temps de lumière*, on tremble encore lorsqu'on fait les plus grands biens. On sent les abus anciens, on en voit la correction ; mais on voit encore les abus de la correction même. »

En notre double qualité de Chrétiens et de Français, et à l'exemple des anciens Conciles, qui les premiers ont réclamé la liberté légitime de nos pères, comme un droit inaliénable de la nature humaine, nous supplions Sa Majesté d'étendre à tous ses sujets l'affranchissement qu'elle a bien voulu accorder aux hommes encore serfs dans les domaines de la couronne. Nous conjurons le Restaurateur de la France de briser ce dernier anneau de la chaîne féodale et d'abolir, par une loi solennelle, dans toute l'étendue de ses Etats, la servitude, ainsi que le droit de suite qu'une nation éclairée ne saurait placer au rang des véritables propriétés.

Nous sollicitons également la liberté légale pour nos frères infortunés, les Nègres de nos colonies ; et nous invitons la Nation assemblée à s'occuper de leur affranchissement, avec toutes les précautions de sagesse et de justice qui doivent accompagner un si grand bienfait.

Le Clergé du Royaume a conservé jusqu'à présent l'ancienne forme de subvenir aux besoins de l'Etat par des dons gratuits et volontaires. Les exemptions ne sont point un privilège qui lui soit particulier, mais l'ancien droit public de tous les Ordres de l'Etat, dont ce Corps seul a perpétué l'esprit et l'image.

Cependant, quelque respectable que soit une possession non interrompue, dans laquelle chaque Ordre veut rentrer aujourd'hui, le Clergé Séculier et Régulier consent à payer tous les impôts comme le Tiers-Etat ; et en manifestant si généreusement son patriotisme, par l'hommage qu'il fait à la Nation de ses privilèges pécuniaires, il ne réclame plus aucune autre exemption que celle du service personnel, qui est évidemment incompatible avec les engagements de son saint ministère ; mais il ne peut et n'entend se soumettre aux impositions communes, qu'à condition :

1° Que le Roi et la Nation se chargeront d'acquitter les intérêts et le principal de la dette du Clergé, dette qui n'a été contractée, comme les emprunts des Pays d'Etat, soit par les Assemblées générales du Clergé, soit par les bureaux particuliers de chaque Diocèse, que pour faire au Roi des avances extraordinaires, et manifestement disproportionnées aux impositions annuelles que pouvaient supporter les biens ecclésiastiques. Non seulement ces emprunts n'ont pas affranchi le Clergé de ses décimes, mais ils en ont aggravé le fardeau chaque année, par la surtaxe qui en a payé l'intérêt, et par les dons gratuits extraordinaires qui ont sans cesse interrompu l'ordre de nos remboursements. Il est impossible qu'en se soumettant à la loi commune en matière d'impôt, le Clergé se réduise à un état pire que la condition déjà trop malheureuse des autres sujets du Roi ; et c'est néanmoins ce qui lui arriverait nécessairement, s'il payait à la fois les décimes ecclésiastiques et les impositions royales.

2° Que les domaines du Roi, les terres des Princes du Sang, l'Ordre de la

Noblesse, les Ordres de Malte, de Saint-Lazare et du Mont-Carmel, subiront la nouvelle loi que s'impose le premier Ordre de l'Etat, et payeront à l'exemple du Clergé, l'universalité des impôts sans aucune exemption, ni réserve pécuniaire.

3° Que toutes les provinces du Royaume participant également à la protection publique, aux droits nationaux et aux grâces du Roi, contribueront, dans la plus exacte égalité et sans aucune exception quelconque, à toutes les charges de l'Etat ; que la différence des impositions dans le Royaume ne sera plus mesurée désormais que sur la seule variété des possessions territoriales ; que toutes les clauses des réunions ou capitulations des provinces, excepté uniquement le droit de consentir l'impôt par leurs Représentants dans les Assemblées nationales, cèderont, ainsi que les exemptions du Clergé et de la Noblesse, aux besoins de l'Etat, qui est la suprême loi ; qu'ainsi le mot de *privilège*, en matière de contribution, sera pour toujours aboli dans toutes les classes comme dans toute l'étendue du Royaume ; et que les provinces les plus récemment réunies à la couronne ne seront pas plus favorisées que l'ancien patrimoine de nos Rois, dont autrefois elles avaient fait partie.

4° Que le Roi et la Nation tiendront compte au Clergé du même nombre de marcs d'argent que ce premier Ordre de l'Etat fournit au roi Louis XIV, en 1710, pour se racheter, à perpétuité, de la capitation. Jusqu'à présent l'intérêt annuel de cette somme a représenté le montant de l'impôt dont il exemptait le Clergé, et le fonds du rachat perpétuel payé d'avance doit être remboursé, dès que l'exemption de la contribution est révoquée.

5° Que les baux des gens de main-morte mettant tous leurs biens à découvert, le Clergé paiera les impôts dans la même proportion que les autres propriétaires qui exploitent leurs biens, selon la classe de leur valeur commune.

6° Que le Clergé, et spécialement l'Ordre des Curés, assistera de plein droit, comme tous les autres propriétaires, à la confection du rôle commun des impositions dans chaque paroisse ; et qu'en cas de réclamation de sa part, le jugement de tous ces différends sera terminé de la même manière que les contestations de cette nature qui intéressent les autres sujets du Roi.

7° Que la terre étant ainsi imposée indistinctement et les Fermiers du Clergé exploitant des propriétés sur lesquelles aura déjà frappé l'impôt territorial, ces Fermiers ne seront plus assujettis à aucune espèce d'imposition, en raison du produit de leurs fermes. Sans cette précaution, le Clergé acquitterait deux fois les tributs publics, savoir : par sa taxe foncière d'abord, et ensuite par la retenue de ses Fermiers sur la valeur des productions affermées

8° Enfin que la fixation ou l'abonnement des impositions de chaque province ayant été déterminée, on ne pourra plus exiger aucune nouvelle vérification ou augmentation partielle, sans le consentement formel et préalable des Etats Généraux.

Le Clergé ne devant plus avoir désormais la même administration temporelle qui lui était confiée, nous demandons qu'il verse directement au Trésor royal, par les mains de ses receveurs diocésains, le montant de toutes les impositions auxquelles ses biens seront taxés par les municipalités ; mais si la Nation apercevait des inconvénients dans cette forme de contribution, nous conjurons du moins Sa Majesté d'assurer formellement au Clergé la continuation de ses assemblées ordinaires ; faible, mais précieux dédommagement des Conciles nationaux que l'Eglise de France sollicite inutilement depuis tant d'années. Ces assemblées périodiques n'étaient pas seulement intéressantes pour le temporel des ecclésiastiques, elles avaient un rapport direct avec la discipline, les maximes et l'unité de régime du Clergé. Nous supplions donc Sa Majesté de ne point interrompre la convocation de ces assemblées, qui ont donné à l'Eglise de son Royaume une supériorité si marquée sur tous les autres Clergés de l'Europe, et qui peuvent seules lui conserver cette honorable prééminence ; mais nous estimons que, pour les rendre encore plus utiles, il est indispensable que les Curés et les Réguliers y soient représentés par des Députés de leur Ordre, qu'ils auront la faculté de choisir librement ; et nous en formons la demande la plus authentique et la plus pressante, comme la récompense du sacrifice que nous offrons à l'Etat de nos privilèges pécuniaires. Nous espérons que la Nation nous épargnera la douleur de les regretter, en faisant de leur abrogation la triste époque de la décadence du Clergé ; décadence qui serait inévitable, si ses chefs perdaient la faculté de se réunir et de se concerter, à des époques fixes, pour le maintien de la discipline ecclésiastique.

Le Clergé et les gens de main morte étant privés, par l'édit de 1749, de la faculté de faire des acquisitions territoriales dans le Royaume, nous demandons qu'il leur soit permis de placer sur l'Etat, ou sur des Corps, ou sur des Particuliers, au nom des Bénéfices, des Chapitres, des Cures, des Universités, etc., les dons, fondations, produits des coupes de bois qu'ils ne pourront plus déposer entre les mains du Roi, quand sa Majesté ne fera plus d'emprunt ; à condition toutefois que ces placements seront autorisés par l'Evêque diocésain, et constitués en présence du Syndic de chaque diocèse.

Des vexations récentes et malheureusement communes dans cette Province, nous forcent de représenter que plusieurs propriétés ecclésiastiques ont été enlevées pour des ouvrages consacrés au bien public, sans être payées aux bénéficiers qu'on a dépouillés. Les autres sujets du Roi ont essuyé la même injustice. Nous demandons, pour eux comme pour nous, que la valeur de ces biens fonds soit estimée, selon l'usage, au plus haut prix et acquittée sans aucun délai.

Nos baux ecclésiastiques sont résiliés de plein droit par la démission ou par la mort des Titulaires. Cette loi est souvent ruineuse pour les Fermiers et onéreuse pour les Bénéficiers eux-mêmes, qui ne peuvent pas affermer leurs biens à leur valeur, parcequ'ils ne peuvent pas garantir l'exécution de leurs baux. Nous supplions Sa Majesté de déclarer tous nos baux exécutoires pour les successeurs des Bénéficiers, à moins qu'ils n'aient été souscrits avant l'époque ordinaire de leur renouvellement, ou signés *in extremis*, ou fixés à un prix inférieur au produit du bail précédent.

Les Bénéficiers du Royaume ayant souvent abusé de la facilité de faire des emprunts dont ils ont grevé leurs bénéfices, sous prétexte de reconstructions ou de réparations, qui n'étaient souvent que des embellissements volontaires, nous demandons que ces emprunts ne soient jamais autorisés sans le consentement des Assemblées provinciales, après une sérieuse information *de commodo vel incommodo*. Nous supplions le Roi d'ordonner que les fonds de ces emprunts, ainsi que les intérêts et les remboursements des capitaux, soient versés, avec la clause de la responsabilité, entre les mains du Receveur que les Assemblées provinciales commettront pour veiller à l'emploi des deniers et à l'extinction graduelle des capitaux.

Nous demandons au Roi l'abolition des Economats, qui servent de prétexte pour laisser les Bénéfices sans Titulaires ; usage, ou plutôt abus sans cesse croissant, qui n'est plus une protection, mais une exploitation pour l'Eglise et qui ruine encore les familles, soit par les frais de Justice, soit par la retenue d'un dixième sur le mobilier d'un bénéficier, soit par l'interminable séquestre qui engloutit les successions. La Nation assemblée indiquera facilement à Sa Majesté un plan qui concilie la sûreté des réparations, avec la conservation des hérédités. De pareils détails ne doivent point entrer dans nos doléances ; mais la discussion répandra promptement la lumière sur la réforme de cet abus, que l'opinion et la justice publique dénoncent depuis si longtemps à l'autorité.

Nous supplions Sa Majesté de retirer son Edit de 1773, qui prescrit, sous peine de suppression, la conventualité dans tous les monastères, et qui fixe cette conventualité à neuf profès effectifs. Ce n'est point rétablir la régularité dans les Corps religieux, c'est manifestement les frapper de mort, que de les assujettir à cette loi destructrice. Les Communautés moins nombreuses sont absolument nécessaires dans les campagnes pour le ministère de la prédication, pour la desserte des paroisses, pour le remplacement des Curés ou Vicaires infirmes, pour le service habituel des hôpitaux, des châteaux et des troupes de terre et de mer. S'il y a des abus dans les petites Communautés, l'Assemblée nationale n'aura pas besoin de détruire les Monastères pour y rétablir l'ordre.

Notre vœu commun est que l'on mette un terme à toutes ces unions de pure administration, qui ne sont que des destructions, mal déguisées par un prétexte apparent d'utilité générale. De pareilles innovations sont rarement suggérées par un zèle éclairé pour le bien public. Nous pensons qu'il est de l'intérêt du Roi et de ses sujets que tous les établissements soient stables dans la Monarchie ; que tous les liens approuvés par la loi soient sacrés, et que la propriété, qui est toujours une, toujours absolue dans l'ordre de la Religion, ainsi que dans l'ordre de la nature, soit respectée comme le fondement de toutes les sociétés humaines. Les unions qui ne tendent qu'à enrichir des Evêchés ou des Chapitres déjà opulents, pour multiplier ou plutôt pour concentrer dans la main du Roi toutes les grâces ecclésiastiques, ne sont que des abus et des usurpations ; elles tendent à dénaturer les fondations de l'Eglise, à favoriser de funestes nouveautés, à appauvrir les campagnes, en y diminuant les consommations et en y tarissant les aumônes, à ôter au Tiers-Etat la ressource des Bénéfices dépendant des titres supprimés, dont le Roi se réserve la nomination, et auxquels le Tiers-Etat ne participera plus ; enfin à ébranler des édifices précieux aux peuples, et sur lesquels la loi a imprimé le sceau de la perpétuité.

Des entreprises récentes de ce genre menacent dans notre Province la stabilité de plusieurs Corps ecclésiastiques, spécialement des Clunistes de Lihons, communauté riche et édifiante, que toute cette contrée estime, chérit, regrette et redemande par notre organe avec les plus vives instances.

Nous nous opposons, avec autant de zèle que de respect, à cet esprit de destruction ; et nous requérons formellement qu'aucun Bénéfice ne soit supprimé, s'il n'est uni aussitôt à la dotation des portions congrues, ou aux Chapitres et Bénéfices qui seront grevés par la charge résultant de cette augmentation inévitable. Nous réclamons la protection du Roi et de la Loi pour tous ces antiques établissements. Notre opinion et notre vœu que nous déposons aux pieds du Trône, sont que la Picardie conserve tous les Corps ecclésiastiques séculiers et réguliers qu'elle a dans son sein ; que les Assemblées provinciales soient consultées toutes les fois que l'on proposera des unions ; que leur avis soit écouté par l'Administration générale ; que les Cours fassent exécuter à la rigueur les Lois du Royaume, quand on leur demandera leur sanction en pareille matière ; que les informations *de commodo et incommodo* attestent réellement le vœu public et la vérité, au lieu de n'être que des formalités illusoires, et que des établissements qui ont reçu depuis tant de siècles une consécration religieuse et légale, ne soient plus à la merci des systèmes passagers ou de la volonté arbitraire des Ministres du Roi.

Pour se prémunir contre les surprises et les erreurs ministérielles, le Roi vient de s'environner d'un Conseil dans les départements de la guerre et de la marine. Toute la nation applaudit à cette sage circonspection de son Souverain. Nous conjurons Sa Majesté d'adopter le même plan pour la distribution des grâces ecclésiastiques ; et, en lui présentant notre vœu pour l'établissement d'un Conseil qui dirige ses choix en ce genre, nous répétons littéralement les paroles de l'un de ses principaux ministres, dans son ouvrage sur l'administration des finances. Ce grand homme d'Etat affirme et prouve jusqu'à l'évidence, que c'est à un conseil bien composé que doit être réservée la dispensation des bénéfices. Un Evêque dépostaire unique de la confiance du Roi dans un département dont les détails échappent à la surveillance de l'opinion publique, est exposé à des prédilections aveugles et à des préventions invincibles. Il ne peut avoir ni assez de temps pour connaître le mérite caché dans tout le Royaume, ni assez de force pour lutter contre le crédit qui le domine sans cesse à la Cour. Il est notoire que l'Ordre des Curés est totalement exclu des récompenses de Sa Majesté. C'est un outrage, une exhérédation injuste dont nous sollicitons la réparation, ou plutôt le terme au milieu des Etats Généraux en rendant hommage à la Noblesse ; en reconnaissant même, outre ses droits, la faveur particulière qui lui est due, nous demandons que le Tiers-Etat participe dans une juste proportion, non seulement aux bénéfices de nomination royale, mais aux premières dignités de l'Eglise. Les Evêques qui ont été tirés de cet Ordre, ne sont pas ceux dont le Clergé de France s'honore le moins. Un Conseil qui fera imprimer toutes les présentations en détail, inspirera plus de confiance au Roi et à la Nation, qu'un Prélat seul arbitre des grâces du Souverain, dont il dispose comme de son bien propre, quoiqu'elles soient le patrimoine commun de tous les ecclésiastiques du Royaume.

Un autre abus relatif à la distribution des bénéfices, c'est la faculté d'en posséder dont jouissent dans le Royaume les chevaliers de l'Ordre de Malte. Liés par un vœu solennel de pauvreté, déclarés nouvellement, par arrêt du parlement de Paris, incapables de servir de témoins dans un acte public, ils ne doivent point jouir de la dotation du Clergé séculier. Il est inconséquent et bien étrange sans doute, que ne pouvant jamais être, par les statuts de leur Ordre, que simples administrateurs de leurs Commanderies, toujours révocables à volonté, en vertu d'une commission du Grand-Maître, ils deviennent titulaires réels d'un bénéfice en leur propre et privé nom. Pendant leur vie, ils ne portent aucun signe extérieur qui les associe au Clergé, ils embrassent l'état militaire qui, selon les Canons, est une irrégularité pour tous ceux qui prennent part à une bataille ; et après leur mort, comme ils n'ont pas le droit de faire un testament, l'Ordre hérite de leurs biens et laisse leurs bénéfices sans réparations. Puisque le Clergé est exclu de leurs Commanderies, il est de toute justice que la loi soit réciproque, et qu'ils ne puissent plus être admis à posséder nos bénéfices.

En réclamant ainsi les Lois de l'Eglise contre une milice respectable que nous faisons profession d'honorer comme une institution précieuse à la Religion, nous invoquons toute la sévérité des Canons, relative à la discipline ecclésiastique ; nous supplions les Etats Généraux de solliciter instamment auprès de Sa Majesté l'exacte observation des Conciles et des Lois du Royaume, sur la résidence de tous les Bénéficiers, ainsi que sur la pluralité très-abusive des bénéfices.

Nous demandons l'abrogation de la Loi qui exige qu'un prêtre soit gradué pour posséder une cure dans une ville murée. Nous pensons qu'il ne faudrait accorder des Lettres de nomination et le droit d'insinuer, qu'aux seuls gradués en Théologie. Il nous parait injuste qu'un Professeur septenaire de la Faculté des Arts jouisse d'une expectative plus favorisée qu'un Professeur théologien. L'institution des grades fut utile sans doute à l'époque de la renaissance des Lettres, quand on la vit si favorisée par le concordat. Mais il est notoire aujourd'hui que l'on n'étudie plus que dans les séminaires. Rien n'est plus décourageant pour les vicaires qui servent dans un diocèse où il n'y a point d'Université (et c'est le très-grand nombre), que de se voir enlever les bénéfices vacants, par des inconnus qui n'ont rendu aucun service à l'Eglise et à qui une simple formalité sert de titre pour les écarter. Nous invitons les Etats Généraux à statuer sur cet objet intéressant, d'après la sagesse éclairée de leurs principes. Mais ils penseront certainement qu'il est indispensable d'exiger des gradués, des études plus sérieuses, ou d'abroger entièrement leurs privilèges.

Les Universités, trop peu nombreuses et trop mal distribuées dans le Royaume, peuvent être infiniment précieuses à la régénération de l'éducation publique, dont il est très essentiel et très urgent de s'occuper dans l'Assemblée nationale. Depuis la fatale destruction des Jésuites, les Collèges des Provinces sont souvent livrés à des Professeurs sans lumières, sans mœurs, sans stabilité et même sans religion. La plupart des parents n'osent plus même faire élever leurs enfants dans les Collèges, et ce discrédit de l'éducation publique est l'une des plaies les plus profondes de la religion. Pour en ranimer le goût dans la Nation, nous pensons que les Etats Généraux doivent obliger les Corps religieux et spécialement les Congrégations savantes, de se charger des Collèges, mettre les Pensions sous la dépendance des Collèges les plus voisins, les Collèges sous l'administration d'une Université, les Universités des provinces sous l'inspection immédiate de l'Université de Paris, et établir dans tout le Royaume l'unité de l'enseignement et des livres classiques ; ordonner la vente des immeubles qui appartiennent à certains Collèges de la Capitale, et la vente de ces Collèges eux-mêmes, quand ils sont situés sur un terrain trop précieux ; augmenter ainsi leurs revenus, sans charger l'Etat ; fonder, du produit de ces améliorations, des Bourses gratuites à la disposition des assemblées provinciales ; limiter la jouissance de ces Bourses à un cours d'étude de huit années ; donner enfin à cette partie importante du bien public toute l'attention qu'elle mérite et toute la perfection dont elle a besoin.

L'administration des Hôpitaux doit également intéresser la prochaine Assemblée Nationale. La religion et l'humanité attendent une loi sage et des règlements économiques sur cette importante matière. Nous recevrons avec reconnaissance ce bienfait national ; mais nous recommandons d'une manière spéciale à notre auguste Monarque, le déplorable sort des Enfants Trouvés. C'est au Père du Peuple à adopter cette famille immense dont la conservation est si précieuse au Royaume, et que nous mettons solennellement sous sa protection royale. Nous joignons à cette pétition le vœu le plus ardent de voir disparaître la mendicité dans toutes les Provinces. Les Ateliers de Charité, sous la direction d'un Bureau présidé par les Evêques et par les Curés, peuvent seuls anéantir ce scandaleux abus, parce qu'il n'y aura plus aucun prétexte pour mendier, lorsque les pauvres valides auront du travail, et les indigents infirmes des secours. Mais ce sont des ateliers de charité, et non pas des dépôts de captivité que nous demandons au Gouvernement. Il est barbare de confondre les pauvres avec les scélérats dans l'horreur des cachots. Ces établissements patriotiques, dont le travail facilitera la dotation, doivent varier selon le commerce, les productions, l'industrie et les ressources de chaque Province. Nous estimons qu'ils appartiennent spécialement à la vigilance des Assemblées provinciales.

C'est à elles encore que le Gouvernement doit confier la réduction et l'examen des Notaires, dont l'ignorance est la source d'une multitude de procès dans nos campagnes. Il est du devoir de notre ministère d'avertir l'autorité de ces abus obscurs, dont nous sommes tous les jours les témoins, et de lui demander un dépôt public dans chaque Bailliage, où les Notaires et les Tabellions soient obligés d'apporter, tous les trois ans, la grosse de leurs actes, dont on ne trouve que des extraits, purement indicatifs, dans les bureaux du Contrôle.

Nous désirons également que les Assemblées Provinciales soient chargées de faire examiner les Chirurgiens et les Sages-Femmes, qui exercent souvent leur profession sans avoir fait aucune des études préalables qui devraient leur mériter la confiance des Peuples. L'exécution des Lois et réglements relatifs aux Droguistes et Apothicaires, dont les remèdes sont trop souvent des poisons, intéresse la conservation de l'espèce humaine, et par conséquent l'attention du Gouvernement. On ne peut penser sans horreur à la multitude de victimes que l'ignorance des Chirurgiens de campagne précipite journellement dans le tombeau. C'est une épidémie universelle et continue, dont on ne peut ni calculer ni tolérer plus longtemps les ravages.

Nous demandons encore que l'on établisse, dans chaque Diocèse, des archives communes pour les bénéfices qui y sont situés. Les titres se perdent et ne se retrouvent plus pour constater les droits, lorsqu'ils sont contestés. Cette précaution est d'autant plus importante pour le Clergé que, d'après la nouvelle jurisprudence de plusieurs Cours, la possession sans titre ne suffit plus pour établir ni la franche aumône, ni les droits féodaux, dans l'enclave d'un fief dominant.

Mais aucun objet ne nous paraît plus digne d'occuper l'attention de la Chambre du Clergé national, que la dotation des portions congrues, ainsi que les pensions des Vicaires et des Desservants, dans une juste proportion, en variant leur revenu selon les villes et la population des Paroisses. Jusqu'à présent nos frères, les curés des paroisses qui appartiennent à l'ordre de Malte, ont été amovibles et réduits à une dotation encore plus parcimonieuse que les autres Curés congruistes. Avant de pourvoir à nos intérêts, nous demandons d'abord que la Nation daigne s'occuper de leur sort, afin qu'ils soient dotés comme nous et inamovibles comme nous.

Malgré les deux augmentations récentes qui ont fixé les congrues à sept cents livres, leur insuffisance est encore aujourd'hui universellement reconnue. L'unique moyen de prévenir de nouvelles réclamations à cet égard, c'est d'en déterminer irrévocablement le produit annuel en grains. Nous ne nous permettrons pas d'énoncer notre vœu sur la quantité de septiers de blé nécessaires aux Congruistes ; nous laissons à la générosité de la Nation le soin de la déterminer proportionnellement à nos besoins, et surtout au besoin des pauvres qui nous sont confiés. Mais nous demandons avec les dernières instances que le Clergé exécute sans délai les dernières délibérations de ses assemblées, en éteignant et en unissant des bénéfices simples au profit des Curés congruistes, lorsque la dîme, qui est leur patrimoine naturel, ne suffira pas pour les doter ; que l'on supprime des Canonicats dans les Chapitres, s'ils sont trop grevés par cette augmentation inévitable, à moins qu'on ne les dédommage par des unions, de même que les autres Bénéficiers ou Corps religieux, dont nous ne prétendons pas aggraver le sort en améliorant le nôtre ; que l'Ordre des Curés ne soit soumis à aucune nouvelle imposition jusqu'à l'augmentation effective des congrues ; que cette congrue soit considérée comme une pension alimentaire, telle qu'elle l'est en effet, et qu'en conséquence elle soit déclarée par la Nation franche de tout impôt. La redevance qu'on lui imposerait envers le Fisc, retomberait définitivement sur le Bénéficier chargé de la payer et de l'augmenter par conséquent, en raison de cette soustraction de recette. D'ailleurs les rentes en grains ne doivent être et ne sont en effet redevables d'aucun tribut subséquent, lorsque l'impôt a déjà frappé la terre qui les produit.

Après avoir ainsi pourvu promptement et noblement à la décente subsistance de l'Ordre pastoral, nous osons croire qu'il est de la justice et de l'intérêt du Clergé de procurer aux curés un accroissement de considération, et de leur assurer des retraites honorables à la fin de leur carrière. Pour atteindre à ce double but, deux moyens faciles se présentent.

Le premier consiste à solliciter une loi en vertu de laquelle aucun Patron ecclésiastique ne puisse nommer validement à une Cure, si le pourvu n'a pas été habituellement approuvé pendant six ans pour le ministère de la prédication ou de la confession, laquelle approbation sera constatée par le registre des insinuations de chaque diocèse.

Le second moyen exige que le Clergé, en unissant des bénéfices à une Chambre de religion dans chaque Diocèse, destinée à payer, au défaut des dîmes, le supplément des congrues, affecte sur l'excédant de ce revenu des pensions viagères aux Curés âgés de soixante ans, ou reconnus infirmes d'une manière authentique ; qu'une loi générale leur réserve la moitié des Canonicats des collégiales, même à nomination royale, et le quart des Prébendes dans les Cathédrales ; et qu'elle les dispense du stage dans les Chapitres où la rigoureuse est établie, à condition toutefois qu'en recevant un Canonicat, ils remettront leur Cure à leur Evêque, si elle n'est pas à patronage laïque ; qu'ils auront atteint leur soixantième année, hors le cas d'une infirmité grave habituelle ; qu'ils auront travaillé pendant vingt ans dans le ministère et dans la province où sera situé le Chapitre ; qu'ils ne pourront pas résigner leur Canonicat, ni le permuter, et que pour en gagner tous les fruits, il leur suffira d'assister à un office chaque jour, sans que cette faveur les prive du bénéfice ordinaire des vacances. Ces pensions et ces places ecclésiastiques nous paraissent préférables à toutes les maisons de retraite que l'on affecte aux Curés dans certains Diocèses. Outre que de pareils traitements occasionnent moins de dépenses, ils n'ont pas l'inconvénient de soumettre à la vie commune des Ecclésiastiques trop âgés, ou trop infirmes, ou trop accoutumés à leur intérieur, pour vouloir terminer leur carrière dans une Communauté.

Nous sollicitons aussi très ardemment, avec cette loi uniforme dans toutes les provinces, l'unité de bréviaire, de rituel, de catéchisme, de liturgie et de fêtes pour tout le Royaume, sans aucune autre différence que les propres des fêtes locales.

Enfin, pour terminer nos demandes par le vœu le plus digne d'intéresser nos cœurs, nous nous prosternons humblement aux pieds du Trône, pour conjurer le Législateur de la France d'attirer les bénédictions du Ciel sur sa personne sacrée, sur son auguste Famille, sur l'Assemblée nationale et sur tout le Royaume, en déclarant au milieu des Etats Généraux que Sa Majesté confirme la protection la plus authentique à la Religion catholique, apostolique et romaine, que nous regardons comme la première loi de l'Etat ; et qu'elle veut consacrer son autorité royale à régénérer les mœurs publiques et à perpétuer dans ses Etats le seul culte national et l'antique foi de Saint-Louis.

Constitution du Royaume.

Nous demandons l'assurance positive et solennelle que les Etats Généraux du Royaume seront désormais assemblés une fois tous les cinq ans ; et nous entendons que tous les impôts, sans exception, ne soient accordés que pour cinq ans ; de sorte que si la Nation n'est pas convoquée pour les renouveler, aucune imposition ne puisse être exigible après que ce terme sera expiré.

Nous demandons que Sa Majesté reconnaisse expressément qu'aucun impôt ne peut être ni établi ni perçu, aucun emprunt ouvert, aucune charge ou office avec finance créé dans le Royaume, sans le consentement préalable et formel des Etats Généraux, qui sont obligés de fournir au Souverain toutes les dépenses publiques nécessaires à la sûreté et à l'administration du Royaume, ainsi qu'à la dignité du trône, mais sans le concours desquels la Nation ne peut être grevée d'aucune imposition.

Que le Roi concerte avec la Nation assemblée un réglement définitif et invariable sur la convocation, les élections, les membres, l'organisation des Etats Généraux, et sur toutes les formes constitutives de ces Assemblées nationales ; et qu'à moins qu'on n'aperçoive des inconvénients trop dangereux dans l'ancien usage, l'on opine par tête en matière d'impôts ; mais que sur toute autre matière on n'y opine jamais que par Ordre.

Que les Ministres du Roi soient irrévocablement privés du droit d'expédier de leur propre mouvement des lettres de cachet. Voici la doctrine que nous professons à cet égard, et nous défendons formellement à nos Députés de s'en écarter. Nous pensons que pour concilier les intérêts de la liberté individuelle avec la sûreté publique, pour prévenir des crimes dont on a pu tenter l'exécution, et pour avoir égard à une multitude d'autres considérations sociales et politiques, le Roi doit établir deux Bureaux, dont chacun sera composé de six Conseillers d'Etat, les plus anciens dans l'ordre du tableau. Le premier Bureau jugera si un citoyen doit être privé de la liberté ; le Président contresignera l'ordre du Roi, lorsqu'il aura été approuvé par quatre voix dans son Bureau, y compris la sienne, et on en tiendra registre.

Le second Bureau recevra et jugera, non pas judiciairement, mais par simple forme d'administration, les mémoires de tous les sujets du Roi détenus par son ordre, lesquels auront toujours la faculté de s'y pourvoir pour recouvrer leur liberté. Dans tout autre cas, lorsque le Roi voudra faire arrêter un de ses sujets, il en aura le droit ; mais il sera obligé de le faire écrouer dans les vingt-quatre heures aux prisons des Juges ordinaires. Tout Ministre qui signera l'ordre d'arrêter un citoyen et de le renfermer dans une prison d'Etat, sans l'approbation préalable et par écrit du premier Bureau ci-dessus désigné, sera responsable de l'ordre ; et, à la requête de la partie ou du ministère public, il sera poursuivi dans les Tribunaux en réparation, dommages et intérêts.

La fameuse loi d'*habeas corpus* du Roi Charles II ne nous paraît pas pouvoir s'appliquer sans inconvénient au Royaume de France. Depuis qu'elle est en vigueur en Angleterre, le Parlement britannique, qui est habituellement assemblé, en a souvent suspendu l'exécution. Les Etats Généraux ne pouvant pas être toujours réunis en France, et leurs Membres n'ayant de mission nationale que pour une seule tenue, il ne serait plus possible d'arrêter l'exécution de cette loi comme en Angleterre, dans les circonstances où l'intérêt public en ferait sentir les dangers.

Nous demandons une Commission intermédiaire des Etats Généraux, composés de trente-six membres, dont neuf seront tirés de l'Ordre du Clergé, et choisis à la pluralité des voix par la Chambre du Clergé dans l'Assemblée nationale ; savoir : six du premier et trois du second Ordre, neuf de l'Ordre de la Noblesse, et dix-huit du Tiers-Etat. Les Membres de cette Commission intermédiaire résideront à Paris, et nommeront aux places vacantes par mort ou par démission, à la pluralité des voix dans chaque Ordre où les places vaqueront, les deux Ordres du Clergé étant confondus et n'en formant qu'un seul. Cette Commission intermédiaire ne pourra dans aucun cas consentir aucun impôt, ni la prorogation d'aucun impôt ; mais pour prévenir l'anarchie qui serait inévitable, s'il fallait attendre l'Assemblée des Etats Généraux pendant deux mois, elle disposera de la Régence selon les lois du Royaume, pendant les minorités et dans tout autre cas, de captivité du Souverain en pays ennemi, etc.

Dans cette circonstance, le Régent sera tenu de convoquer immédiatement l'Assemblée nationale. Le pouvoir de l'Assemblée intermédiaire ne s'étendra pas plus loin que l'impôt consenti par la Nation, et expirera de plein droit au bout de cinq ans. Elle enregistrera provisoirement les lois, après une mûre et libre délibération, et formera la seule Cour d'enregistrement provisoire pour tout le Royaume. Nous nous en rapportons à la Nation assemblée sur la mesure d'autorité qu'il sera nécessaire de lui confier relativement à la prévoyance de la guerre ou de toute autre calamité générale.

Nous demandons que les Assemblées provinciales soient légalement établies dans tout le Royaume, et qu'une loi uniforme détermine leur composition, leurs pouvoirs, leurs fonctions, les frais de leur tenue, les honoraires de leurs Membres, la forme, la durée et les époques de leurs séances, de même que des bureaux de département qui leur sont subordonnés. En conséquence, nous sollicitons l'abolition des Commissions d'Intendants qui, dans cette nouvelle forme d'administration, deviennent absolument inutiles.

Nous demandons enfin la suppression du tirage de la Milice, en chargeant les Communes de fournir elles-mêmes les défenseurs qu'elles doivent à l'Etat.

. . . .

Nous conjurons Sa Majesté de peser toutes ces demandes dans sa justice, qui sera pour nous son plus grand bienfait.

Fait et arrêté à Péronne, par les Clergés réunis, séculier et régulier, des trois bailliages de Péronne, Montdidier et Roye, dans l'Eglise Royale et Collégiale de Saint-Fursy, sous la présidence de Révérendissime Messire Alexandre Peuvion, Vicaire Général de l'Ordre de Citeaux, Député ordinaire des Etats de Cambrai et Abbé Régulier de l'abbaye de Vaucelles, le vendredi 3 avril 1789.

Signé : Tous les Membres de l'Assemblée. (a)

Nous avons cru devoir supprimer ici la partie du Cahier qui traite principalement des Finances (avec une prolixité débordante), de la Noblesse et d'autres sujets, sans rien ajouter aux desiderata *des deux Cahiers qui précèdent. Nous renvoyons d'ailleurs à la publication* in-extenso *qui a été faite par M. Ramon, dans la IIe série de son intéressant ouvrage sur la Révolution à Péronne, où nous avons puisé ce document.*

D (b)
(Voyez page 5)

CAHIER DES DOLÉANCES ET REMONTRANCES DE M. LEFEBVRE, CURÉ DE BONNAY.

Je me plains que la justice distributive n'ait pas été gardée dans le partage des revenus ecclésiastiques ; qu'un curé de campagne qui, à la nourriture spirituelle qu'il doit à ses paroissiens, devrait aussi les secourir dans leurs besoins, puisque c'est à lui qu'ils ont recours, ne le peut pas, à cause de la modicité de son bénéfice, qui le réduit souvent dans la dure nécessité ou de se priver de son nécessaire ou de refuser le soulagement à de pauvres misérables.

Je me plains qu'à l'Assemblée diocésaine pour la répartition des décimes, les Curés sont les plus chargés, et par là on retranche encore de leur nécessaire, au lieu que, si on faisait supporter ces décimes aux gros bénéficiers, il leur en

---

(a) Leurs noms, omis par le copiste, se trouvent dans le procès-verbal de comparution conservé aux Archives nationales, B^{III} 118, page 286.

(b) Les doléances et plaintes du curé d'Avesnes sont rapportées ci-dessus page 242.

resterait encore de trop pour leur subsistance, en pensant que leur royaume n'étant pas de ce monde, ils doivent briller dans l'Eglise non par leur opulence et leur richesse, mais par leurs mœurs et par leur doctrine.

Je dis que, pour mettre les curés de campagne en état de soulager les pauvres de leur paroisse, il faudrait que les dîmes rentrassent dans le droit commun et que les curés jouissent de celles de leur territoire, parcequ'il n'est pas juste que celui qui ne travaille pas à la vigne du Seigneur soit récompensé comme celui qui porte le poids du jour et de la chaleur, et c'est ce qui arrive en laissant les dîmes entre les mains des gros décimateurs qui ne remplissent aucune fonction curiale.

J'ajoute que les ecclésiastiques utiles et nécessaires dans l'Eglise sont les évêques, les curés et les vicaires ; que les curés, comme seuls coopérateurs des évêques, méritent plus de considération et d'égard que ces gros bénéficiers, dont tout le talent est d'étaler une magnificence contraire à l'exemple et aux maximes de notre divin Maître, et qui regardent un curé de campagne chargé du soin d'une paroisse comme très honoré d'avoir 700 livres pour sa subsistance, tandis qu'ils dissipent en profusions et en folles dépenses un bien qui est le patrimoine des pauvres.

Je demande qu'il n'y ait plus de bénéfices sans fonction, et que des revenus de ces bénéfices inutiles il soit fait un fonds pour bâtir dans chaque diocèse une Maison suffisamment rentée : 1° pour servir de retraite aux curés qui auraient blanchi dans le ministère ; 2° pour mettre les ecclésiastiques dont l'esprit serait aliéné ; 3° pour y renfermer les ecclésiastiques scandaleux, au lieu de les enfermer dans des maisons de force avec des laïcs, d'où il s'ensuit qu'ils en sortent encore plus déréglés.

De plus, Sa Majesté trouverait dans ce fonds qu'on ferait de ces bénéfices, pour payer les pensions qu'elle daigne accorder au mérite et à la valeur, ce qui serait une grande décharge pour l'Etat.

J'ajoute que si ce fonds n'était point suffisant pour remplir les intentions bienfaisantes du Roi, il trouverait encore des ressources dans les évêchés, dont les revenus sont trop grands pour les successeurs des Apôtres.

Je dis encore que les immunités dont le Clergé veut se prévaloir sont abusives ; qu'étant né sujet avant d'être ecclésiastique, tout bénéficier doit, comme les autres sujets, contribuer aux charges de l'Etat au prorata de son revenu.

Je demande enfin que les cures et même les évêchés soient donnés au concours, car ce qui déshonore l'église est que souvent ces bénéfices sont donnés à la noblesse et la faveur, et par le moyen du concours ils seraient accordés au plus digne, selon l'esprit des Conciles.

Telles sont les plaintes et supplications que soumet à l'Assemblée de l'Ordre hiérarchique, votre serviteur, le très humble et respectueux,

LEFEBVRE, curé de Bonnay.

(Archives de la Somme, fonds du bailliage d'Amiens. B. 254.)

E

(Voyez page 5.)

MÉMOIRE DES PLAINTES, CONDOLÉANCES, DEMANDES ET REMONTRANCES DE M. ROGER, CURÉ DE MONTIGNY-LES-JONGLEURS.

Je soussigné estime devoir, par supplément au Mémoire commun que j'ai ci-devant signé, être présenté par mon constitué à l'Assemblée des trois états du bailliage d'Amiens, qui doit être tenu le 30 du présent mois audit Amiens, pour y procéder à l'élection des députés de notre Ordre aux Etats du Royaume, convoqués à Versailles le 27 avril 1789, et à la rédaction des cahiers qui doit être faite à ladite assemblée du bailliage d'Amiens.

En conséquence je, curé de Montigny-les-Jongleurs, constituant, enjoins à mondit constitué de représenter :

1° Que les dîmes grosses et menues soient payées en nature, nonobstant tout usage contraire, et aussi que les menues dîmes appelées sacramentelles appartiennent aux seuls curés.

2° Qu'il doit être fait abolition des exemptions de dîmes et demi-dîmes qui ne sont fondées sur aucun titre, sinon sur un usage immémorial, mais qui n'est qu'un abus que les curés ne peuvent détruire, attendu la puissance et les richesses de leur partie adverse.

3° Qu'en cas d'une cessation générale des dîmes, ou d'élection de la portion congrue faite par aucun curé, il soit ordonné que les curés qui sont d'usage immémorial de chanter à l'église les premières vêpres des dimanches et des fêtes et les matines aux principales fêtes de l'année, sans aucune rétribution, conserveront la jouissance des terres à eux sans doute données pour l'acquit des dits offices, quoique leurs prédécesseurs aient été forcés, par les édits d'augmentation des portions congrues, de les abandonner, pour jouir de la portion qui a été alors augmentée.

4° Que, par la suite des temps, Messieurs les Procureurs du Roi appuient efficacement, de l'autorité qu'ils ont reçue de Dieu et du Roi, les plaintes des curés contre les profanations des saints jours de fêtes et de dimanches par les travaux défendus, par les divertissements scandaleux et par les ivrogneries surtout nocturnes ; qu'ils les appuient aussi contre la profanation des églises et des divins offices, et contre le concubinage si scandaleux surtout dans les campagnes, en faisant revivre les lois ecclésiastiques et civiles si sagement établies. (a)

5° Que le ministère civil retire, d'une manière stable, les tortures sous lesquelles gémissent depuis si longtemps les consciences des curés et des autres ministres du sacrement de pénitence, à l'occasion des déclarations frauduleuses, presque par tout le Royaume, des biens sujets aux impôts, et aussi en remédiant aux frais immenses de la perception desdits impôts. Cette déclaration frauduleuse fait naître et renaître, entretient et fomente une discorde cruelle et perpétuelle dans le sein des paroisses, par les haines, querelles, batailles et quelquefois les meurtres qui les désolent. Comment y remédier ? Déclaration qui est presque universellement frauduleuse, pour laquelle on ne peut pas condamner ni un particulier, ni une paroisse, puisque c'est partout : et la plupart des préposés immédiats ne les ignorent pas, ils semblent les tolérer puisqu'ils n'y remédient pas.

L'immensité des frais de perception fait continuellement vomir des imprécations contre le ministère civil. En effet, qui peut penser sans frémir que l'ouvrage de la perception des impôts en absorbe, suivant l'opinion commune, à peu près la moitié ; lorsqu'on voit que, moyennant neuf à dix deniers à la livre payés au collecteur, on les verserait immédiatement dans les coffres du Roi. Comment pouvoir empêcher les plaintes, les murmures et les imprécations d'un peuple, quoique chrétien, qui se voit si injustement accablé ! Des personnes éclairées et animées du zèle de la patrie et du salut des âmes travaillent à y apporter remède, sans doute.

Telles sont, Messieurs, les plaintes et remontrances que ledit constituant

---

(a) On remarquera que tous les cahiers de doléances insistent sur la nécessité de réformer les mœurs.

soussigné a chargé son constitué de présenter à l'Assemblée des trois Etats d'Amiens, et si elles se trouvent dignes de leur attention, je vous prie de les vouloir adopter dans vos cahiers.

Fait audit Montigy le 28 du présent mois de mars 1789.

ROGER, curé de Montigny-les-Jongleurs.

(Archives de la Somme, fonds du bailliage d'Amiens. B. 255.)

F

(Voyez page 5)

DOLÉANCES ET REMONTRANCES DU CURÉ DE FOUCAUCOURT ET NESLE-L'HOPITAL, EN CONSÉQUENCE DES ORDRES DE SA MAJESTÉ.

Je bénis Dieu qui inspire au Roi la volonté de remédier aux abus qui se sont introduits dans son royaume et de soulager son peuple.

1° L'impôt excessif qui est sur le sol mérite son attention. Qui ne gémit de voir de pauvres manœuvres chargés de familles nombreuses, forcés, sous peine de se voir enlever le seul linge qui les enveloppe sur la paille, au retour de leurs pénibles travaux, de recevoir et payer un prix excessif certaine quantité de sel, que les receveurs des greniers au sel leur font distribuer trois fois l'an ? De voir ces malheureux employer une partie de leur salaire, nécessaire pour se procurer du pain, à acheter une petite mesure de sel rempli d'ordures et où il s'en faut que le poids se trouve ?

2° Il serait à souhaiter, pour le bien de la Religion, que le gouvernement fît, sur les revenus de quantité de maisons religieuses, qui vivent dans la plus grande magnificence en tout genre, donner aux religieux mendiants une somme à peu près proportionnelle à celle que rapportent à ces religieux des laïcs qui, par fainéantise pour la plupart, se louent à eux et qui n'ont souvent d'autre marque de religion que l'habit qu'ils portent, et dont la conduite n'est pas assez régulière pour ne pas quelquefois scandaliser nos paroissiens, sur qui cette conduite fait souvent plus d'impression que les instructions que nous leur donnons.

3° N'est-ce pas un abus criant que la plus grande partie des dîmes soit entre les mains de quantité de gros bénéficiers, de religieux, de commandeurs et même de laïcs, insensibles à la misère des pauvres de la campagne, qui arrosent leurs dîmes de leurs sueurs et de leur sang ? Ces Messieurs font peut-être des aumônes dans la ville qu'ils habitent, mais doivent-ils laisser mourir de faim ceux qui travaillent à les enrichir ?

4° Ce serait un bien sans doute que tous les curés de campagne reçussent une portion congrue honnête et qui les mît à portée de vivre et de faire des aumônes proportionnées aux besoins des pauvres de leurs paroisses. Une portion congrue de 1500 livres ne suffit pas aux curés des paroisses nombreuses, en ôtant tout casuel aux curés. Par là ils seraient à l'abri des mille contestations que leur occasionne la levée des dîmes : mais on ne peut disconvenir que l'avantage du pauvre est que les dîmes restent entre les mains des curés, qui connaissent les besoins des pauvres et qui, par état, en sont les pères. Les dîmes restantes entre les mains des curés, leur revenu augmente à proportion de la cherté des grains et ils sont plus en état de soulager la misère du pauvre, qu'augmente cette cherté.

5° Que le Gouvernement conserve aux curés leurs dîmes ou qu'il leur fasse payer une portion congrue, il serait à propos, dans toutes les paroisses de la campagne, qu'une partie des dîmes qui appartiennent aux décimateurs qui ne desservent point, fût sequestrée au profit des pauvres des paroisses où se perçoivent les dîmes.

6° N'y aurait-il pas aussi moyen d'assigner un revenu honnête à tant de fabriques qui n'ont pas même de quoi se procurer les choses nécessaires à la célébration des saints mystères, tandis qu'un si grand nombre d'autres fabriques jouissent d'un revenu très considérable ?

7° Ne serait-il pas bien qu'il y eût, dans tous les villages et même les hameaux composés d'au moins 15 à 20 ménages, un Curé pour les instruire et en assister les pauvres ? Tandis que grand nombre de curés, dans certains diocèses, sont chargés de desservir deux cures souvent très éloignées l'une de l'autre, de faire chanter doubles offices ; surtout lorsque les dîmes de ces paroisses sont suffisantes pour former les portions de deux prêtres ?

Je prie M. Gille Adrien (a) Lagache, chanoine vicarial de la cathédrale d'Amiens, d'avoir la bonté de porter ce cahier à l'Assemblée qui doit se tenir le 30 de ce mois, pardevant Monsieur le Lieutenant général du bailliage d'Amiens, en

---

(a) Dans la liste des chanoines qui précède (p. 28), M. Lagache est prénommé Eloi Adrien.

l'église des Cordeliers de ladite ville, et je lui donne le pouvoir de me représenter en ladite Assemblée.

A Foucaucourt le 26 mars 1789.

LENOIR.

(Archives de la Somme, fonds du bailliage. B. 254.)

G

(Voyez pages 6 et 275.)

LISTE DES ECCLÉSIASTIQUES QUI ÉTAIENT RÉFUGIÉS A DUSSELDORFF EN 1793 ET 1794.

Nous ne prenons dans la liste du chanoine Chopart que les ecclésiastiques qui ont été reconnus en exercice pendant l'année 1789, dans le diocèse ancien ou dans les paroisses y ajoutées ; et nous omettons, bien entendu, ceux qui déjà ont été cités dans les notes particulières.

Mgr DE BRUYÈRE DE CHALABRE, évêque de Saint-Omer, abbé de Notre-Dame de Saint-Ricquier ; Mgr Louis-Henri DE BRUYÈRE DE CHALABRE, évêque de Saint-Pons, abbé de Saint-Valery ; Mgr DE CONZIÉ, évêque d'Arras, abbé de Notre-Dame du Gard ; ALAVOINE, curé d'Enguillaucourt, mort à Amsterdam en 1795 ; ASSELIN, Jean-Baptiste, curé de Villers-sous-Ailly ; ASSELIN, J.-F., curé de Barly ; AVENAUX, curé de Buire-au-Bois ; BELLEGUEULE, curé de Fontaine-sur-Somme ; BERNARD, J.-F., curé de Chuignolle ; BERNARD, Léger, curé de Glimont-Thézy ; BERTON, curé de Bernatre ; BIENAIMÉ, curé de Saulchoix-lès-Poix ; BLONDELU, curé de Fransières ; BOULANGER, curé de Lihons, mort auprès de Paderborn, en juillet 1797 ; BOULLET, curé de Hangest-sur-Somme ; BOUTTEVILLE, curé de Saint-Pierre à Roye ; BOUVARD, curé d'Esquemicourt-en-Artois ; BOYELDIEU, curé de Bonneleau ; BRIOIS, curé de Mézerolles ; CARETTE, curé de Mailly ; CARON, curé de Beaucourt-en-Santerre ; CARTON, curé de Hérissart ; CAVROIX, curé de Notre-Dame, en Saint-Etienne à Corbie ; CHANTELOUX, vicaire du Saint-Sépulcre à Montdidier ; CHOCHOT, curé de Fluy, mort au mois juillet 1797 ; CHOPART, curé de

Morcourt ; Coquelet, prêtre habitué de Saint-Jacques à Amiens ; Dargnies, archidiacre de Ponthieu (voy. note 7) ; Dauphin, professeur au collège d'Amiens (voy. note 76) ; Davergne, curé de Tilloy-sur-Gamaches ; Debeuse (Delieuse?), vicaire de Senarpont ; Decarsin, curé de Proyart ; Demachy, curé de La Chaussée de Picquigny ; Demailly, curé de Baillescourt ; Deneux, vicaire au Meillard ; Denzelle, curé du Titre ; Dequen, desservant à Beaumont ; Dequehagny, curé de Dernancourt ; Desmarest, desservant à Toutencourt ; Desmarquet, curé de Rouvroy-en-Santerre ; Desnaux, curé de Souich ; Dhorville, curé de Wiencourt ; Dinouard, curé de Bécordel ; Dufour, curé de Beaucourt-en-Santerre (avant M. Caron) ; Dumesnil, curé de Méraucourt ; Duminy, curé de St-Michel à Amiens (voy. note 59) ; Duminy, chapelain de la cathédrale ; Duplan, curé de Bourdon ; Dupré, curé de Villers-Bretonneux ; Dupuis, curé d'Ailly-le-Haut-Clocher (voy. note 183) ; du Warent, curé de Nampty (voy. note 265) ; Engramer, curé du Quesnel-en-Santerre ; Fauconnier, curé de Gouy-en-Artois ; Favrel, desservant de Rozières ; Follye, curé de Neuville-lès-Bray ; Fouquerel, curé de Folleville ; Fouquerel, vicaire de Saint-Remi à Amiens ; Fournier, curé d'Heilly (voy. note 234) ; Fournier, vicaire de Saint-Martin à Amiens ; Foursy, curé à Caix ; Froissart, curé de Saint-Georges à Abbeville ; Froissart, chanoine de Saint-Vulfran d'Abbeville ; Fuzellier, curé de Cachy, mort à Munster le 17 mai 1795 ; Gaudissart, curé de Quiry-le-Sec ; Gelée, curé d'Acheux, au doyenné de Doullens ; Gence, curé de Saint-Josse-sur-Mer ; Godebert, vicaire à Caix ; Godin, curé de Catheux ; Hardy, curé de Vironchaux ; Hardy, vicaire au même lieu ; Hecquet, vicaire à Estrées-lès-Cressy ; Hénissart, vicaire de Saint-Georges à Abbeville ; Hénissart, vicaire à Frévent ; Jérosme, chanoine de Saint-Martin à Amiens ; Lagnier (Laguerre ?), vicaire au Quesnel ; Lambert, vicaire à Démuin ; Landry, curé de Morlancourt, mort à Ratisbonne en 1796 ; Legrand, desservant à Grivennes ; Le Riche, curé de Domfront, mort près de Paderborn en 1796 ; Leroux, curé de Miraumont, mort aux environs de Wesel en 1796 ; Létocart, curé d'Englebelmer, mort à Munster en juillet 1796 ; Lhote, curé de Hamelet ; Longuet, curé d'Halloy-lès-Pernois ; Longuet, Josse, curé de Surcamp et de Vauchelles ; Malherbe, curé d'Auchonvillers ; Mallet, curé de Millencourt, au doyenné d'Albert ; Mille, curé de Bavelincourt ; Moirez, vicaire à Guerbigny ;

Monvoisin, curé de Flesselles ; Nourtier, curé à Arry ; Odelin, curé à Suzanne ; Pédot, vicaire à Albert ; Plet, curé à Sailly-le-sec, au doyenné d'Albert ; Quenu, chanoine et curé de Saint-Firmin à Montreuil ; Revel, vicaire de Sauvillers; Riquier, curé de Tilloy-lès-Conty ; Roger, curé de Montigny-lès-Jongleurs ; Roussel, curé de Rambures ; Thory. curé de La Neuville-Sire-Bernard ; Tripet, Jean-Baptiste, curé de Bertrancourt ; Vasseur, curé de Monchel ; Vignon, curé de Courcelles-au-Bois ; Violette, curé de Septoutre ; Violette, desservant à La Hérelle ; Wilbert, vicaire à Martinsart.

CONCLUSION.

Nous n'avons pas, dans les Notes qui précèdent, signalé les ecclésiastiques assermentés : nous aurions risqué d'être souvent injuste. En effet, beaucoup d'entre ceux qui, dans l'entrain du premier moment, avaient prêté le serment civique, éclairés par les brefs du Saint Père et les instructions de leur évêque, le rétractèrent soit expressément, soit par le refus formel du nouveau serment prescrit par décret du 26 décembre 1790 (a). Combien d'ailleurs de tous les assermentés, bourrelés de remords et mieux informés, à la pensée et à la vue des conséquences, auraient voulu revenir sur le passé et biffer leur signature ! Mais il était trop tard : la guillotine et la proscription avaient clos les procès-verbaux et fermé le registre. Dieu seul a vu le fond du cœur de ces prêtres, seul il a su ce qu'ils ont souffert.

Ce nouvel œuvre conçu et exécuté au déclin de notre vie, en portera la marque assurément, ne fût-ce que dans les lacunes qu'a nécessitées l'absence actuelle de certains documents. Ils sont égarés, sans aucun doute, dans le fouillis immense que nous a légué la fin du xviiie siècle, et que le zèle des archivistes n'a pu débrouiller encore qu'en partie. Ils se retrouveront au cours des inventaires qui se dressent partout. Mais il faudrait attendre, et à notre âge il n'est plus permis d'attendre. Nous remettons donc à nos bienveillants collègues ce petit lot de fruits que nous avons pu cueillir dans le vaste champ départi au labeur de notre Société.

Nous avons essayé de faire le tableau aussi exact et complet que possible du Clergé de l'Eglise d'Amiens, à un moment déterminé : celui où son antique constitution administrative allait être profondément modifiée et altérée. Pour cela, nous avons puisé surtout aux sources authentiques, dont les principales

---

(a) Voici la liste des décrets relatifs au serment des ecclésiastiques, rendus tant par l'Assemblée nationale que par l'Assemblée législative, et datés : 1° des 12 juillet et 24 août 1790, articles 21 et 38 du titre II ; 2° des 24 juillet et 24 août 1790, article 39 ; 3° des 27 novembre et 26 décembre 1790 ; 4° des 12 et 20 mars 1791 ; 5° du 18 août 1792, article 2 du titre V.

sont : 1° Registres aux délibérations des autorités administratives du département de la Somme, c'est-à-dire du Conseil général et du Directoire ou des administrations qui les remplacèrent, et plus particulièrement les registres du 4° bureau. (*Archives du département de la Somme.*)

2° Collection de documents émanés des diverses autorités, tels que : Registre aux Avis du directoire du département de la Somme sur les traitements et pensions ecclésiastiques, du 1er janvier 1791 au 15 mai 1792 ; Feuilles d'états relevés de ce registre ; Registre des Pensionnaires ecclésiastiques, par ordre alphabétique ; Etat nominatif des Pensionnaires ecclésiastiques qui doivent toucher dans le département de la Somme, et Etats supplémentaires ; Etat de liquidation provisoire des Pensions ecclésiastiques, dressé en l'an X ; Liasses intitulées Pensions et frais de culte ; Etats de l'argenterie des églises et chapelles, déposée dans les districts ; Etats nominatifs des Ecclésiastiques qui ont abdiqué leurs fonctions. (*Archives départementales ; Pièces non classées.*)

3° Procès-verbaux d'inventaires et de déclarations, dressés par les officiers municipaux dans les maisons religieuses, en exécution de l'article 5 des lettres patentes du Roi du 26 mars 1790, données sur les décrets de l'Assemblée nationale des 20 février, 19 et 26 mars de la même année. (*Arch. départem. et aliàs.*)

Malheureusement nous n'en avons trouvé qu'un petit nombre. Les autres, s'ils ne sont pas perdus ou adirés, peuvent être disséminés dans la masse des papiers des Archives communales ou départementales non encore inventoriés ; ils n'ont pu être atteints par nous.

4° Procès-verbaux des Assemblées générales préparatoires aux Etats généraux. (*Bibliothèque Nationale.*)

5° Assignations données au Clergé séculier et au Clergé régulier du bailliage d'Amiens, à comparoir à l'Assemblée générale des trois Etats, pour concourir à la rédaction du Cahier des doléances et à la nomination des députés aux Etats généraux. — Procurations y jointes. (*Archives du département, fonds du bailliage d'Amiens. B. 252 à 265.*)

6° Registres de catholicité, contenant les actes de baptêmes, mariages et enterrements, tenus par les curés des paroisses. Ils sont conservés tant dans les mairies des communes, que dans les greffes des tribunaux civils des arrondissements.

7° Registre aux vêtures et professions des religieuses de la Visitation sainte Marie d'Amiens et Nécrologe. (*Archives du Monastère.*)

8° Pouillé de tous les bénéfices du diocèse de Noyon. Cambrai, 1773 ; à la suite des Mémoires sur le Vermandois par Colliette.

9° Les Martyrs de la Foi pendant la Révolution, par l'abbé Guillon.

10° Les Doléances du peuple et les Victimes. Souvenirs de la Révolution en Picardie, par Darsy.

Lorsque des documents ont été puisés à d'autres sources que celles-ci, il en est fait mention au bas des Notes. Ce sont ordinairement les historiens locaux qui ont fourni cet appoint.

On remarquera que nous avons écrit les noms des lieux de l'ancien diocèse d'Amiens tels qu'ils étaient écrits au siècle dernier. C'est la règle que nous avons suivie dans notre précédent travail sur les *Bénéfices de l'Eglise d'Amiens*, et nous n'avons pas cru devoir nous en départir ici. Aussi bien, en écartant ainsi certaines modifications modernes plus ou moins heureuses, nous restons plus près de la vérité étymologique. Nous n'avons pas rapporté les procès-verbaux de comparution du Clergé aux Assemblées des bailliages. C'eut été allonger le chapitre des Pièces justificatives, sans grand intérêt pour les lecteurs.

Nous devons un tribut de reconnaissance à ceux de nos collègues qui ont bien voulu nous procurer ou nous signaler des renseignements ; à Messieurs les greffiers dépositaires des registres de catholicité, pour leur extrême obligeance ; à notre savant collègue l'archiviste du département, pour ses communications faites avec empressement et bienveillance ; à Messieurs les ecclésiastiques qui, en grand nombre, ont pris la peine de contrôler sur place nos renseignements et même d'y ajouter ; enfin à toutes les personnes qui nous ont aidé à remplir la tâche que nous nous étions imposée. Nous n'écrivons pas leurs noms, mais nous les gardons dans notre mémoire parmi nos meilleurs souvenirs.

Le voici terminé ce travail de longue haleine, entrepris quelque peu témérairement, alors que le grand âge de l'auteur et les infirmités, qui en sont le cortège habituel, menaçaient de l'entraver ou de le compromettre. Heureusement et grâce à Dieu, il n'en a rien été : *Laus Deo* !

ERRATA

Page   6, ligne 19, *lisez* : néanmoins.
Page   8, ligne 25, *lisez* : à St-Riquier, de 20 à 16.
—   ligne 31, *lisez* : chez les Jacobins, de 9 à 7.
Page 41, ligne 21, *lisez* : Fourmau.
Page 135, ligne 32, *lisez* : Delacloche.
Page 152, ligne 17, après Vaillant, *ajoutez* : Antoine.
Page 156, ligne 18, *lisez* : Tomières.
Page 157, ligne 3, *lisez* : Conzié.
Page 162, ligne 10. Le revenu ici porté s'applique au couvent des Cordeliers de Mailly. Voy. note 423.
Page 167, ligne 13, *effacez* : (440).
Page 200, ligne 8, *lisez* : du Royer.
—   ligne 27, *lisez* : St-Augustin.
Page 201, ligne 19, *lisez* : de Canlers.

INDEX DE L'ORDRE DES MATIÈRES.

	PAGES.
Considérations générales	1
Première partie. Ville d'Amiens.	
Evêché	26
Chapitre de la Cathédrale	26
Université des Chapelains de la cathédrale	28
Chapelles de l'Université	31
Chapelles hors de l'Université	32
Chapitre de St-Martin	32
Prieuré de St-Denis	33
Paroisses dans la Ville et les Faubourgs	33
Communauté des Curés	35
Ecclésiastiques habitués des paroisses	35
Chapelles de la Ville et des Faubourgs	36
Abbayes et autres communautés régulières d'hommes	38
Séminaire (Lazaristes)	42
Abbayes et autres communautés de femmes	43
Religieuses hospitalières	56
Deuxième Partie. Archidiaconés d'Amiens et de Ponthieu réunis.	
Paroisses et dépendances	59 à 130
Ecclésiastiques habitués des paroisses	130
Personnats des cures	131
Chapelles et communautés de chapelains	132
Prieurés simples	146
Prévôtés	150
Communautés séculières: Chapitres	ibid.
Caritables de Corbie	153
Communautés régulières d'hommes	ibid.
Communautés régulières de femmes	163
Religieuses hospitalières	171
Troisième partie. Localités ajoutées.	
Paroisses et dépendances	179 à 194
Ecclésiastiques habitués des paroisses	194
Chapelles	ibid.
Prieuré simple et Prévôté	198
Communautés séculières : chapitres	ibid.
— hermites	200
Communautés régulières d'hommes	ibid.
Communautés régulières de femmes	201
Religieuses hospitalières	203
Notes et renseignements biographiques et historiques	205 à 332
Pièces justificatives	333
Conclusion	383
Errata	386

TABLE ANALYTIQUE

A

ABBAYES D'HOMMES à Amiens .
    St-Acheul. page 38.
    St-Jean. 38.
    St-Martin-aux-jumeaux. 39.
ABBAYES DE FEMMES à Amiens .
    Le Paraclet. 43.
    Ste-Claire. 44.
ABBAYES D'HOMMES, dans les Archidiaconés. 153
    Cercamp (Notre-Dame). 156.
    Clerfay (Notre-Dame) 153.
    Corbie (St-Pierre). 153.
    Dommartin (St-Josse). 158.
    Forestmontiers (Notre-Dame) 134, 280.
    Gard (Notre-Dame). 157.
    Lieu-Dieu (Notre-Dame). 157.
    Montreuil (St-Sauve). 134
    Moreuil (St-Vast) 134
    St-André au-Bois. 158.
    St-Fuscien au-Bois. 134.
    St-Josse-sur-Mer. 155.
    St-Riquier (Notre-Dame). 155.
    St-Valery. 156.
    Selincourt (St-Pierre). 159.
    Sery (Notre-Dame). 159
    Valloires (Notre-Dame). 157
ABBAYES DE FEMMES dans les Archidiaconés :
    Bertaucourt (Notre-Dame). 163, 292.
    Doullens (St-Michel). 164.
    Montreuil (Ste-Austreberte). 164.
    Villancourt et Epagne (Notre-Dame). 165.
ABBAYE D'HOMMES à Ham (Notre-Dame). 200.
ABBAYES en dehors du diocèse d'Amiens.
    Hommes
    Aubignac, au diocèse de Bourges. 268, 280.
    Beaubecq, au diocèse de Rouen. 205.
    Beaulieu, diocèse du Mans. 315.
    St-Lucien de Beauvais. 257.
    Notre-Dame d'Eu, diocèse de Rouen. 253.
    La Frenade, diocèse de Saintes. 287.
    La Grasse, diocèse de Carcassone. 315.
    Liessyes, diocèse de Cambray. 332.
    Montebourg, diocèse de Coutances. 221.
    Mont-St-Eloy, diocèse d'Arras 284.
    Vallemagne, diocèse d'Agde 277.
    Femmes :
    Gomer-Fontaine, diocèse de Rouen. 230.
    Morienval, diocèse de Soissons. 310.
    Signy, diocèse de Reims. 315.
ACQUISITIONS TERRITORIALES interdites au Clergé. [363.
AFFILIÉS aux Cordeliers d'Amiens. 226.
AGE des religieux et religieuses, à l'époque de leur profession. 15.
AIDES ET GABELLE. Leur suppression. 341, 353.
AIGUEBELLE (d'), Charles, prêtre du diocèse de Gap. 221.
AILLY (d'), Françoise, dame d'Escarbotin, épouse d Etienne de Roussé. 248.
ANSENNE, sur la Bresle, lieu d'exil de St-Leu. 241.
APPELS comme d'Abus. 335.
ASSEMBLÉES générales du Clergé de l'église d'A-miens dans les bailliages. 2.
    — ordinaires et périodiques du Clergé en général. 363, 364, 372.

B

BARRIÈRES à reculer aux frontières. 342, 353.
BÉNÉFICES. Choix des titulaires. 335.
    — (Déport des). 356
    — (Abus concernant les). 366

Bénéfices étrangers au diocèse :
Canonicat en la métropole d Aix. 284.
Canonicat à Aups. 310.
Canonicat au château de Joinville. 310.
Canonicat à Soissons. 272.
Prébende de Marca, bénéfice à patronage laic. 284.
Prévôté de Ville-Demange, dioc. Reims. 316.
Voy. CHAPELLES ET PRIEURÉS *en dehors du diocèse.*

BERMONT (Jean l'Elu, seigneur de), capitaine d'infanterie au régiment d'Agenois. 234.

BERTIN, principal du collège d'Abbeville, son émigration en Angleterre, ses publications, sa mort. 274

BIBLIOTHÈQUES des Couvents. 221, 222, 224, 225, 226, 227, 228, 229, 233, 279, 281, 282, 284, 291.

BIENS déclarés nationaux. Ils sont mis en vente, à l'exception de ceux des chapelles castrales. 329.

BIS CANTAT; ses inconvénients, réforme. 338, 379.

BONNET de St-François de Paule, dans un reliquaire garni d'or et de vermeil. 228.

BOURGOIS, prêtre, victime de l'explosion du magasin aux poudres d'Abbeville. 266.

BRÉVAL, chanoine, musicien, maitre de la Sainte-Chapelle. 315.

BRÉVIAIRE. Voy. UNITÉ de bréviaire.

BRUNET, dit le père Alboin, capucin, prêtre, déporté. 211, 226.

BUREAUX DE CHARITÉ. Voy. CHARITÉ (Bureaux de).

C

CAHIER DES DOLÉANCES : du clergé du bailliage d'Amiens. 3, 333.
— du clergé de la sénéchaussée de Ponthieu. 352.
— du clergé des bailliages de Péronne, Montdidier et Roye. 359.
— du curé de Bonnay. 374.
— du curé de Montigny-les-Jongleurs. 376.
— du curé de Foucaucourt. 378.

CANONICATS divers. Voy. BÉNÉFICES étrangers

CANTEPIE ou CATEPIE, l'organisateur de l insurrection contre les Anglais, était-il Picard ? 244.

CARITABLES de Corbie. 153.

CÉLESTINS d'Amiens : leur suppression. 7.
— leurs noms. 8.
— Revenu de leurs biens. 7.
— A quels établissements ces biens sont unis et attribués. 7.

CHAPELAINS (Université des) de la Cathédrale. 38, 211.
— (Communauté des) de Saint-Vulfran d'Abbeville. 132.
— (Communauté des) de Saint-Jean-des-Prés, à Abbeville. 132.

CHAPELLE . les deux significations de ce mot. 132.
— de Saint-François de Sales, en la cathédrale . sa fondation. 32, 213.
— d'Escarbotin, devenue paroisse . sa fondation, etc. 248

CHAPELLENIE. Voy. CHAPELLE.

CHAPELLES dépendant de l Université des chapelains de la cathédrale. 31.
— de la cathédrale, en dehors de l'Université. 32.
— de la ville d'Amiens et de ses faubourgs. 36.
— des Archidiaconés. 132.
— des localités ajoutées. 194.

CHAPELLES en dehors du diocèse .
— Saint-Pierre, à Angers. 245.
— Sainte-Anne, à Aubigny, diocèse du Mans. 283.
— Saint-Nicolas-des-Grottes, à Auxerre. 277.
— à Bar-sur-Seine. 277.
— Beaufremont, département de l Eure. 210.
— à Beaulieu-sur-Oise. 277.
— de Bléquin, dite en Herly, au diocèse Boulogne. 308.
— Saint-Charles et Saint-Roch, à Bourgade. 213.
— Danville, au même lieu. 213.
— la Sainte-Vierge et Saint-Antoine, à Buvilly. 208.
— Notre-Dame, à Carvin, près de Lille. 211.
— St-Jean, à Carvin. 211.

Chapelles St-Marc, à Carvin, 209.
— St-Nicolas, au même lieu. 209.
— Ste-Anne-des-Bocquiaux, à Etaves. 212.
— Notre-Dame la brune, à Eyragues. 213.
— Saint-Eustache, au même lieu. 213.
— St-Nicolas, à Flavy. 212.
— de l'Hôpital, à Joinville. 310.
— Notre-Dame de Grâce du Luc. 242.
— Saint-Jacques de Mégretières, au Mans. 316.
— Saint-Jacques du Préperdreau, au Mans. 316.
— Saint-Nicolas, au château de Mantes. 273.
— Mesnil-Pipart, dépt. de l'Eure. 210.
— St-Nicolas-du-Moncel. 209.
— Saint-Thomas, en l'abbaye de Morienval. 310.
— Saint-Main et Saint-Nicolas, à Mortagne. 308.
— Saint-Jean-Baptiste, dite de Pleine sevette, à Neville en Caux. 215.
— dans le beffroi de Noyon. 275.
— Saint-Étienne, à Noyon. 307.
— à Pont-Vallain. 245.
— Notre-Dame, en la collégiale du Val, à Provins. 311.
— Sainte-Blaise, à Provins. 318.
— Saint-Vincent, à Puisserguier, diocèse de Narbonne. 256.
— à Reversaux (Eure-et-Loire). 224.
— en l'église de Sainte-Bérime ou Sainte-Pécinne, diocèse de Noyon. 309.
— Sainte-Anne, à Saint-Féréol, en Dauphiné. 209.
— Notre-Dame, à Saint-Gobain. 313.
— Saint-Jacques, à Saint-Quentin 258.
— Saint-Aubin, à Sens. 242.
— Notre-Dame-des-Vignes, à Soissons. 311.
— Notre-Dame, à Thionville. 310
— du Quesnelin, à Thory. 304.
— Saint-Fiacre, à Thuissignol, au diocèse d'Evreux. 315.
— en la collégiale de Saint-Pierre, à Tours. 277.

Chapelles Notre-Dame-de-Pitié, en Saint-Martin de Troo. 276.
— la Ste-Vierge, à Vauconcourt. 213.
— Notre-Dame-de-Pitié, à l'hôpital de Vesoul. 208.
— les Berqueries, au Vieil-Hesdin. 209.
Chapitres d'Amiens. Notre-Dame en la cathédrale : Protestation contre sa suppression. 9.
— Noms de ses membres. 26.— Son trésor jeté au creuset. 207.
— de Saint-Martin, formé de l'union de ceux de Saint-Firmin et Saint-Nicolas. 8, 32, 214.
Chapitres dans les Archidiaconés. 150.
— de St-Vulfran d'Abbeville. Protestation contre sa suppression, 12.
— dans les localités ajoutées. p. 198.
Chapitres étrangers au diocèse. Notre-Dame de Paris. Noms des chanoines. 205, 257.
— Notre-Dame-du-Val de Provins. 268.
Charité (Ateliers de). 368.
— (Bureaux de). 12, 338, 355.
Chef de Saint-Jean-Baptiste. 207.
Chemins (grands) et routes de traverse. 343.
Chirurgiens, leur impéritie. 343, 355, 369.
Chopart, chanoine de Longpré, son émigration, relation de son voyage, prêtres réfugiés à Dusseldorff. 275, 380.
Claude (Les sœurs) à Abbeville. Origine de ce nom. 295, 296.
Clercs tonsurés mariés. 321.
Clunistes de Lihons demande pour leur conservation. 5, 365.
Codes civil et criminel à réformer. 354.
Collège d'Amiens : ses biens provenant des Jésuites. 7.
Bénéfices qui y sont unis. 33, 206, 213.
Ses revenus à trois époques. 22.
Son Principal en 1789. 220.
Ses professeurs. 36.
Pensionnaire émérite. 275.
— d'Abbeville. Ses revenus accrus de l'union des biens de l'Abbaye de Forestmontiers. 280.
Son principal en 1789. p. 274.
— de Corbie. Son principal en 1789. p. 278.

Collège de Corbie. Ses revenus. 278.
— de Péronne. Son principal en 1789. p. 318.
Collèges des provinces, discrédités. 368.
Communauté des Curés d'Amiens. 35, 217.
Commune (Erection en une seule) de plusieurs villages. 259.
Comparants (Nombre des) aux Assemblées des bailliages. 3.
Comte d'Eu érigé en pairie ; conséquences. 353.
Conciles provinciaux. 335.
Concours (Cures et évêchés à donner au). 375.
Confrérie de la Croix du four des champs, en l'église St-Jacques d'Amiens. 216.
Considérations générales. 1.
Constitution civile du Clergé (Protestation contre la) 265.
Contrôle et timbre Les procurations pour les Assemblées générales du bailliage en étaient dispensées. 262.
Conventualité prescrite dans tous les monastères, ses inconvénients. 364.
Cordeliers de Bouttencourt, soignant les aliénés. 243, 290.
Cour souveraine à établir par province. 354.
Couronnel (marquis de), Charles-Oudart-Joseph. Arrêt lui portant défense de porter le nom de Mailly. 237.
Coût de l'assignation à l'Assemblée générale du bailliage 2.
Coutume du Ponthieu à réformer. 354.
Coutumes (Diversité de) dans le diocèse. 205.
Couvents d'hommes à Amiens
    Augustins. 39.
    Capucins. 39.
    Carmes déchaussés. 40.
    Cordeliers. 41.
    Feuillants. 41.
    Jacobins. 41.
    Minimes. 42.
    Oratoriens. 42.
Couvents d'hommes, dans les Archidiaconés :
    Capucins à Abbeville. 160.
    — à Montdidier. 160.
    Carmes à Abbeville. 160.
    Carmes déchaussés à Montreuil. 161.
    Chartreux de St Honoré à Thuison. 161.
    Cordeliers à Abbeville. 161.
    — à Bouttencourt. 161
    — à Doullens. 161.
    — à Mailly. 162.
    — à Pierrepont. 162
    — à Roye. 162.
    Dominicains ou Jacobins à Abbeville. 162.
    Minimes à Abbeville. 163.
    — à Roye. 163.
Couvents de femmes à Amiens
    Carmélites. 46.
    Ste Elisabeth (sœurs grises). 47.
    Ste Geneviève (la Providence). 55
    St Julien. 48.
    Moreaucourt. 49.
    Ursulines. 50.
    Visitation. 53. 232.
Couvents de femmes, dans les Archidiaconés :
    Annonciades, à Roye 166.
    Carmélites, à Abbeville. 166
    Filles de la Croix, à Roye. 166
    Minimesses, à Abbeville 167.
    Sœurs blanches, à Abbeville. 168
    Sœurs grises (cordelières) à Doullens. 169.
    — à Montdidier. 169.
    — à Montreuil. 169.
    — à Rue. 170.
    Ursulines, à Abbeville. 167.
    — à Montdidier. 168.
    Visitation, à Abbeville. 170, 295.
Couvents d'hommes, dans les localités ajoutées:
    Capucins, à Péronne. 201.
    Cordeliers, — 201.
    Minimes, — 201.
    Trinitaires, à Templeux-la-Fosse. 201.
Couvents de femmes, dans les localités ajoutées :
    Clarisses, à Péronne. 201.
    Filles de Ste Agnès, à Ham. 203.
    — à Péronne. 202.
    Filles de la Croix, à Nesle. 202.
    Ursulines, à Péronne. 202.
Couvents étrangers au diocèse
    La Chartreuse du Val St-Pierre, en Thiérache. 289.
    La Chartreuse du Mont-Dieu, vers Sedan. 289.

CULTE (Liberté du). Lettre des administrateurs du département à ce sujet. 297.

CURE possédée héréditairement, à titre laïque, par un clerc. 249.

CURES de l'ordre de Malte. 337.

CURÉS : Amélioration de leur sort. 336, 355. 371. 375, 379.
— âgés et infirmes : Moyens de les secourir. 337, 370.
— de campagne : Leur éloge dans les cahiers. 5.
— de la même famille se succédant pendant plus d'un siècle. 244.
— assaillis dans leur presbytère. 247, 248, 256.
Voy. COMMUNAUTÉ des curés d'Amiens.

CURÉS PRIMITIFS. 323, 339, 346, 349.

D

DAIRE, chapelain de la cathédrale. Est-ce le père Daire, célestin, historien ? 212.

DARGNIES, archidiacre de Ponthieu, député à l'Assemblée provinciale de Picardie ; son arrestation ; conflit qu'elle soulève. 207.

DARGNIES, curé de Courcelles sous Moyencourt, son émigration en Suisse, se fait trappiste, devient curé de Charmey, sa mort, son testament, ses connaissances en médecine. 246.

DÉPARTEMENT de la Somme. Sa circonscription bien différente de celle de l'ancien diocèse. 25.

DÉPORT des bénéfices, à abolir. 356.

DÉPUTÉS du Clergé aux Etats généraux. 241, 250, 254, 265, 287, 331.

DÉTOURNEMENT et dilapidation de l'argenterie des églises 24.

DETTE du clergé . son amortissement. 357, 361.

DEVÉRITÉ, député d'Abbeville à la Convention. Son assertion à l'égard des religieuses de Villancourt. 293.

DEVISE facétieuse sur la porte d'un presbytère. Effet qu'elle produit. 250.

DIGNITÉS ecclésiastiques ouvertes au mérite. 336.

DOINGT (Eglise de). Sa reconstruction. 303.

DOLÉANCES et plaintes de l'ordre du Clergé. 222, 242, 333, 352, 359, 374, 376, 378.

DONS gratuits du clergé. 361.

DOTATION des ministres du culte ; moyens de l'augmenter. 337, 355, 370, 375.
Voy. CURÉS.

D. DUBREUIL, sous-prieur de l'abbaye de Saint-Fuscien. Il instruit la jeunesse et secourt les pauvres atteints de maux d'yeux. 281.

DUFRESNE (Antoine), écuyer, seigneur de Fontaine. 235.

DURIEUX (Thomas), prêtre, principal du collège du Plessis, etc. 319.

DU ROYER, chanoine de St-Fursy. Lettre intéressante à son égard. 317.

E

ECCLÉSIASTIQUES attachés à la Cour. 339.
— séculiers du diocèse : leur nombre. 8.
— habitués des paroisses d'Amiens. 35.
— habitués des paroisses des Archidiaconés. 130.
— habitués des paroisses ajoutées. 194.
Voyez CLERCS tonsurés.

ECOLE fondée à Renneville. 8.

ECOLES rurales élémentaires. 4, 355.
— distinctes pour les deux sexes. 338, 355.
— gratuites dans les campagnes. 349.

ECONOMATS (Abus des). 364.

EGLISE D'AMIENS. Son organisation et son temporel en 1730. p. 1.
Son organisation en 1789. p. 7.

ELARGISSEMENT de détenus reconnus non nobles 294.

EMOTION populaire à Chaulnes, en faveur du curé. 303.

EPIDÉMIE à Montagne, ses ravages. 255.

EPITAPHE de M. Fertel, curé de St-Sulpice d'Amiens. 216.
— de la supérieure des dames de Ste Elisabeth. 231.

ETATS GÉNÉRAUX : Assemblée du Clergé. 2.
Périodicité de leur réunion. 340, 353, 371.
Commission intermédiaire, 373.

ETATS provinciaux. 341, 353.
— d'Artois. 353.
— du Dauphiné. 341.

ÉVACUATION des Maisons religieuses. Loi qui l'impose. 9.
Réponse d'un dominicain interpellé sur ses intentions. 9.
ÉVANGÉLIAIRE donné par Charlemagne. 282.
— à couverture d'argent et de vermeil. 279.
ÉVÊCHÉ d'Amiens. 26.
EXPLOSION du magasin aux poudres d'Abbeville. 266.
EXÉCUTIONS capitales. 226, 245, 254, 267.
EXTRÊME ONCTION. Par qui elle était administrée : à Amiens. 35, 218.
à Abbeville. 267.

F

FABRIQUES dénuées de ressources. 379.
FONDATION de la chapelle de St-François de Sales. 213.
— du petit séminaire. 215.
FRAUDE sur les impositions. 377.

G

GABELLE. Voy. AIDES ET GABELLE.
GRADES et degrés des Universités. 340.

H

HABEAS CORPUS (La loi anglaise d') serait inapplicable en France. 372.
HERMITES à la Chapelette. 200.
HÉRITAGES sous la coutume d'Amiens. 205.
— sous la coutume de Ponthieu. 205.
HÔPITAL GÉNÉRAL (St-Charles) d'Amiens. Sa dotation par le Chapitre de la cathédrale. 12. Religieuses qui le desservent. 57.
— — de Montdidier. Donation qui lui est faite. 250.
— de St-Joseph d'Abbeville. 172.
— (Petit) de Montreuil. 175.
HOSPICES d'Amiens. Legs à eux fait. 212.
Voy. HOPITAL St Charles et HOTEL-DIEU.
HÔTEL-DIEU d'Amiens. 56.
— d'Abbeville. 171, 295.

HÔTE-DIEU d'Albert. 173.
— de Bray-sur-Somme. 173, 331.
— de Corbie. 296, 331.
— de Cressy. Il est uni à l'hôpital de Rue. 299.
— de Doullens. 296, 299.
— de Montdidier. 174, 297.
— de Montreuil. 174.
— de Rue. 176.
— de St-Riquier. 176.
— de St-Valery. 177, 301.
— de Ham. 203.
— de Nesle, 204.
— de Péronne. 204.

I

IMPÔT unique et proportionnel. 341, 353.
— excessif et frais de perception. 377, 378.
INCENDIE à Selincourt. secours en nature et en personne, donnés par l'abbaye. 222.
— de la nef de l'église de Villers-aux-Erables. 265.
INDEX de l'ordre des matières. 387.
INSTRUCTION publique. Choix des instituteurs, leur retraite. 334, 349, 354, 355, 368.
INSTRUCTION GRATUITE · au collège d'Amiens. 7, 23.
— — — de Corbie. 278.
— — des enfants de Fay-lès-Hornoy. 248.
— — donnée par les Ursulines. 231.
— — des enfants de St Fuscien. 281.
INSTRUCTION des jeunes filles, donnée par les filles de la Croix de Nesle 319.
— par les Agnétines de Péronne. 319.
— — — de Ham. 320
INTRADE (droit d'). 306.
INTRUS ce que c'est. 307.
INVENTAIRES des communautés religieuses (dates des). 225, 226, 227, 228, 229, 233, 282, 283, 288, 290, 292, 294, 300, 301, 331.

J

JÉSUITES : leur suppression. 7.
JUBILAIRE : signification de ce mot 231.

Jouanne (de), Jean-René, capitaine de Cavalerie. 293.

Jurandes à abolir 354.

Juridiction ecclésiastique. 335.

L

Lamoureulx de la Javelière, Joseph, lieutenant général des armées du Roi, etc. 293.

Lannoy (de), Charles-François, comte du saint Empire et de Beaurepaire. 234.

— le chevalier, lieutenant dans les troupes Walonnes du roi d'Espagne. 234.

Lazaristes au séminaire d'Amiens. 42.

Le Melletier, supérieur du séminaire de Coutances. 221.

Lestocq (de), secrétaire de l'archevêque de Reims, abbé de Clerfay, ancien député à l'Assemblée du Clergé de 1745. p. 26, 207.

Lettres de cachet. Les régler. 343, 372.

— du curé d'Heilly, sur le serment. 251, 252, 264.

— du curé Rollin, sur la Constitution civile du Clergé. 265.

— d'un membre du district de Péronne, sur le chanoine du Royer. 317.

Lihons (Prieuré de) · on sollicite son maintien. 5.

Limites du diocèse. 24.

Liste des Ecclésiastiques réfugiés à Dusseldorff. 380.

Livre (poids) et ses fractions. 221.

Livres contre les mœurs et la religion. Voyez Presse.

Lois de l'Eglise et de la morale. Mesures à prendre pour leur exécution. 334, 354, 360.

Luxe à imposer. 353, 377.

M

Mgr de Machault, évêque d'Amiens, député aux Etats généraux ; son émigration, son retour, sa mort. 26, 206, 250

Mailly-le-Franc. D'où vient cette épithète ? 254.

Mailly-Couronnel. Voy. Couronnel.

Main-morte (Biens de). Signification de ce terme. Indication de sources servant à constater la progression des revenus de ces biens. 22.

Maîtres et maîtresses d'écoles : Etablissement pour les former. 338.

Maladrerie de Temfol. Union de ses biens à l'Hôtel-Dieu de Picquigny. 271.

— de Cressy, unie à l'hôpital de Rue. 299.

— de Gamaches, unie à l'Hôtel-Dieu de St-Valery. 302.

Marc (poids) et ses fractions. 221.

Marca (prébende de), au diocèse de Lescars. 284.

Marché (Droit de) dans le Sangterre. p. 205

Mariage des prêtres. Voy. Prêtres mariés.

Marquenterre, petit pays comprenant plusieurs villages, érigé en une seule commune. 259.

Masse, Claude, prêtre, collaborateur de l'abbé de l'Epée. 320.

Massouverain (de), Etienne-Gabriel, de Belfort en Alsace. 235.

Matelots : cesser de les prendre parmi les laboureurs. 353.

Maury, prieur de Lihons. député aux Etats généraux. 160, 287.

Médaille de Charlemagne. 279.

Mélange des classes et conditions sociales dans les couvents. 15.

Mendicité : moyens de l'éteindre. 238, 355.

— (Dépôts de). 368.

— religieuse on doit parer à ses inconvénients. 338, 356, 378.

Messes célébrées alternativement par le curé orthodoxe et le curé constitutionel, dans la même église. 241.

Milice à remplacer par des engagements volontaires. 343, 353, 373.

Militaires . soins religieux à leur égard. 334.

Mobilier délivré à chaque religieuse de Berteaucourt. 292.

— à deux religieuses de l'Hôtel-Dieu de Corbie. 296.

Monarchie (Maintien de la). 360.

Monmonier (Madame de), abbesse de St-Michel. Elle est autorisée à y continuer son habitation. 292.

Mort héroïque d un prêtre. 256.

Musique du Chapitre de la cathédrale d'Amiens. 207.

— de la collégiale de Roye. 270, 277.

Musique du Chapitre de St-Vulfran à Abbeville. 273.
— du Chapitre de Notre-Dame, à Nesle. 312.
— du Chapitre de St-Fursy, à Péronne. 314.

N

Nègres (Affranchissement des). 361.
Noms de familles nobles et bourgeoises, à signaler dans les couvents. 16.
Notaires. Examen de leur capacité, etc. 342, 369.
— Dépôts publics de leurs actes. 369.
Notes et renseignements biographiques et historiques. 205.

O

Objets d'art. Leur conservation prescrite et défense de les fondre. 23, 207, 227, 240.
Voy. Statues, etc.
Objets divers à l'usage du culte.
Voy. Vases sacrés, etc.
Observation et réclamation par les religieux de l'abbaye du Gard. 283.
Organisation de l'Eglise d'Amiens en 1730. p. 1, 7.
Orphelinat de Montreuil. 175.

P

Paroisses dans la Ville d'Amiens et ses faubourgs. 33.
— des Archidiaconés, et leurs dépendances :

Lettre A. 59.	N. 109.
B. 65.	O. 110.
C. 74.	P. 111.
D. 81.	Q. 114.
E. 83.	R. 115.
F. 85.	S. 118.
G. 90.	T. 123.
H. 93.	V. 125.
I. 96.	W. 129.
J. 97.	Y. 130.
L. 97.	Z. 130.
M. 102.	

Paroisses des localités ajoutées, et leurs dépendances.

Lettre A. 179.	N. 190.
B. 179.	O. 190.
C. 182.	P. 190.
D. 183.	Q. 192.
E. 183.	R. 192.
F. 184.	S. 192.
G. 185.	T. 193.
H. 186.	U. 193.
I. 187.	V. 193.
L. 187.	W. 194.
M. 188.	Y. 194.

Paroisses sans église. 59, 328.
Pavillon construit dans l'enceinte du prieuré de Notre-Dame-au-bois. 311.
Pèlerinage à St-Valery. 271.
Pensions ecclésiastiques sur l'Etat. Mode de leur fixation. 18.
— allouées à chacune des religieuses de Ste Geneviève d'Amiens. 239.
— des religieux du Gard : réclamation. 283.
Pensions sur des abbayes et autres bénéfices. 221, 245, 248, 268, 273, 277, 279, 281, 283, 284, 287, 308, 315, 332.
Personnat : ce que c'est. 131.
Personnats dans les Archidiaconés. 131.
Petit séminaire. Son érection. 215.
Pièces justificatives. 333.
Pierre d'autel conservée dans la cachette d'un prêtre à Vinacourt. 265.
Pillage de la maison du curé de Citerne. 245.
— de celle du vicaire de Framerville. 248.
— de celle du curé de Puchevillers. 258.
— de l'abbaye de Dommartin. 330.
Plans des propriétés du Chapitre de Nesle. 312.
Platel des Isles. Jean-Baptiste, Américain 238.
Poids et mesures à réformer. 342.
Population des communautés religieuses. p. 232.
— comparée en 1730 et 1789. p 8
— causes de sa réduction. 9.
Portions congrues à augmenter. 346, 355, 369, 375, 377, 379.
Poste aux lettres. Sureté et secret des missives. 344, 353.
Préséance due à la dignité, difficultés. 351.
Presse. Mesures contre sa licence. 334, 354, 360

PRÊTRES apostats ou renégats. 6, 218. 241, 243, 244, 245, 247, 248, 249, 253, 254, 256, 257, 258, 260, 261, 262, 263, 264, 266, 276, 302, 307, 313, 321, 324, 329.

PRÊTRES émigrés ou réfugiés en divers pays. 6, 206, 219, 220, 243, 244, 246, 249, 254, 255, 256, 257, 258, 259, 263, 266, 267, 275, 282, 287, 289, 295, 302, 303, 304, 306, 308, 309, 311, 313, 316, 318, 325, 329.
— Leur nombre en Angleterre, en Suisse et en Allemagne. 320. Voy. pièce justificative G.

PRÊTRES séculiers ou réguliers, déportés. 6, 211, 219, 226, 259, 270, 271, 275, 277, 304, 320.

PRÊTRES mariés. 218, 278, 321.

PRÉVÔT. Ses fonctions. 209.

PRÉVÔTÉS. 150, 198. Voy. BÉNÉFICES étrangers au diocèse.

PRIÈRES travesties pendant la Révolution, comme au temps de la Ligue. 264.

PRIEURÉ de St-Denis d'Amiens, uni au collège. 33.

PRIEURÉS conventuels ·
St-Pierre et St-Paul, à Abbeville. 159.
St-Pierre et St-Paul, à Lihons. 160.
Notre-Dame, à Montdidier. 160.

PRIEURÉS simples, 146, 198, 258.

PRIEURÉS simples, en dehors du diocèse :
St-André de Breuil. 223
Blanchelande, diocèse de Coutances. 248.
de Cambon, diocèse de Rodez, 284.
St-Jean-Baptiste de la Cébrandière, diocèse de Luçon. 274.
St-Pierre de Chamillé ou Chemillé. 273.
de Doingt. 303.
Notre-Dame de Durinque. 243.
Ste-Catherine de Médagues au diocèse de Clermont, en Auvergne. 316.
St-Jean de Merdogne 223.
Notre-Dame de Passavent, au diocèse de Poitiers. 317.
St-Clair, diocèse de Paris. 332.
St-Pallais, diocèse de Bourges. 332.
St-Marc de Salles. 217.
St-Magne des Thermes, au diocèse de Mende. 210.
St-Pierre d'Usson 208.

PRISE de possession d'une chapelle en ruines. 272.

PRIVILÈGES en matière de contributions, à abolir. 362.

PROFESSEURS du collège d'Amiens. 36, 220, 225, 250, 275.

PROFESSION religieuse, vœux. 335.

PROTESTATION du Chapitre d'Amiens. 9.
— du Chapitre de St-Vulfran d'Abbeville. 12.
— du Chapitre d'Arras. 12.

PUGILAT (Scènes de), dans l'église de Longpré-les-Corps-saints. 241.

Q

QUINT hérédital et quint viager. 205.
— et requint dans les mutations. 354.

R

RELIGIEUSE émigrée. 322.

RELIGIEUSES hospitalières d'Abbeville. Elles sont emprisonnées et restent deux jours sans pain. 295.
— d'Amiens, leur emprisonnement. 239, 240.
— de Montdidier. Elles sont divisées sur la question de serment. Emprisonnement de sept d'entr'elles. 298.
— de Corbie mises en état d'arrestation dans leur domicile. 296.
— de Doullens mises en arrestation, pour n'avoir pas dépouillé le costume de leur ordre. 296.

RELIGIEUX MENDIANTS.
Voy. MENDICITÉ RELIGIEUSE.

RELIQUAIRE de St-Jean-Baptiste, en or et cristal, don d'Isabelle de Bavière. 207.
— de la Ste-Larme. 285.
— du Bonnet de St-François de Paule. 228.
— de St-Honoré. 289.

REPRÉSENTATION insuffisante du corps épiscopal et des dignitaires de la cathédrale, aux Assemblées de trois ordres. 345.

RÉSIDENCE (Certificat de) refusé à deux religieux ; blâme officiel. 226.

Retraite (Maison de) pour les Ecclésiastiques. 337, 375.

— (Pensions de). 356, 370.

Revenus des biens de l'Eglise, à partager par tiers. 355.

Revenus des communautés religieuses. Causes de de leur accroissement rapide. 17, 22.
Tableau comparatif à deux époques. 20.
Tableau synoptique pour 1730. p. 21.

Revenus réunis de toutes les paroisses d'Amiens. 215.

— de l'Hôtel-Dieu de Montreuil. 299.
— de l'Hôpital de Rue. 299.
— de l'Hôtel-Dieu de St-Valery. 301.

Revenus détaillés : de la manse abbatiale de St-Valery. 282.

— du Chapitre de Nesle. 312.
— de la Chapelle d'Athies. 309.
— de l'une des chapellenies de Cambron. 268.
— de la Chapelle de St-Jacques, dans l'Eglise du Mans. 316.
— de la Chapelle de Mégretières, dans la même Eglise. 316.
— de la cure de Pertain. 307.
— du prieuré de St-Albin. 273.
— des prieurés de Merdogne et du Breuil. 223.

Richesse mobilière des églises. 23.

Roussé (de), Etienne, chevalier, seigneur de St Cler. 248.

Rousseau, prêtre déporté, musicien. 211.

S

Sachy (de), auteur des *Essais sur la ville de Péronne*. 318.

Sages-femmes. Leur impéritie. 343, 355, 369.

St-Sulpice n'était pas faubourg de Ham. 305.

St-Venant. Prêtres y enfermés pour démence. 224, 247, 259, 271.

Sangterre, Sangters, Sancters : étymologie présumée de ce nom. 65.

Santin. Paroisse sans habitants. 304. Village détruit par les guerres du moyen-âge. 308.

Sécularisation du prieuré de St-Pierre d'Abbeville. 287.

Séminaire d'Amiens (Lazaristes). 42
Sa construction. 229.

Séminaires. Etudes gratuites. 338.

Sentiments des paysans envers leur curé. 6.

Sépulture des Visitandines à Renancourt. 234, 235, 236.

Serment constitutionnel (Lettres sur le). 251, 264.

— (Rétraction et interprétation de). 263, 383.

Service militaire (Exemption du) pour le Clergé. 361.

Sources principales de l'ouvrage. 384.

Statues, bustes et autres objets d'art, en argent ou en vermeil

La Ste Vierge, aux Augustins d'Amiens. 225.
La Vierge du Rosaire, aux Jacobins d'Amiens. 227.
St-Georges, en la paroisse de ce nom à Abbeville. 240.
La Ste Vierge, en la paroisse St-Jacques, d'Abbeville. 240.
Le Christ sortant du Tombeau, groupe à St-Sépulcre d'Abbeville. 241.
St Vilbrode et St Jean-Baptiste, à St-Vulfran d'Abbeville. 273.
Ste Vierge, St Bruno, St Vigor, à l'abbaye de St-Riquier. 282.
St Honoré, à la Chartreuse de Thuison. 289.
Couvertures d'évangéliaires en argent ou en vermeil : à St-Gilles d'Abbeville. 240.
à l'abbaye de Corbie. 279.
à l'abbaye de St-Riquier : celui donné par Charlemagne. 282.

T

Tailles et accessoires à supprimer. 353.

Tascher, abbé de Selincourt. 285. Il est autorisé à habiter l'abbatiale 286.

Troubles à Bray, attentat contre le maire, arrestations. 331.

U

Union des biens de la cure de St Marc à ceux de de la paroisse du Quesnel. 328.

— du prieuré de Maresmontiers à celui de Montdidier. 329.

UNITÉ de bréviaire, rituel, catéchisme, etc. 371.
UNIVERSITÉ des Chapelains de la cathédrale. 28.
Ses biens et leur administration. 211.
URSULINES : leur origine, leur établissement à Amiens ; elles instruisent gratuitement les enfants des pauvres. 231.
USURE dans les Monts de piété et dans le Commerce. 336.

V

VÉNALITÉ des offices de magistrature. 342, 354.
VIOLENCES, insultes, menaces envers plusieurs curés ou vicaires. 245, 246, 247, 248, 256, 258, 260, 326.
VASES sacrés, ustensiles et objets divers à l'usage du culte. 23, 220, 221, 224, 225, 227, 228, 229, 230, 232, 233, 239, 260, 261, 263, 264, 265, 266, 272, 276, 277, 279, 281, 282, 284, 285, 287, 288, 289, 290, 291, 292, 295, 300, 302, 303, 304, 305, 306, 308, 314, 322, 323, 324, 325, 326, 327, 328, 331.
VICAIRIE appelée Forestat, en l'église de St-Daumolet. 273.
VISITATION. Monastère d'Amiens : Dispersion des religieuses. Reconstitution de la communauté. 232.
— Monastère de Mons-en-Hainaut. 237, 238.
— Monastère de Bruxelles. 238.
VŒUX religieux. Voy. PROFESSION.
VOL de vases sacrés à Picquigny. 276.
— chez un religieux du Gard. Il meurt des blessures reçues. 283.

W

WITASSE (de), Jean-Jacques, chevalier, seigneur de Vermandovillers. 235.

Extrait des *Mémoires de la Société des Antiquaires de Picardie*. Documents inédits, t. XIII.

MÉMOIRES

DE LA

SOCIÉTÉ DES ANTIQUAIRES

DE PICARDIE.

DOCUMENTS INÉDITS CONCERNANT LA PROVINCE.

TOME TREIZIÈME

LE CLERGÉ

DE

L'ÉGLISE D'AMIENS EN 1789.

AMIENS

IMPRIMERIE YVERT ET TELLIER, 64, RUE DES TROIS-CAILLOUX, ET GALERIE DU COMMERCE, 10.
A PARIS, chez ALPHONSE PICARD et FILS, LIBRAIRES, RUE BONAPARTE, 82.

1892

www.ingramcontent.com/pod-product-compliance
Lightning Source LLC
Chambersburg PA
CBHW071914230426
43671CB00010B/1605